위로

고시 합격보다, 변호사 자격증보다 더 값진

자격증 II

위로자격증 Ⅱ

초판 1쇄 발행 2006년 10월 1일

지은이 · 사법연수원 신우회 편저
펴낸이 · 조병호
펴낸곳 · 도서출판 땅에쓰신글씨
주 소 · 서울시 서초구 서초동 1445-2 우진빌딩 지하 1층
전 화 · 02)525-7794
팩 스 · 02)587-7794
홈페이지 · www.hanshi.or.kr
등 록 · 제21-503호(1993.10.28)

ISBN 89-85738-46-1 04230

위로

고시 합격보다, 변호사 자격증보다 더 값진

자격증 II

—

사법연수원 신우회 편저

내일에 소망을 두고 오늘의 고난을 감내하고 계신 여러분
조금만 더 참고 기다리면 더 많은 사람들을 위로할 수 있는
'위로자격증' 을 취득하실 겁니다.
나 홀로 감내해야 할 혹독한 레슨 후에는
작은 마음의 보석 하나가 대가로 주어질 것입니다.

『위로자격증 Ⅲ』의
저자가 되실 형제자매님께

하나님의 도구로서 여러분과 만나 뵙게 되어 참으로 기쁘고 감사합니다.

우주만물의 창조주 되시는 하나님께서 예수 그리스도를 통해 보여주신 그 사랑과 성령님의 함께하심에 힘입어 평안의 인사를 전합니다. 샬롬!

'상처 입은 치유자'(wounded healer)라는 말이 있습니다. 상처를 입고 그로 인한 고통을 겪어 본 사람이라면 현재 유사한 고통 가운데 있는 이들에게 좀 더 따뜻한 위로를 전해 줄 수 있다는 말이겠지요. 그러나 상처를 입었다고 해서 모두 다 치유자가 되는 건 아닐 겁니다. 헨리 나우웬은 동일한 제목의 책에서 '우리의 상처가 그저 부끄러운 과거나 흉터로만 남지 않고 치유의 원천이 될 수 있다면 우리는 수많은 상처 속에서도 치유자가 될 수 있다'고 말하였습니다. 그 말처럼 상처가 치유의 원천으로 변하려면 '성령의 역사'가 개입되어야만 가능하리라고 믿습니다. 오히려 본인이 고통을 좀 경험해보았다고 '당신이 얼마나 고통스럽고 힘든지 나는 다 알아요'라고 섣불리 넘겨짚는다면 고통 받는 이들의 마음을 더욱 아프게 할 수도 있으리라 생각됩니다.

『위로자격증 Ⅱ』의 발간 작업을 하면서 저희 편집위원들이 가장 걱정한 부분이 바로 그 점이었습니다. 실제적인 도움과 위로를 드리길 소망하며 쓴 글이 자칫 '제가 당신을 위로할 수 있습니다'라는 '교만함'으로 변질되지는 않을까, 혹여 '간증글'이 빠질 수 있는 '자기자랑'들로 인해, 읽는 분들의 마음이 불편해지시는 건 아닐까 하는 염려가 앞섭니다. 혹시 이 책 가운데 그런 부분이 남아 있다면 사랑의 마음으로 이해와 용서를 부탁드립니다. 그리고 우리 모두는 주님 안에서 성장해가는 과정에 있을 뿐이라는 점을 기억해주시기 바랍니다. 다만 분명한 것은 저희가 쓴 글은 어디까지나 하나님께서 주시는 위로가 흘러가는 '통로'가 될 수 있을 뿐, 참된 위로를 주시는 분은 오직 '하나님'한 분뿐이시라는 것입니다.

여러 염려에도 불구하고 저희가 용기를 내어 사법연수원 신우회 선배님들의 뒤를 이어 『위로자격증 Ⅱ』를 발간하게 된 것은, 같은 길을 먼저 걸어간 사람들의 작은 고백이 그 뒤를 걸어가고 있는 사람에게는 큰 도움이 될 수 있다는 저희들의 작은 경험 때문이었습니다. 바로 저희들이 아직 고시생이었을 때 『위로자격증 Ⅰ』을 읽고 느꼈던, '나 혼자만 이런 고민을 하고 이렇게 힘들어하는 것이 아니라'는, '나와 같은 길을 먼저 걸어간 믿음의 형제자매들이 있었다는 사실 자체가 주는 위로와 격려', 이것을 이제 돌려줄 책임이 있다는 생각에서 용기를 내어 시작해보게 되었습니다.

여기 각각 자신이 처한 '고시생 시절' 이라는 '광야' 에서 훈련받으며 하나님과 함께한 사람들의 작은 고백이 있습니다. 그 고백들을 통하여 지금까지 자신들을 인도하신 하나님께 감사와 영광을 드리며 그 경험을 여러분들과 함께 나누고자 합니다. 어쩌면 이 책『위로자격증 Ⅱ』에 실린 40여 편의 글 모두가 여러분들 모두에게 동일한 위로와 격려를 주지 않을지도 모르겠습니다. 개인적으로 처한 상황과 하나님께서 인도하시는 방법이 저마다 다르기 때문이겠지요.

하지만 분명히 여러분이 처한 상황과 비슷한 상황에서 하나님께 기도하며 그분께서 주시는 힘으로 고시공부라는 길을 먼저 걸어갔기에 여러분들의 영혼을 울리는 몇 편의 글이 있을 거라고 믿습니다. 바로 그 글을 찾으시기를 기원합니다. 그리고 그 글을 쓴 저자들의 고백이 바로 여러분들 자신의 고백이 되시기를 축복합니다. 그리하여 몇 년 후 바로 여러분들이『위로자격증 Ⅲ』의 저자가 되어 여러분들이 받았던 위로와 격려를 여러분들의 후배들에게 전해주시길 기도합니다. 그리고 무엇보다도 '이 책' 전체를 관통하는 저자들의 공통된 고백을 찾게 되시길 기원합니다.

사회 다른 분야와 마찬가지로 법조분야에서의 하나님 나라 구현은 크리스천 법조인들의 몫이라고 믿습니다. 그리고 바로 그 몫을 담당해야 할 분들이 여러분들과 저희들이라고 믿습니다. 그와 같은 믿음으로 여러분들과 함께 이루어 갈 하나님 나라 구현을 꿈꾸며 법조 현장에서 주님의 말씀을 붙들고 살아가고 계신 선배님들의 글과 크리스천 법조인들의 모임들을 소개합니다. 이를 통해 법조인이기 이전에 하나님의 사람으로서 세상에서 소금과 빛이 되는 꿈을 더욱 꾸는 여러분들을 기대하며 기도합니다.

이 글을 읽으시는 모든 분들께 하나님의 사랑과 위로가 넘치시길, 그래서 이 땅에 하나님께서 파송한 '하나님의 대사(大使)', 거룩한 '하나님의 자녀'로서의 '빛과 소금'의 역할을 능히 감당하는 강건한 '그리스도의 군사'가 되시길 간구하며 글을 마칩니다.

> "우리가 온갖 환난을 당할 때에 하나님께서는 우리를 위로해 주십니다. 하나님께서는 우리를 위로하셔서 온갖 환난 가운데 있는 사람들을 위로할 수 있게 하십니다. 그리스도의 고난이 우리에게 넘친 것과 같이, 그리스도로 말미암아 받는 위로도 우리에게 넘칩니다" (고후 1:4~5, 표준새번역)

『위로자격증 Ⅱ』를 발간하게 하신 하나님께 감사드리며
2006. 여름. 사법연수원 신우회 『위로자격증 Ⅱ』 편집위원 일동 올림

| 차 례 |

손 기 식
사법연수원장

우리는 왜 법조인이 되려고 합니까? 합격을 바라보며 힘든 법학공부와 고시공부를 계속해 나가는 목적은 과연 무엇입니까? 출세하려고요? 아니면 돈을 많이 벌어서 나 혼자 잘 먹고 잘 살기 위함입니까?

만에 하나라도 그런 생각으로 힘든 공부를 하는 분이 계시다면 다시 한번 깊이 생각해보시라고 충고하고 싶습니다. 무릇 세상에서 출세하려면 일찍부터 정계나 관계(官界)에 몸담아야 할 것이요, 돈을 벌려면 사업가로서 시장에 뛰어들어야 할 것입니다.

그러면 법조인이 된다는 것은 무엇을 의미하는 것일까요?

그것은 바로 법조인에게는 하나님께서 주신 특별한 사명이 있기 때문이라고 생각합니다. 전능하시고 공의로우신 재판장이신 하나님께서 우리에게 재판을 통하여 하나님의 공의와 사랑을 시행하도록 신성한 재판의 권능을 일부 위임해 주신 것입니다. 법조인은 이러한 사명을 위하여 부름 받은 사람들입니다.

그러나 검사가 수사과정에서, 판사가 재판과정에서, 변호사가 변호 및 소송대리 과정에서 하나님의 공의와 사랑을 제대로 실현하기란 참으로 어려운 일이며 더욱이 공의와 사랑이라는 두 저울추 사이에서 균형을 잡는 일은 법조인에게는 지난한 과제임에 틀림없습니다.

저는 서재 벽에 '나의 사명선언문'을 써서 붙여 놓고 늘 자신을 깨우치며 돌아보곤 합니다. 부끄럽지만 그 내용을 소개하면 이렇습니다. "나는 하나님의 교회의 장로로서, 크리스천 법조인으로서, 하나님을 경외하며, 내가 있는 자리에서 늘 하나님의 공의와 사랑을 실천하여 이 땅에 하나님의 뜻이 이루어지게 함으로써 하나님께 영광 돌리고 하나님 나라가 확장되도록 하는 일에 충성을 다한다." 저는 고교 2학년 때부터 법조인이 되기로 결심하였고, 이후 40년이 지난 지금까지 법학도로서 또 법관으로서 만족하며, 후회 없는 삶을 살아오고 있으니 하나님의 크신 은혜와 축복에 만만 감사할 따름입니다.

지금도 대학 도서관이나 독서실, 고시촌의 방실에서 법학서적을 붙들고 힘겹게 씨름하고 계실 후배 여러분!

먼저 우리 삶의 주인이신 하나님께서 우리를 이 땅에 보내신 뜻과 목적이 무엇인지 깨닫고 자신의 사명을 발견하여 이를 굳게 붙드시기 바랍니다. 삶의 궁극적인 목적이나, 삶의 여정 가운데 군데군데 세워야 할 목표를 확실하게 설정하십시오. 목적이 없거나 목표가 불분명한 달음질은 수고와 고통만 더할 뿐, 단 한번밖에 없는 인생의 경주에서 결코 승리를 가져올 수 없을 것입니다. 비록 단기적 목표가 우리의 계획대로 이루어지지 않더라도 결코 낙심하거나 좌절하지 말고 자기 삶의 궁극적 목적을 향하여 계속 진군하십시오! 그렇게 하면 하나님께서 우리와 함께하시며 우리의 발걸음을 선한 손길로 인도해 주시리라 확신합니다.

　만약에 하나님께서 내게 주신 달란트가 법학과는 거리가 멀다거나, 나를 향하신 하나님의 뜻이나 내게 주신 사명이 법조인의 길이 아니라면, 진지한 기도의 물음 가운데 하나님의 인도하심을 받아 속히 결단하고 새로운 길로 나아가시기 바랍니다. 사법시험 합격과 법조인이 되는 것은 인생의 한 목표가 될지언정 그 자체가 진정한 삶의 목적이 될 수는 결코 없기 때문입니다. 하나님께서 우리를 모태에서 지으실 때 주신 재능과 적성에 따라 그에 맞는 분야를 택하여 즐거운 마음으로 최선을 다해 노력할 때 우리는 큰 성취를 이루고 이를 통하여 창조주 하나님께 커다란 영광을 돌리게 되며, 우리 자신에게는 진정한 만족과 행복이 넘치게 되리라고 확신합니다.

　오늘도 법조인의 길을 가기 위해 외롭고 힘든 싸움을 하고 계신 여러분 모두가 영육 간에 강건하시기를 빌며, 주님의 크신 위로와 평화가 여러분과 늘 함께하고, 마침내는 영광의 면류관이 여러분의 머리에 씌워지기를 간절히 기원합니다.

　끝으로, 믿음에 굳게 서서 주님과 동행하면서 어려운 수험생활을 승리로 이끈 자신의 진솔한 간증을 써 주신 분들과 그 글들을 담아 책으로 엮어낸 사법연수원 신우회 36기 임형섭 회장을 비롯한 임원들에게 감사와 축하를 드립니다.

우 창 록

기독변호사회 이사장
법무법인 율촌 대표변호사

"그러므로 여호와께서 그의 사랑하시는 자에게는 잠을 주시는도다"

제가 사법시험에 합격한 후 감사헌금을 하면서 봉투에 적었던 시편 127
편 2절 하반절입니다. 저는 이 성구에서 '그러므로' 라는 접속어를 사용하여
우리에게 암묵적으로 전해주는 메시지를 좋아합니다. 그래서 어려움에 봉
착하거나, 노력이 부족함을 느끼고 좌절할 때마다 이 구절을 생각하면서 위
로를 받고 힘을 얻습니다. 여호와께서 그의 사랑하는 자에게는 평안과 휴식
을 주십니다.

어떤 시험이라도 그 준비과정은 힘들고 지겹습니다. 엄청난 양을 준비하
여야 하는 사법시험 준비야 더 말할 나위 없이 힘들고 지겹습니다. 모든 것
에서 차단되고 오로지 하나에 집중하여야 하는 일이니 사람의 의지로 이 과
정을 이기는 것은 모두에게 벅찬 일일 것입니다. 적어도 제게는 그러하였습
니다. 그러나 왜 내가 이 시험을 준비하는지, 시험에 합격한 후에 주어지는
결과를 어디에 어떻게 사용할 것인지에 관하여 분명한 소명의식을 가지고,
그 계획이 믿음 안에서 그 사랑하는 자에게 잠을 주시는 하나님 보시기에 아
름다운 것이라면 하나님께서 이 과정을 이길 수 있도록 축복하실 것입니다.

"너희가 일찍이 일어나고 늦게 누우며 수고의 떡을 먹음이 헛되도다."

위 하반절의 전반부입니다. '그러므로' 라는 접속사가 많은 뜻을 함축하게 하는 이유입니다. 우리가 열심히 준비해야겠지만, 그것만으로는 부족하다는 사실을 고백할 때에 우리의 초조함은 사라지고 여유를 회복할 수 있을 것입니다.

미국 서부의 명문대학인 스탠포드대학은 학생을 선발하는 중요한 기준으로 'Passion for something other than ones own advancement' 를 채택하고 있다고 합니다. 그의 나라와 그의 의를 구하는 열심이 하나님께서 사랑하시는 자의 표지(標識)라고 생각합니다. 우리의 수험준비도 이러한 열심의 한 표현이라면 하나님께서는 잠을 주실 것입니다. 하나님을 향한 열정이 있는 수험생 여러분 모두 하나님의 사랑하시는 자가 되어서 곧 저와 같이 하나님께서 주시는 잠을 맛보는 축복을 경험하기를 바랍니다.

주 명 수

밝은교회 담임목사
법무법인 한별 변호사

하나님 앞에서 크게 쓰임 받은 사람들 중에는 인생의 광야를 통과한 사람들이 많습니다. 모세도, 다윗도, 바울도 그랬습니다. 광야를 통과하면서 하나님을 만난 사람들의 이야기는 많은 사람들의 마음을 감동시킵니다.

광야를 통과한 사람들의 아름다운 이야기를 『위로자격증 Ⅰ』을 통해서 읽으며 많은 하나님의 사람들이 위로받고 세워졌습니다. 이제 다시 한번 『위로자격증 Ⅱ』를 통해 많은 사람들이 하나님의 사랑을 깨닫게 되길 기도합니다. 사법연수원의 바쁜 일정 가운데서도 시간을 내어 주옥같은 글들을 남겨주신 많은 분들에게도 격려의 말을 전합니다. 영성과 전문성을 겸비한 하나님의 사람들로서 어느 곳에든지 영적인 영향력을 끼치는 종들이 되시길 기대합니다.

한국 교회가 지금까지 모든 족속으로 제자 삼으라는 지상명령만을 너무 강조한 나머지 또 다른 중요한 명령, 정복하고 다스리라는 문화명령을 가르치는 것을 소홀한 면이 있습니다. 직장에서 전도하는 것만이 하나님의 일이라고 가르쳤지, 직장에서 일하는 자체가 하나님의 일일 수 있다는 것은 강조하지 않았습니다.

그리스도인들은 이 세상에 살아가면서 두 가지 역할을 감당한다고 합니다. 첫째는 나팔수로서의 역할, 둘째는 등대로서의 역할이 그것입니다. 나팔수로서는 복음을 직접 전해야 합니다. 등대로서는 세상에 빛을 비추어야 합니다. 나팔수로서는 지상명령을 실천하고 등대로서는 문화명령을 감당하는 것입니다. 이 두 가지를 동시에 실천할 때 균형 잡힌 신앙을 갖추게 되는 것입니다. 이 책을 읽는 모든 분들이 영성과 전문성을 겸비하여 '나팔수로서의 역할'과 '등대로서의 역할'을 동시에 해내는 균형 잡힌 신앙인이 되었으면 좋겠습니다. 여기에 쓰인 글들이 건강한 영성을 일깨우는 데 일조를 할 것이라는 믿음이 있습니다.

황 해 국

일산세광교회 담임목사
사법연수원 신우회 지도목사

심리학에서 사람에게는 네 가지 큰 욕구가 있다고 합니다. 그것은 사랑에 대한 욕구, 인정에 대한 욕구, 소유에 대한 욕구, 그리고 가장 비중이 큰 안전에 대한 욕구입니다. 사람들은 이 욕구들이 위협을 받으면 불안해지고 절망에 이르다가 죽음을 생각하게 됩니다. 우리가 인생을 살 때, 어떤 목표를 향해 달려가는 중, 이러한 욕구에 도전을 받는 경우가 많습니다. 그러면 우리는 두려워하고 어떤 경우에는 불안해하기도 합니다. 이러한 때 누군가 도움을 주는 손길이 있다면 얼마나 위로가 되고 힘이 되겠습니까? 많은 사람들은 이런 위험의 순간에 참 위로를 만나지 못해 절망하고 우울해 하거나 이를 피해보려고 엉뚱한 중독에 빠지기도 합니다. 얼마 전 1980년대 미국의 팝스타로 한 시대를 풍미했던 레이프 개럿이 무일푼 알코올 중독자로 전락했다는 뉴스를 본 적이 있었습니다. 그는 18세 때 'I was made for dancing'을 불러 히트한 이래 엄청난 돈과 인기를 누렸던 사람입니다. 그러나 연예인이 가지는 심한 스트레스를 이기지 못하고 결국 마약과 알코올을 의지했다가 완전히 폐인이 되었던 것입니다. 우리가 살면서 위기가 없는 경우는 없습니다. 문제는 그 위기의 순간에 누구를 통해서 위로를 받는가가 중요한 일이라는 겁니다.

사법고시를 준비하는 사람들은 상당한 스트레스를 받고 공부합니다. 정말 땀 흘려 공부해서 고시에 합격을 한다고 해도 그것으로 끝나지 않습니다. 연수생이 되면 다시 또 학업에 대한 스트레스를 받고 이렇게 해서 법조인이 되면 그것으로 끝이 납니까? 그렇지 않습니다. 이 땅에 공의를 세우고 정의가 세워지기 위해 얼마나 많은 부정과 불의, 권력과 싸워야 하며 그때마다 임하는 스트레스는 또 얼마나 심하겠습니까? 이럴 때 우리를 도우시고 위로하시는 참 위로자의 위로가 필요합니다.

우리 인생에게 진정한 위로를 주시는 분이 누구십니까? 바로 위로의 주님이십니다. 사도 바울은 고린도후서 1:8-9에서 "내가 힘에 겹도록 심한 고난을 당해 살 소망까지 끊어지고 우리 자신이 사형선고를 받은 줄 알았으니…"라고 했습니다. 여기에서 살 소망이 끊어졌다는 말은 '너무나 힘든 고통으로 모든 소망을 상실하고 죽음의 문턱에 이르렀다'는 것을 의미하는 말입니다. 그래서 그는 자기가 사형선고를 받았다고 생각했습니다. 죽음의 문턱에서 모든 소망을 상실했던 바울 그러나 그가 다시 회생하며 그 자리에서 일어나 위대한 역사를 이루었던 것은 하나님의 도우심과 위로가 있었기 때문입니다. 그래서 그런지 그는 고린도후서 1:3-7에서 "위로"라는 말을 10번이나 반복해서 말하고 있습니다. 이는 갑절의 위로를 위미하는 말입니다. 우리가 인생을 살면서 정말 지치고 고달플 때 누구에게 위로를 받아야 참 위로가 되겠습니까? 그것은 우리에게 갑절의 위로와 도움을 주시는 하나님으로부터입니다.

　바울이 유라굴로 광풍을 만나 죽게 되었을 때 그를 위로하시고 도우신 분이 하나님이셨습니다. 하나님은 우리가 위기를 만났을 때 단순한 위로만 주시는 것이 아니고 그 어려움을 이길 수 있는 힘을 주시기에 우리는 하나님을 의지하고 그분의 위로를 받아야 합니다. 고난을 이기고 성공적인 삶을 살았던 많은 사람들이 위기의 순간 하나님을 의지하고 새 힘을 얻었기에 다시 도전을 할 수 있었던 것입니다. 오늘 『위로자격증 Ⅱ』를 읽는 모든 고시생들, 그리고 인생의 더 나은 미래를 위해 오늘도 쉬지 않고 도전하는 모든 분들이 위로의 하나님을 만나고 하나님의 위로를 통해서 새로운 도전과 성취를 이루기를 바랍니다. 하나님은 위로의 하나님이시요, 우리 곁에 서서 우리를 강건케 하시는 분이십니다(딤후 4:17).

위로자격증과 총잡이*

윤 재 윤
서울고등법원 부장판사

아끼는 후배인 T변호사가 책 한 권을 건네주었다. 『위로자격증 Ⅰ』이란 제목의 책이었는데 처음에는 심리상담사나 종교인들의 책인 줄 알았더니 그게 아니었다. 사법연수원에 다니는 기독신우회 사법연수생들이 살아온 이야기, 고시준비과정, 미래의 꿈을 쓴 글을 모은 책이었다. 위로자격증이란 장차 법조인이 되어 일하면서 고통 받는 사람들을 위로하며 살겠다는 의미로 만든 말이었다. '위로자의 자격증'이라는 말이 새로웠다. 법조인의 본질이 위로자라고 생각하는 젊은이들의 순수한 마음이 느껴졌기 때문이었다. 문득 나 자신이 재판 일정에 쫓겨 내가 하는 일의 의미를 생각해 본 지가 너무 오래 되었다는 생각이 들었다.

법조인, 특히 변호사에 대하여 미국에서는 '고용된 총잡이'라고 부른다.

---

* 이 글은 「좋은생각」 2005년 12월호에 기고한 글입니다.

서부영화 'OK 목장의 결투'에서 보듯이 이들은 총 한 자루를 들고 떠돌아다니며 돈만 주면 상대가 누구이던 간에 결투를 하여 쓰러뜨린다. 어떤 사정이 있는지, 누가 옳은지 상관하지 않고 돈을 주는 사람의 요구에 따라 대신 싸워준다. 변호사는 돈만 받으면 무슨 일이나 다 한다는 의미로 이런 별명이 붙었다.

가까운 친구 변호사에게서 실제로 이러한 고민을 들은 적이 있다. 패소가 명백한 피고로부터 "무슨 방법을 써서라도 재판을 오래 끌어 달라"는 요구를 받는 것은 흔한 일이고, 심지어는 "상대편에게 최대한으로 고통을 줄 방법을 찾아 달라"는 부탁까지 받은 적이 있다고 한다.

이러한 현실에서 총잡이 대신에 위로자 변호사가 되는 것은 결코 쉬운 일이 아니다. 소송사건을 수임하는 대신에 때로는 재판을 하지 말라고 말려야 하고, 사건의 처리도 더 정성스럽게 해야 하므로 금전적으로는 손해가 분명하다. 변호사뿐 아니라 우리 사회 대부분의 직업은 이렇게 위로자와 총잡이의 속성을 동시에 갖고 있다. 자본과 능력으로 겨루는 경쟁사회인 이상 자기 이익의 극대화는 피치 못하게 타인을 쓰러뜨리게 되는 경우가 많다. 타인을 생각하는 위로자의 역할은 도도한 물결을 거스르는 어려운 작업임에 틀림없다.

그럼에도 불구하고 위로자 변호사가 되려고 하는 이유는 어디에 있을까? 종교적 신념이라고 답한다면 간단하지만 나는 그 답을 '의미'라는 말에서 찾고 싶다. 그릇된 사람을 위한 총잡이가 되어 상대를 공격하면 엄청난 고

통을 주고, 인생사로 상처 입은 당사자에게 좋은 위로자가 된다면 그 보람
은 말할 수 없이 크게 된다. 총잡이로 일관한다면 돈은 벌겠지만 부당한 결
과가 나올 때마다 눈을 감아야 하고 결국은 공허함을 견디기 어려우리라.
반면에 위로자가 되어 의뢰인을 진정으로 위한다면 지루한 법률사무로 인
한 실망이나 긴장 속에서 의미를 찾을 수 있다. 의미란 자기의 이익만 구할
때는 찾을 수 없고, 타인을 위하여 진정한 마음을 가질 때에만 찾을 수 있기
때문이다.

결국 위로자는 일 속에서 의미와 사랑의 끈을 계속 찾으며, 총잡이는 돈
과 경쟁의 욕망을 붙들고 달려가는 셈이다. 이러한 현상은 반드시 변호사라
는 직업에만 한정되지 않는다. 변호사처럼 직접적이지는 않더라도 어느 직
업이나 그 일을 통하여 반드시 타인에게 좋거나 나쁜 영향을 미치게 된다.

우주왕복선 챌린저호가 폭발한 참사의 원인이 수십 달러짜리 고무밸브의
불량으로 밝혀졌다. 수십 억 달러 우주선의 운명이 고무밸브 하나에 달렸던
것처럼 만물은 보이지 않는 인과관계로 맺어져 있다. 만약 고무밸브 공장의
생산라인에서 어떤 직원 한 사람이 이 불량품을 개선하였다면 참사를 막을
수 있었으리라. 그가 출근길에 공장의 수위로부터 더 즐거운 아침인사를 받
았다면 기분이 상쾌해져서 불량품을 하나 더 찾아낼 수 있었을지도 모른다.
이처럼 우리가 하는 일의 영향력에 대하여 아무 것도 알 수 없다.

우연히 탄 택시에서 운전기사의 쾌활하고 따뜻한 인사를 받을 때, 여러
번 옷을 입어보다가 마음에 드는 것이 없다고 하자 오히려 미안해하는 옷가

게 직원의 미소, "우리 집 음식은 조미료를 전혀 안 씁니다"라고 당당하게 말하는 음식점 종업원의 자부심, 내가 깜빡 잊은 약속을 연락하기 위하여 퇴근도 미룬 채 1시간 가까이 여기 저기 전화에 매달렸던 부속실 여직원의 배려, 나는 이런 위로자들을 만날 때마다 감동을 받고 기쁨을 느낀다.

직업은 영어로 vocation 또는 calling, 독일어로는 Beruf인데 이 말은 모두 '신이 부른 소명(召命)'이라는 의미를 동시에 갖고 있다. 결국 직업은 '자신에게 하늘이 예정한 일'이라 하겠고, 이러한 일상적인 일을 통하여 '자기 존재의 의미'를 찾는 영성(靈性)을 갖고 있다. 따라서 위로자로서 일을 하는 것은 이러한 영성적 측면을 따르는 것이며 이로써 총잡이 직업인보다 훨씬 더 깊고 높게 사는 셈이다. 그에게는 일상생활 모두가 성스럽고 의미 있는 일로 변한다. 성공이건 실패건 모든 경험이 성장의 기회가 된다. '모든 것이 합력하여 선을 이룬다'는 사도 바울의 말씀은 이런 사람에게서 이루어진다.

그대의 일이 불만족스럽고 힘든가? 미래가 염려되는가? 그렇다면 지금 위로자격증을 받았다고 믿고 만나는 사람들을 위하여 작은 일 하나라도 실행해보라. 그러면 곧 그대 마음에 잔잔한 만족과 기쁨이 찾아올 것이다.

상처 입은 치유자,
회복시키시는 하나님

청년기의 시련으로
상처를 입기도 했지만
그 굽이굽이의 어려움 속에서도 역사하시는
하나님을 체험하고
그 하나님께서 친히
상처를 회복시키시는 과정을 증거하는
이들의 고백이 담긴 글들입니다.

"그러나 내가 가는 길을
그가 아시나니
그가 나를 단련하신 후에는
내가 순금 같이 되어 나오리라"

(욥 23:10)

감사

"괜찮아, 나에겐 오직 예수님만 계시면 돼!"

남 윤 재

서울대학교 경영학과
사법시험 제45회
남윤재 법률사무소 변호사

교만

    제가 처음으로 하나님께 기도했던 때는 1984년 1년 동안의 연세대학교 채플 수업을 통해서입니다. 그 당시 교회는 다니지 않으면서도 취침 전에 습관적으로 쓰던 일기장은 늘 기도문으로 채워졌었지요. 사실 저희 집안은 불교 집안으로서 때마다 절에 다니고 제사도 무척 중요시하였습니다. 작은 누님만이 교회를 다니고 있었는데 부모님은 종교에 관하여는 관대하시다기보다 무관심하셨습니다. 연세대학교를 다니던 시절 다시 한번 입시를 준비하고 있었고, 그 당시 일기장을 통한 기도는 작은 누님으로부터 전해들은 하나님께 대하여 막연히 기도한 것입니다. 그러나 서울대학교로 옮긴 후, 삶 속에서 기도는 없어지고 스스로에 대한 자만심과 교만함으로 가득 찬 인생이 시작되었습니다. 물론 교회에 나가는 것은 생각도 하지 않았습니다. 세상에서 내가 마음먹어서 안 될 것이 없다고 생각하였고 인간관계도 무척 원만하다고 스스로 평가할 정도로 교만하기 그지없었습니다.

시작

서울대학교 경영학과 졸업을 앞두고 유학을 준비하였으나 그 당시 아버님이 법적으로 억울한 일을 당하시자, 집안의 막내인 저는 가족들의 권유로 뜻하지 않게 사법시험 공부를 시작하게 되었습니다.

❖ 고시 생각 ❖
고시공부는 시작할 때 이 길에 대한 본인의 뚜렷한 목적의식이 있는 것이 좋습니다. 남들이 다 하니까 한다는 생각으로 시작할 만큼 만만한 공부가 아닙니다.

당시에는 비법학도가 사법시험을 공부하는 경우가 드물었기 때문에 무슨 책으로 어떻게 공부해야 하는지도 잘 모른 채 우왕좌왕 하다가 일단 군복무를 마쳐야겠다고 생각하고 졸업 후 군에 입대하였고, 27살에 군에서 제대한 후 신림동 고시촌에 들어갔습니다. 시험에 있어서는 떨어져 본 적이 없었던 저는 이 당시 어떤 시험이든지 원하면 합격할 것이라는 교만으로 가득 차 있었고, 수험생활을 시작한 지 1년 만에 1차시험을 합격했을 때는 더욱 사법시험을 얕보게 되었습니다.

❖ 고시 생각 ❖
고시 모독죄라고 아시나요? 고시를 얕보고 덤벼들지 마세요. 고생할 수 있습니다.

낙방

그러나 하나님은 이런 저를 사랑하셨고 구원하실 계획을 이루기 시작하셨습니다. 당시 2차 정예반 합격률이 70%를 넘었던 H법학원의 원생이었던 저의 성적은 그곳에서 상위그룹에 속하였고 스스로도 2차 합격을 당연하게 생각하였는데, 평소 가장 자신 있었던 민사소송법 과락으로 2차시험에서 떨어졌습니다.

❖ 고시 생각 ❖
평소 가장 자신 있는 과목을 조심하세요. 믿는 도끼에 발등 찍히는 경우를 저뿐 아니라 주변에서 많이 보았습니다. 방심하지 말고 모든 과목에 끝까지 전력을 기울여야 합니다.

정신적으로 큰 충격을 받았으나 하나님의 계획은 이제 시작일 뿐이었습니다. 다음 해 2차, 또 그 다음 해 1차에서 연속으로 떨어졌습니다.

❖ 고시 생각 ❖
기득권으로 2차에서 떨어지면 자신이 2차 경험이 있었다는 사실을 잊고 초심으로 돌아가 전력투구해야 합니다. 2차 경험은 경험에 불과할 뿐입니다. 자신의 실력을 과대평가하지 마세요.

방황

나이 서른을 넘기고 저는 심리적으로 공황 상태에 빠졌고 미래가 불안해지기 시작하였습니다. 자만심이 컸던 만큼 상실감도 크게 다가온 것입니다. 당시 사귀던 여자 친구가 있었는데 계속되는 낙방으로 헤어지게 되었고, 사람을 만나는 것도 싫어져서 신림동 산꼭대기에 위치한 고시원 방으로 거처를 옮기고 낮에는 두문불출하고 밤이 되면 나와서 신림동 길을 배회하기도 하였습니다.

❖ 고시 생각 ❖
– 시험에 떨어졌다고 숨지 마세요. 더더욱 심리적으로 위축됩니다. 이전과 같을 수는 없겠지만 담대함이 필요합니다. 그리고 산꼭대기로 자꾸 올라가지 마세요.
– 신림동에서 공부하시는 분들은 신림동의 각종 '방' 문화(비디오방, 만화방,

게임방 등)에 빠지는 것을 주의해야 합니다. 주변을 살펴보면 '방' 문화가 얼마나 강한 중독성을 갖고 있는지 쉽게 알 수 있습니다. 이런 곳에는 발걸음도 옮기지 마세요. 당신의 영혼을 갉아 먹습니다.

겉으로는 아무 문제도 없는 척 하였으나 술을 마시지 않고는 불안해서 잠을 이룰 수 없었고, 급기야는 엉뚱한 곳에서 앞날에 대한 불안한 마음을 위로받으려고 점집이나 무당집을 드나들기도 하였습니다.

❖ 고시 생각 ❖
제가 기독교인이라서 드리는 말씀이 아니라, 제발 고시준비 중에는 점집에 가지 마세요. 합격할 것이라고 하면 방심하다가 떨어지고, 떨어진다고 하면 자신감을 잃고 떨어집니다. 점집의 문을 두드리는 순간, 당신은 이미 정신력에서 뒤떨어진 것입니다.

그런 생활이 얼마나 지났을까. 고시원 방에서 공부하다가 갑자기 기절을 하였습니다. 정신을 차리고 거울을 보니 저의 육체는 망가져 있었습니다. 몸은 항상 술기운에 잠겨 중독 상태에 있고 체중은 불어서 배가 풍선처럼 부풀어 있었습니다.

❖ 고시 생각 ❖
술은 공부하는 데 백해무익합니다. 당신이 빠른 기간에 수험 생활을 마치려면 술자리에도 끼지 마세요. 그리고 규칙적인 운동은 필수적입니다. 하루 10분 정도 하늘을 보고 맨손 체조라도 하세요.

이제는 공부를 하는 것이 중요한 것이 아니라 정상인으로 돌아오는 것이 중요하게 되었고, 이후 술을 끊고 하루도 쉬지 않고 검도 도장에 나갔습니다. 검도는 저의 건강을 빠른 속도로 회복시켰으나 심한 운동으로 매일 피곤함에서 허우적거렸습니다.

❖ 고시 생각 ❖
너무 심한 운동은 수험생활에 별 도움이 되지 않습니다. 가끔 지식을 머리에 쌓기보다는 근육 형성에 더욱 신경 쓰는 수험생이 있는데 운동 중독도 수험생활에는 큰 적입니다.

좌절

어쨌든 1년 정도 검토를 하고 책상에 앉을 수 있는 건강을 회복하고 다시 공부를 시작하려고 하였는데, 저의 고시공부에 원인을 제공하여 주신 아버님이 뇌출혈로 쓰러지셨습니다. 가족 모두가 경제활동을 해야 하는 상황에서 제가 아버님의 병간호를 할 수밖에 없었습니다. 저는 고시공부를 한다면서 허비한 지나간 세월과 불효한 자신을 돌아보고 심한 자책감에 빠졌고, 언제 회복되실지 모르고 식물인간으로 계신 아버님 곁에서 수 년 동안 병간호를 하며 인생의 목표를 상실한 채 무기력하게 병실에서 하루하루를 보냈습니다.

❖ 고시 생각 ❖
수험 기간이 길어지면 처음보다 주변 상황이 점점 나빠집니다. 지금 낭비하고 있는 시간 속에서 당신에게 주어진 기회를 기회인 줄도 모르고 놓쳐 버립니다.

아버님이 돌아가시고 병원을 나오니 저는 30대 중반을 넘기고 있었습니다.

회복의 시작

아버님은 쓰러지시기 몇 년 전에 작은 누님을 따라 사랑의교회를 출석하셨는데, 교회에서 병원으로 나오신 분들은 가족들에게 큰 위로가 되었고 결국 1999년 아버님이 돌아가셨을 때 교회장으로 장례식을 치르게 되었습니다. 당시 신앙이 좋은 자매를 만났는데, 결혼을 하기로 약속한 현재의 부인인 그녀에게 "그래, 아버님의 목숨으로 바꾼 집안 종교인 것 같으니 내가 주일예배는 꼭 나간다"고 하였고 그 약속 후 거의 빠지지 않고 주일예배를 참석했습니다.

❖ 고시 생각 ❖
주일예배 시간이 아깝다고 예배를 드리지 않는 분들이 계신데, 그 시간에 늦잠을 자고 생활 리듬을 깨뜨리는 경우가 더 많습니다. 주일예배로 일주일의 힘을 얻으세요.

아버님이 돌아가시고, 결혼한 후 다시 시작한 고시 수험생활은 만만치 않게 힘들었습니다. 결혼 후 1년 만에 쌍둥이 아빠가 되었는데 경제적인 어려움은 오히려 견딜 수 있었으나 가장으로서 제 역할을 하지 못하는 심적 고통은 겪어 본 사람만 알 것입니다.

❖ 고시 생각 ❖
가정을 갖고 있는 노장 수험생 여러분, 힘내세요. 여러분의 조속한 합격을 진심으로 기도합니다.

저는 교회를 다니면서도 시험에 합격하면 세례를 받겠다고 또 교만을 부렸습니다. 그러나 이번에는 하나님이 더 이상 참지 못하시고 구역 전도사님을 통해 자격 요건이 안 됨에도 불구하고 우격다짐으로 세례를 받도록 하셨습니다. 세례를 받고 저의 신앙생활은 안정을 찾기 시작하였습니다. 새벽기도를 꾸준히 나가게 되었고, 밤마다 성경을 읽기 시작했습니다.

❖ 고시 생각 ❖
시험 결과와 신앙을 두고 하나님과 흥정하지 마세요. 신앙은 이 세상의 무엇보다도 최우선입니다.

신앙고백

쌍둥이의 첫 번째 생일이었던 2001년도에 치른 2차시험에 떨어졌을 때 주위의 근심과 저의 낙담은 매우 컸습니다. 그런데 제 입에서는 주위의 근심에 대하여 "괜찮아, 나에겐 오직 예수님만 계시면 돼!"라는 말이 불쑥 나왔고 저도 놀랐습니다. 이 한 마디 말은 이후 세상적으로 기쁠 때나 힘들 때나 항상 제 자신을 제자리로 돌려 세우는 신앙고백이 되었습니다.

이후의 수험기간 동안 하나님은 언제나 곁에서 위로하여 주시고 용기를 주셨습니다. 살아계신 하나님을 만난 저는 2002년 동차로 치른 2차시험에 또 다시 떨어졌을 때도 가슴 속에 기쁨이 가득하였습니다. 하나님께서 같이 하시니 두려울 것, 아쉬울 것도 없었습니다. 꾸준히 새벽기도를 하고 성경 읽기를 하던 저에게는 이제 이전과 같은 흔들림은 없었습니다.

❖ 고시 생각 ❖

불규칙한 생활에 빠지기 쉬운 수험생활의 가장 좋은 처방은 새벽기도와 취침 전 성경 읽기입니다. 꼭 해보세요. 처음은 힘들고 졸려서 아침 시간을 허비하는 것 같아도 며칠만 지나면 하나님 안에서 하루의 공부가 보람되게 이뤄지는 것을 깨닫게 되니까요. 당신이 당신 힘으로 억지로 하는 것보다 훨씬 능력 있게 공부하게 됩니다.

기도

2003년 제45회 사법시험 2차시험 장소에 처음으로 연세대학교가 포함되었다고 발표될 때 그곳에서 시험을 보고 싶었습니다. 그곳은 제가 20살에 처음으로 하나님께 기도를 하였던 곳이니까요.

첫 날 너무도 시험을 못 본 것 같아 크게 낙심하였는데, 이튿날 1교시 역시 시험을 못 본 것 같아 점심을 싸온 아내 앞에서 슬픈 표정을 감출 수 없었습니다. 나중에 아내에게 들었는데 제 모습이 너무 불쌍해서 아내는 집으로 돌아가지 않고 연세대학교 교내에 있는 기도실에서 한참을 울면서 기도했다고 합니다.

❖ 고시 생각 ❖

2차시험 4일 동안 지나간 시험에 대하여는 생각조차 마세요. 잘 봤다고 생각하지만 그 과목이 과락이거나, 못 봤다고 생각하는 과목 덕분에 합격하는 경우가 많습니다. 그냥 매일, 매 시간에만 충실하세요.

합격자 발표가 있기 약 일주일 전, 그날도 새벽에 교회에서 기도를 드렸습니다. 물론 합격시켜 달라고 기도했습니다. 기도는 솔직한 마음으로 하나님과 교제하는 것이고, 합격을 원하는 것이 저의 가장 솔직한 마음이었으니까요. 그런데 갑자기 그 기도가 입에서 나오지 않는 것이었습니다. 내가 왜

이 시험에 합격해야 하는지 알 수가 없었습니다. 단순히 잘 먹고 살려고 그 오랜 세월 동안 시험공부를 한 것은 아니었는데, 그냥 할 것이 없어서 시험 공부를 한 것이라면 나에게 합격은 아무 의미도 없는 것이 아닐까라는 의심 이 들기 시작하였습니다. 그런데 그때 제 입에서는 "주님이 이 직역에서 저 를 쓰실 계획이 없으시면 불합격 시켜주세요. 하나님이 저에게 계획하신 더 좋은 길이 있음을 믿고 떨어짐을 받아들이고 공부를 그만 하겠습니다. 다만 그만두는 믿음도 허락 하소서"라는 기도가 나왔습니다. 동시에 인생의 참된 목적 없이 흘려보낸 지나간 시간들이 하나님이 제게 계획하신 것을 찾게 하 기 위한 과정이었음을 깨닫고 너무도 그 시간들이 감사해서 교회 바닥에 쓰 러지도록 울었습니다. 그때에서야 인생의 주인이 제가 아닌 하나님이심을 고백하게 되었습니다.

감사와 비전

스스로 무엇이든 이루어 낼 수 있다고 교만했던 저는 인생을 무의미하게 낭비하였습니다. 예수님을 믿게 된 후 저는 인생의 핸들을 놓게 되었고 하 나님이 운전하시는 인생길을 기쁨으로 바라보게 되었습니다. 하나님이 어 떻게 사용하실지에 대한 기대와 설렘도 저를 기쁘게 합니다. 그리고 주님이 주신 한번뿐인 인생을 더 이상 낭비하지 말아야겠다는 생각과 그 또한 저의 노력과 능력이 아닌 오직 주님 안에서 진정한 성취가 있다는 것을 알게 되 었습니다.

인생의 주인 되시는 하나님은 인생을 설계하시고 경영하십니다. 기대하 는 마음으로 순종하고 따르고자 합니다. 하나님이 저에게 어떤 은사를 주셨 는지 잘은 모릅니다. 다만 마지막 고시 합격자 발표 직전에 드린 기도에 하 나님이 응답하셔서 법조인이 되게 하셨습니다. 이제 새내기 변호사인 제게 하나님께서 준비하신 계획이 무엇인지 무척 궁금합니다.

비전이란 자신의 능력으로 할 수 있다고 생각하는 것을 이루는 것이 아니고, 하나님께서 계획하신 것에 대하여 순종하는 것임을 알게 해 주신 하나님께 감사합니다.

시험에 지치고 어려운 형편에 있는, 특히 수험기간이 남들보다 길어진 수험생 여러분께 마지막 고시 생각을 드립니다.

❖ 고시 생각 ❖
당신이 붙잡은 키를 놓고 믿음이라는 돛을 달고 성령의 바람에 당신의 배를 맡겨 항해하십시오. 목적지가 어딘지 지금은 알 수 없으나 확실한 것은 당신이 원하던 곳보다 훨씬 좋은 곳에 도착할 것이라는 사실입니다.

예수님을 주님으로 모시기까지

집중적으로, 그러나 천천히, 한편으론 확실하게…
구름 너머에 태양이 있음을 믿듯이…

박 찬 훈
한양대학교 전자통신공학과
사법시험 제46회

하나님 할아버지

저는 모태신앙인입니다. 아침마다 가정예배를 드렸고, 교회는 놀이터였습니다. 그런 환경에서 자라다 보니 하나님의 존재는 너무 당연하였고, 언제나 넉넉한 모습으로 품어주시는 하나님은 할아버지와 같은 느낌으로 기억됩니다.

한편 어릴 적 어머니께서는 눈병으로 많이 고생하셨는데, 가족들의 간절한 기도로 큰 위험에서 벗어나셨습니다. 그렇게 하나님은 신뢰할 만한 분이셨고, 그로 인해 예수님의 가르침은 어린 제 마음의 지침이 되었습니다. 덕분에 대체적으로 행복한 유년 시절을 보냈던 것으로 기억합니다.

구름 너머로 사라지는 하나님 할아버지

중·고등학교 시절을 거치면서 세상 지식과 함께 성장해야 할 영적 지식은 빈곤한 상태였습니다. 하나님이신 예수님을 구원자라고 '믿기는' 했지만, 그리고 예수님의 말씀을 따라야 한다는 마음의 구속은 어느 정도 있었지만, '오늘 하루 예수님 말씀대로 살아가고 있는지'에 대한 고민은 그렇게 진지하지 못했습니다. 그러던 중 하나님 할아버지는 대학 진학 문턱에서 두 번이나 저를 외면(?)하셨습니다. 당시에는 노력이 부족하였음을 인정하기보다 '제 기준'으로 볼 때 하나님 잘 믿지 않는 친구들이 – 그들의 노력에 대한 진실한 평가는 외면한 채 – 원하는 대학에 들어가는 것을 부러워하며, 도와주시지 않는 하나님 할아버지에게 실망했었던 것 같습니다.

한편 삼수를 포기하고 후기모집으로 대학에 진학하여 낯선 서울 생활이 시작되었습니다. 전공은 전자통신공학이었으나, 삶의 대전제가 흔들리기 시작한 제게 '전자(電子)'의 세계는 전혀 흥미롭지 않았습니다. 2학년 때 기술고시를 보기도 했습니다만 보기 좋게 실패했습니다. '하는 것마다 왜 이러나…' 하는 생각이 들었습니다. 스스로에 대한 기대감이 적지 않은 편이었는데, 중요한 고비마다 실패하는 자신을 보며 마음은 점점 어두워만 갔습니다. 계속되는 실패와 재미없는 전공, 희미해져 가는 하나님의 존재감에 제 심중은 정말 우울하고 우울했습니다. 앞으로 무엇을 해야 할지 혼란스럽고 삶은 피곤하기만 한데, 이젠 기도를 드려도 의심 섞인 잡념만이 몰려올 뿐, 아무런 말씀이 없는 하나님을 예전처럼 더 이상 의지할 수 없게 되었습니다. 이렇게 하나님의 존재에 대한 의심의 불은 실패의 쓰라림을 불쏘시개로 활활 타올라 20대 초반의 삶을 살라 먹기 시작했습니다.

과연 하나님은 살아계시는가?

우울한 대학 생활, 그리고 이어지는 실패 속에서 바닥을 드러낸 유년시절의 믿음은 의심의 불로 거의 증발되었고 강하고 명료한 의심만이 세력을 얻었습니다. 그렇게 괴롭히기 시작한 의심은 사실 도와주지 않는 하나님에 대한 이기적 불만을 연료로 하고 있었음에도, 나름대로 선(善)의 형태를 가장했습니다. 그 시절의 의심을 정리해보면 대략 다음과 같습니다.

'과연 하나님은 살아계시는가? 성경은 진정 하나님의 말씀인가? 예수 그리스도 외에는 구원이 없는가? 예수 그리스도의 존재는 알지만 자신이 사는 곳의 종교적 환경이 이슬람교나 힌두교이기에 그러한 환경에서 나고 자라면서 교육되어온 사람들은 어쩔 수 없이 모두 저주받아야 하는가? 그곳에서도 참으로 선하게 살려고 몸부림치는 사람이 예수 그리스도를 주라 고백하지 않았다는 이유로 지옥에 떨어지고, 추악한 습관을 버리지 않으면서도 부끄러운 구원이라도 받았다는 자칭 '그리스도인'은 천국에 간다? 하나님이 정녕 그러한 하나님이시란 말인가? 그렇다면, 하나님이 어찌 모든 만물을 창조하시고 모든 것들을 사랑하시는 하나님일 수 있겠는가? 그리고 전지전능하신 하나님이 살아 계시다면 세상에는 왜 이렇게 고통이 끊이지 않을까? 참으로 하나님이 존재하시긴 하는 걸까? 혹여 존재하신다고 하더라도 참 하나님은 인간이 정녕 알 수 없는 구름 저 너머의 존재가 아닐까?'

창조주의 우주적 숨결

대학에 들어와 그렇게 2년여 동안 극심한 영적 방황기를 거치고 나자, 폐허에서 여린 싹이 피어나듯 하나님의 존재에 대한 새로운 '생각'들이 움트기 시작했습니다. 어쩌면 하나님이 창조하신 땅에 살면서 하나님을 느끼지 않고 살아가는 것이 오히려 어려운 일이 아닌가 싶습니다. 그렇게 서서히 움튼 '생각'들은 나름의 논리로 자라나기 시작했습니다. 인간이 우주 만물과 자신에 대해 아는 것이 거의 없다는 사실…. 그리고 있다고 하더라도 소량의 지식이고 현상에 대한 이해의 수준일 뿐, 창조세계의 신비로움에 대한 본질에 대해서는 알 수가 없다는 생각이 들었습니다. 진화론만 보아도 진화의 시원이 될 원시 물질의 근원에 대한 설명이 없고 진화의 방향 또한 우연이라고 하기에는 자연은 너무 아름답다는 생각이 들었습니다. 그래서 창조의 근원이 있을 것이라는 믿음이 생겨났습니다. 창조의 근원이 어떠한 존재인지 잘 모르겠다면 이는 솔직한 고백이 될 수 있겠지만, 창조의 근원 자체를 무시하는 것은 억지 주장이거나 참으로 어리석은 교만에 불과하지 않을까 하는 생각이 들었습니다. 그때에는 깨닫지 못했지만 로마서 1:19-20 말씀이 성령의 말씀임을 체험할 수 있었던 시절이었습니다.

새롭게 인식한 창조의 근원자 하나님은 어린 시절의 '하나님 할아버지'가 아니었습니다. 중·고등학교 시절의 이기적 믿음에 대한 일종의 반작용으로서 '나를 무조건적으로 도와주시는' 슈퍼맨과 같은 '하나님 할아버지'는 주관적인 환상에 불과했다는 생각과 창조주 하나님이시라면 적어도 인간의 이기적인 요청에 따라 가벼이 움직이는 분은 아니실 것이라는 생각이 강했기 때문입니다(이로 인해 이후 성경이 증거하는 하나님을 참 하나님으로 고백한 후에도 하나님의 사랑보다는 공의를 더 의식하여 지나치게 하나님을 두려워하기만 하게 되는 부작용을 낳았습니다). 그러나 의심의 기간 동안 생긴 미덕(?)이 '진정! 솔직하자'였기에, 하나님의 존재에 대한 인정이 곧바로 예수 그리스도의 구원자이심에 대한 확신으로 이어지지는 않았습니다. 의심을 이겨낸 믿음은 우주만물에 넘쳐흐르는 창조주의 우주적 숨결에 대한 인식이었을 뿐, 성경과 믿음의 선배들이 증거하는 예수 그리스도의 복음에 대한 믿음은 아니었기 때문입니다.

사랑의 왕 예수

공학도로서 평생을 살아가고 싶은 마음은 없었기에, 진로를 위해 충분한 시간을 갖기 위해 대학 3학년을 마치고 입대하였습니다. 군 생활이 남겨준 가장 소중한 것은 '사랑이 가장 강하다'는 믿음입니다. 여기서 '사랑'이란 '진실하고 참된 마음에서 나오는 겸손과 용기, 그리고 배려와 희생의 마음'

과 가까운 그 무엇입니다. 하여튼 그 전에도 막연히 그런 '사랑'이 좋다는 것을 알고 있었지만, '가장 강하다'라고 여겨본 적이 없었습니다. 하지만 사람간의 갈등이 깊었던 군에서 벌어진 여러 사건들을 통해서 사랑이 가장 강한 것임을 뼈저리게 체득하였고, 사랑은 창조 세계의 참된 원리일 것이라 믿게 되었습니다. 그러다 보니 떨어지는 낙엽을 보면서도 사랑 원리의 실현이라고 - 아내와의 사랑이 시작된 무렵이니 더 그랬을 겁니다^^ - 느낄 정도였습니다.

군에서 꾸준히 성경 말씀을 읽었습니다. 성경 말씀을 읽다 보니 예수님이야말로 사랑을 온전히 실현하신 분이 아닌가 하는 생각이 싹텄습니다. 놀라운 능력의 소유자이시면서도 능력을 욕망의 도구로 사용하지 않으시고, 자신의 죽음과 부활이 인류 구원의 역사를 이룰 것이라는 '자기 확신'을 가지고 죽음까지 마다하지 않으신 예수님의 삶만이 사랑의 이데아를 온전하게 실현해 내신 것이 아닐까 라는 생각을 하게 되었습니다. 그러면서 '성경의 하나님이 바로 창조의 근원이시지 않을까' 하는 생각도 함께 자라났습니다. 전보다 성경을 더 열심히 읽게 되었고, 예수님 말씀에 순종하고자 하는 노력이 미력하나마 시작되었습니다. 그러나 예수님이 구원자인지, 그리고 예수님만이 꼭 구원자가 되시는지에 대해서 변치 않을 확신은 생기지 않았습니다.

하나님의 임재하심

군 시절에 이어 제대 후까지 진로에 대해 계속 고민하다가 변리사 시험을 준비하기로 했습니다. '지적재산권'이란 개념이 신선했고, 여하간 정들었던 전공을 활용할 수 있어 매력적이었습니다. 그렇게 다시 시험의 문 앞에 서게 되었고, 다시는 실패하고 싶지 않았습니다. 실패의 잔이 얼마나 쓴 건지 잘 기억하고 있었기 때문입니다. 부끄러운 이야기입니다만, 군 시절에 삶을 포기하고 싶었던 적이 한 번 있었습니다. 진짜 힘들게 살아가시는 분들께 죄송해서 숨기고 싶었지만, 하나님이 임재하셨던 순간을 온전히 증거하기 위해서는 달리 방법이 없는 것 같습니다.

일병 휴가 전에 기술고시를 함께 준비했던 친구가 기술고시에 최종 합격했다는 소식을 들었습니다. 정말 좋아하는 친구이고, 그의 노력을 잘 알기에 일병 휴가 때 만나 진심으로 축하해 주었습니다. 그런데 돌아오던 길이 참 쓸쓸했습니다. 부러움만은 아니었습니다. 지난 시절의 불성실과 교만을 용서하기 어려웠기 때문이었습니다. 휴가가 끝날 즈음에는 삶을 포기하고 싶은 충동이 불일 듯 일었습니다. 그렇게 강한 충동은 처음이었습니다. '못난 놈, 죽지도 못하냐'라는 내면의 조롱이 괴롭혔고, 그 조롱 소리에 대항하여 괴로움의 진정성을 증명하고 싶은 어리석은 자존심이 이성을 마비시키는 듯 위험한 순간이 계속되었습니다. 그러다 정말 죽을 '용기(?)'조차 없는 것이 아니라는 생각과, 그런데 그 마지막 '용기'를 죽음으로 증명한다는 것이 얼마나 우스꽝스러운가라는 생각이 들었습니다. 그리고는 문자 그대로 '죽을 힘으로 다시 살아 보자!'는 마음이 생겨났습니다. 나약한 자의 볼썽사나웠던 신음소리에도 주님은 외면치 않으시고 그렇게 건강한 생각을 넣어주셨습니다.

불성실로 인한 실패가 얼마나 치명적인지를 체험했던 기억이 있기에 시험 준비에 최선을 다했습니다. 그런데 너무 무리를 했나 봅니다. 1차시험 10여 일 앞두고 목감기가 심하게 들었습니다. 침만 삼키는 것도 매우 고통스러웠습니다. 남은 10여 일을 망치면 '새로운 실패'는 불을 보듯 뻔했습니다. 부활절 아침 학교 근처 교회에서 예배를 드리는데 눈물이 났습니다. 하.염.없.이.

'이번엔 잘하고 싶었는데 정말 또 떨어지는가. 아, 하나님!' 보통 눈물과는 달랐습니다. 서러움에 온몸이 잠긴 듯 마음이 땅 밑으로 꺼져가는 느낌이 이런 걸까요? 힘을 내어 기도할 수 있는 상황도 아니었습니다. 그냥 모든 것으로 소망했습니다. 아프지 않기를, 실패를 반복하지 않기를. 그리고 예수님의 몸과 피를 받아들고 입안에 넣었습니다. 삼키기만 하면 목이 나을 것이라는, '생각' 과는 다른 무엇이 전해졌고, 아무 고통 없이 - 침만 삼키기도 힘들었는데 - '예수님의 몸과 피' 가 삼켜졌습니다. 몸이 좀 얼얼하긴 했지만 몸살 기운이 사라졌고, 남은 날 동안 최선을 다할 수 있었습니다. 그리고 합격하였습니다.

신기한 것은 분명 예전에 경험치 못한 신비한 현상인데 그 당시엔 하나도 놀라지 않았다는 것입니다. 그냥 자연스러웠습니다. 당연한 것처럼. 그리고 며칠이 지난 후에야 놀라게 되었습니다. 그런데 지금 이 글을 쓰면서 더욱 놀란 것은 분명 예수님의 몸과 피를 먹고 마셔서 기적을 체험한 것인데도 예수님을 구원자로 확신하기까지에는 그 후로도 여러 해가 필요했다는 사실입니다. 예수님의 오병이어를 체험한 제자들이 여전히 헷갈려했던 것처럼, 정말 성령님의 도우심이 없다면 누구도 예수님을 주로 시인할 수 없는 것 같습니다. 그와 같은 신비로운 개입을 한 번 더 체험하고, 변리사 2차시험에 합격하였습니다. 우주의 먼지 같은 인간이지만 간절히 기도하면 창조주가 응답하시기도 한다는 사실을 새롭게 체험하고 하나님께 감사하면서 예수님을 주님으로 섬기고 싶은 마음이 생겨났습니다. 그래서 주위 사람들에게 예수님을 전했지만 예수님이 구원자이심에 대한 확신이 굳건하지 못하여 열매는 거의 맺을 수 없었습니다.

'법' 을 향했던 마음이 깨달은 불순종

법을 공부한 적이 없었는데, 변리사 1차시험 과목이었던 민법을 공부하게 되었을 때, 정말 '이거다' 싶었습니다. 전공이었던 전자와 전파의 세계에서는 사람냄새가 느껴지지 않아 답답했는데, 법은 사람냄새로 진동하는 듯 했습니다. 추상적인 관념어가 난무하는 것으로 그치지 않고 사람의 현실로 육박해 들어오는 에너지가 충만하게 느껴졌습니다. 합격 후 특허사무소와 기업에 근무하면서도 법을 향한 마음이 사라지지 않아 직장을 그만두고 사법시험을 보기로 결정했습니다. 법률 실무가로서 지적재산권 전문가가 되고 싶었고, 나아가 장차 통일 한국의 법과 제도를 마련하는 데 작은 기여를 하고 싶어 사법시험을 보기로 결정하였습니다. 그런데 결정 과정에서 하나님의 뜻을 간절히 구하지 않았습니다. 하나님의 비일상적 개입을 체험했던 자로서 간절한 기도 없이 중요한 결정을 내린지라 '하나님이 이러한 결정에 축복을 주실까, 이 길이 하나님의 뜻이 아니면 어떻게 할까' 하는 두려움이 사법시험 과정의 어려운 고비마다 힘들게 하였습니다.

사법시험을 보기 몇 달 전 사랑하는 여자 친구와 결혼하였습니다. 달콤해야 할 신혼 초에 사법시험 준비를 시작한 저는 마음이 급했습니다. 한편으론 열심히 공부한다면 이번에도 지켜주실 것이라는 기대가 컸습니다. 힘찬 각오로 신림동에 방을 구하고 제44회 1차시험 합격을 목표로 공부를 시작했습니다. 그런데 두 달이 지나지 않아 몸은 제 기능을 하지 못했습니다. 몸은 지난 시절을 어떻게 살아온 것이냐고 묻는 듯했습니다. 게으르고 악한 습관, 특히 술이 문제였던 것 같습니다. 유년 시절의 믿음이 증발되기 시작할 때부터 위로가 되어주었던 술은 창조주 하나님을 고백한 이후에도 신앙과 관련하여 특별히 거리낌이 없었기에 계속 마셨습니다. 기분 좋으면 좋은 대로 나쁘면 나쁜 대로 한 번 마시면 많이 마시는 편이었습니다. 변시 준비와 직장 일에 몸을 혹사시키면서도 술 습관은 여전했습니다. 정말 이제 그만 먹어야지 하면서도 그 다짐은 매번 실패했습니다. 운동 덕분에 몸이 그런대로 버텨주어 괜찮은 줄 알았습니다만, 시험대에 올라서니 현실이 드러나기 시작한 것입니다. 하지만 정한 목표를 달성하려면 할 것이 너무 많았습니다. 그래서 조금만 몸이 좋아지는 것 같으면 바로 책상 위로 올라갔습니다. 그러나 더 이상 '깡다구'로만 버티기 어려웠습니다. 심한 감기에 한 주를 꼬박 앓고 회복된다 싶어 다시 공부를 시작하면 또 몸살이 도지고, 그렇게 악순환이 반복되다 한 달 반이 날아가 버렸습니다. 이번에 합격 못하면 안 되는데 하며 남은 기간이라도 최선을 다하면 좋은 길 주시리라 믿고 몸부림쳤습니다. 그러나 시험 후 채점해보니 합격을 기대하기 어려운 점수가 나왔습니다. 1년이 늦어진다는 답답한 마음에 현실을 부정하고 싶었고, 어리석게도 혹시나 하는 마음을 버리지 못했습니다. 그러다 보니 합격자 발표 때까지 두 달을 헤매었습니다. 불합격 소식을 듣고 나서야 정신이 들었습니다. 그런데 가만 생각해보니 합격 불합격 여부를 떠나서 저에게 무언가 문제가 있는 것 같았습니다.

 말씀드린 대로 저는 하나님의 비일상적 개입을 체험하였습니다. 제대로 된 사람이라면 당연히 변화가 있어야 했겠지만, 그렇지 못했습니다. 문제의 핵심은 예수님이 구원자이신가에 대한 확신이 없던 탓이었던 것 같습니다. 그냥 어떤 날은 희미하게나마 그런 것 같다가도 햇살 따가운 어느 날은 예수님의 십자가 고난과 제 죄의 인과관계가 너무 아득하게만 느껴지고…. 그렇다 보니 선한 마음 그득할 때는 하나님 앞에서 살아가는 사람처럼 행동하다가도, 마음의 소욕이 불일 듯 일어나면 하나님은 저 멀리 구름 너머 계시는 분처럼 여기며 다른 사람이 되곤 했습니다. 다시 창조주 하나님을 고백하기는 했지만 그분이 어떤 분임을 잘 알지도 못하는, 참된 푯대가 없는, 여전한 불순종의 사람이었습니다. 하지만 사회적인 삶이 그런 대로 풀려가니 불순종의 삶에 대해 문제의식을 갖지 못했던 것 같았습니다. 그러다 보니 사법시험도 하나님의 뜻을 구하지 않고 결정한 것입니다.

 두려웠습니다. 하나님의 뜻을 간구할 생각도 하지 않고 시작한 사법시험…. 과연 나는 하나님을 참으로 믿는 사람인가? 이런 나를 하나님께서 어떻게 생각하실까? 그런데, 예수님은 정말 하나님이신가?

 재충전을 위한 여행을 잠시 다녀온 뒤에 다시 공부를 시작했지만 한 번 무너진 몸은 쉽게 회복되지 않아 공부가 쉽지 않았습니다. 몸에 지은 죄가 쉽게 사라지지는 않더군요. 그러기에 하나님의 말씀을 이전보다 더 간절히 읽게 되었습니다. 죄가 많아 공의의 하나님 앞에 두려운 마음이 한이 없지만 성경이 증거하는 하나님의 사랑에 매달리며 기도와 말씀으로 견뎌나갔습니다. 그러는 과정에서 바른 자세가 얼마나 중요한 건지 깨닫게 되었습니다. 진실한 자세로 최선을 다하고도 두렵고 떨리는 마음으로 주님 앞에 나아가는 자세를 사모하게 되었습니다. 제45회 1차시험 합격을 목표로 공부하였지만, 믿음의 합격이 더 중요하다는 마음으로 하루하루를 살아가고자 몸부림쳤습니다. 주일인 시험 당일에는 주님 주시는 평안한 마음으로 주일예배를 드리고, 존경하고 사랑하는 故이중표 목사님의 안수 기도를 받고 시험장으로 갔습니다. 채점을 해보니 넉넉히 합격할 만한 점수가 나왔습니다. 하나님께 감사드리며 2차 공부로 바로 들어갔습니다.

한편 1차시험 이후에 문홍수 변호사님(당시에는 부장판사님이셨고, 현재는 낮은마음교회 전도사님이시자 법무법인 민우 대표변호사님이십니다)이 고시생들을 위해 마련하신 성경공부 모임에 참석하게 되었는데, 문 전도사님의 말씀과 책 『별은 동쪽에서 떠오르고』를 통해 하나님의 말씀을 더욱 깊이 알게 되었습니다. 또한 존경하고 사랑하는 故이중표 목사님의 별세의 말씀을 통해 예수님의 십자가 순종의 참 의미를 차츰 깨닫게 되었습니다. 2004년 2차를 준비하면서 "먼저 하나님의 나라와 하나님의 의를 구하는 자 되게 하소서"(마 6:33)라는 기도와 "날마다 제 십자가를 지고 주님을 따르게 하소서"(마 16:24)라는 기도에 집중하게 되었습니다. 이러한 과정을 통해 예수님을 주님으로 모시게 되었습니다.

예수님이 어떻게 구원자가 되시는가?

예수님이 너무나 친숙했던 유년기에서 벗어나 예수님이 주님이신지에 대해 확신할 수 없었던 방황기를 거쳐 이제야 예수님을 주님으로 모시게 되었습니다. 방황의 시간이 안타깝기도 하지만 지금이라도 변하였으니 정말 감사하고 감사한 마음뿐입니다. 적잖았던 방황의 나날에도 느끼지 못했을 뿐 하나님은 늘 함께하셨음을 믿습니다. 방황을 통해 하나씩 얻게 된 귀한 생각들이 토대가 되어 예수님을 주님으로 고백할 수 있었기 때문입니다. 그리고 첫 번 1차시험에서 떨어지게 해주신 것, 떨어지고 난 후 문제의식을 갖게 하신 것, 그러면서 말씀과 기도에 집중하게 해주신 것, 좋은 믿음의 선배를 만나게 해주신 것 등의 과정을 통해 집중적으로, 그러나 천천히, 한편으론 확실하게 예수님이 주님이심을 고백하게 되어 정말 행복합니다. 불순종했던 자의 마음과 영혼의 비늘을 벗겨주시고 믿음의 길로 인도하신 주님께 감사드립니다. 그 과정에서 고백하게 된 부분을 간략하게 소개하고자 합니다.

창조주의 존재하심과 성경이 창조주 하나님의 말씀임을 믿습니다. 놀라운 성경 말씀에 따라 순종하려고 할 때 체험하게 되는 말씀의 힘을 통해 그 믿음은 더욱 확고해졌습니다. 제 경우, 예수님을 주님으로 받아들이기 전까지는 눈에 보이는 세상 권세가 부러우면서 무서웠으므로 그에 쉽게 굴복할 수밖에 없는 사람이었습니다. 그러나 예수님을 주님으로 모시게 되자 세상 권세는 제 영혼의 주권자가 될 수 없다는 것을 알게 되었습니다. 물론 지금도 어리석은 습성이 남아 있어 때로는 스스로를 낙담케 하고 성령님의 마음을 아프시게 하지만, 마음의 방향성만큼은 이미 하나님 나라를 향하고 있으므로 성령님의 도우심으로 결국 스승님이자 주님이신 예수님과 같이 될 것을 믿습니다.

구원의 결정권한자는 하나님이심을 믿습니다. 타인들의 구원에 대해 진정 안타깝게 여기지도 않으면서 다른 종교적 환경에 처한 이들을 들먹이며 예수님의 구원 역사를 외면했던 적이 있었습니다. 그러나 이는 창조주 하나님을 신뢰하지 않았기 때문이었던 것 같습니다. 성경 말씀을 하나님 말씀으로 믿는다면 세상을 창조하셨으면서도 자신의 독생자를 인류 대속 제물로 보내시기를 아끼지 않으셨던 공의와 사랑의 창조주 하나님이 모든 것을 공의와 사랑으로 심판하시리라는 믿음은 당연한 것 같습니다. 이와 관련하여 로마서 2:12-16 말씀이 위로가 되었습니다. 그러나 그렇다고 하나님 나라에 대한 기쁜 소식, 복음을 전파해야 할 의무가 약해질 이유는 없다고 생각합니다. 무엇보다 복음 전파는 우리 주님의 마지막 명령이시고, 복음은 단순히(?) '죄사함' 만을 의미하는 것이 아니라 죄사함으로 얻은 자유를 통해 하나님 나라 안에서 누리게 될 기쁨과 평안이 넘치는 풍성한 삶을 함께 의미한다고 믿습니다. 따라서 복음을 듣는 사람들의 기쁨을 생각해보면, 또한 하나님 나라 확장의 황홀함을 생각해보면 이는 그리스도인의 사명임을 더욱 믿습니다.

예수님은 우리의 구원자이심을 믿습니다. 성경 말씀이 하나님의 말씀이라는 사실과 구원에 대해 온전하게 하나님을 신뢰할 수 있게 된 이후에도 완전히 해결되지 않은 궁금증이 있었습니다. '아니 어떻게 주님의 보혈로 그 모든 죄가 정케 된단 말인가?' 하는 궁금증이었습니다. 궁금증 해결의 첫 단계는 저지른 죄들로 인한 고통 인식이었던 것 같습니다. 성령님께서는 사법시험의 과정을 통해 먼저 지난 죄들을 돌아보게 하셨고, 그 죄들로 인해 죄의 노예로 살아가고 있는 자신을 돌아보게 하셨습니다("죄를 짓는 사람은 다 죄의 종이다"(요 8:34) 표준새번역]. 숱하게 지은 그 많은 죄는 끊임없이 두려움과 괴로움의 구덩이로 저를 밀어 넣었습니다. 그러한 고통 속에서 그 지독스런 죄의 해결 없이는 빛 가운데, 생명 가운데로 나아가지 못한다는 사실을 믿게 되었고, 진실한 종교심을 가지고 수양을 아무리 하더라도 인간으로서는 자신의 죄를 해결할 방법이 없다는 사실을 받아들이게 되었습니다.

두 번째 단계는 죄와 자유의지에 대한 이해였던 것 같습니다. 죄의 고통이 심해지다 보니 '왜 전지전능하신 하나님이 이렇게 인간을 죄 가운데 살아가도록 하셨을까?' 라는 오래된 의문이 새삼스러웠습니다. 그러다가 하나님의 인간 사랑에 대한 결과라는 생각에 동의하게 되었습니다. 즉 하나님께서 로봇을 만들어서는 그 로봇도, 만드신 하나님도 기쁨 – 마치 사랑하는 연인이 갈등하는 것을 보고 완전한 자유를 주었음에도 자신에게 돌아오는 것에 대한 기쁨처럼 – 을 누리실 수 없기에 자유를 주신 것이라는 생각, 그리고 원래 자유의지란 인간으로 하여금 기쁨을 누릴 수 있게 하는 하나님의 선물이고 – 오늘도 자유의지로 좋아하는 음식을 골라 먹고, 신선한 바람이 좋아 한강변에 나가며, 사랑하는 아내를 기쁘게 하기 위한 계획을 세우듯이 – 이러한 자유의지를 남용하여 죄의 고통에 빠지는 것은 오히려 예외적인 현상이라는 생각에 동의하게 되었습니다. 따라서 이러한 자유의지의 부여 야말로 바로 창조주 하나님의 전지전능하신 본질에 부합할 것이라는 믿음이 생겼습니다.

세 번째 단계는 성경 말씀에 더욱 집중하게 된 것이었던 것 같습니다. 성경에서 예수님이 하나님의 아들이자 하나님이심을 분명히 말씀하고 계시다는 사실(요 1:1,14; 5:17)에 집중하게 되었고, 그 말씀을 통해 예수 그리스도와 인간과의 관계는 창조주와 피조물의 관계라는 사실을 인식하게 되었습니다. 즉, 예수 그리스도가 우주의 근원이시라면 인간은 그 안의 먼지라고 생각됩니다. 따라서 우주의 창조주께서 우주의 먼지만도 못한 자신의 피조물을 위해, 그 먼지들의 조롱 가운데 십자가에서 보혈을 흘리셔서 인간스스로 어찌할 수 없던 죄를 사해주셨다면, 그와 같은 완전한 희생과 사랑인 십자가의 보혈은 인간의 그 어떤 죄라도 정결케 하실 수 있는 것이 너무도 당연하지 않을까? 완전한 존재가 비존재를 위해, 완전한 가치가 무가치를 위해 희생하였다면, 비존재성과 무가치성이 그 얼마나 극심할지라도 완전한 존재와 완전한 가치의 사랑으로 인해 그 비존재성과 무가치성은 도말되는 것이 당연하지 않을까? 하는 생각이 들면서 히틀러 죄의 지독함에 비할 수 없이 거룩한 창조주의 사랑을 느끼게 되었습니다(롬 3:21-31). 공개된 비밀인 하나님의 복음은 아마도 세상 지혜로 충만한 자에게는 이렇게 어리석은 것이기에, 창조주의 존재하심과 자신은 피조물일 뿐이라는 사실을 인정하고 자신의 죄에 대하여 진실하게 참회하며 그 죄에서 벗어나는 참된의를 간절히 사모하는 자 – 세상의 지혜로 보면 한없이 어리석은 자 – 에게 성령님이 이해시켜 주시는 것이 아닐까라는 생각이 들었습니다.

소망

예수님을 주님으로 모시게 된 기쁨 가운데 2차시험을 준비하였습니다. 몸이 약해져 어려움은 있었지만 주님이 지켜주셔서 무사히 시험을 마칠 수 있었습니다. 그리고 2차시험 후 곧바로 특허사무소에 취직하였습니다. 법을 향한 마음은 변함이 없었지만 더 이상 부모님과 아내의 희생을 강요하기 어려웠기 때문입니다. 직장생활에 적응하면서 합격에 대한 미련을 버리고자 - 떨어진다면 재도전하고 싶은 제 욕망을 제어하기 힘들 것 같아서 - 아내와 함께 참으로 많은 기도를 올려드렸습니다. 합격하고 싶은 마음은 한이 없지만, 꼭 법조인의 길이어야만 하는가에 대한 확신이 없었고, 사실 시험과정을 통해 주님이 깨닫게 해주신 은혜만으로도 너무 감사했기 때문입니다. 합격자 발표를 앞두고 40일 새벽기도를 드렸습니다. 그 기간이 지금껏 가장 평안했던 시간이었던 것 같습니다. 발표 당일 일하던 특허사무소에는 휴가를 내고 오전에 집에서 계속 기도드렸습니다. 합격이건 아니건 오직 주님 위해서만 사는 자가 되게 해달라고, 합격했다고 우쭐하거나, 불합격했다고 낙담할 게 아니라, 오직 주님의 자녀로, 주의 종으로 순종하며 살아가는 자가 되게 해달라고 기도드렸습니다. 합격이었고, 감사기도를 올려드렸습니다.

사법연수원 신우회에서는 예기치 못할 정도로 믿음 좋은 형제자매를 여럿 만났습니다. 그간 홀로 씨름하며 지내온 날들이 길어 공동체 생활에 익숙하지 못한 점이 많았음에도 신우회 임원 중 한 사람이 되어 많은 것을 배우게 되었습니다. 믿음의 지체들과 함께 한 연수원 1년차 과정을 통해 하나님 나라 안에 거하는 기쁨에 대해 조금씩 알게 되었습니다. 그리고 그 기쁨을 누리기 위해서는 말씀과 기도를 통해 죄짓게 했던 습관을 철저하게 인식하고 성령님의 도우심으로 그러한 습관과 피 흘리기까지 싸워야 한다(히 12:4)는 진리를 새삼스럽게 깨닫게 되었습니다. 믿음 좋은 형제자매들을 보면서 지난 세월이 더욱 안타까웠지만, 지금이라도 늦지 않았음을, 그리고 지금부터가 중요하다는 것을 마음에 새기려고 합니다. 앞으로 어떠한 삶을 살아가게 되는지 오직 주님만이 아시겠지만, 부디 합격하기 전 올려드렸던 기도가 응답되는 하루하루가 되기를 소망할 따름입니다.

형제자매님께

　목표를 향해 아무도 대신해 줄 수 없는 힘든 길을 견뎌내시는 형제자매님, 힘내시기를 기도드립니다. 형제자매님들을 위해 마지막으로 무슨 말씀을 드릴까 생각해봅니다만, 힘든 과정에 계신 분께 위로를 건넨다는 것은 정말 어려운 일인 것 같습니다. 제가 아는 한계 내에서 최선의 말씀을 드려보고자 합니다.

　아직 예수님을 주님으로 영접하시지 않은 분이시라면 부디 형제자매님을 향한 예수님의 사랑을 기쁘게 받아들이시기를 기도드립니다. 참으로 주님을 영접하고 주님을 마음에 모시게 된다면 시험을 포함한 삶의 모든 문제와 염려는 주님 안에서 새롭게 이해되고 이전과는 다른 새로운 지평이 형제자매님의 삶에 열리게 될 것을 믿습니다. 그리고 이미 주님으로 영접하신 분이라면 하나님 나라의 기쁨과 행복을 온전히 누리시길 기도드립니다. 힘든 고시시절 오히려 빛과 소금으로서, 주님의 전사로서 아름답게 단련되셔서 하나님의 기쁨 되는 열매 맺게 되실 줄 믿습니다.

　예수님을 영접한다고 해서 풀리지 않았던 삶의 난제가 모두 해결되는 것은 아닐 겁니다. 하지만 당장 어려움이 사라지지는 않을지라도 주님 영접을 통해 분명 변화되는 것, 새로운 삶의 가능성을 보여주는 변화는 있으리라 믿습니다. 현실이 순탄치 않더라도 구름 너머에 태양이 있음을 믿듯이 하나님의 사랑을 굳게 믿으며 끊임없이 긍정적이고 바른 자세로 아름다운 도전을 포기하지 않도록 성령님이 인도하여 주시리라 믿습니다. 하지만 우리 모두는 정말 연약합니다. 다짐하고 나아가도 쉬 넘어지는 것 같습니다. 그러기에 믿음의 공동체가 참 중요한 것 같습니다. 가까운 곳에 있는 믿음의 공동체에 꼭 소속되셔서 주님 주시는 사랑의 교제를 나누시길 기도드립니다. 주님의 성령이 형제자매님들과 함께하시길 기도하며 글을 마칩니다. 감사합니다.

삶, 이야기, 그리고 응답하시는 하나님

하나님께서 끝났다고 하시기 전까진
끝난 것이 아니다.
절대 포기만은 하지 말자.

송 인 호
연세대학교 법학과
사법시험 제45회

인생을 살다보면 가끔은 '이 일은 정말 내가 꼭 해야 할 일이다' 라는 생각이 드는 일이 있는 것 같습니다. 바로 『위로자격증 Ⅱ』에 원고를 제출하는 일이 그러했습니다. 생각해보면 지난 몇 년 동안 하나님께서는 '글' 을 쓸 마음을 부어주셨던 것 같습니다. '글' 을 쓰면서 지나간 삶들을 정리하기도 했고 다시 살아갈 힘을 얻기도 했었죠.

여기 지난 몇 년의 고시공부기간 동안 제 삶을 나름대로 정리하며 썼던 글을 모아봤습니다. 4번의 2차시험을 보며 그때까지 인도하신 하나님의 손길, 그리고 그 과정 중에 느꼈던 솔직한 심정들을 법대기독학생회 후배들에게 간증문 형식으로 그때그때 정리해서 썼던 글입니다. 단 한 분이라도 제 글을 통해 하나님께 좀 더 가까이 나가게 되시고 조금이라도 힘을 얻으시길 소망합니다. 제가 예전에 『위로자격증 Ⅰ』을 읽고 힘을 얻었듯이 말이지요. 그럼 시작해보겠습니다.

첫 번째 이야기 – 대학생활을 돌아보며

– 2001년 가을, 두 번째로 본 2차시험 결과를 기다리며 쓴 글입니다.

이제 한 달여만 있으면 2학기도 끝난다. 그리고 졸업…. 대학 입학 후 8년 여의 시간…. 긴 인생의 시점에서 본다고 해도 결코 짧지 않은 시간이다.

많은 사건도 있었고, 많은 변화도 있었고…. 기쁨과 슬픔, 절망과 희망이 교차하며 나를 성숙시킨 시간들이었다. 이제 내 이름 앞에 지난 8년 동안 따라다니던 '대학생'이란 호칭을 인생이라는 강물의 흐름 저 뒤안길로 흘려보 내는 시점을 맞아 잠시 돌아보려 한다. 무엇보다도 지난 시간 동안 함께하 신 그분의 손길을 생각하며….

대학입학 후 군대 가기 전

새내기 시절, 초등학생도 휴대폰을 가지고 있는 지금과는 달리 그땐 삐삐 만 있어도 잘 나가는(?) 대학생으로 여겨지던 시절이었다. 개인적으로 힘든 일이 있었던 시기였지만 그래도 나름대로 인생에서 한 번밖에 없던 새내기 시절을 보람되게 보내려고 의욕적으로 생활했던 것 같다. 학교공부와 다양 한 경험 둘 다 잡으려고 애쓰던 시절. 일단 다양한 경험, 뭔가 기억에 남는 일을 하려고 참 부단히 애썼던 것 같다. 가장 기억에 남는 건 1학년 크리스 마스 이브날 친구와 둘이서 폴라로이드 카메라를 들고 산타클로스 복장을 하고 불우이웃돕기 성금을 모으려고 롯데월드와 대학로를 하루 종일 돌아 다녔던 일이다. 지금도 그때 생각을 하면 웃음이 나온다. 어디서 그런 용기 가 나왔는지…. 신앙은 어땠냐고? 무늬만 크리스천이었던 것 같다. 교회는 거의 안 나가고 다만 윤리적 지침과 도덕적 가치관으로서만 기독교를 받아 들였었다. 그리고 일반 대학생들처럼 때론 기분 좋고 때론 기분 나쁘고 그 냥 그런 일상사의 감정의 기복을 따라 그냥 살아가는…. 그리고 2학년이 되 고 본격적인 고시공부를 시작했다. 그때 누가 '너는 왜 고시공부하니?' 하 고 물으면 이렇게 대답했던 것 같다. "정의감 넘치는 법조인으로서 한 번 꿈을 펼쳐보려고….” 하지만 그 안에 하나님은 없었다. 아니 있었다 해도 그건 내 정의감을 뒷받침하는 논거 중 하나였을 뿐이었을 것이다.

그러던 중 2학년 2학기 때 학교에서 교양필수인 기독교과목을 수강하며 하나의 전기가 마련되었던 것 같다. 무언가 내 맘속에서 하나님에 대해서 알길 원하는 갈급함이 생겼던 것이다(지금도 내게 그런 맘을 주신 하나님의 은혜에 참 감사한다). 마침 교회도 가까운 곳으로 옮기면서 규칙적으로 나가기 시작했다.

3학년 1학기. 군대를 먼저 가기로 결정했다. 그리곤 그해에는 1년여를 쉬며 각종 기독교서적을 탐독했었다. 한마디로 말해 마음과 영혼으로 믿고 싶지만 잘 믿어지진 않던, 그러나 무언가 알고 싶기에 머리로라도 연구하고 공부하고 싶던 시기였던 것 같다. 교회에서 시작한 청년부 성경공부모임에도 참석했다. 그때 드린 기도제목이 생각난다.

“하나님, 전 하나님을 믿고 싶습니다. 정말 영혼 깊이 믿고 싶습니다. 그런데 잘 안 됩니다. 믿음 주시옵소서.” 지금도 난 전도할 때 이렇게 얘기한다. 믿어지지 않거든 믿음 달라고 기도하라고…. 그럼 반드시 주신다고…. 그 당시 이성적 논리를 가지고 성경에 대해 논박하고 질문하던 내게, 재수 시절부터 친했던 서울대 법기독의 한 친구가 한 말이 기억난다. “신앙이 자라면 이해가 될 것”이라고. 당시엔 잘 몰랐지만 몇 년 후 그 말이 정말 맞다는 걸 깊이 느낄 수 있었다.

군대 시절

사실 군대라고 부르긴 좀 뭐하다. 난 공익이었으니까. 1997년 1월부터 시작된 내 공익근무생활기간이 어쩌면 내 신앙생활의 제대로 된 첫 시작이라고 할 수 있을 것도 같다. 법대 동기가 권해준 큐티(말씀묵상)를 시작하기로 결심하고 매일 아침과 밤에 기도하며 조금씩 이제 머리가 아니라 마음과 영혼으로 하나님과 교제하기 시작했다. 그러던 1997년 5월 어느 날 아침 큐티 중이었던 것으로 기억한다. 말로 표현할 수 없는 평안과 기쁨, 감사의 느낌이 내 온몸을 휘감았던 것이다. 그냥 감사했다. 그냥 모든 것이. 한 모금의 숨결에도 감사했다. 내가 받을 복을 구하는 것이 아니라 받은 복이 너무도 큼을 절실히 느끼고 그냥 감사했다. 그때부턴 상황이 객관적으로 변한 건 없는데 그냥 기뻤다. 날 괴롭히는 상사가 오히려 불쌍해보였다. 지금도 그때의 그 감사의 기쁨을 생각하면 너무도 감사한다. 난 내 신앙생활에서 그 날을 이렇게 표현한다. '감사의 영'을 주신 날이라고.

그날 이후 제대할 때까지 낮엔 근무하고 밤에는 틈틈이 법 공부하고 또 나 혼자서 성경공부교재를 사서 공부했다. 다소 빡빡한 생활이었지만 바로 그 감사의 기쁨으로 조금씩 하나님과 교제하며 그 성품과 그 안의 비밀을 알고 그리스도인으로서 성장해갔다. 제대로 된 그리스도인이 되어가는 시작이었던 것이다.

고시공부 시절

제대하고 본격적으로 고시공부에 전념했다. 이젠 분명한 목적이 있었다. 오직 그분의 영광을 위해서, 이 길을 통해 그분의 나라를 확장하기 위해서, 그리고 이 길이 내게 주신 소명인 줄 앎으로…. 하지만 고시공부는 쉽지 않은 일이었다.

난 이런 표현을 자주 쓴다. 법기독인은 기독인이라는 십자가와 법대생이라는 십자가, 이중의 십자가를 지고 살아가는 존재라고. 정말로 쉽지 않은 일이다. 세상과 교회 내에서 자칫하면 모두 질시를 받고 소외되기 쉬운 그런 위치에 있기 때문이다.

생각해보면 참 답답한 적이 많았던 것 같다. 그런 점에서 법기독모임의 소중함이 더 절실히 느껴졌다.

1차시험 준비 시절

제대하고 7개월여 정말 열심히 공부했던 것 같다. 매일 혼자서 공부하고 혼자 밥 먹고 혼자 성경공부하고. 그렇지만 역시 공익 시절 그렇게 하고 싶었던 공부였기에 힘 드는 줄 모르고 공부했었다. 학원 모의고사 성적도 잘 나와서 어느 정도 합격을 예상했었다. 하지만 결과는 그 반대. 이른바 영어에서 폭탄을 맞는 바람에 별로 힘도 못 써보고 또 떨어졌다. 당시에는 어학 과목이 과목별로 편차가 심했기에 거의 운(?)에 좌우되는 요소가 컸다. 그만 두고 싶었다. 친구들은 아직 3학년인데 무슨 소리냐고 했지만 내 솔직한 심정은 그랬다. 그리고 답답했다. '하나님, 제가 무슨 일을 하길 바라십니까? 이 길이 제 길이 아니란 말입니까?'

한 번만 더 해보기로 했다. 그리곤 그해 가을 신림동으로 들어갔다. 한 친구의 말대로 기드온처럼 기도하고 마지막이란 생각으로 공부는 더 열심히 했지만 마음은 늘 불안했다.

그러던 그해 11월, 그러니까 1999년 11월 5일 밤. 큐티 중 내 맘 깊은 곳에서부터 이런 강렬한 확신을 주셨다. '내가 있어야 할 곳으로 하나님이 이끄실 것이다. 나를 필요로 하고 하나님께서 내게 주신 달란트를 발휘할 수 있는 곳으로, 내가 영혼의 보람을 느끼며 일할 수 있는 그 길로 날 인도하시리라. 그 길이 법조계일지 아니면 다른 길일지는 모르지만 분명히 태초부터 내게 예비하신 그곳으로 날 반드시 인도하실 것이다.' 참 자유함을 느낄 수 있었다.

지금도 기억난다. 1차시험 보기 1주일 전 한 친구가 내게 기도제목을 물은 적이 있다. 아마 당연히 시험합격이라고 생각했었겠지. 하지만 내 대답은 '참 그리스도인답게 골수까지 변화시켜 주시는 것'이었다.

내 생애에 처음으로 시험에 쫄지 않고 담대히 시험을 칠 수 있었다.

니체는 "인간은 그저 아무런 목적 없이 세상에 던져진 존재"라고 말했다. 난 이 말에 반대한다. 크리스천이라면 모두가 그럴 것이다. 혹시 자신의 존재의 의미와 목적에 대해 조금 방황하는 사람이 있다면 분명히 기억해줬으면 좋겠다. 분명히 하나님께서 당신을 이 땅에 태어나게 하신 목적이 있고 그 목적대로 이끄실 것이라는 것을, 당신은 이것을 믿고 따르기만 하면 된다는 것을….

2차시험 준비 시절

이 글을 읽고 있는 분들 중에 이미 경험해본 사람은 잘 알겠지만 1차시험 때와는 비교할 수 없을 만큼 힘들다. 나 역시 힘들었다. 시험 앞에 담대하고 공부 앞에 담대하게 정말 참 그리스도인처럼 살고 싶었지만 역시 인간이 그리고 나 자신이 얼마나 나약한 존재인지를 절실히 느낄 수 있었다. 하지만 하나님께서는 역시 그런 과정을 통해 또 한 번 신앙의 업그레이드를 해주셨다. 2차생에게 오는 마(魔)의 3월. 자신의 무력함을 절실히 느끼고 자신이 바보가 아닌가라고 자문하게 되는 시기이다. 나 역시 그랬다. 좌절감을 느꼈다.

그리스도인은 이유 없이 기쁘고 감사가 넘쳐야 한다. 그렇지 않으면 그리스도인이 아니다. 난 감히 이렇게 말하고 싶다.

그날 이후 다시 회복해서 기뻐하며 감사하며 공부를 할 수 있었다. 그리고 이젠 2차시험 3일 전. 몸이 안 좋아 4일 동안 공부를 못한 상황에서 버스를 타고 집에 오는 길. 내 생애에 그토록 진정으로 "하나님, 전 당신을 사랑합니다"라고 기도해본 적이 없을 정도로 내 맘속에서 하나님에 대한 사랑이 넘쳤던 것 같다. 누가 들으면 참 웃기는 소릴 거다. 당장 낼 모레가 시험인데 며칠간 공부도 못하고. 이만하면 원망하거나 불안에 떠는 게 정상(?)일 텐데 말이다. 나도 지금 생각하면 정말 신기하다. 그런데 그땐 정말 그랬다.

그리고 내 생애에서 두 번째로 담대하고 평안하게 시험을 치렀다.

마치며

고시공부기간. 고시생에게는 반드시 한 번쯤은 거쳐야 할 관문이다. 힘든 시기이기도 하고. 하지만 내가 신림동에서 지낸 지난 2년간을 생각해보면, 가장 하나님과 가까이서 동행하고 내 신앙이 성장할 수 있었던 시기였던 것 같다.

난 이렇게 말하고 싶다. 고시공부기간, 이건 하나님께서 크리스천 법대생에게 주신 '특별영성훈련 프로그램'이라고. 다윗이 엔게디 광야에서 성숙해졌듯 고시공부라는 광야를 통해 우리 법기독인들은 더욱 하나님의 자녀답게 신앙적으로 자라게 된다고.

글을 마치며

2차시험을 치른 지 벌써 4개월이 지났다. 그리고 이제 한 달 후면 합격자 발표. 그리고 대학 마지막 학기가 끝난다. 참 감사하다. 무엇보다 나를 그분의 품으로 인도하시고 성숙케 하신 그분의 손길이, 그분의 사랑이. 친구들은 나보고 발표가 얼마 안 남았는데 불안하고 떨리지 않냐고 묻는다. 솔직히 '아주' 가끔씩은 불안해질 때가 있다. 하지만 내가 스스로 생각해도 신기할 정도로 평안하다. 시험합격보다 더 중요한 것이 무엇인지를 알기에, 그동안 날 인도하신 그분의 손길의 신묘막측하심을 믿기에, 있어야 할 곳으로 내 인생을 인도하실 것임을 믿기에, 비록 내가 연약하여 쓰러지더라도 다시 일으켜주실 것을 믿기에, 나는 다만 매일 매순간 주께서 이 부족한 나를 참 그리스도인답게 붙잡고 성장시키시길 간구할 뿐이다.

두 번째 이야기 – 그날 이후
- 2002년 7월에 쓴 글입니다.

전화기 너머 잠시 침묵이 흘렀다. 그리고 들려온 친구의 목소리 "미안하다. 네 이름이 없는데…." 그리고 내 대답. "그래 알았다. 대신 확인해줘 고맙다." 이렇게 해서 난 2차시험에 떨어졌고 폭풍과 같은 지난 7개월의 시간이 시작되었다. 처음에는 나 스스로 놀랄 정도로 담담했다. "또 다시 저를 버리시는군요" 하는 마음이 스쳐가긴 했지만 곧 안정을 찾을 수 있었고, 오히려 주변 사람 걱정이 먼저 되었다.

다시 시작한 신림동 생활. 역시 처음엔 좋았다. 하지만 크리스마스를 지날 무렵 집에 잠시 들르면서 연수원 건물을 보는 순간(당시 우리집 바로 앞에 사법연수원이 있었다) 갑자기 서글픔과 원망의 마음이 밀려들기 시작했다. '도대체 왜? 왜 허락하시지 않으셨습니까? 누구보다도 성실하려고 노력했었고 하나님의 일을 한다는 생각에 논다는 것에 죄책감까지 느끼며 오로지 공부와 신앙생활 외에는 절대로 한눈팔지 않았었는데요' 하는 원망의 마음이 내 맘에 가득 차왔다.

그래 꼬인 인생, 노력하는 것만큼 별로 얻은 것이 없는 상황, 매번 일어나는 악재의 연속, 머피의 법칙. 이런 부정적인 생각이 계속 가득 차 왔고 날더 지치게 했다. 기도도 안 되었고 극심한 정신적 스트레스에 시달렸다. 무엇보다 힘들었던 건 하나님과의 끈이 끊어진 것 같은 느낌이었다. 정말로 인생이라는 바다 한복판에 길을 잃고 표류하는 기분이었다.

그러던 중 1월말. 2주간 독한 감기몸살로 한바탕 앓고 난 후 오히려 마음이 진정되기 시작했다. 결국 역사와 세상의 주권자 그리고 인생의 주관자이신 그분의 절대적 지위가 떠오르며 하나님은 우리의 필요의 대상이 아니라 경배의 대상이시라는 것, 이 점을 착각해서는 안 된다는 생각이 다시 들었다.

그리고 요한복음 3장 16절 "하나님이 세상을 이처럼 사랑하사 독생자를 주셨으니 이는 저를 믿는 자마다 멸망치 않고 영생을 얻게 하려 하심이라." 너무나도 많이 들었기에 별 감흥이 없던 이 말씀이 정말 절실히 내게 다가왔다. 이 세상을 사랑하신 하나님께서 나도 사랑하신다는 것. 이 한 가지 사실에 정말 감격하고 그 확인을 구하며 눈물로 기도했다.

그리고 출애굽기의 이스라엘 민족의 상황. 400년간 하나님의 무응답을 기다리는 상황. 그들의 심정이 느껴져 왔다. 정말 힘들었을 것이다. 기도해도 당장 상황이 바뀌지 않는 그 상황의 연속. 내가 당하는 고통은 그들에 비하면 아무것도 아니라는 생각과 함께, 결국 믿음은 어려운 상황에서 드러나는 것이고 인내하는 것이라는 아주 평범한 진리가 다시 내 마음속에 '생명력'을 가지고 살아나기 시작했다. 다시 세상이, 내가 처한 상황이 달라 보이기 시작했다. 그래 비록 공부에만 전념했던 지난 대학 시절, 그 결과가 무위로 끝날 수도 있고 평범한 직장인이 될 수도 있다. 하지만 난 그래도 내가 있어야 할 곳, '나를 필요로 하고 내게 주신 달란트를 맘껏 발휘할 수 있는 그곳으로 날 인도하실 것'이라는 믿음이, 그리고 매순간 그리스도인답게 살아가겠다는 그런 다짐이 내 마음속에서 용솟음치기 시작했다.

1차시험 며칠 전, 기자로 일하는 동기가 위로차 방문했다. 그리고 그 다음 날 혹시나 했지만 큰 기대는 하지 않고 있었는데 법대 수석 졸업이라는 사실을 알게 되었다. 정말 감사했다. 적어도 대학시절을 헛되이 보냈다는 생각은 더 이상 하지 않게 되었다. 그리고 다시 본 1차시험 역시 두 달도 못되는 공부량에도 불구하고 기적처럼 무난히 다시 합격하게 되었다. 다시 시작한 2차시험은 동차합격을 바라보고, 지난 겨울의 그 난관 속에 다시 한번 다져진 믿음으로 굳세게 그리스도인답게 해보기로 했다. 왠지 모든 것이 다 잘 될 것 같았다. 신림동에서 주일마다 1시간씩 노방전도도 시작했다. 시작은 좋았다.

하지만 역시 세상살이가 그리 만만한 건 아니었다. 오랜 고시공부 생활로 인한 정신적 육체적 피로가 그 한계를 드러내기 시작했다. 공부가 안 되기 시작했다. 공부를 해야 되는 데 하지 못하는 상황, 그 답답함은 경험해보지 않은 사람은 잘 모르리라. 역시 이 틈을 노리고 또 내 믿음을 흔들려는 사탄의 계략은 시작되었고, 난 또 휘청거리기 시작했다. 그동안 쌓아놓은 믿음의 내공도 다시 다 헛된 것이 되어버렸다. 감정의 기복에 그대로 휘청거렸고 미래에 대한 불안감에 다시 시달렸다.

그러던 어느 날『하나님의 뜻』이라는 책을 우연히 읽게 되었다. 하나님의 숨은 뜻은 그분께 맡기고 그분의 명백한 뜻을 따라 감사하며 기뻐하며 기도하며 살라는 내용이었다. 그래, 내가 겪는 어려움의 의미가 무엇인지 자꾸 답답해 하며 하나님께 묻지 말고 다만 나는 그 지난 10여 년을 통해 가르쳐 주신 그분의 뜻대로 살아가자고, '길'보다는 매순간의 '크리스천다운 자세'가 우선이라고 다시 마음을 다질 수 있었다. 그리고 드디어 2차시험 기간이 다가왔다. 거의 공부를 못한 상황이었기에 두려움이 앞섰다. 백지답안을 낼

거 같다는 걱정과, 끝난 후 그 허망함을 어떻게 믿음으로 극복할까 하는 생각을 하며 시험장에 임했다. 결과는 예상외로 무난한 문제들이 나왔고 정말 기적처럼 치르게 되었다.

그리고 지금 이 글을 쓰고 있다. 지난 7개월의 시간. 내 삶과 신앙의 흐름들 중 가장 혼란스러운 시기 중 하나였다. 이제는 웬만한 일에는 흔들리지 않을 것이라고 스스로 어느 정도 자부했던 믿음이 사실 얼마나 연약한 것인지 여실히 드러난 시간이었고, 성장하는 것이라고만 생각했던 신앙이 퇴보도 가능하며 그것도 한순간에 무너질 수 있다는 사실을 절.실.히. 경험한 시기였다.

'믿음은 난관 중에 드러나는 것', 이 평범한 말 속에 얼마나 많은 것이 함축되어 있는지 다시 한번 절실히 느낀다. '인내' 라는 단어, 성경에 수없이 등장하는 말들이 이젠 그저 흘러가는 말로 느껴지지 않는다. 이전보다도 더 절실히 그 느낌이 느껴진다.

지난 10여 년의 시간 동안, 폭풍과 비바람 그리고 때때로 비춰는 따뜻한 햇살을 통해 날 손수 가르치시고 변화시키신 아버지의 말씀, 그분께 배운 바에 다시 한번 굳게 서서 살리라.

그래 난 안다. 내가 본질적으로 얼마나 연약한 존재인지를. 그래서 쓰러지기 쉬움을. 또다시 휘청거릴 수 있음을. 신앙이란 그리고 믿음이란 끊임없이 지키지 않으면 무너지기 쉬움을. 그리고 세상을 살며 내게 난관과 어려움이 또 닥칠 수 있다는 것을. 그러나 난 한 가지를 더 안다. 그분께서 결코 버리지 않으시고 다시 회복하게 하실 것임을….

"나의 가는 길은 오직 그가 아시나니 그가 나를 단련하신 후에 내가 정금같이 나오리라"(욥 23:10)

"형통한 날에는 기뻐하고 곤고한 날에는 생각하라 하나님이 이 두 가지를 병행하게 하사 사람으로 그 장래 일을 능히 헤아려 알지 못하게 하셨느니라"
(전 7:14)

"내가 너의 갈 길을 가르쳐 보이고 너를 주목하여 훈계하리로다"(시 32:8)

"범사에 그를 인정하라 그리하면 네 길을 지도하시리라"(잠 3:6)

이 글을 쓴 5개월 후 저는 또다시 2차시험에 떨어집니다. 세 번째 떨어지는 거죠. 그리고 정말로 마지막이란 생각으로 4번째 2차시험에 도전합니다. 하지만 반복되는 낙방의 결과, 시험 직전 두 달여 동안은 하루 2-3시간 밖에 공부하지 못할 정도로 육체적·정신적으로 지쳐 있던 시기였습니다. 그 과정 중 머릿속에 든 단 하나의 생각은 '하나님께서 끝났다고 하시기 전까진 끝난 것이 아니다. 절대 포기만은 하지 말자'였습니다. 그렇게 겨우 2차시험을 치르고 나니 오히려 마음이 후련했습니다. 모든 결과와 그 이후의 진로를 하나님께 맡겼습니다. 이제는 더 이상 사법시험에 대한 미련도 없었죠. 다만 한 가지 그동안 뒷바라지 해주신 부모님 생각을 하면 마음 한구석이 답답하더군요. 그리고 드디어 합격자 발표, 정말 감사하게도 하나님께서 '기적적'인 방법으로 4번째 2차시험에서 합격을 시켜주셨습니다.

세 번째 이야기 – 고통 속에서도 희망과 기쁨을 품고
– 2004년 1월, 합격 한 달 후 쓴 글입니다.

사법시험 최종합격자 발표가 난 지 한 달여가 지난 평온한 주일 밤.

가만히 지난 내 삶을 되돌아본다. 그리고 깨닫게 된 건 결국 모든 것을 하나님께서 결정하신다는 것이다. 때론 높이시기도 하고 때론 낮추시기도 하고, 때론 기쁨의 찬양을 드리게 하시기도 하고 때론 깊은 상실의 슬픔 속에 눈물로 기도하게 하시기도 한다. 예전에도 그랬고 지금도 역시 난 모른다. 내 삶에서 일어나는 크고 작은 일들이 어떤 의미를 가지는지. 하지만 이제 분명히 알게 된 것이 있다면 삶에는 기쁠 때가 있듯이 슬플 때가 있고, 슬플 때가 있듯이 기쁠 때도 분명히 있다는 것이다. 그리고 비록 슬플 때라고 하더라도 하나님만 바라볼 때 분명히 그 상황에도 불구하고 견딜 힘과 평강을 주시고 언젠가는 반드시 회복시키시는 분, 아니 바로 고통까지 기쁨으로 순종할 수 있는 마음을 주시면서 그 고통을 이기게 하시는 분, 그런 분이 바로 내 하나님이심을….

마치며

이렇게 지난 몇 년간의 고시공부 시절을 되돌아보면 결국 하나님께 '무릎 꿇고' '내려놓는' 과정이었던 것 같습니다. 제 삶의 주관자가 하나님이심을 영혼 깊이 고백하게 하시고, '무엇을 이루느냐' 보다 '어떻게 사느냐' 가 우선이라는 것, 무엇보다 삶의 의미와 구원의 감격을 깨닫게 하신 과정…. 한 마디로 저를 다듬고 가르치신 시간이었던 것입니다. 그리고 신묘막측한 방법으로 제 기도제목들에 응답하신 하나님께 다시 한번 감사하게 됩니다.

혹시나 지금 황량한 고시생활 속에서 하나님의 오랜 무응답에 지치고 힘들어하시는 분이 계신다면 부디 힘내시길 기도합니다. 그분은 그분의 최선으로 우리에게 응답하시고 계십니다. 그리고 그분은 우리를 사랑하는 분이십니다. 굳건한 '믿음', 그리고 그 믿음 안에서 미래를 향한 '희망'을 가지고, 날 사랑하시는 하나님과 또 내 주위에 나를 사랑하는 모든 사람들 그분들의 '사랑'을 기억하고, 또 내가 '사랑해야' 하는 사람들이 있다는 걸 기억하고 다시 한번 힘내시길 기도합니다. 하나님께서 능히 건지실 것이라는 굳은 믿음을 가지고, 희망을 가지고, 여러분들에게 맡기신 사명을 기억하고, 힘차게 독수리가 솟구치듯 사자가 포효하듯 나아가십시오. 하나님은 여러분을 사랑하고 계십니다. 그리고 저도 여러분 모두를 하나님 안에서 사랑합니다!

"하루하루를 아름다운 삶, 좋은 삶을 산다면 인생 전체가 성공한 인생일 것입니다." –문흥수(전 부장판사). 『위로자격증 I』중에서–

"항상 기뻐하라 쉬지 말고 기도하라 범사에 감사하라 이는 그리스도 예수 안에서 너희를 향하신 하나님의 뜻이니라"(살전 5:16)

"또 여호와를 기뻐하라 그가 네 마음의 소원을 네게 이루어 주시리로다 네 길을 여호와께 맡기라 그를 의지하면 그가 이루시고"(시 37:4-5)

"사랑하는 자여 네 영혼이 잘됨같이 네가 범사에 잘되고 강건하기를 간구하노라"(요삼 1:2)

"하나님이 능히 모든 은혜를 너희에게 넘치게 하시나니 이는 너희로 모든 일에 항상 모든 것이 넉넉하여 모든 착한 일을 넘치게 하게 하려 하심이라"(고후 9:8)

하나님은 평범한 자를 사랑하신다

비전을 이루어가는 시기이자 하나님을 더욱 가까이 만나는 시간이기에,
우리에게 값진 소망과 희망의 시간이 아닌가 싶습니다.

엄 재 상

한양대학교 법학과
사법시험 제45회
아시아법연구소 사무국장
법무부 인권옹호과 사무관

언제 합격하나 조바심을 내며 고시공부를 하던 시절이 엊그제 같은데 어느새 시험을 합격하여 사법연수원도 마치고 이제는 변호사가 되어 일을 하고 있으니, 참 세월이 빠른 것 같습니다. 고시공부를 하던 지난 시절과 연수원 생활을 되돌아보면 하나님의 섭리와 인도하심에 그저 감사드릴 뿐입니다. 아무것도 모르고 천진난만한 시골 촌놈에게 변호사라는 직업을 주시고, 고시공부 시절을 나름대로 기쁨과 즐거움 중에 지낼 수 있도록 해 주시고, 게다가 연수원 시절부터 부족하나마 35기 신우회 회장으로 섬기며 주님의 사역을 시작하게 해 주셨으니! 생각할수록 주님의 은혜에 감사할 뿐입니다.

다른 곳에 저의 이야기를 내놓기는 아직 부족하고 너무 평범한 이야기이지만 그래도 혹시 저와 같이 평범한 중에 공부를 하고 있어, 우수한 고시생

들 때문에 스트레스를 받고 있을 형제자매들이 이 글을 읽고, 하나님을 발견하고 주와 동행하는 삶을 살아가, 기쁨과 즐거움으로 고시생활을 하기 바라는 마음에서 용기를 내어 글을 시작하려 합니다.

학창 시절 – 예수님을 부인하다

저는 충남 아산군 음봉면 송촌리라고 하는 아주 작은 마을에서 태어나 그곳에서 중학교까지 보냈습니다. 그곳은 제가 대학교 3학년이 되었을 때에 비로소 도로포장이 됐을 정도로 아주 시골인 작은 마을입니다. 저희 집안은 원래 불교집안이었는데 어머니 때부터 크리스천 집안으로 바뀌었습니다. 물론 어머니는 할머니와 큰어머니로부터 말로 형용할 수 없을 정도의 핍박을 받았습니다. 저희 집안의 구원의 시작은 큰누나가 심장병을 지닌 채 태어난 것으로부터가 아닌가 싶습니다.

시골에서 심장병 수술을 할 수 없었던 어머니는 누나의 심장병을 고치기 위해 하나님을 처음 믿기 시작하셨고 결국 누나의 심장병이 성령의 도우심으로 어느 정도 치유되고, 죽을 수밖에 없었던 큰누나가 살게 되면서부터 어머니는 더욱 더 확실히 하나님을 붙잡으셨던 것 같습니다. 그래서 지금은 형이 목사님이시고, 우리 4남매가 모두 주님의 사랑과 은혜 가운데 살아가고 있습니다.

그러나 4남매 중 저는 아주 특별한 과정을 거쳐 예수님을 믿게 되었습니다. 사실 저는 초등학교 때부터 "교회가라"는 어머님의 성화에도 불구하고 교회에 잘 안 나갔고 중학교 때는 공부도 잘 못하면서 공부한다는 핑계로 주일날 학교에 가서 노느라 교회에 가지 않았습니다.

고등학교 시절은 교회에 다니기는 했으나 그다지 모범적이지 못한 생활을 하게 됩니다. 사실 그때 제대로 예수님을 영접하고 신앙생활을 똑바로 했으면 지금보다는 훨씬 좋은 신앙인이 되지 않았을까 하는 생각이 듭니다.

그러나 결국 교회에 가서 전교조 운동을 하는 선배들을 만나 저의 학생운동의 삶이 그때부터 시작되었습니다. 그 후로 저는 대학교를 마칠 때까지 학생운동을 하게 되었고, 유물론과 사회주의 이론에 매료되어 다시 신앙인으로서의 삶을 버리고 학생운동가이자 유물론자의 삶을 살게 되었습니다. 이런 저에게 하나님의 터치가 시작된 것은 군대 갈 때부터가 아닌가 싶습니다.

군대생활 – 예수님이 다가오시다

이등병 · 일병의 고단한 생활

논산훈련소에서 훈련을 마치고 배치된 부대는 강원도 홍천에 있는 제11사단 20연대였습니다. 11사단은 형이 나온 부대라 그 악명에 대해서는 익히 알고 있었습니다(끝없이 행군만 하는 부대, 강원도 전체의 예비사단이라 강원도 어느 지역이든 투입되어야 하기에 엄청난 훈련이 많다는 것 등등).

대학을 졸업하고 갔기 때문에 고참들이 저보다 2-3살 어렸고 선임병(사수)도 제가 배치된 이후 3일 만에 제대해 버려서 저는 일도 제대로 배우지 못하고 본부중대 교육계의 일을 시작하였습니다. 이등병 때는 정말 하루에 2-3시간밖에 잠을 자지 못하고 일을 했습니다. 그러나 그렇게 일을 해도 일은 매일 펑크만 나고 저 때문에 중대장은 늘 화가 나 있었습니다. 그러다보니 행정반 고참들은 저 때문에 행정반 분위기가 나빠진다고 볼 때마다 저를 못살게 굴었습니다(군대용어로 '갈궜'습니다).

설상가상으로 행정보급관은 저를 매우 싫어했는데, 걷는 폼이 맘에 안 든다고 때리고, 모자를 마음에 안 들게 쓴다고 때리는 등 이유도 없이 매일 저를 괴롭혔습니다. 군대생활에 대한 고달픈 기억의 대부분은 행정보급관이 저를 괴롭혔던 것들입니다. 하지만 지금 생각해보면, 이 행정보급관이 하나님의 사자가 아니었나 생각됩니다. 자존심 강한 저를 철저히 뭉개고 밟아주어서 제가 얼마나 무력한 존재인지 깨닫게 해 주었기 때문입니다.

상병 · 병장 생활

상병이 되고 나서부터는 상황이 훨씬 나아지기 시작했습니다. 군대생활도 이제 어느 정도 적응이 되고 행정반과 내무반에도 후임병이 많이 생겨서 일과 생활면에서 안정이 되어갔습니다. 그제서야 정신이 든 저는 그동안의 군대생활을 돌아보며 어머니의 하나님께서 저를 돌보아주신 것을 알게 되었습니다. 그러나 저의 생활은 철저히 이중적이었습니다. 군대에서는 그런대로 교회생활을 잘 했으나, 휴가 나오면 옛날 버릇 그대로 친구들과 술 마시며 믿지 않던 생활로 바로 돌아갔습니다.

저에게 말년휴가는 참 뜻 깊은 의미가 있었고 그것을 통해 주님이 저를 기도원으로 불러주셨습니다. 중대장님께서 원래 9박 10일인 말년휴가에 9박 10일의 휴가를 더하여 총 19박 20일의 말년휴가를 준 것입니다. 그래서 원래 휴가일보다 열흘 정도 앞서 휴가를 나오게 되었는데, 첫날이 주일이었습니다. 휴가를 나오는 날 어머니께서 "내일부터 3박 4일간 형수와 큰누나가 청주 성은기도원에 가는데 따라갔다 오라"는 말씀을 하셨습니다. 19박 20일 중 3박 4일 정도는 어머니를 위해 기도원에 가 줄 수 있을 것 같아 형수와 큰누나를 따라 기도원에 갔습니다.

둘째 날 집회 쯤 큰누나가 제 이름으로 감사헌금을 드렸는데 강단에 계신 목사님께서 군대 제대하고 기도원에 와서 생활해보라고 말씀하셨습니다. 저는 군대도 오지에 있었는데 제대해자마자 군대보다 더 오지인 기도원에 와 있으라고 하는 것은 말도 안 된다고 생각했고, 이제 제대하면 본격적으로 고시공부를 하려고 하는데 기도원에 들어오라니 정말 기가 막히다고 생각하였습니다. 그래서 아무 대답도 하지 않고 가만히 있자 갑자기 예배 분위기가 썰렁해졌습니다. 그러자 목사님이 계속 물어보셔서 어쩔 수 없이 "아멘" 하고 말았습니다. 그리고 저는 그 사실을 모두 잊고 또 신나게 친구들과 술을 먹으며 남은 휴가를 보냈고, 1999년 2월 8일 제대하였습니다.

군대를 제대하고 그리운 집으로 돌아갔는데 집에 막 돌아온 저더러 어머니께서 기도원에 들어가라는 것이었습니다. 강단에서 목사님이 하신 말씀에 순종하지 않으면 안 된다는 것입니다. 그 당시 공부하러 신림동에 올라가야 하는 저로서는 남감하기도 했지만 그래도 군대에서 막 제대한 사람은 효자가 되기도 하고, 예수 그리스도를 영접하지 않으면 공부도 다 필요 없는 것이니 공부를 지원하기도 어렵다는 어머님 말씀에, '그래, 안 되면 그냥 기도원에서 공부하지' 하는 마음으로 기도원에 들어가게 되었습니다.

기도원에서의 생활

저는 1999년 2월 8일 군대를 제대하고 바로 다음날인 2월 9일 청주 성은 기도원에 들어갔습니다. 그때는 제대한 아들을 바로 기도원으로 보내는 어머니가 좀 야속했지만 바꾸어 생각해보면, 갓 제대한 아들을 바로 기도원에 보내야 했던 어머니의 마음이 더 아프셨을 것입니다. 하여튼 저는 그렇게 성은기도원에 들어갔고, 그때부터 10월 초까지 8개월의 기도원 생활이 시작되었습니다. 처음에는 하루에 세 번 예배드리는 것과 기도를 하는 것이 너무나 힘들었습니다. 처음 기도할 때는 아무리 길게 기도해도 10분을 넘지 못했던 것 같습니다.

그래도 믿음은 들음에서 난다는 말씀처럼 계속 설교말씀을 듣고 기도를 하면서, 특히 군대생활을 추억하면서 하나님의 존재를 조금씩 믿기 시작했고 예수 그리스도가 구세주임이 믿어지기 시작했습니다.

그러던 중 5월 초쯤 새벽예배 때 방언을 받고 그때부터 기도시간이 늘어나 6월부터는 새벽예배 시간만 하루 4-5시간 기도하게 되었습니다. 제가 은혜를 처음 받을 때 그동안 하늘에 쌓아놓았던 어머님의 기도가 제 머리 위로 내려오는 것을 보았다고 목사님께서 말씀하셨습니다. 제가 이렇게 큰 은혜를 받은 것은 25년에 걸친, 아들을 위한 어머니의 새벽기도 덕택이라는 생각이 들었습니다.

그 후 저는 지혜와 지식을 구하는 일천번제를 하루에 6번씩 드렸고, 중고 등부 교사로 봉사하는 등 정말 재미있고 즐거운 기도원 생활을 하였습니다. 그 후 10월이 되어 목사님께서 그만 기도원을 내려가도 좋다는 허락을 하셔서 집으로 돌아와 생활을 하다가 2000년 2월 28일 신림동으로 고시공부를 하러 올라가게 되었습니다.

고시공부

공부 시작 1년간의 생활

고시공부를 시작하면서 저는 굳은 결의를 하였습니다.

첫째는 술을 끊는 것이고, 둘째는 합격을 통하여 하나님께 영광을 돌리는 그날까지 여자 친구를 사귀지 않겠다는 것이었습니다(그러나 이 결의는 불과 1년도 채 안 가서 무너지고 여자 친구를 만나게 됩니다). 셋째는 열심히 공부하는 것이었습니다.

술을 끊기 위해서는 먼저 술친구를 끊어야겠다고 생각했습니다. 그래서 그 이후 저는 이전에 만났던 많은 친구들과 연락을 끊었습니다(그래서 저의 별명이 '3無'였습니다. 핸드폰, 자동차, 이메일 주소가 없어서입니다). 그리고 혼자 공부하는 것이 힘들고 어려운 일이 생기면 교회에 나가서 기도를 했습니다.

저는 학원에서 스파르타 강의를 들었는데 처음 민법은 어느 정도 따라갔으나 형법 때부터는 도저히 따라가기 힘들었습니다. 무늬만 법대생이지 수업을 제대로 들어본 적이 없는 저로서는 형법총론 수업이 너무나 어려웠습니다. 그래서 새벽예배를 드리고 학원에 가서 자리를 맡은 후 고시원에 와서 아침을 먹고 학원으로 내려갈 때 교회에 가서 기도하고, 이렇게 점심, 저녁을 먹고도 교회에 가서 기도를 한 후 독서실로 갔습니다. 정말 힘든 순간이었는데 다니엘 기도를 하면서 하나님께 더욱 가까이 가게 되었고, 술의 유혹을 이겨낼 수 있었던 것 같습니다.

그리고 선민교회의 에벤에셀 모임(고시생 모임)을 다니면서 믿음의 형제 자매들과 만나 영적으로 갓 태어난 제가 많은 것들을 배웠던 것 같습니다.

이렇게 1년을 보낸 후 시험을 보았는데 그 결과는 물론 낙방이었습니다.

2년째의 생활(2001년)

신림동에서의 2년째의 생활은 참 즐거우면서도 역동적인 한 해였던 것 같습니다. 선민교회에서는 청년부 임원으로 섬겼고, 제 인생에서 좋은 추억으로 남아 있는 제7회 관악고시인 예수잔치를 준비하였습니다(이때 강사로 오셨던 권오승 교수님께서 현재 아시아법연구소의 소장님이신데, 이때 교수님과 인연을 맺게 된 것입니다). 그리고 제 인생의 반려자인 아내와도 이때부터 교제를 시작하게 되었습니다. 특히 아내(그 당시는 여자 친구)와 함께 성경말씀을 하루에 1장씩 읽고 그에 대해 이야기하는 시간을 가졌고, 공동기도문을 작성하여 하루에 1번 기도하는 시간을 가졌습니다. 이 시간들이 그동안 성장배경이 다르고 성격도 달라 차이가 날 수밖에 없었던 저희 둘이 신앙의 모습을 어느 정도 맞춰가는 시간이 아니었나 싶습니다.

그리고 저희 둘은 그 다음 해 1차시험에서 나란히 합격했습니다. 지금도 1차시험 합격 발표일에 하루 종일 함께 기도하면서 듣게 된 둘 모두의 합격 소식은 복음 다음으로 저에게 큰 기쁨을 준 소식이 아니었나 생각합니다.

그 이후의 생활

1차시험 합격 후 아내와 함께 서울대로 올라가 스터디팀과 합류하여 2차 시험 스터디를 하였습니다. 그때 법대 도서관에서 공부를 하였는데 지금도 서울대에 가서 밥을 먹고 산책하던 그 코스를 거닐다 보면 그 당시 함께 보냈던 시간이 정말 행복하고 즐거웠던 시간이었구나 하며 추억에 잠기곤 합니다.

그 후 저는 45회 시험에 합격하여 2004년 사법연수원에 35기로 입소하였고, 아내는 그 시험에 떨어지고 그 다음해 46회 시험에서 동차로 합격하여 36기로 입소하였습니다. 그리고 저희는 2004년 9월 18일에 결혼하였습니다. 또한 중고등부 교사를 했었는데 그 당시 중고등부 학생들과의 만남은 귀한 추억으로 남아 있습니다.

연수원과 아시아법연구소 생활

연수원에서의 생활

35기 연수원 신우회장으로 섬기면서 연수원은 저에게 정말 많은 일들을 하게 했지만, 만남의 축복도 주었습니다. 2000년에 신림동에서 고시공부를 시작할 때는 크리스천 법조인을 한 명도 알지 못했던 제가 이제는 수많은 크리스천 법조인들을 알게 되었고, 크리스천 법조인 사역이 어떻게 진행되는지 많은 것을 알게 되었기 때문입니다.

연수원 1년차 때는 처음 입소해서 35기 신우회 총회, 조직구성, 반별 크로스 미팅, 고시촌선교회 방문, 사랑의교회 법조선교회 조찬모임 참석, 아시아법연구소 개소식 참석, 여름방학 중 신우회 중국 M.T, 제4회 아시아기독법률가대회 참가, 결혼 등 정말 수많은 행사 때문에 정신이 없었지만, 그래도 그 많은 행사들을 통해 많은 것을 배웠던 것 같습니다.

그리고 2년차 때에는 무엇보다도 4학기 시험을 마치고 준비한 매일 점심기도회, 사랑의교회 법조선교회의 새생명축제, 반별찬양경연대회, 아시아법연구소 주최 베트남 심포지엄 참석 및 싱가포르에서 열린 제5회 아시아기독법률가대회 참가 등의 행사가 많이 기억납니다.

아직도 반별찬양경연대회 때 하나님을 향한 신우회원들의 찬양의 목소리가 귀에 생생히 들리는 것 같고, 베트남, 싱가포르에 가면서 35기끼리 나누었던 아침 큐티도 정말 눈에 선합니다. 아름다운 연수원 때의 추억이 아닌가 싶습니다.

연수원 생활이 비록 공부 때문에 힘들고 어려웠지만 그래도 우리 35기 신우회원들과의 만남이, 어려움보다는 즐거웠던 일이 많았던 연수원으로 기억하게 해주는 것 같습니다.

아시아법연구소에서 변호사 생활의 시작

저는 영어를 매우 못하기 때문에 아시아 법제정비지원사업이나 법률가 교류와 관계되는 일을 할 것이라고는, 고시공부를 할 때에는 꿈도 꾸지 못했습니다.

그러던 제가 법조선교에 눈을 뜬 것은 몽골에서 개최된 2003년 제3회 아시아기독법률가대회에, 권오승 교수님의 권면으로 참석하게 되었을 때부터입니다. 200여 명의 아시아 기독법률가들이 몽골의 수도 울란바토르에 모여 1박 2일간의 컨퍼런스를 했는데, 거기에 참가하면서 아시아의 종교적 상황과 기독교에 대한 탄압을 알게 되었습니다.

그동안 법조인은 사법시험에 합격해서 훌륭한 판·검사, 변호사가 되어 이 땅의 힘든 사람들을 돕거나 사법정의를 세우는 자들이라 생각하고 있었지, 법조인이 법을 통해 해외선교에 도움을 줄 수 있을 것이라고는 생각하지도 못했고, 성경의 이웃사랑이란 아시아 국가들에게 빵을 전해주는 것이라고만 알았지 제도정비를 돕는 것이라고는 전혀 생각하지 못하였습니다.

그러나 아시아 각 지역의 법률가들은 경제와 법이 발전한 한국의 법률가들에게, 자신의 나라들의 경제발전을 위한 제도개선을 도와줄 것을 호소하였습니다. 그동안 한국은 개발도상국이기 때문에 하루 빨리 선진국들로부터 우수한 제도와 문물을 받아들여야 한다고 생각하였을 뿐, 우리가 가지고 있는 제도와 문물을 이웃나라에게 나누어주는 것에 대해서는 생각해보지도 않았는데, 정작 아시아의 많은 나라들은 한국을 동경하고 있고 우리의 도움을 절실히 바란다는 사실에 매우 놀랐습니다.

그 후 연수원에 입소하여 바쁜 일상에 매몰되어 그리 신경을 쓰지 못하고 있었는데, 하나님의 은혜로 2005년 11월 20-27일까지 베트남 사법개혁을 위한 한베심포지엄과 싱가포르에서 열린 제5회 아시아기독법률가대회를 다녀오면서, 다시 아시아 국가들에 대한 관심이 고조되었습니다. 정말 많은 아시아 국가들에서 종교의 자유가 억압되고, 선교사님들이 핍박을 당하고 있다는 사실을 새삼 알게 되었습니다. 이는 사회주의에서 자본주의로 전환하는 체제전환국뿐만 아니라 이슬람 국가나 불교국가에서도 매우 심각하다는 사실을 알게 되었습니다.

또한 그런 나라들에게 기독교의 이름으로 들어가면 한국 사람들이 나간 후 그 나라에 있는 선교사님들과 크리스천들이 더욱 박해받는다는 사실도 알게 되었습니다. 그래서 좀 더 세련된 방법으로 그 나라들의 민주주의가 발전하는 데 도움을 줄 수 있는 방법들에 대해 고민하게 되었고, 아시아법연구소에서 그 답을 얻었습니다.

직접적으로 종교의 자유에 대해 이야기하지 않고, 민주주의와 시장경제 체제 발전의 문제로 접근하는 것이 장기적으로 더욱 적합한 방법이라는 것을 알게 된 것입니다. 그리고 한 나라의 법제정비를 지원한다는 것은 많은 자본과 전문가들이 필요한데, 크리스천만 가지고는 역량이 부족하다는 것도 알게 되었습니다.

비기독교인들의 도움이 필요한데 그러기 위해서는 종교적인 성격을 갖지 않는 아시아법연구소와 같은 단체가 필요하다는 것을 깨닫게 된 것입니다. 그래서 저는 사법연수원을 수료하고 법제정비지원사업을 위한 아시아법연구소의 1호 변호사가 되었습니다.

맺음말

정말 투박한 내용의 글을 작성한 것 같습니다. 그래도 이 글을 통해 한 분이라도 주님을 만나신다면 저는 매우 기쁠 것 같습니다. 힘들고 어려운 일이 닥쳐도 새벽에 나가 하나님께 기도하면 하나님께서 늘 저에게 강하고 담대한 마음을 주셨던 것 같습니다.

고시공부를 하는 시절이 많이 어렵고 힘들겠지만 어쩌면 그 시기는 비전을 이루어가는 시기이자 하나님을 더욱 가까이 만나는 시간이기에, 우리에게 값진 소망과 희망의 시간이 아닌가 싶습니다.

하나님과 동행하여 승리하는 삶이 되기를 기도드리겠습니다.

고난의 신비, 그 잔혹한 아름다움에 대하여

"난 이 일을 통해 너에게 더 좋은 것을 주려고 한단다.
나를 믿으렴. 나를 바라보렴. 너를 향한 나의 사랑을 믿으렴."

장 현 주

한양대학교 법학과
사법시험 제45회

성경에는 욥기라는 의문덩어리 책이 있습니다.
당대의 의인이요, 너무나도 하나님을 경외하는 욥에게 고난을 허.락.하.
시.는. 욥기의 하나님은 자비의 하나님이 아니셨습니다. 어느 날 제가 따르
는 한 목사님께 이런 고민을 털어놓았습니다. 저의 내면을 간파하신 목사님
은 제 손을 꼭 잡으시고 이렇게 말씀하셨습니다. "현주야. 너에게는 욥과 같
은 믿음이 없기 때문에 하나님은 절대로 너에게 욥과 같은 고난을 주시지
않을 거란다. 걱정 뚝." 그날 밤, 저는 이렇게 기도를 드렸답니다. '하나님,
저한테는 욥과 같은 믿음은 절대 안 주셔도 되요. 그러니까 저한테는 절대
로 욥과 같은 고난만 주시지 말아 주세요.'

지금부터 제가 하는 이야기는 제 삶의 20대에 하나님이 허.락.하.셨.던.
고난에 대한, 그리고 그 고난 가운데 부어주셨던 주님의 아름다운 은혜와
축복에 관한 이야기입니다. 제 삶 가운데 임하셨던 하나님의 역사에 대한
이야기가 이 글을 읽는 여러분 중 한 분에게라도 여러분의 하나님을 재발견

하는 계기가 되기를 기도하며 제 이야기를 시작할까 합니다.

저희 집은 독실한 불교집안입니다. 저희 어머니는 대다수의 막연한 불교 신자와 달리, 절에서 불교에 대한 공부를 하고, 법명까지 받으신 분이며, 저희 아버지는 유교와 불교의 혼합종교심과 함께 기독교에 대한 심한 반감을 가진 분이셨습니다. 저 역시 어려서부터 1주일에 한번은 절에 가서, 금불상 앞에 경건한 마음으로 절을 하던 걸(girl)이었답니다.

그런 제가 예수님을 영접하게 된 것은 1996년 고3 때입니다. 학교에서 강제로 참석시킨 윤형주 장로님의 간증집회. "아니, 학교가 대체 왜 이러는 거야. 하나님이 대학 보내준데?" 이렇게 투덜거리며 영어단어집 하나 들고 참석한 그 간증집회에서 전 예수님을 영접하는 기도를 했습니다. 간증 후 영접기도시간. 사방에서 믿지 않는 친구들을 위해 울며 기도하는 친구들의 모습은 제게 너무 충격적이었고, 저도 그들의 하나님을 알고 싶었습니다. 무언가 알 수 없는 기운에 이끌려 일어났고, 영접기도를 하면서 눈물이 쏟아졌습니다.

아무것도 아는 것 없이 그렇게 영접기도를 했지만, 아무튼 영접기도를 했으니 교회에 나가야겠다는 생각이 들었습니다. 지금도 제겐 너무나도 소중한 친구에게 "네가 다니는 교회에 가고 싶다"고 이야기를 했습니다. 담담하게 "그래"라고 말하던 그 친구. 사실은 저의 영혼을 위해 1년을 눈물로 기도했더군요. '순간적인 군중심리에 휩쓸려 영접기도를 한 것이 아닐까' 라는 의구심은 '이 친구의 기도가 있었기에 하나님이 친히 내게 찾아오셨구나' 라는 감사함으로 바뀌었습니다.

갖가지 공격성 질문과 지각, 무단결석으로 그 친구의 속을 무지하게 썩이면서 저는 교회에 다니기 시작했습니다. 그러나 우상숭배의 악한 세력에서 막 빠져나온 제가 흔들리지 않도록, 하나님은 제게 굉장한 영적 체험을 하게 해 주셨습니다. 귀신의 시달림을 받고, 예수님의 이름으로 귀신을 쫓고, 성령님과 대화하게 되고. 그 후 계속된 부모님의 반대와 핍박에 시달릴 때에도 예수님을 부인할 수 없었던 건, 고3 기간 동안 경험한 영의 세계가 너무나도 분명했기 때문이었는지도 모릅니다.

그렇게 1년을 보내고, 저는 성적에 맞춰 서울대 사범대에 입학하게 되었습니다. 성적에 맞춰서 적성에 맞지 않는 학과에 갔다는 사실이 저에게는 견디기 힘들었고, 1년 후 학교를 그만두고 다시 수능을 준비하게 되었습니다. 21살이 되던 1998년. 노량진에 있는 학원을 다니면서 하나님은 제게 믿음의 사람들을 붙여주셨고, 교회에서 성경에 대해 체계적으로 배워가면서 저의 믿음도 성장하기 시작했습니다. 예수님만 생각해도 가슴이 두근두근 설렐 정도로 그렇게 예수님께 빠져 들어갔습니다.

진로에 대한 생각도 바뀌었습니다. 사회운동에 관심이 있던 저는 원래는 사회학과 진학을 희망하였으나, 그 당시 우리나라를 흔들었던 IMF사태의 영향으로 난생 처음 겪는 경제적 어려움 앞에서 현실이란 것을 보게 되었고, 가난은 면하면서도 내가 하고 싶은 일을 병행할 수 있는 '변호사' 라는 직업에 매력을 느껴 희망학과도 법학과로 바꿨습니다.

그렇게 1년이 지났지만, 수능성적은 생각보다 잘 나오지 않았습니다. '그래도 서울대 다니다 다시 수능 봤는데 연, 고대는 가야지' 라는 생각이 들어 안전하게 연세대 법대를 쓰고, 라군에 있는 한양대 법대도 썼습니다. 둘 다 합격이었지만, 부모님께 경제적 부담을 주기 싫어 결국 장학조건이 좋았던 한양대를 선택하였습니다. 그것이 믿지 않는 부모님께 믿는 자의 '다름'을 보여주는 것이라 생각했고, 주님께 영광이 될 것 같았습니다.

그렇게 다시 들어간 대학. 2학년을 마치고 1차를 처음 봤으나, 보기 좋게 떨어졌습니다. 잠시 고민을 하다 다시 공부를 시작했습니다. 고시반이라는 단체생활에 지쳐갈 때 즈음 집 근처인 신림동 고시촌으로 공부장소를 옮겼고, 그곳에서 한양대 법기독학생회인 '엘로트' 사람들과 같이 생활을 하기 시작했습니다. 선배들과의 생활은 여태까지 제가 같이 생활해 온 사람들과의 생활과 전혀 틀렸습니다. 하루 세끼 밥을 먹는 것처럼 하루 세 번 교회에 기도를 하러 갔습니다. 선배들을 따라 다니며 저도 하루에 한 번은 교회에 기도를 하러 다니게 되었고, 신림동에 그렇게 기도하는 사람들이 많다는 사실과 신림동의 그 수많은 교회들이 기도하는 영혼들을 위해 본당을 개방해 주고 있다는 사실도 처음 알게 되었습니다.

그 무렵 제가 기도하던 메인 기도제목이 두 가지 있었습니다. 첫째는 제가 가는 이 길이 하나님이 축복하시는 길인지를 알려달라는 것이었고, 둘째는 이 길이 하나님이 축복하시는 길이라면 저도 이 길을 달려감을 마쳤을 때 '주님이 하신 일이예요' 라고 말할 수 있도록 해달라는 것이었습니다.

첫 번째 기도제목은 경제적 현실 앞에서 기도 없이 사법고시로 시선을 돌려버린 것에 대한 죄책감과 불안감에서 비롯된 것이었으며, 두 번째 기도제목은 수많은 간증문에서 나오는 '이 모든 일은 제가 아니라 하나님이 하신 일입니다' 라는 말이 저는 도무지 이해가 되지 않던 것에서 비롯된 것이었습니다. 시쳇말로 개고생은 내가 다 하는데 도대체 왜(!!) 하나님이 하셨다고 하는지.

첫 번째 기도제목의 응답은 빨리 왔습니다. 여느 날처럼 기도하던 어느 날. 하나님이 제게 부드러운 음성으로 물으셨습니다. "현주야, 내가 이 길을 그만두라고 하면 그만두겠느냐." 너무나 당황스러웠습니다. 사법고시 보겠다고 법대에 왔고, 여기 올인하여 공부하고 있는데, 갑자기 그만두라니요. 그 다음에 온 감정은 슬픔이었습니다. '이 길이 주님이 축복하시는 길인지를 알게 해 달라고 기도하면서도, 난 한 번도 주님이 NO할 것이라고 생각해 본 적이 없구나. 그동안 난 주문을 외웠지, 기도를 한 것이 아니었구나.' 신앙을 갖게 된 이래 처음으로 매일 교회 가서 기도하고 있다며 스스로 흐뭇해하던 제 자신이 너무나 가증스러웠고, 하나님께 너무나 죄송했습니다. 눈물 콧물 다 쏟으면서 하나님께 대답 드렸습니다. "하나님, 하나님이 이 길 가지 말라고 하시면 저 그만둘게요. 죄송해요. 정말 죄송해요."

그때 갑자기 하나님의 손길, 그 경이로운 기운이 제 몸을 감싸 안았습니다. "사랑하는 현주야. 내가 네가 이 길로 감을 허락할 것이다. 네가 걷는 이 길을 축복할 것이다."

　죄송함과 기쁨과 감사함으로 가득 찼던 그날 밤의 기억은 제가 힘들 때마다 저를 지탱하는 힘이 되었답니다.

　두 번째 기도제목의 응답은 시간을 두고 점진적으로 고난을 통해 왔습니다. 그렇게 다시 1차시험을 치던 2002년 2월. 폐렴형 독감에 걸려 기침을 멈출 수가 없었고, 기침을 하느라 잠을 잘 수도 없었습니다. 기침을 하느라 1주일 동안 4kg이 빠졌습니다. '이 몸으로 과연 시험을 볼 수 있을까.' 두려움 속에 두 번째 기도제목이 생각났습니다. '그래, 내가 이 몸으로 시험을 봐서 합격할 수 있으면, 그건 내가 한 일이 아니라 하나님이 하신 일이라고 말할 수 있을 것 같다.' 마음이 평안해졌습니다. 전 허약해질 대로 허약해진 몸을 이끌고 시험장에 갔고, 결과는 합격이었습니다.

　합격자 발표가 나고 나니, 이상하게도 허탈감이 몰려왔습니다. 동차준비도 못하고 슬럼프에 빠져있던 어느 날, 서서히 드리우던 어두움의 그림자가 폭풍우로 변해 집안을 침식시키기 시작했습니다. 당황스러움에 멍해져 있던 저와는 상관없이 그날 이후 상황은 빠르게 악화되어만 갔습니다.

　동차시험을 잘 볼 리 없었고, 본격적인 2차 시즌이 시작되었지만, 도무지 공부를 할 수가 없었습니다. 아무리 입술을 깨물어도 눈물이 멈추지 않아 책을 볼 수가 없었습니다. 그러나 너무나 절박하게 공부를 해야 했고, 그래서 미련하게도 손에 칼을 대기 시작했습니다. 칼의 날카로움이 주는 육체의 아픔이 잠시 눈물을 멈출 수 있게 했고, 그 시간만큼은 책을 볼 수 있었습니다. (이 행태는 얼마가지 않아 그만두었습니다. 교회에서 크로스웨이 성경공부를 하게 되면서 '현주야, 너의 몸은 내 것이란다. 네가 어찌하여 내 것을 상하게 하느냐'라는 하나님의 음성을 들었기 때문입니다.)

　살아가는 것이 너무나 힘들고 무서웠습니다. 이러다 어머니가 충격으로 쓰러져버리는 건 아닐까. 아버지가 저러다 자살해버리는 건 아닐까. 매일 밤 집에 들어가는 것이 두려웠습니다. 차마 시험을 포기할 수 없었던 제가 부모님을 위해 할 수 있는 것은 정말이지 기도밖에 없었습니다. '하나님, 전 정말 너무 무서워요. 저희 엄마, 아빠 좀 지켜주세요.' 기도 후에는 하나님의 위로하심을 느꼈습니다. 제 옆에서 저와 함께 아파해 주고 계시는 주님을, 저를 강하게 붙잡고 계신 주님을 느낄 수 있었습니다. 이 작은 자의 기도를 들으셔서 하나님은 저희 부모님을 모두 지켜주셨습니다.

그렇게 해가 지나 2003년 3월이 되었습니다. 3월이 되니, 그렇게 불안할 수가 없었습니다. 나름대로 공부를 하려 했지만, 아무 일 없이 공부만 한 사람들에 비해 제 공부량은 너무나도 적었습니다. 책을 보면서도 '과연 될까?'라는 생각이 머릿속을 빙빙 돌았습니다.

그러던 어느 날은 너무나도 불안해서 도무지 공부를 할 수가 없었습니다. 책상 위에서 고시 책을 모두 치워버리고, 『위로자격증 Ⅰ』책 한 권을 꺼내 읽기 시작했습니다. 너무나 간절히 하나님의 음성을 들어야 했고, 다른 사람들의 간증 속에서 하나님의 음성을 들을 수 있을 것만 같았습니다. 자포자기의 심정으로 책을 읽다가 어느 구절인가를 읽으면서('네가 믿는 것이 무엇이냐. 네가 믿는 것은 너의 노력과 능력이냐, 아니면 네가 주님이라 고백하는 나냐'라는 내용이었습니다) 정말이지 펑펑 울다가 그 감정을 주체할 수가 없어 교회로 가서 기도를 하기 시작했습니다.

"하나님, 이제부터 저는 제 자신을 의뢰하지 않겠습니다. 제 노력과 능력을 의뢰하지 않겠습니다. 이제부터는 정말 하나님만 의지하겠습니다. 정말 하나님께 제 삶을 던지겠습니다. 이번에 하나님께서 합격시켜 주신다면 이번엔 정말로 저도 '하나님이 하셨다'고 말할 수 있을 것 같습니다."

마음이 평안해졌습니다.

그리고 6월. 밥을 소화시키질 못해 보름 남짓 죽으로만 연명해온 허약한 육체와 주님 안에서 어느 때보다도 평안한 영혼을 가지고 4일간의 시험을 치루었습니다. 결과는 합격이었습니다. 정말 너무나도 감사했습니다. 시험 성적을 받고는 더더욱 놀랐습니다. 행정법 과락이 유난히 많던 45회 시험.

제 전체 성적은 상위권이었지만, 행정법 점수는 딱 40점이었습니다. '헉, 1점만 모자랐어도.' 제게 가장 좋은 것을 허락하시되, 저로 자고(自高)하지 못하도록 하시는 주님의 세밀한 손길이라고 밖에는 생각되지 않습니다.

그렇게 우여곡절 끝에 입소한 연수원. 주님께 받았던 은혜의 감격도 잠시. 저는 연수원의 치열한 경쟁분위기에 완전히 압도당했습니다. 시간이 지날수록 주일예배도 연수원에서 가까운 교회로 옮겨 드리게 되고, 신우회 모임도 빠지게 되고, 기도 시간도 줄어들었습니다.

5월이 되자 피곤함을 견디기가 힘들었습니다. 오후 수업은 거의 정신을 놓고 들었고, 면역력도 떨어져 크게 체하는 일이 많아졌습니다. 그 무렵 쇄골 아래에 작은 혹이 하나 눈에 들어왔습니다. '이게 언제 생겼지?' 별 거 아니라고 생각되어 무시할까 하다가, 몸이 한참 약해져 있던 때라 동네 병원을 찾았고, 큰 병원으로 옮기라는 말을 들었습니다.

몇 번의 병원방문과 초음파검사. 검사 결과는 1학기 시험이 시작되기 1주일 전에 나왔습니다. 제 몸에 악성종양이 있는 것 같다고 했습니다. 눈물 대신 웃음이 나왔습니다. '내 나이가 몇인데. 이제 겨우 27살인데. 암이라구?' 며칠을 방황하다가, 일단은 시험을 보자는 생각이 들었습니다. '악성종양이 확실히 있다는 것도 아니고, 정확히는 조직검사를 해봐야 안다잖아. 일단은 시험을 보자. 그리고 나머지는 결과가 나온 후에 생각하자.'

생각보다는 평안했습니다. 주님이 붙잡고 계심을 느낄 수 있었습니다.

시험이 끝나고 조직검사를 받고, 결과가 나왔습니다. 갑상선암이라고 했습니다. 갑상선암은 예후가 굉장히 좋은 암으로 완치율이 90%에 이르는 암답지 못한 암이기에 마음이 한결 좋아졌습니다.

7월말 수술을 받았습니다. 8시간에 걸친 큰 수술이었지만, 먼 일산까지 찾아와 위로해주는 지인들과 기도해주는 손길들이 있어 오히려 행복하기까지 했습니다. 수술 후유증으로 목소리가 나오지 않았지만, 곧 나아지리라는 막연한 기대감에 별로 신경 쓰지 않았습니다. 그러나 8월 초순 병원에서 당황스러운 말을 들었습니다. 암세포를 제거하는 과정에서 목소리를 내는 신경이 몇 개 손상되었는데, 앞으로 2개월 내에 그 신경이 회복되지 않으면, 회복될 확률은 10%밖에 안 된다고 했습니다. 앞으로 2개월 내에 신경이 회복되지 않으면, 평생 속삭이는 정도의 목소리밖에 낼 수 없다?

바로 옆 사람과의 대화도 불가능한 상태로 판·검사고, 변호사고, 무엇을 할 수 있을까. 바로 연수원 휴학을 결심했습니다. 연수원에 다니면서는 아무래도 스트레스를 받을 수밖에 없을 것이고, 그만큼 목소리의 회복도 요원해진다는 것은 너무나 명백한 사실이었습니다. 그렇게 휴학이 어렵다는 연수원 측에서도 쉽게 휴학을 허락해 주었습니다.

휴학기간은 생각보다 힘들었습니다. 감사하게도 목소리는 점차 회복되어 갔지만, 시간이 지날수록, 다들 자기 길을 바삐 걸어가고 있는데, 나 혼자만 멍청히 서 있다는 자괴감에 빠져 들어갔습니다. 몸에 남아 있는 암세포를 죽이기 위해 방사능을 내는 물질을 먹는 동위원소치료. 그 후 병원에서 나온 재수술 가능성 이야기. 우울증과 불면증으로 수면제를 먹고서야 잠을 잘 수 있었습니다. 제 입에서 차차 감사함이 사라졌습니다. 모든 것이 싫었습니다. 몸에 남겨진 17㎝ 남짓의 수술흉터도, 식이요법도, 언제 없어질지 모르는 내 몸속 암세포도, 무력한 내 자신도.

'하나님, 왜요? 저한테 도대체 왜 이러시는 거예요?'

무엇보다도, 더 이상 잃을 것이 없다고 생각했는데. 저에겐 잃을 수 있는 것에 건강도 있었다는 사실이, 아니, 그밖에 제게는 앞으로도 잃을 수 있는 것이 너무나도 많다는 사실이 저를 너무나 두렵게 했습니다. 억누르려 해도, 무시하려 해도, 마음속 한 구석에는 늘 저 질문이 저를 혼란스럽게 했습니다.

해가 지나고 교회에서 집사님들과 새로이 성경공부를 시작하게 되었습니다. 성경공부 모임 안에서 복음의 기본을 다시 점검해가며, 기도생활을 회복해갔습니다. 전도사님과 집사님들의 중보기도 속에서 너무 힘들어서 잊고 있었던, 아니 어쩌면 일부러 외면하고 있었던 하나님의 사랑에 다시 눈을 떴습니다. 그 무한한 사랑 앞에 저의 마음도 풀려가기 시작했습니다. 두 번째 동위원소치료 후 결과를 보러 가기 전에는, 기도 중 완쾌의 확신을 주셨습니다. 그리고 며칠 후 병원에서 제 몸 안의 암세포가 완전히 제거되었고 재수술은 필요 없다는 말을 들을 수 있었습니다.

그리고 8월 연수원에 다시 복학하게 되었습니다. 복학을 하면서야 알 수 있었습니다. 연수원의 경쟁분위기에 완전히 압도되어 허우적거리고 있던 저를, 하나님께서 잠시 건져내셔서 재정비시키신 후 다시 연수원으로 보내셨음을. 복학생활은 힘들었지만, 작년과는 달리 주님 우선의 삶을 추구할 수 있었습니다.

연수원 1년차를 그렇게 마치고, 저는 이제 29살이 되었습니다.

29살이 된 이후에도 제 삶엔 많은 일이 있었습니다. 힘겨웠던 제 20대의 의미에 대하여 20대를 5개월 남짓 남겨두고 생각해봅니다.

전 고난 속에서 주님의 사랑을 깊이 알았고, 주님 품에서 흐느끼면서, 주님의 위로를 알았습니다. 고난 속에 좌절하면서 저의 자아를, 교만과 아집을 알았습니다. 저의 자아를 죽이기 시작하면서, 주님의 주권 안의 평안함을 알게 되었습니다. 그리고 저희 집안에 복음의 물결이 일어나기 시작했습니다. 고난이 없었다면, 절대 제 삶에 일어나지 않았을 귀한 일들입니다.

'주님, 저한테 왜 이러세요.' 지금도 가끔 힘든 일이 있을 때는 이 질문이 마음속 깊은 곳에서 머리를 쳐들고 올라옵니다. 주님이 대답하십니다. "현주야, 내가 너를 사랑한단다. 네가 힘들어 눈물을 흘릴 때, 내가 너와 함께 눈물을 흘리고, 너와 함께 아파한단다. 나도 이 일을 통해 네가 아파하는 것이 너무나 마음이 아프지만, 난 이 일을 통해 너에게 더 좋은 것을 주려고 한단다. 나를 믿으렴. 나를 바라보렴. 너를 향한 나의 사랑을 믿으렴."

고난은 참 역설적입니다. 마음이 찢어지는 것 같은 상처를 입히며, 내 자아는 작아지고, 주님의 보좌는 높아집니다. 주님의 주권 속에서 평안함을 느끼며, 상처가 점점 치유되어갑니다. 그리고 한층 더 주님을 닮아가게 됩니다. 그 잔혹함 속의 아름다움. 그것이 고난의 신비인 것 같습니다. 전 앞으로의 제 인생에 더 이상의 고난이 없기를 바라지만, 아직도 가끔씩 현실 속을 헤매는 아둔한 저를 보면, 아마 고난이 더 있을 것도 같습니다. 하지만 미리 두려워하진 않으렵니다. 언제나처럼, 주님이 친히 그 고난을 함께 감당해주실 것이며, 제게 기도해줄 사람들을 붙여주실 테니까요. 그리고 그때에 언제나처럼 제 부모님과 오빠, 친척들과 친구들, 그리고 자상한 선배에서 연인으로, 지금은 남편으로 있는 한 사람이 제 옆자리를 지켜주고 있기를 기도할 뿐입니다(고난 없이 성숙할 수 있다면 더욱 좋겠구요).

이제 이야기를 마치려고 합니다. 누구에게나 고난은 있습니다. 그리고 지금 여러분에게는 제가 그랬듯 고시과정이 하나의 고난일지도 모르겠습니다. 그 속의 아름다움을 잘 간직하시고, 몇 년 후 여러분의 아름다운 이야기를 기쁨으로 나눌 수 있게 되기를 소망합니다. 익명의 이름으로 기도 안에서 뵙겠습니다.

상처 입은 치유자로 살게 하소서

"이러므로 우리에게 구름같이 둘러싼 허다한 증인들이 있으니
모든 무거운 것과 얽매이기 쉬운 죄를 벗어버리고
인내로써 우리 앞에 당한 경주를 경주하며"(히 12:1).

최 영 휘

한양대학교 법학과
사법시험 제46회

내 삶의 구원이야기

1996년 4월 법대 앞 농구코트에서 게임을 마치고 땀을 흘리며 자판기에 천 원짜리 지폐를 넣고 콜라를 뽑으려는 순간 하나님의 개입이 시작되었다. 그즈음의 대학가 새내기들에게는 놀라지 않게 있을 법한, 자신을 법대 선배라고 말한 한 선배가 천 원짜리 지폐를 꺼내더니 콜라를 뽑아주는 것이었다. 내심 동아리나 학회의 가입을 권유하기 위한 수작이려니 생각하고 받아먹은 것이 하나님의 그 개입에 말려든 첫 시작이었다. 콜라를 마시던 30여 분의 시간 동안 그 선배는 내 이름이며 고향, 전화번호 등의 소스에서부터 내가 법대 수업을 그다지 좋아하지 않는다든지, 농구나 탁구 같은 운동을 즐긴다든지, 주말에 있을 데모에 나갈지 말지 고민하고 있다든지 하는 이야기 같은 것들을 다이어리에 적어 내려가고 있었다. 이

야기가 대략 마무리 되어갈 즈음 그 선배의 입에서 '예수'라는 단어가 나오자 나는 그 자리를 떠날 전략을 머릿속으로 그려보았지만 이야기하면 궁색한 변명이 될 것이 뻔한 이야기만 생각났으므로 체념하고 그 선배의 이야기에 귀를 기울이기 시작했다. 그렇게 예수님은 내 삶에 찾아오셨다.

1996년 법과대학에 들어온 나는 사실 법과는 거리가 먼 사람이었다. 고등학교 2학년 때 희망학과를 써내는 시간에 옆자리에 앉은 친구가 법학과를 쓰는 걸 훔쳐보고 나도 '법학과'라고 썼는데 그걸 계기로 담임선생님은 상담시간마다 내가 법학과에 매우 가고 싶어 하는 줄 아셨고 담임선생님께 내가 커닝해서 쓴 것이라는 것을 밝힐 수 없는 처지에 이르자 내 대입원서에 법학과라는 단어가 실리게 된 것이었다. 무한한 자유가 주어진 새내기 시절 나는 듣기 싫은 민총 시간에 출석을 부르고 나와 갈 곳 없는 내 모습을 보며 눈물을 떨구고야 말았다. 인생 처음으로, 사춘기에서 끝냈을 만한 그런 고민들, 나는 누구이며 내 인생은 어느 곳으로 가고 있는가 하는 고민을 하기 시작했다. 심각했다. 가끔씩 캠퍼스를 지나가다 만나게 된, 그때 콜라를 사주었던 선배는 이미 내 이름을 외우고 있었다. 그 선배의 이름은 김종현으로 기독선교단체 간사라고 했다. 간사가 뭐하는 거냐고 물었더니 나에게는 생뚱맞은 말씀공부니, 전도와 양육, 뭐 그런 단어들로 설명을 하더니 나에게도 성경공부를 하는 것이 좋겠다고 내 눈을 빤히 쳐다보며 말했다. 흥, 말도 안 되는, 눈에 보이지도 않는 하나님을 어떻게 믿느냔 말이지.

그 선배랑 농구랑 탁구를 자주 하는 것이 아니었다. 그런데 2학기 가을이 될 무렵 나는 그 선배와 자의반 타의반으로 1:1 성경공부를 하고 있었다. 두 손을 꼭 잡고 영접기도라는 것도 했다. 되게 유치하다는 생각을 했다. 선배는 예수님이 나의 마음속에 계시고 나는 구원받은 하나님의 자녀라고 했다. 그런가보다 했다. 새로 시작한 구내 레코드샵에서 아르바이트를 하면서 알게 된 형한테 그 이야기를 했더니 기타를 팅기며 말하기를 자신은 모태신앙인데 그 사람 좀 심하다고 했다.

1학년을 마치고 고향 속초로 돌아온 그해 겨울은 너무나도 추웠다. 눈도 많이 오고 마음도 추웠다. 잠 못 이루는 밤이 많아지기 시작했다. 어느 날 책장에 꽂아두었던 헤르만 헤세의 『지와 사랑』이 눈에 들어왔다. 그날 밤을 꼬박 새우며 책장을 넘겼다. 골드문트와 나르치스라는 이름 대신에 페이지를 넘길 때마다 내 마음에 들어온 단어는 바로 하.나.님.이었다. 그 선배와 몇 번인가 하나님의 존재에 대한 이야기를 나누었는데 그 선배가 해준 이야기가 생각났다. 그리고 2학년이 되면 나도 하나님을 하나님이라고 부르는 사람이 되고 싶다는 생각을 막연히 하게 되었다. 이상한 일이었다.

2학년 때도 공부는 뒷전이고 레코드샵에서 만난 친구들과 공연을 준비하거나 여행을 가거나 했지만 그 선배가 학교 앞 무학교회라는 곳에 영어예배가 있는데 토익을 준비하는 나의 리스닝에 도움이 될 거라면서 데리고 가서는 네덜란드에서 온 발음이 별로 좋지 못한 선교사님 설교를 듣게 하고 500원 짜리 교회밥을 사주더니 밥을 먹었으니 청년예배를 참석하라고 했다. 별로 내키지는 않았지만 밥을 얻어먹은 김에 들어가 보았는데 이상하게 같은 노래 몇 개를 끊임없이 불렀다. 이럴 수가. 내가 레코드샵에서 일하면서 많이 팔리는 앨범 홍보하려고 히트곡 반복해서 튼 적은 있지만 교회에 와서까지 같은 노래 반복하게 될 줄이야. 아무튼 그 선배 때문에 촌스런 이름의 무학교회라는 곳의 몇몇 형제자매들과 알게 되었고 청년예배 때 반복되는 노래 중 몇 개가 좋아지기 시작했다.

하나님 정말 당신이십니까?

군대를 다녀와 학교에 복학을 하고 무학교회에 틈틈이 다녔지만 혹시나 그 선배가 나에게 더 많은 것을 요구할까봐 사람들 눈에 잘 안 보이는 2층에 있다가 후다닥 교회 문을 빠져나가곤 했다. 믿음이 없는 나에게도 주일이라 부르는 일요일에는 교회예배를 참석해야 하나님을 만날 수 있을 것 같은 생각이 들었기에 일요일에도 레코드샵에서 만난 친구들과 공연연습을 해야 했던 나는 매주 토요일이 되면 갈등이 되었다.

그즈음 청년예배 때 담임목사님께서 예수님의 사랑을 말씀하시면서 자신이 대학 시절 예수님을 만나지 못했을 때 방황하던 이야기를 들려주시곤 했는데 내 모습과 많이 닮아 있어서 마음이 짠했다. 예배가 끝나갈 즈음에 목사님께서는 마음속으로 목사님의 삶을 변화시켰던 예수 그리스도를 마음속에 받아들이기로 결단하는 사람은 자리에서 일어서라고 했는데 그때 나는 내 마음의 방황이 예수님 그분께서 내 마음속에 들어오시기 위해 준비한 것이라는 생각을 하며 자리에서 일어섰다. 이제는 주일예배 때 거의 맨 뒷자리이긴 하지만 1층으로 내려와 예배를 드리게 되었다. 여름방학이 있기 얼마 전 생각해보았더니, 내가 정말 하나님을 믿는 것인지 아님 내 삶이 힘들어서 믿는 척하는 것인지 구분이 잘 되지 않았다.

그때는 몸이 안 좋아서 학교수업이 끝나면 너무 피곤해져 집에 와서 바로 쓰러지곤 했다. 하나님을 믿는 것도 힘들 것 같고 믿지 않는 것도 힘들 것 같았다. 여름방학이 되면서 하나님에게인지 나에게인지 모르겠지만 약속을 했다. 이번 방학 전부를 하나님을 알기 위해 쓰겠다고. 그래도 이렇게 계속 힘들면 이후로는 하나님을 믿지 않을 거라고.

방학이 시작됐다. 아침에 일어나자마자 학교도서관으로 갔다. 기독교 서적이 빽빽이 있는 곳으로 가서 책들을 골랐다. 그때는 진로에 대해서 고민이 되었고 하나님을 잘 믿는 사람들이 어떤 고백을 하는지 알고 싶기도 하여 『직업과 소명』 같은 류의 책들과 김성일 씨, 미우라 하야꼬의 간증집을 보았다. 한 사람의 삶이 놀랍게 변화되는 것을 보면서 조금씩 예수 믿는 것이 장난이 아니구나 하는 생각이 들었다.

교회에서 만난 한 자매에게 내게 도움이 될 만한 책을 추천해 달라고 했더니 로렌 커닝햄의 『하나님 정말 당신이십니까?』와 고든 맥도날드의 『내면세계의 질서와 영적성장』을 읽으라고 했다. 로렌 커닝햄은 YWAM(예수전도단)이라는 단체를 창립한 사람이라 했는데 나는 예수전도단이라는 이름이 무슨 서커스나 곡예단 이름인 것 같아서 재미있어 했다. 아무튼 두 책을 빌려서 집으로 돌아와 침대에 누워 『하나님 정말 당신이십니까?』를 그 자리에서 끝까지 다 읽었다. 읽으면서 몇 번이나 내가 과연 하나님이라는 존재를 믿고 이런 삶을 살 수 있다면 그 누구도 부럽지 않을 것 같았다. 그야말로 기적의 연속이었다.

그즈음 내가 속해 있던 교회 청년2부 정광재 전도사님(그분은 예수전도단 간사이기도 했다)께서 내가 로렌 커닝햄의 책을 읽고 감명을 받았다고 하니 씩 웃으시면서 로렌 커닝햄이 이번에 예수전도단 수련회 주강사로 오는데 가보자고 했다. 평소에 나는 기도원 같은 곳에 수련회 올라가는 사람은 광신도들이라고 생각했다. 며칠을 고민하다 나에게 감명을 준 로렌 커닝햄을 한 번 직접 만나보는 것도 좋을 것 같아 가기로 결정했다. 무슨 수련회가 10만원이나 하는지 좀 비싸다 생각이 들었지만, 그래도 다 내고 갔다.

수련회에 가서 로렌 커닝햄을 만나긴 했지만 이건 좀 너무하다 싶었다. 예배가 너무 길었고 찬양을 계속 서서 불렀다. 이틀이 지나고 나서 전도사님에게 환불을 해달라고 하니, 일단 환불은 안 되고 힘든 건 알겠는데 하루 이틀만 더 보내는 게 좋을 것 같다고 했다. 돈이 아깝기도 했고 오늘밤에 뭔가 특별한 예배가 준비되어 있다는 말에 하루 더 머물기로 했다. 그리고 그날 밤 나는 예배 가운데 임하시는 성령님을 통해 하나님을 만났고 방언이라고 사람들이 부르는 그런 은사를 받게 되었다.

일주일의 수련회가 끝나는 날 밤 예배 때 로렌 커닝햄이 선교사로 헌신할 사람은 자리에서 일어서라고 할 때 나는 일어나고야 말았다. 교회로 돌아왔더니 전도사님께서 2주 뒤엔가 있는 교회수련회에 조장으로 가라고 했다. 별로 자신은 없었지만 방학 시작할 때 하나님께 한 약속이 생각나 그러겠다고 했다. 그 수련회 때 우리 조에는 이상하게도 마음이 깨어진 형제, 자매들이 많았다. 그 지체들을 끌어안으며 금식하며 울며 기도할 때 하나님은 말씀시간마다 기도시간마다 은혜를 주셨고, 놀라운 위로를 경험하게 하셨다. 그때 말씀을 전해주신 분이 박창운 목사님(현 영락교회 청년부 담당목사)이셨는데 말씀강해를 통해서 십자가의 은혜와 감격에 빠져서 내 삶을 그분께 헌신하기로 그렇게 하나님께 기도했다.

집에 돌아와서도 그 감격이 식지 않았다. 박창운 목사님 말씀테이프를 사서 음악 대신 계속 듣고 다녔다. 수련회를 다녀오자 나에게 소그룹리더를 시키더니 급기야 4학년이 된 그 다음 해에는 청년2부 회장을 맡게 되었다. 4학년이 되면서 고시공부를 해야 하는지 고민이 참 많이 되었다. 헌.민.형을 꾸준히 테이프를 들으며 공부했지만 본격적으로 시작한 청년부 공동체 활동을 통해 신앙을 바로 세우는 게 우선순위일 것 같았고, 과후배인 박상휘 형제의 꼬임에 넘어가 시작한 법기독학생회(엘로트)에서도 리더를 하게 되고, 여름에도 중국단기선교를 다녀오게 되어 공부량이 부족할 수밖에 없었다. 청년부 생활도 재미있어지고 공동체에 새로 오신 백종현 전도사님과 처음으로 가족 같은 기독공동체를 이루어가면서 하나님을 향한 신뢰가 싹터가기 시작했다. 엘로트의 예배를 통해서도 하나님을 사랑하는 소수의 무리가 모여 하나님의 임재를 갈망했을 때 기름 부으심을 많이 경험하였다. 그때는 법대도서관에서 공부하면서 병원기도실에 가서 기도하곤 했는데 시간이 늦어 병원기도실에 가기 어려울 때면 우리가 예배를 드리던 강의실로 내려가 깜깜한 강의실 앞 딱딱한 교단 바닥에 무릎을 꿇고 앉아 눈물을 흘리며 기도를 하곤 했다. 우리의 예배를 받아달라고. 이 법대 땅과 캠퍼스에서 하나님이 하나님 되게 해달라고. 기도만 하면 눈물이 나기 시작했다. 내 모든 것을 불살라 드려도 날 사랑하시는 하나님의 은혜에 비하면 아무것도 아닌 것 같았다.

그해 겨울 기말고사를 마치고 병원기도실로 가서 감사기도를 하고, 신림동으로 이사를 했다. 처음에는 1차시험에 합격할 정도는 아니더라도 1년 동안 책을 놓지 않았기 때문에 막판에 문제집으로 정리를 하면 시험을 볼 정도는 되리라 생각했지만 도무지 객관식 문제들이 풀리지가 않았다. 그 남은 두 달여 시간을 정리해서 1차시험에 대비하는 것은 그야말로 욕심이었다. 그래도 마음 한편에서는 내년 시험을 준비하는 차원에서라도 끝까지 최선을 다해야 한다는 생각이 들었고, 다른 한편에서는 역시 고시공부가 나랑 맞지 않는다는 걸 확인한 걸로 족하다는 생각이 들었다. 두세 번 정도 공부하던 책을 싸가지고 나와서 불에 태워버리면 공부할 생각을 접을 수 있을 것 같다는 생각을 했다. 독서실에 앉아 있으면 두 시간을 집중하기 어려웠다. 어차피 상황이 이렇게 되자 마음이 계속 약해지고 두려움이 엄습해오는 밤이 많아졌다.

1차시험을 한 달 앞두고 1월에 있었던 교회수련회를 올라갔다. 마음이 힘들었지만 오랜 만에 말씀의 은혜를 누리고 있었는데 둘째 날 오후에 있었던 신종렬 전도사님의 내적치유강의를 들으며 그동안 감추어 있었던, 눌려 있었던 내면의 문제가 한꺼번에 다 올라오기 시작했다. 믿지 않는 가정에서 신앙생활한다는 자괴감, 낮은 자존감으로 말미암은 비교의식, 부모님으로부터 사랑의 언어로 사랑받지 못했음으로 인한 사랑결핍, 거절감, 하나님께 인정받고 사랑받으려는 동기에서 비롯된 헌신 등, 그동안 내가 잘해오고 있다고 생각했는데, 마음속의 나에 대한 여러 가지 기대들이 와르르 무너져버리는 느낌이었다.

강의를 듣고 얼마간의 시간을 우두커니 앉아 있었다. 어떻게 해야 할지 도무지 알 수가 없었다. 저녁집회 시간이 시작되었다. 섬기던 조원과 함께 앞자리로 가서 자리를 잡고 앉았다. 집회가 시작되고 얼마 안 되어서 강사이셨던 백종현 목사님께서 말씀을 시작하셨다. 그 순간 하나님이 밉고 지금 이 상황이 너무나도 싫었다. 그 자리에 도저히 그대로 앉아있을 수가 없었다. 앉아 있는 군중을 헤치고 집회장소를 뛰쳐나갔다. 숙소로 돌아와 깜깜한 방안에서 울고 있는데 방문을 열고 신종렬 전도사님과 다른 전도사님 한 분이 들어와서는 괜찮냐고 물으시더니 백종현 목사님께서 자신으로 인해 한 영혼이 실족한다면 그 부담감 때문에 집회를 인도할 수 없다며 나를 기다리고 계신다고 했다. 300명이 넘는 청년들이 은혜를 사모하는 집회에서 나로 인해 집회가 끊겨버리다니. 그러나 그 순간은 나에 대한 실망감과 미래에 대한 두려움 때문에 어찌해야 할지 몰랐다.

전도사님들의 권유에 집회장소에 들어가 앉아 있기로 했다. 집회장소로 가면서 신종렬 전도사님께서 "사랑 가운데 두려움이 없고 온전한 사랑이 두려움을 내어 쫓나니"(요일 4:18)라는 말씀으로 위로하시며 그리스도의 사랑을 묵상하라고 했는데, 그 말씀을 마음으로 붙잡는 순간 놀랍게도 예수님의 사랑이 밀려들어와 두려움이 물러감을 느낄 수 있었다.

수련회에서 돌아와서 어린아이처럼 다시 하나하나 하나님과의 사랑의 관계 속에서, 형제자매들의 안전한 관계 속에서 하나님의 치유의 손길들을 경험하기 시작했다. 생각해보면 하나님 없이 20여 년 살았던 내 삶의 불순종의 흔적들이 예수님 믿고 그 짧은 시간에 없어져 버리리라고 여겼던 것이 이상했다. 내 내면의 불순종의 죄들을 하나하나 다루시는 그리스도의 사랑을 경험하면서 나를 존재 자체로 사랑하시는 하나님의 마음을 느낄 수 있었다.

광야로 부르시는 하나님의 은혜

첫 1차시험을 마치고 진로를 구하는 기도를 진지하게 시작했다. 무엇이 하나님의 뜻인지 분명한 하나님의 음성을 듣고 가야 하는 시기라 생각하니 시간이 걸리더라도 하나님의 분명한 사인을 보고 인도함을 받고 싶다는 기도를 하나님께 드리게 되었다. 법서는 1장도 넘길 수가 없었기에 광신도들만 간다고 생각했던(ᄽ) 기도원에 처음으로 홀로 가보기도 하고 새로 시작한 복음2팀(지금의 무학교회 다윗공동체) 모임에서 형제자매들과의 교제를 통해 다시 삶에 안정감을 찾기 시작했다.

그때 하나님께서 나를 선교사로 부르시는지 확인하기 위해 기도하고 있었는데 그 확인을 위해 1-2년의 시간 동안 단기선교를 다녀오는 것이 좋을 것 같아서 평소에 관심 있었던 OM선교회에 가서 선교사 지원 절차를 알아보았다. 역시 마음에 걸리는 것은 믿지 않는 부모님이었다. 내가 주는 용돈으로 헌금하냐며 나를 나무라시고, 교회생활에 너무 빠져 들어가면 안 된다며 늘 주의를 주시던 어머니. 말은 잘 안 하셔도 내가 조금은 염려스러운 듯이 쳐다보시는 아버지. 그런 부모님께 선교사로 외국으로 나가고 싶다고 말씀드렸다. 그야말로 부모님께는 황당할 노릇이었다. 평생을 초등학교 선생님으로 사회에 봉사하셨기에 빠듯한 살림이었는데, 법대 교육 시켜놨더니 선교사라니. 내가 부모라도 이해하기 힘든 자식의 선택이었다.

예상대로 어머니는 많이 노하시며 반대하셨다. 그런데 내 마음은 매우 차분했다. 어차피 예상했던 반대였기 때문에 더욱 그러했는지도 모르겠다. 그런데 아버지께서 내 이야기를 듣더니 좀 생각할 여유를 달라고 하셨다. 아버지의 반응을 기다리던 며칠 동안도 편한 마음으로 하나님께만 집중했다. 내 삶을 향한 하나님의 분명한 뜻이 있을 것을 믿으며 기다리다가 드디어 아버지께서 어느 날 저녁에 나를 부르셨다. 차분히 말씀하시길 어느 부모라도 네가 지금 내리는 이런 선택을 좋아하며 지지하지는 않을 거라고 하셨다. 그렇지만 그것이 네가 심사숙고하며 생각하고 내린 결정이라면 다녀오라고 하셨다. 얼마만큼의 비용이 들지는 모르겠지만 집에서 도와주겠다고도 말씀하셨다. 눈물이 핑 돌았다. 분명히 예상 외였다. 부모님을 설득하기 위해 많은 시간이 들 거라고 생각했는데 하나님의 계획은 다른 곳에 있었다. 마음속으로 하나님께서 '네가 정말 부모님을 사랑하느냐?'고 물으시는 음성이 들렸다. 믿지 않는 부모님 때문에 하나님께 원망했던 나의 태도를 여지없이 깨뜨리시던 순간이었다. 그러면서 늘 내 삶을 지지하며 신뢰해주시는 아버지의 사랑이 마음속 깊이 밀려왔다. 어머니는 "네가 교회를 다니며 예수 믿는다고 하는데 그 예수님이 도와주셔서 네가 사법시험 합격하면 나도 예수를 믿겠다"고 하셨다. 장난처럼 여겨질 만한 그 말을 통해 하나님이 내 마음을 움직이기 시작하셨다. 지금 내 삶에 하나님께서 원하시고 계신 것이, 그분께 순종하는 것이고 공부하는 것임을 가르쳐 주셨다.

신림동으로 돌아와서 시험공부를 하기 시작했다. 신림2동 대학촌교회 새벽기도를 나가기 시작했고 고시원에서 만난 장조녕 형제와 말씀을 나누며, 힘들었지만 영혼을 섬기는 일과 공부하는 일을 병행했다. 무학교회 청년예배와 공동체에도 계속해서 나갔다. 기도하면서 나를 향한 하나님의 계획이 복음과 법으로 열방을 섬기는 것임을 조금씩 깨달아갔다. 1차시험이 계속 다가올수록 공부량은 늘어갔지만 합격할 자신은 생기지 않았다. 학원모의고사의 결과도 좋지 않았다. 남들이 금방금방 이해하는 것 같은 법리들이 내게는 힘들게 여겨졌고 방대한 공부량에 한 순환을 마치고 다시 민법을 잡으면 처음 보는 것 같아서 좌절감을 느낄 때가 많았다. 그럴 때마다 하나님의 사람 모세의 삶을 묵상했다. 나와는 잘 어울리지 않고 내가 감당할 수 없는 일이라고 생각했지만 하나님이 시작하셨고 그 광야의 과정 속에서 만난 하나님만으로도 만족할 수 있게 해달라고 기도했다. 정말로 그때는 합격이라는 단어는 멀게만 여겨졌다.

2002년 초, 처음으로 제대로 공부해서 본 1차시험에 떨어졌다. 커트라인과 5점 정도 차이가 났는데 송은석 선배는 제대로 준비해서 처음 본 시험 결과가 이 정도면 괜찮다며 위로해주었다. 기도원에 올라가서 금식하고 기도하며 한 해 동안 하나님의 계획을 물었다. 무엇보다 복음의 확신과 열정이 식지 않도록 기도하는 것이 우선순위였다. 그 열정을 유지할 수 있도록 여름에 있을 교회의 몽골단기선교를 작정했다. 처소를 신림9동으로 옮기고 같이 고시공부하는 형제들과 공동체생활을 시작했다. 스터디도 새로 꾸렸다. 책 하나를 결정할 때마다, 강의나 테이프를 결정할 때마다 기도했다. 하나님이 도와주셔서 공부가 점점 재미있어지고 쌓이는 느낌이 들었다. 2002년 여름 대한민국은 월드컵 열기로 뜨거웠다. 그해 여름 내 삶의 중심에는 몽골선교가 있었고, 비록 거리에 나가서 대~한민국을 외치며 응원하지는 못했지만 선교를 준비하기 위해 교회로 향하던 지하철 안에서 법서를 읽으면서 대~한민국을 외치는 사람들보다 내가 더 행복한 사람이란 생각을 하였다.

공동체에 새로 들어온 근현이를 꼬셔서 같이 간 몽골선교에서 하나님은 당신께서 예비한 영혼들을 만나게 하셨다. 울란바토르에 있는 가난한 지역에 새워진 올리아스데교회 청년들과 함께 수련회를 하면서 이 땅의 영혼들을 하나님께서 얼마나 사랑하시는지 확인할 수 있었다. 복음이 없이 황폐한 이 땅에서, 복음에 목말라했던 많은 형제자매들이 하나님의 은혜와 십자가 앞에서 주께 인격적으로 반응하는 것을 보면서 열방을 축복하며 섬기는 것을 하나님께서 얼마나 기뻐하고 바라시는지 확인할 수 있었다.

공부 가운데서 하나님의 도우심을 경험하게 하심

몽골선교에서 돌아온 후 다시 마음을 가다듬고 공부를 시작했다. 진도별 모의고사를 풀고 틀린 것이나 이해 안 되는 것은 스터디원들과 같이 해결하는 방식으로 공부했는데, 진도별 모의고사가 나에게는 힘들기도 했지만 이해가 안 되는 것은 시험 날까지만 알면 되지 않겠냐고 생각하며 공부를 계속해 나갔다. 점심이나 저녁을 먹고 선민교회 가서 잠깐씩 기도하였으며, 하루 공부를 마치고 집에 가면서도 선민교회 깜깜한 예배당에 가서 기도하였다. 헬스클럽에 꾸준히 다니기는 하였지만 시험이 다가오면서 체력이 떨어지고 하루에 봐야 한다고 생각했던 진도량의 반 정도밖에 보지 못하는 날이 이어지면서 방법이 없어 밤에 집에 들어가기 전에 선민교회에서 가난한 마음으로 기도했다. 하나님이 도와주시지 않으면 도무지 방법이 없다고. 2003년을 맞이하는 송구영신예배에서 하나님께서는 "네가 누울 때에 두려워하지 아니하겠고 네가 누운즉 네 잠이 달리로다"(잠 3:24)라는 말씀을 주셨는데 많은 위로가 되었다.

1차시험이 다가오면서 본 학원모의고사 성적도 좋지 않았고 몇몇 주위 친구들이 자신은 상위 몇 퍼센트에 들었다든지 민법은 몇 개 틀렸다는 이야기를 할 때마다 영혼이 위축되었다. 하지만 포기하기에는 아직 시간이 남아 있었다. 전 범위 모의고사는 풀지 않고 몇 번 보았던 전국모의고사 문제로 실전 연습을 익히기로 하고 풀어놓았던 진도별 모의고사와 교과서를 반복해서 보면서 시험이 끝날 때까지 포기하지 않게 해달라고 하나님께 기도했다. 1차시험이 며칠 남지 않았을 때에도 정리가 안 되었다. 정신이 아득했다. 하나님이 지혜를 주셔서 꼭 봐야 할 것만 보게 해달라고 기도했다. 민법은 정리해놓았던 김종원 강사의 책과 진도별 모의고사에 체크해놓은 것만 보고 형법은 교과서가 잘 읽히지 않아서 진도별 모의고사로 정리하기로 했다. 헌법은 황남기 교재와 황남기 진도별 모의고사로 정리하기로 마음먹었다. 선택은 영어와 국제법을 했는데 나름대로 좋아하고 자신 있던 과목이라

최소한의 시간만 투자하고, 나머지는 헌민형을 보기로 했다.

1차시험을 보는데 영 감이 좋지 않았다. 민법이 특히나 어려웠는데 사례형 문제가 많이 나와서 시간이 모자라 뒤에 4-5문제 정도의 친상법 문제들은 거의 찍다시피 하며 나왔다. 저녁에 선배랑 같이 예배를 드렸는데 마음이 답답했다. 어차피 내가 갈 길이 아니었다고. 다른 길로 가더라도 절대 후회하지 않을 거라는 내 마음의 확신이 흔들리기 시작했다.

다음날 방안에서 정답지를 구해다가 채점을 시작했다. 기도하며 한 문제 한 문제 채점을 하는데 숨이 멎는 것 같았다. 헌법, 형법, 민법 순으로 채점을 했는데 두 개의 지문 중에서 정답이 불확실해 체크해 두었다가 종치기 직전에 마킹한 것들이 몇 개를 빼고 거의 다 맞는 것이 아닌가. 더군다나 찍고 나왔던 민법 마지막의 5문제 중에서는 3개가 맞았다. 기적이었다. 전국모의고사를 보면서도 한 번도 맞아보지 못한 성적이었다. 영어와 국제법에서 몇 문제 실수를 하기는 하였지만, 그리 나쁜 성적이 아니었다. 합격할 수 있을 것 같은 확신이 왔다. 그러나 그 순간 이상하게도 감사함과 기쁨보다는 마음속에 알듯 모를 듯한 교만함이 밀려왔다. 답안지를 내려두고 기도했다. 혹시 합격하면 하나님께서 하신 거라고. 내가 이룬 것으로 생각하지 말게 해달라고 기도했다. 합격자 발표 날 선민교회에서 기도하다가 합격자 명단을 확인하였다. 내 이름이 없었다. 가슴이 철렁 내려앉았다. 이럴 리가 없는데. 다시 꼼꼼히 살펴보았는데 내 이름 석 자가 있었다. 순간 눈물이 흘러나왔다. 너무나도 기뻤다. 교회에 돌아가 감사기도를 하고 부모님과 전도사님, 가까운 지체들에게 합격의 소식을 전했다.

2차시험

동차시험은 몸이 안 좋아서 그냥 후사법 1회독만 하고 시험을 치루었다. 동차를 치고 신림동으로 다시 돌아와 형제자매들이랑 스터디를 꾸리고 1순환부터 차분히 재시준비를 하기 시작했다. 이때도 계속 무학교회를 출석했다. 토요일 저녁 영성훈련모임에 계속 참석하였고, 주일에도 청년예배와 공동체 셀모임을 마치고 신림동으로 돌아왔다. 친한 친구인 승원이가 신림동으로 들어와 교회를 오고가는 일이 많이 힘들지는 않았다. 2차시험은 학원을 따라가며 궁금점들은 스터디를 통해 해결하고 무엇보다 책 한 권에 단권화하기 위해 무수한 열정을 쏟았다. 평소에 책을 빨리 보는 스타일도 아니고 교과서, 케이스집, 학원자료 등 분산된 것들을 다 볼 자신이 없었기 때문에 교과서에 케이스집을 분해해서 교과서 내용으로 흡수 가능한 것은 쓰레기통으로 보내고 대체할 수 없는 것들은 교과서에 끼워 넣었다. 학원자료도 모아두기보다는 그때그때 잘라서 붙이거나 책에 가필하거나 하는 방식으로 정리하였다. 스터디에서는 2순환부터 점심을 먹고 두문자를 따는 스터디를 했는데 점심을 먹으면서도 전날 했던 두문자를 한 사람이 질문하고 맞히는 공부를 계속했다.

2차시험을 준비하면서는 이 광야의 터널을 반 이상 왔구나 하는 생각이 큰 힘이 되었다. 나머지 시간들도 인내하며 하나님의 훈련코스를 잘 보내라는 뜻인지 하나님께서도 성경을 묵상할 때마다 인내에 관한 말씀을 마음속에 많이 주셨다.

> "이러므로 우리에게 구름같이 둘러싼 허다한 증인들이 있으니 모든 무거운 것과 얽매이기 쉬운 죄를 벗어버리고 인내로써 우리 앞에 당한 경주를 경주하며"(히 12:1).

2004년이 되고 학원 3순환을 마치고 스터디원들과 함께 학교 고시반으로 들어왔다. 무엇보다 교회가 가까워져서 기쁘기도 하였고 틈이 날 때마다 병원기도실로 올라가 기도할 수 있어서 좋았지만 몇 년 동안 독서실에서만 공부를 해서 그런지 새로운 고시반에서의 공부가 영 잡히지 않았다. 캠퍼스여서 그런지 긴장도 풀어지고 고시반 룸메이트 분께서 코를 심하게 고셔서 밤에 숙면을 이루기도 힘들었다. 체력이 급속히 떨어지더니 더워지는 5월이 되면서는 아침에 일어나는 것이 너무나도 힘들었다. 시험이 있는 6월이 되면서 공부하던 연구실에 에어컨을 가동하게 되었는데 그때부터 감기에 걸려서 재시시험을 마칠 때까지 감기를 달고 살게 되었다. 날씨가 더워서 에어컨 없이는 공부하기 어려웠고, 감기약을 먹으면 잠이 와서 공부에 집중할 수 없었다. 연구실 안에서 기침을 했더니 선배들이 핀잔을 주었다. 연구실에 돌아가 생강차와 한약을 달고 살았다. 기침이 많이 나올 때면 자리에서 빨리 나가서 연구실 밖에서 기침을 하고 돌아와서 다시 책을 잡았다.

재시가 얼마 남지 않았던 주일날, 엘로트 후배를 지나가다 만났는데, "후배들이 형 시험 끝나면 엘로트 간사 세우려 한데요"라며 지나가는 이야기로 말했다. 그 말을 듣고 곰곰이 생각하는데 하나님의 숨결이 느껴졌다. 이번 시험을 은혜로 잘 감당하게 하시고 엘로트를 섬길 기회를 주시고자 하시는 하나님의 계획이 이해되면서 남은 기간 열심히 공부하리라 다짐했다. 감기는 낫지 않고 시험을 볼 때까지도 따라다녔다. 너무 힘들어 기도시간마다 엉엉 울기도 했다.

재시시험이 시작되었다. 교회공동체 지체들에게 감기에 대해서, 코고는 룸메이트에 대해서, 신뢰하면서 시험을 치르는 것에 대해서 기도부탁을 하였다. 청년부 백종현 목사님께서 따로 부르셔서 두 손을 잡으면서 기도를 해주시는데 눈물이 두 뺨을 타고 흘러내렸다. 놀랍게도 그동안 계속해서 코를 골던 룸메이트가 시험 전날에 코를 골지 않았다. 누군가 나를 위해 기도하고 있음을 느낄 수 있었다. 시험이 하루하루 끝날 때마다 미니홈피 게시판에 시험을 본 소감과 기도제목을 남겼는데, 윤주 누나와 승원이가 답글을 달아주고 중보해주어서 많은 힘이 되었다. 윤주 누나는 마치 자신이 나흘 동안 나랑 같이 시험을 본 느낌이라고 하였다.

2차시험은 쉽지 않았다. 평소 소화기관에는 별 무리가 없었는데 시험 둘째 날 밤에는 먹은 것을 다 토하고야 말았다. 그래도 평소에는 그렇게 코를 골던 룸메이트 형이 조용히 주무시는 것을 보고 하나님이 도와주신다는 생각을 하게 되었다. 마지막 과목 형소법을 마치고 스터디원들과 병원기도실에 가서 감사기도를 마치고 2차시험을 마무리했다. 2차시험에 붙더라도 떨어지더라도 하나님의 은혜라고 생각했다. 오히려 이제 사법시험은 마음에서 조금씩 내려놓고 싶었다.

2차시험 후에는 몽골선교를 다시 다녀왔다. 2년 전에 가 보았던 올리아스데교회에 다시 가서 기도를 하니 나를 이곳에 있게 하신 하나님의 섭리에 감격의 눈물이 흘러내렸다. 한국으로 돌아와 그해의 나머지 시간들은 엘로트로 돌아가 졸업생 간사의 신분으로 후배들을 돌보았다. 간사가 뭐하는 직업이냐며 새내기 시절에 선배에게 물어보았던 그 캠퍼스에서 내가 간사를 하게 될 줄이야.

합격 그 이후

2차시험 발표가 나기 전날에 기도원으로 올라갔다(나도 광신도가 다 되었다^^). 발표 날이 되었다. 기도가 잘 되지 않아서 기도원 주변을 산책하며 묵상하고 있는데 핸드폰으로 문자가 왔다. 시험결과를 문자로 보내달라는 부탁을 하지도 않았는데 승원이가 결과를 확인하고 문자를 보냈던 것이다. 합격이었다. 믿겨지지 않았다. 기쁘다는 마음보다는 감사하다는, 겸손하게 해달라는 기도가 먼저 나왔다. 부모님께 전화를 드리고 백종현 목사님과 신종렬 전도사님께 차례로 전화를 드렸다. 엘로트의 형제자매들과 함께 합격의 기쁨을 나누었다. 엘로트의 종강예배를 드릴 때 후배들이 축하한다며 선물로 꽃을 건네주었다. 이상하게 부끄러웠다. 내가 이 선물을 받을 만한 자격이 있을까 생각이 들었다. 오히려 더 치열하게 캠퍼스를 지키며 영혼을 품고 사랑했던 후배들이 받아야 하는 것이 아닐까 생각했다. 하지만 꽃을 받으면서 공동체 모두를 대표해서 하나님께 받는 선물이라고 생각했다. 그리고 내가 잘나서 절대 합격한 것이 아니라 공동체 형제자매들을 대신해서 세상에 보냄 받는 것이라 생각했다.

영국생활과 연수원 입소

연수원을 바로 다음해에 들어가는 것은 힘들었다. 무엇보다 2차시험을 끝내고 난 후에도 거의 쉬지 못해서 체력이 바닥 난 데다가 허리도 좋지 않아서 쉬고 싶은 생각이 많이 들었다. 복음과 법으로 열방을 섬기기 위해서 무엇을 준비해야 할지 몰라 하던 차에 하나님께서는 영국 땅을 보여주셨다. 몇 년 동안 고시준비를 하면서 더 큰 세상에 대한 갈망이 많이 있었는데 하나님께서는 성경을 체계적으로 익히고 기독교세계관을 공부할 수 있도록 영국 중부에 있는 Capernwray Bible School과 영국 라브리 공동체로 인도하셨다. 전세계에서 온 하나님의 사람들과 말씀과 기도로 교제하며 은혜를 나누는 기쁨과 동시에 영국의 아름다운 자연을 여행하며 하나님이 지으신 자연을 마음껏 누리는 기회를 가지게 되었다.

8개월가량의 시간을 영국에서 보내고 12월말에 입국해서 연수원 공부를 준비하며 연수원 신우회 예비모임에 참석해서 엠티를 가게 되었다. 예상치도 못했었는데 하나님께서는 연수원 신우회를 섬기는 회장으로 세워주셨다. 너무 부족한데, 잘 섬길 수 있을까 두려웠지만 하나님이 세워주심을 느낄 수 있었고, 이제는 상처 입은 치유자로 거듭나서 신우회공동체와 연수원을 섬길 수 있는 기회를 주시는 하나님의 계획에 순종하며 아멘으로 하나님께 화답했다.

에필로그

사실 처음에는 『위로자격증 Ⅱ』에 원고를 내지 않으려고 했다. 이렇게 흔적으로 남길 만큼 내 삶이 성숙하지도 않을 뿐더러 나보다 더 열심히 하나님을 섬기고 공부를 했지만 합격하지 못한 형제자매들에게 누가 될 것이 짐이 되었기 때문이다.

아무쪼록 글 속에서 제 연약함으로 말미암는 교만함을 감추어 달라고 금식하고 기도하며 이 글을 내어 놓습니다. 조금이나마 제 글이 힘든 터널과 광야의 길을 가고 있는 형제자매들에게 힘이 되기를 소망하며 부족한 글을 맺습니다.

나의 나 된 것은
하나님의 은혜라

사법시험 과정을 통해
사법시험의 과정과 결과뿐만 아니라
자신의 삶의 모든 것이
하나님의 은혜임을
진실되게 고백하는 글들입니다.

"나의 나 된 것은
하나님의 은혜로 된 것이니
내게 주신 그의 은혜가 헛되지 아니하여
내가 모든 사도보다 더 많이 수고하였으나
내가 한 것이 아니요
오직 나와 함께 하신 하나님의 은혜로라"

(고전 15:10)

오늘의 나 된 것은 하나님의 은혜였노라

오늘 나의 나 된 것은 오로지 하나님의 은혜이므로
겸손히 그분께 의뢰한다면, 사법시험과 인생여정을 즐겁게,
넉넉하게 이겨 나가리라 확신합니다.

권 기 정

중앙대학교 법학과
사법시험 제45회
대성그룹 사내변호사

사법시험이란 참 묘한 시험인 것 같습니다.

어떤 사람의 법학 지식의 정도를 쉽게 알 수 없고, 신이 아닌 인간이 시험이라는 제도를 통해 그것을 평가하기에, 그 판단결과에는 여기저기 허술한 부분이 많고 또 다양한 모순이 존재합니다. 우리의 주변을 살펴보면 사법시험이 실력만으로 합격할 수 있는 시험은 아닌 것 같다는 생각을 누구나 하게 됩니다. 오래 공부한 사람들, 실력이 출중해보이는 사람들이 예상외로 불합격하는 것을 흔히 볼 수 있지 않습니까? 1차시험에서는 선택과목의 난이도 차이, 2차시험에서는 과락제도 등이 더욱 실력만으로는 합격할 수 없도록 만들고 있는 듯합니다. 그러나 그렇다고 실력이 없는 사람이 합격되는 일도 물론 없습니다. 혹 겸손한 사람들이 자신을 낮추어 실력이 없는데 붙었다고 하지만 그 뒤엔 남모르게 쌓은 내공이 있었을 것이며, 거기에 더해

그 당시의 시험 패턴에 강하도록 훈련이 되어있었을 것입니다. 흔히 세상 사람들은 '운이 좋았다' 라고 하고, 그리스도인들은 '하나님의 은혜' 라고 고백합니다.

예수님과 인생진로

누가 태어날 때부터 하나님과 예수 그리스도의 구원 스토리를 알고 태어 났을까요? 이를 아는 것이 은혜의 시작이라 한다면 사법시험의 합격은 은혜의 또 다른 경험일 것입니다. 합격 전과 합격 후의 차이는 가히 실존하시는 하나님의 존재를 아는 것과 모르는 것의 차이(은혜의 경험)만큼이나 크다고 할 수 있습니다. 고시를 준비하는 많은 사람들에게 있어서 이는 물에 빠진 사람이 구명조끼를 얻어 입은 기분 같을지도 모르겠습니다. 실로 합격의 기쁨은 컸습니다. 그러나 제가 여기서 말하고 싶은 것은 그 합격보다 더 큰 기쁨이 하나님과 동행함의 과정에 있었다는 것입니다. 어쨌든 제 고교시절에 하나님은 저를 찾아오셨고 저는 그분의 실존하심을 경험하면서 전혀 다른 종류의 삶을 살아가게 되었습니다.

경북 안동에서도 시골로 한참 더 들어가야 하는 제 고향은 골수 유교 문화적 관습이 깊이 남아 있어서 하나님을 섬기며 살기란 그리 쉽지 않았는데, 혼자서 자취생활을 하면서 공부를 하는 것이 제 장래를 위해 큰 도움이 되지 않을 것이라는 큰형의 권유를 계기로 결국 신앙의 자유와 학업의 성취를 위해 1987년 8월말 고등학교를 포기하고 상경했습니다. 마치 청교도들이 미국으로 신앙의 자유와 비전을 찾아 영국을 떠났듯이, 저는 좀 더 넓고 자유로운 곳에서 하나님을 깊이 있게 배우며 견고한 신앙을 지향하고자 떠나 왔습니다. 그리고 그 연장선상에서 가족들과 친지들에게 복음을 전할 수 있는 길을 찾고 있었습니다. 한편, 경제적 형편이 좋지 않아 고졸 자격 검정고시를 거쳐 중앙대 법학과에 입학했는데, 입학 후 여러 종류의 아르바이트를 하면서 세상이 호락호락하지 않다는 것을 경험할 수 있었습니다. 1학년을 마치고 경제적 어려움으로 휴학하여 각종 아르바이트를 해보았으나 여의치 않아 1년 뒤에는 현역병으로 자원입대를 했고, 전역 후 복학하여 고시반을 이용해 실력도 키우고 장학금도 받고자 노력하며 공부했습니다. 이 시기에는 공부에 지장을 덜 줄 도서관자치위원과 신문배달 아르바이트만을 하면서 사법시험에 응시했습니다.

사법시험 도전 전기

학교 공부와 고시공부를 병행하느라 졸업하기까지 실력을 크게 키우지 못했고 졸업 전에 한 번도 1차시험에 합격하지 못했습니다. 더욱이 제 선택과목과 경쟁과목 간의 난이도 차이가 커서 선택과목을 원망해보기도 했지만, 이건 변명에 불과하겠지요. 졸업 후 바로 다른 진로를 찾기엔 그동안 들여온 시간과 노력이 너무 아까웠습니다. 그래서 재차 승부를 걸어보기로 하고 부모님께 1년간만 더 해보겠다고 말씀드린 후 탱크(별명)처럼 공부했습니다. 그리고 다행히 바로 다음해 1차시험에 넉넉한 점수로 합격을 했습니다. 그런데 아이러니하게도 이는 그동안 제게 여러 차례 쓴맛을 안겨주었던 선택과목이 상대적으로 쉬웠던 덕분이었습니다. 그러나 그 다음 2차에서는 여러 가지 한계에 부딪히며 민법 과락을 포함, 총점미달로 연거푸 불합격했습니다.

어머님께 드리는 마지막 효도

다시 1차를 준비하면서 야간경비 아르바이트를 시작했고 덕분에 경제적으로는 조금 안정되었으나, 다음해 1월, 어머님의 병환이 위급하다는 얘기를 누나를 통해 듣게 되었습니다. 어머님께서 돌아가시기 전에 예수님의 복음을 전하자고 누나가 제안을 하였는데, 둘 중에 적합한 전도자로 제가 결정되었습니다. 순간, '1차시험이 얼마 남지 않았는데'라는 생각으로 망설여졌습니다. 언젠가, 왜 사법시험을 준비하느냐는 질문에 '나는 나의 성공이 내 가정의 복음화와 경제적 안정에 도움이 되길 원합니다'라고 하나님과 사람들 앞에서 대답한 적이 있었는데, 이 망설임의 때에 하나님께서는 '참으로 네 개인의 안위와 출세를 위해 가족들을 희생케 한 것이 아니고 위 목적이 진실이냐?'라고 물어오셨습니다. 곧바로 고시반 기숙사와 가까이에 있는 명수대교회에 가서 기도하면서 "어머님의 영혼구원이 제게 우선입니다"라는 고백을 하고 1차시험 3주 전 고향으로 내려갔습니다. 어머님의 상태를 살핀 후 어머님께 복음을 전하는 것이 아들로서 할 수 있는 마지막 효도라 생각하며 서울로 다시 올라와 야간경비 직장에 사표를 내고 짐을 꾸려 고향으로 다시 내려갔습니다. 일주일 간 집에 있으면서 어머님 병수발과 집안청소를 하면서 기회가 날 때마다 어머님께 황수관 박사님의 간증테이프 '아멘 약'을 들려 드렸습니다. 때를 보아 복음을 전하였는데, 정말 기쁘게도 어머니께서 받아들이셨고 영접기도를 하게 되었습니다. 서울로 올라오는 기차 안에서 무한한 감사의 기도가 흘러나왔습니다.

그러다 그해 1차는 떨어지고 군법무관 2차를 준비하고 있었는데 5월 말경 어머님께서 소천하셨습니다. 고향에 내려가 장례를 치르고 올라왔는데, 설상가상으로 군법무관 2차에서는 사법시험 커트라인을 상회하면서 군법무관 커트라인을 넘기지 못해 불합격했습니다. 이때 아버님께 이런 편지를 드렸습니다. '人間萬事 世翁之馬'

사법시험 도전 후기

경제적 궁핍이 더 심하여져 신문배달과 우유배달을 동시에 하며 공부하던 차였는데, 위 군법무관 불합격 소식을 접하고서야 정말 막다른 골목에 이르렀다는 생각이 들었습니다. 아르바이트 등 모든 것을 내려놓고 신용카드 현금서비스를 받아 고시반 식비를 납부하면서 공부에만 집중하였습니다

(신용카드 빚은 다음 해 1차와 2차시험을 치른 후 고시원 총무 아르바이트를 하면서 갚아갔으나 다 갚지 못하고 결국 합격 후 마이너스 통장에서 빌려 다 갚았습니다).

1차시험을 치른 후(선택과목에서 또다시 상대적으로 유리하게 출제되었습니다) 합격을 확신하며 2차시험 준비에 들어갔는데 시간의 촉박함을 인식하면서도 집중이 잘 되지 않았고, 의자에만 앉아 지루하게 시간을 보내고 있는 자신을 발견하게 되었습니다. 뭔가 전환점을 마련하지 않고서는 결코 벗어날 수 없는 지경에 이르게 되어, 하나님께 나아갔습니다. 새벽기도 첫날 마침 명수대교회에서는 20일 부활절특별새벽기도회가 시작되고 있었습니다. 20일을 채우고 싶었습니다. 날마다 새로운 용기와 꿈을 향한 열정을 하나님께서 공급해 주셔서 20일을 채우고 나서도 2차시험 당일을 제외하고 시험 끝날 때까지 일찍 일어나 새벽기도를 갈 수 있었습니다. 새벽기도를 드리다 보니 매일 새벽기도 후 예습을 하고 나서 3순환 스터디에 참가할 수 있게 되어서 제게 가능했던 최선의 준비로 시험에 응시할 수 있게 되었습니다.

사법시험의 끝과 아버님의 구원문제

시험을 마치는 날 어쩌면 동차합격을 하게 될지도 모른다는 생각이 평안한 마음 가운데 임하면서 감사기도를 드리게 되었습니다. 그동안 오랜 수험생활로(군 제대 후 9년, 졸업 후 5년) 교회에 마땅한 봉사를 하지 못하여 늘 죄송한 마음을 갖고 있었는데, 마침 온누리교회에서 러빙핸드 봉사자를 모집하기에 지원하여 6개월 간 주일예배 후 1-2시간 계단 청소를 하였습니다. 2차시험 후 약 4개월 간 고시원총무 아르바이트를 하다가 다시 고시반에 복귀하여 2순환에 본격적인 공부를 시작하면서 2차 합격 발표를 맞게 되었습니다. 합격 발표 다음날 고향으로 내려가 아버님께 큰절을 하면서 "그동안 고생 많으셨습니다"라고 말씀드렸더니 "네가 고생 많았다"고 하셨습니다. 사무엘이 식사 전에 다윗에게 기름 붓는 사명을 감당했다는 생각이 들어,

식사하기 전에 아버님께 "이젠 종교에 대해서 좀 너그러워지시면 좋겠습니다"라고 했더니 "이젠 다 장성했으니 알아서 하라"고 하셨습니다. 그때야 비로소 아버님 앞에서 처음으로 식사 전 기도를 할 수 있었습니다. 아버님은 기독교 자체를 반대하여 핍박하던 분이셨습니다.

설 연휴 이틀 전에 미리 내려가 설 쉴 준비를 하며, 아버님과 함께 방안 도배를 하였는데 아버님께서 방앗간에 다녀오시면서 무거운 쌀가마니를 들다가 다치셨습니다. 밤잠을 설치며 고통스러워 하셔서 설날 당일 응급실에 입원시켜 드렸는데 결국 연휴가 끝나고 119 호송차로 서울 아산병원으로 오게 되었습니다. 입원해 계셨던 보름 동안 매일 중환자실에 출근(?)하여 하나님께 기도하고 황수관 박사님의 간증테이프 '아멘약'을 들려드렸습니다. 이 일련의 사건과 시간들을 통해 아버님은 기독교에 대해서 많이 너그러워지셨습니다. 하나님께서는 세밀하게 관여하셔서 합격 후에 이 모든 일을 감당하도록 하셨습니다.

작은 도움이라도 되기를

제 수험생활은 오늘날의 신세대 수험생들에게는 별 도움이 되지 않을 수 있다는 생각에 합격수기 쓰기를 계속 미루었었는데, 결국 이렇게 쓰게 되니 이것도 하나님의 인도하심 가운데 있겠지요. 돌아보면, 참으로 궁핍하고 험난한 수험생활이었다고 느낍니다. 하지만 저는 제 어려움이 이러이러했다고 얘기하고자 하는 것이 아니라 어떠한 어려움 속에서도 하나님은 그분을 찾는 자에게 길을 열어 주신다는 얘기를 하고 싶은 것입니다. 수험생활에는 항상 다양한 어려움이 존재하기 때문에 더욱 그러합니다. 사법시험을 치르는 그 어느 누구도 자신 있게 합격을 말할 수 없습니다. 누구도 인생의 성공을 장담할 수 없습니다. 어느 날 갑자기 삼풍백화점이 무너져 내렸듯 인간이 피할 수 없는 운명의 날이 언제 올지도 모릅니다.

하지만 오늘 나의 나 된 것은 오로지 하나님의 은혜이므로 겸손히 그분께 의뢰한다면, 사법시험과 인생여정을 즐겁게, 넉넉하게 이겨 나가리라 확신합니다.

나가며

공부방법론 등은 저의 독특한 개인 환경을 바탕으로 한 것이라 그다지 모범적이지도 않을 것이고 별로 도움도 되지 않을 것 같아 언급하지 않았습니다. 오늘도 긴장 속에서 수험생활을 하고 있는 분들이 하나님을 의뢰하며 기회를 잘 살려 최선의 노력을 다하시길 소망합니다. 아울러 제게 베푸신 '은혜'를 동일하게 경험해보시길 기도합니다. 무엇보다 중요한 것은 아침 안개와 같은 우리네 삶 속에서 살아계신 하나님을 찾는 것이며, 예수 그리스도를 구주와 주님으로 믿고 그분 안에서 사는 것이 모든 지식의 근본이 됨을 명심하는 것입니다. 감사합니다.

"진리를 알지니 진리가 너희를 자유케 하리라"(요 8:32)

39.5...... 주 뜻대로 하소서

하나님의 계획과 시간표라는 것이 있는 것이었다.
나의 인생계획과는 얼마든지 다를 수 있는….

권 홍 철

경북대학교 법학과
사법시험 제46회

현재의 나

지금 나는 사법연수원 36기로서 연수원 2년차이고 법무법인 로고스에서 변호사 실무수습을 받고 있다. 이 땅의 수험생들에게 조금이나마 도움이 되기를 소망하며 지난 연수원 생활과 그 이전의 수험생활 동안 주님의 인도하심이 어떠했는지, 내 삶과 수험생활이 어떠했는지 되돌아보려 한다.

광갱(鑛坑) 속으로 들어가다

대학교에 진학하기 위해 학력고사를 치루고 며칠 후 면접을 보았다. 그때 면접관이셨던 경북대학교 법과대학 어느 교수님께서 법대에 들어와 공부를 한다는 것은 "광부가 되어 땅을 파고들어가는 것이다. 자네가 할 수 있겠나?"라고 하셨다. 그때 나는 과장이 좀 심하지 않나, 법학을 하시는 자부심이 지나치시다고 생각하였다. 그렇게 1992년에 법과대학을 들어가 제46회 사법시험이 있었던 2004년에 이르러서야 광부복을 벗고 광갱(鑛坑)을 빠져 나올 수가 있었다.

대학 1학년이 저물 무렵 고민을 하였다. 고시냐 취업이냐, 병역의 의무를 마치고 올 것인가 끝내고 마칠 것인가? 이때 나는 하나님의 인도를 받는 방법을 몰라 고민을 많이 하였다. 결국 군대에 가기 전에 사법시험을 합격한다는 계획을 세우고 출사표를 던졌다.

1997년 처음으로 1차시험에 합격하였는데 그 후 두 번 더 합격해야 했다. 무슨 책을 보았는지는 지금의 수험생에겐 전혀 참고가 되지 않을 것 같아서 생략하기로 한다. 다만 곽윤직 교수의 민법시리즈를 여러 번 읽었는데 그 시절에는 다른 방법은 없었다. 민법의 기초가 그 과정에서 다져진 것 같고 민법은 1, 2차 모두 나의 득점과목이 되었다.

1997년은 한국사, 문화사가 시험과목에서 빠지고, 선택과목으로 경제법, 형사정책이 새롭게 채택된 원년이었다. 한국사, 문화사, 국제사법, 경제학에 바친 노력이 너무나 아까웠던 수험생이 많았을 것이다.

2차시험을 난생 처음으로 쳤다. 별로 준비를 하지 못했고, 우왕좌왕하며 4일간 난감한 시간을 보냈다. 초시에 임하는 자세는 매우 중요하고 다음해 2차시험의 당락에 상당히 중요한 영향을 미친다는 것을 뒤늦게 깨달았다. 2차시험을 준비하는 과정 또한 현재 수험생들에게 별로 도움이 되지 않을 것 같다. 교재, 학원, 환경 기타 등등이 너무나 변했기 때문이다.

1998년 두 번째로 친 2차시험에 낙방하였다. 충격은 엄청났다. 부모님께 너무 죄송했다. 기도를 많이 했는데 소용없었다. 기도한다고 다 되는 것이 아니었다. 하나님의 계획과 시간표라는 것이 있는 것이었다. 나의 인생계획과는 얼마든지 다를 수 있는…. 하나님의 연단으로 받아들이고 다시 일어섰다. 1999년 1차시험에 떨어졌다. 많이 난감했다.

2000년에 두 번째로 1차시험에 합격했다. 나의 신분은 공익근무요원. 휴가를 가지 않고 모아뒀다가 1차시험 전에 약 한 달가량의 휴가를 내어서 준비를 했다. 물론 그 전에 근무 마치고 하루 서너 시간씩 집근처 대구 대명동 춘전(春田)고시원에서 책을 보았다. 이때는 내 인생에서 가장 치열하게 살았던 순간이다. 공부하는 시간이 고통스러우면서 달콤했다. 내가 시험을 치러 갔을 때 사람들은 내가 친구, 선후배를 응원하러 온 줄 알았었다.

나는 하나님께로 점점 다가가고 있었다. 신천 강바람이 칼날처럼 날카로웠던 어느 겨울날이었다. 공익근무 중이었다. 혼자서 강변에 이리저리 나뒹구는 쓰레기를 줍고 있었다. 한 손엔 쌀 포대, 한 손엔 커다란 집게. 그냥 주저앉고 싶었다. 주저앉아 울고 싶었다. 내 존재감이 땅바닥에 껌처럼 붙어 있었다. 그때 이런 마음이 가슴 깊은 곳에서 밀려 올라왔다. "아무리 잘못되고 낮아져도 최소한 나는 구원받지 않았나! 하늘나라 생명책에 내 이름이 기록되어 있지 않나!" 하나님은 은혜를 부어주셨다. 너무나 기뻤다. 만족스러웠다. 감사했다. 이것이 지금까지 내가 경험한 최고의 영적 체험이다. 복무 중 시험기간에 맞춰 휴가를 내고 상경하여 2차시험을 쳤으나 낙방. 약간은 기대했었는데….

다음해 2월 8일에 복무를 마치고 며칠 후 신림동으로 진입했다. 학원에서 열심히 고의모사를 쳤다. 점점 자신이 생겼다. 두 시간 동안 시험 치는 것이 별로 힘들지 않았고, 빼곡히 마지막 줄까지 답안지를 채워가는 것이 재미있었다. 시험은 그런 대로 잘 쳤고 기대하며 기다렸다. 2학기에 대학원에 복학해서 석사논문을 썼다. 전공은 상법. 2차시험에서도 상법은 전략과목이었다. 겨울이 되었고 시험결과가 나왔다. 믿을 수 없었다. 과락으로 낙방. 상법 39.5점. 나는 99.9% 합격을 확신하고 있었다. 0.1%의 가능성이 현실이 되었다. 주님의 손길이 느껴졌다. 주님의 간섭하심이. 내가 원하지 않고 힘들고 아프지만, 주님은 그리하셨다.

2002년 다시 1차를 보았으나 헌법을 망치는 바람에 낙방하였다. 이제는 낙방 전문가가 되는 듯했다.

2003년 1차를 세 번째로 합격하였다. 2차를 노렸다. 분위기가 아주 좋았다. 결과는 행정법 39.5 과락. 이해할 수 없는 결과였다. 채점한 자가 도대체 누구인지 궁금했다. 정의의 몽둥이 같은 것으로 응징하고 싶었다. 그해 행정법 과락이 엄청나게 나왔다.

12월 24일. 2차 합격자 명단에 내 이름이 없음을 확인하고 경황없이 신림동으로 와서 독서실을 잡았다. 신계교회 앞 성보독서실. 여기가 마지막 독서실이었다.

내 생활 방식을 많이 뜯어 고치기로 하였다. 새벽같이 일어났다. 그리고 신계교회에서 새벽예배를 드렸다. 예배를 드리고 기도를 하고 예배당 문을 나오면 아침공기가 신선했다. 하루를 살아갈 자신감이 샘솟았다. 그냥 기분이 좋았다. 스터디를 잘 안 했었는데 이번엔 4명이 스터디를 하였다. 3명이 하던 스터디에 가담하였다. 호흡이 척척 잘 맞았고 참 즐거웠다. 만남의 축복을 주셨다. 이때 6개월의 수험기간 동안 영적으로 맑게 깨어 있었고, 인간관계는 화평과 즐거움으로 가득하였다. 여러 단계의 스터디를 하였는데 교재 진도 나가기, 판례암기, 학원 모의고사, 고시잡지 문제 목차잡기였다. 판례암기 스터디는 결과적으로 결정적인 도움이 되었는데 4명이 출제예상판례를 하나씩 적어와 점심식사 후 서로 설명해주고 암기하는 방법이다. 판례의 핵심문구를 그대로 외우려고 애를 썼고, 그러기 위해 온갖 암기법이 동원되었다. 여기서 외운 판례 몇 개를 시험에서 기쁜 맘으로 쓸 수 있었다.

연말이 되었다. 합격이었다. 합격소식을 듣고 느꼈던 정확한 감정은 "휴~ 다행이다!"였다. 그 다음에 주님께 감사한 마음이 들었다. 긴 수험생활에 마침표를 찍고 광갱에서 빠져나왔다.

사법연수원에 들어와서

나를 사법연수원에 보내시는 주님의 계획은 무엇일까? 나를 법조계 복음화에 사용하실 것을 믿었다. 그러나 연수원 동기들 중 아직 한 영혼도 하나님께 인도하지 못했다. 이것 또한 내가 하는 일이 아니라 하나님의 절대주권임을 고백한다. 연수원 1학기 중에 큰 위기를 맞았다. 전혀 행복하지 않았다. 경쟁에서 뒤처지는 내 자신이 비참하고 괴로웠다. 내 인생 두 번째의 위기였다. 하나님은 또 은혜로 나를 일으키셨다. 새로운 생각과 마음을 주셨다. "즐겁게 최선을 다하자. JOY & BEST!" 많은 동료 연수생들이 내가 느꼈던 기분을 느끼며 괴로워하고 있었다. 나는 J&B를 외쳤다. 지금 1년차 연수생들을 만나보니 상당수가 또 같은 기분을 느끼고 있었다.

사법연수원생! 아주 자랑스럽고 행복하고 뿌듯해야 할 텐데 행복하지 못하다. 복음을 누리지 못하면 인간은 어떤 위치에 있든지 진정 행복하지 못하다는 것을 알게 되었다. 복음을 누린다는 것은 예수 그리스도가 내 인생의 진정한 주인이 되는 것, 동기가 되는 것이란 것을 알게 되었다. 하나님의 절대주권. 두 번의 39.5점. 내가 만약 시험에 합격하지 못했더라도 예수가 내 인생의 그리스도이심으로 행복할 수 있음을 고백하며 마치 일기장을 남에게 보여주는 듯한 쑥스러움으로 끝을 맺는다.

하나님의 자격증

김 용 국

한양대학교 법학과
사법시험 제45회

형제 중 장남으로 태어난 나는 어려서부터 '법관이 되라'는 어른들의 말씀에 별다른 고민 없이 법대를 선택하게 되었고 1984년 한양대학교 법학과에 입학하였습니다. 평범한 학생이었던 나는 대학을 졸업하고 군에 입대했고 1991년 1월에 제대를 했으며 그해 5월 아내와 결혼을 했습니다. 결혼 후 본격적인 고시공부를 시작했지만 시험은 계속 아슬아슬하게 떨어지기만 했고 그 사이에 사랑하는 딸 진경이와 아들 진우가 태어났습니다.

1998년 제40회 사법시험 2차시험에 떨어진 후 이듬해, 그 다음해 연속하여 1차시험에 또다시 불합격하게 되자 나와 사법시험은 인연이 없다는 생각이 들었고 연로하신 부모님과 아이들을 더 이상 아내에게만 맡길 수는 없는 노릇이었기에 이제는 이 시험에서 떠날 수밖에 없었습니다.

법무사 시험에 응시하기로 한 나는 형편상 고시원생활을 접고 집에서 가까운 모 대학교 도서관에서 약 3개월 동안 법무사 1차시험을 준비했습니다. 나의 수험생활 중 가장 처절했던 기간이었고 이 시험마저 떨어지면 어떻게 하나 하는 불안감이 계속 엄습해왔습니다. 정말 절박한 마음으로 기도하며 준비한 기간이었습니다. 다행히 1차시험에는 합격하였으나, 그해 가을에 있었던 2차시험에는 합격하지 못했습니다. 그 당시까지 계속 시험에는 불합격했지만 그 대신 하나님께서는 내가 가지고 있던 고집과 교만과 나쁜 습관 등을 버리게 하시면서 나를 다듬어 가고 계셨습니다. 시험에 떨어질수록 간절함을 주셨고 오히려 때때로 평안함도 선물로 주시곤 했습니다.

2001년 법무사 2차시험은 비록 이틀이었지만 내 인생에 있어서 가장 어려웠고 정말 긴 시간이었으며 가장 생생한 기억이 남아 있는 시험이었습니다. 잠을 한숨도 안 자고 첫날 시험을 준비해서 치르고 난 후 문제가 생겼습니다. 둘째날 시험준비를 하려는데 잠도 안 오고 공부도 할 수 없을 정도로 극도의 피로감만이 몰려와서 다음날 시험준비를 전혀 못하게 된 것입니다. 내일 시험을 망칠 것 같은 불안감이 계속 저를 괴롭혔고 어쩔줄 몰라하며 새벽까지 그렇게 있었습니다. 그러다가 나를 위해 늘 기도하는 아내에게 새벽에 전화를 걸었습니다. 한참을 아내와 통화하는 동안 아내는 나의 불안한 심정을 잘 이해해 주었고 이제는 모든 것을 하나님께 맡기고 평안히 잠을 자라고 했고 통화를 마친 후에 하나님께 울면서 간절히 기도를 한 후에야 겨우 잠시 잠들 수 있었습니다. 그렇게 힘들게 치렀던 법무사 2차시험 후에 발표를 기다리는 몇 개월 동안 하루도 빠뜨리지 않고 새벽기도를 다니면서 열심히 기도하였고 그 기간 동안 하나님은 나를 더욱 겸손하게 만들어주셨고 결국 합격하게 되었습니다. 하나님께 정말 감사할 수 있었고 합격의 기쁨보다는 다행이라는 느낌이 더 들었습니다.

2002년에 법무사 개업을 하게 되었고 1년여 동안 법무사 활동을 하던 중 정말 뜻밖에 제42회 사법시험 1차시험 불합격처분이 취소되어 다시 2차시험을 두 번 볼 수 있는 기회가 주어졌습니다. 한편으로는 기뻤지만 지금까지 나를 거부만 하던 사법시험에 대해서 표현하기 어려운 감정이 들었습니다. 주위에서는 이번에는 반드시 합격할 것이라고 빨리 시험준비를 하라고 했지만 왠지 선뜻 내키지는 않았습니다. 다시 한번 나를 우롱하고 시간만 다시 낭비하게 할지도 모른다는 거부감이 솔직히 있었습니다. 어쨌든 다시 사법시험의 길로 들어서게 되었습니다. 나중에 보면 하나님의 섭리 가운데 하나였지만 그 당시에는 적극적인 도전의 마음은 약했던 게 사실이었습니다.

정말 평안한 마음으로 인천집에서 신림동으로 매일 출퇴근 하면서 공부하기 시작했습니다. 하루 공부를 시작하기 전에는 언제나 성경을 먼저 보았고 공부를 할 수 있는 데까지만 하고 시험을 본 후에는 하나님에게 전적으로 모두 맡길 수 있다는 믿음이 있었습니다. 예전에 준비했던 것보다는 매우 부족한 상태였지만 2차시험을 4일 동안 평안하게 잘 치렀습니다. 시험 전날이면 그렇게 안 오던 잠도 이번에는 아주 잘 왔습니다. 그런데 헌.민.형 기본3법 답안지는 너무 허술하였고 특히 형법은 메모지에 메모까지 하였던 중요논점을 정작 답안지에 옮기지 못하는 등 형편없이 시험을 치러 과락을 확신(?)하였습니다.

그래서 시험 후 법무사 생활로 돌아가 그 일에 전념하며 발표날도 잊어버리고 정신없이 일하며 돌아다녔습니다. 그러던 중 발표날 대학 후배에게서 전화로 합격소식을 갑자기 전해 들었습니다. 간절히 바랐던 합격이었지만 처음에는 솔직히 그리 크게 기쁘지만은 않았습니다. 그러나 그 기쁨은 서서히 하나님의 역사를 확인하면서 점점 크게 다가오기 시작했습니다.

합격발표 후 나를 아는 후배들은 '형이 믿는 하나님이 형을 합격시켜 주셨다'고 말하였습니다. 그것은 사실이었습니다. 왜냐하면 전과 달리 평안하게 공부하는 모습이 그들에게는 열심히 공부하지 않은 것으로만 보일 수 있었기 때문입니다. 제45회 사법시험은 커트라인도 매우 낮았고 합격인원도 적었던 시험이었습니다. 유난히 행정법 과락이 많았기 때문이었습니다. 나는 상대적으로 행정법을 잘 보아 과락을 면하였고, 반대로 점수가 후했던 형법에서는 나의 많은 실수에도 불구하고 또한 과락을 아슬아슬하게 면했습니다. 평균점수가 나보다 높았던 많은 사람들이 과락으로 인해 떨어졌음을 확인하면서 채점은 하나님이 하셨다는 사실을 알았습니다.

최종합격 후에 기도하면서 나는 깨닫게 되었습니다. 이 시험은 내가 완전히 손을 들고 나의 힘으로는 하나도 할 수 없었음을 시인한 후에야 하나님께서 선물로 주셨다는 것을! 돌이켜보면 정말 이 시험은 나의 힘으로 된 것이 아무것도 없었습니다. 나의 수고는 모두 헛되었고 오직 하나님만이 하신 일이었습니다. 이렇게 나의 수험생활은 끝이 났습니다. 그 후 1년 늦게 사법연수원 36기로 다니게 되었고 기도로 준비한 대로 많은 믿음의 친구들을 만날 수 있었습니다.

이제 하나님이 나를 어떻게 쓰실지에 대한 기대가 있습니다. 하나님은 정말 오랫동안 사법시험이라는 연단을 통해서 나의 신앙을 점점 자라나게 하셨고 사법시험에 늦게 합격한 것이 오히려 나에게 복이라는 사실을 깨닫게 하셨습니다. 그리고 이제 이 자격증은 내 것이 아니라 하나님의 것임도 고백하게 하셨습니다. 하나님! 저는 하나님을 위해 더 큰 일을 하고 싶습니다. 사람들에게 선한 영향력을 더욱 끼칠 수 있기를 바랍니다.

P.S. 1 공부이야기

오랜 수험생활을 한 노장으로서 노장들에게 두 가지만 말해보겠습니다. 전적으로 제 사견(私見)임을 먼저 밝힙니다.

1) 될 수 있으면 최신판의 새 책으로 공부하시기 바랍니다. 오래된 책으

로 공부하면서 여러 번 실패한 경험이 있습니다. 새 책으로 바꾸어 공부를 한다면 새로운 시각이 생길 수 있고 신선합니다. 같은 저자의 같은 책도 새 책으로 바꾸어 공부를 해보십시오. 전에 계속 지나갔던 부분들도 새롭게 발견할 수 있을 것입니다.

2) 노장이 될수록 학원수강을 권하고 싶습니다. 다 아는 것 같고 혼자해도 충분할 것 같아서 혼자 공부한 적이 많은데 그러면 언제나 간발의 차로 떨어집니다. 한 단계 실력을 업그레이드 시키려면 젊은 친구들과 부딪치며 학원수강을 하는 것이 좋은 방법일듯 합니다.

P.S. 2 아내이야기

초등학교 동창이며 오랜 친구이자 애인이었던 아내와 27살에 결혼을 했습니다. 아내는 하나님을 잘 믿으며 아직도 참 예쁩니다. 언제나 하나님과 교통하며 삽니다. 내 신앙의 대부분은 아내에게서 영향을 받았습니다. 언제나 나를 위해 기도하고 격려해주고 가끔 권면도 하면서 나의 신앙을 키워주었습니다. 지금도 아내는 하나님께 모든 것을 맡기라고 합니다. 나도 이제는 그렇게 합니다. 나의 노력과 수고가 아무리 많더라도 하나님이 간섭하지 않으시면 아무것도 아니라는 것을!!!

두 번의 큰 위로

달란트 비유를 통해 달란트에 대해 자족하는 것에 대해 배우게 되었고
그것은 열등감과 무기력에 허우적거리는 저에게 큰 위로가 되었습니다.

김 종 철

고려대학교 법학과
사법시험 제44회

"우리의 모든 환난 중에서 우리를 위로하사 우리로
하여금 하나님께 받는 위로로써 모든 환난 중에 있는 자들을 능히 위로하게 하
시는 이시로다"(고후 1:4)

위로자격증? 처음에는 위로할 자격이라는 말이 이상했습니다. 내가 다른
사람을 위로할 자격이 있다고 생각이 들지 않았습니다. 위로의 글을 쓴다면
무슨 말을 해야 할지도 생각나지 않았습니다. 그러나 곰곰이 생각해보니,
고린도후서 1장 4절의 말씀대로 내가 위로 받은 적이 있기에 그것으로 다른
사람을 위로하면 되겠다는 생각이 들었습니다. 저는 35년 동안 살아오면서
여러 번 하늘로부터 오는 위로를 경험했지만, 크게는 두 번 위로를 받았습
니다. 첫째는 '구원'에 관한 위로이고, 둘째는 '소명'에 대한 위로였습니다.

"사람이 의롭다 하심을 얻는 것은 율법의 행위에 있지 않고 믿음으로 되는 줄
우리가 인정하노라"(롬 3:28)

삼촌이 자신의 아버지를 죽이고 왕이 되었다는 것을 알게 된 햄릿은 삼촌을 죽일 기회를 찾습니다. 어느 날 기도하고 있는 삼촌을 보고 햄릿은 죽이려 하지만, 이내 포기하고 맙니다. 왜냐하면 삼촌이 회개하고 있는 순간 죽게 된다면, 그렇게 자기가 증오하는 삼촌이 천국에 가기 때문이지요. 이 장면은 셰익스피어의 구원론을 잘 보여주는 장면입니다. 그런데 저도 대학에 가기 전까지 오랫동안 교회에 다녔지만, 햄릿과 같은 생각을 하고 있었습니다. 내가 지은 죄를 회개하면 하나님이 죄를 용서해 주신다는 것은 알고 있었지만, 회개하고 죄를 지은 후, 다시 회개하기 전에 예수님이 오시거나 내가 죽게 된다면 어떻게 될 것인가? 나는 죄를 고스란히 가지고 심판을 받아야 할 것이 아닌가라는 두려움이 늘 있었습니다. 심판에 대한 두려움 때문이었는지 가위눌리는 때가 많았었죠. 하지만 대학 때 로마서 공부를 통해 예수님은 십자가에서 나의 과거, 현재, 미래의 죄까지 모두 대신 담당하셨기 때문에 나의 구원이 내 행위에 달려 있지 않다는 것을 알게 되었습니다 (물론 구원이 행위에 달려 있지는 않지만, 구원은 행위라는 열매로 드러나기 마련이지요). 위 로마서 말씀은 죄 문제를 해결하지 못해 아무런 소망 없이 살던 저에게 큰 위로였습니다.

> "다섯 달란트 받았던 자는 다섯 달란트를 더 가지고 와서 가로되 주여 내게 다섯 달란트를 주셨는데 보소서 내가 또 다섯 달란트를 남겼나이다. 그 주인이 이르되 잘 하였도다 착하고 충성된 종아 네가 작은 일에 충성하였으매 내가 많은 것으로 네게 맡기리니 네 주인의 즐거움에 참예할지어다 하고 두 달란트 받았던 자도 와서 가로되 주여 내게 두 달란트를 주셨는데 보소서 내가 또 두 달란트를 남겼나이다. 그 주인이 이르되 잘 하였도다 착하고 충성된 종아 네가 작은 일에 충성하였으매 내가 많은 것으로 네게 맡기리니 네 주인의 즐거움에 참예할지어다 하고"(마 25:20-23)

결혼을 하고도 계속 사법시험에 실패하자, 심한 열등감에 시달렸습니다. 자신에 대한 기대가 높은 만큼 패배감도 깊었습니다. 3번째 2차시험을 앞두고는 심한 무기력증에 빠져 이불에서 일어나는 것조차 너무 힘들었습니다.

몸이 천근만근 같았습니다. 방에서 뒹굴면서 몇 달을 그렇게 무기력하게 보냈습니다. 그러던 어느 날 교회 청년들의 성경공부를 준비하기 위해 위 마태복음 본문을 타이핑할 일이 생겼습니다. 계속 타이핑하다 보니 같은 부분이 나와 마우스로 드래그해서 복사하기와 붙이기를 하였습니다. 그런데 붙이기를 하는 순간 저는 망치로 머리를 맞은 듯한 충격을 받았습니다. 두 달란트 받은 종과 다섯 달란트 받은 종이 주인에게 받은 칭찬이 똑같다니요? 하나님께서 주신 달란트는 사람들마다 그 양과 질이 각각 다르지만 그 달란트를 가지고 하나님과 이웃을 위해 성실하고 정직하게 사용한다면 하나님이 주시는 칭찬이 똑같았습니다. 저는 달란트 비유를 통해 달란트에 대해 자족하는 것에 대해 배우게 되었고 그것은 열등감과 무기력에 허우적거리는 저에게 큰 위로가 되었습니다. 마지막 시험을 보면서 이 길이 아니어도 자족하면서 하나님이 원하시는 삶을 살 수 있다는 생각을 하니 두려움 없이 성실히 준비할 수 있었습니다.

> "우리가 이 보배를 질그릇에 가졌으니 이는 능력의 심히 큰 것이 하나님께 있고 우리에게 있지 아니함을 알게 하려 함이라"(고후 4:7)

흔히들 그리스도인이 성공하고 잘되면 하나님이 영광 받으실 거라고들 합니다. 그러나 하나님은 그런 식으로 영광을 받으시는 초라한 분은 아니신 것 같습니다. 하나님은 능력과 지혜가 부족하신 분이 아니시니까요. 저는 좌절과 고난에 빠진 그리스도인들이 그 가운데서도 위로를 받고 소망을 가지는 모습을 통해 하나님은 영광을 받으신다고 생각합니다. 질그릇에 있는 보배처럼 말이죠.

나의 나 된 것은 하나님의 은혜로

하나님의 사명을 감당하라고 주신 이 은혜가 헛되지 않도록
더 많이 수고하고, 더 많이 공부하고,
더 많이 섬기고, 더 많이 기도하는 자 되길 기도합니다.

박 진 묵
고려대학교 법학과
사법시험 제46회

"나의 나 된 것은 하나님의 은혜로 된 것이니 내게
주신 그의 은혜가 헛되지 아니하여 내가 모든 사도보다 더 많이 수고하였으나
내가 아니요 오직 나와 함께하신 하나님의 은혜로라"(고전 15:10)

2004년은 저에게 잊을 수 없는 해였습니다. 2005년은 새로운 경험들로 가득한 한해였습니다. 저는 2004년 11월 20일 결혼하였고, 2주 후에 2차 합격자 발표가 있었고, 2005년 10월 19일 사랑스런 아들이 태어났습니다. 하나님은 한 번에 쓰리런 홈런을 날리게 하셨습니다. 정말 그렇게도 풀리지 않을 것 같은 실타래 같은 저의 삶을 하나님은 하나씩 풀어 헤쳐서 예쁜 옷을 만들어 나가십니다. 1994년부터 시작했던 공부를 꼬박 10년 만에 마침표를 찍게 되었습니다. 2차를 6번 만에 만 32세에 합격을 하다 보니 구체적인 공부방법론은 도움이 되지 않을 것 같아서 제가 실패했던 것들과 한 번의

믿음을 축복하신 하나님의 역사를 중심으로 쓰고자 합니다.

저는 1972년 2남1녀 중 장남으로 태어나 부산에서 고등학교를 나오고 1991년 고려대 법학과에 입학하였습니다. 1991년 3월초에 선교단체(CMI)를 통하여 여름수양회에서 하나님을 처음 만나고 신앙을 가지게 되었습니다. 1997년 처음 1차를 합격하기까지 하나님은 섬세하게 시간을 주관하셨습니다. 군대를 연기시켜 주시고 안정감을 주셨습니다. 1차합격 후 본격적으로 2차 준비를 위해 11월에 신림동에 친구들과 가게 되었습니다. 신림동에서 7개월 정도 함께 공부하면서 정말 많은 믿음의 도전을 받게 되었습니다. 비디오방, 오락실, 만화방. 무엇보다 저의 부족한 공부량을 볼 때 도중에 포기하고 싶은 마음이 많았습니다. 그래서인지 1998년 2차시험 하루 전날 네덜란드와의 월드컵경기를 새벽 5시까지 보는 무모한 짓도 하게 되었습니다. 비몽사몽간에 1998년 2차시험 첫째 날, 헌법시험을 치는데 한 문제를 풀고 나니 시간이 30분도 남지 않았고 두 번째 문제를 제대로 풀지 못하였습니다. 그러자 제 안에 불신이 생겨나 과락으로 떨어질 것 같은 두려움으로 나머지 6과목을 최선을 다하지 못하였습니다. 결국 불합격. 그런데 헌법은 과락이 나오지 않았습니다. 저의 불신이 이런 결과를 낳았습니다.

1999년 1차시험도 2문제 차이로 불합격하고 1999년 10월에 만 27세의 나이로 공익근무요원으로 지하철 서울역에서 노숙자들과 함께 18개월을 보냈습니다. 그 시간 동안 세상 속에서 믿음으로 사는 것이 정말 힘든 것임을 보게 되었고, 무엇이 사람을 망가뜨리는지, 정말 참 목자가 필요한 시대라는 것을 알게 되었습니다. 그리고 제가 그때까지 공부할 수 있는 기회를 가진 것이 얼마나 큰 축복인지 깨닫고 감사하는 시간이었습니다. 소집해제를 2개월 앞둔 2001년 2월 부족한 시간 중에도 공부하여 1차시험을 1문제 차이로 합격하였습니다. 그때 컷트라인이 87.96이라는 경이적인 점수였죠.

2001년, 2002년 2차시험에서 저는 여전히 헌법시험을 잘 치지 못했고, 그로 인해 힘이 빠져 나머지 6과목도 최선을 다하지 못하고 말았습니다. 그런데 이때도 헌법은 과락이 나오지 않았습니다. 저의 이러한 행동은 하나님 안에서 공부한다고 하면서도 사실은 저의 능력만을 믿다가 한계에 다다르면 포기하는 불신에서 비롯됨을 뼈저리게 느꼈습니다. 이제는 더 이상 1차 공부를 계속할 수 없을 것 같았고 나이 서른에 아무것도 이룬 게 없는 것 같아 실의에 빠져 있었습니다. 그러나 하나님은 이런 저를 위로하셨습니다. 하나는 지금의 아내인 인숙 자매를 만나게 된 것이고, 두 번째는 1999년 2개 차이로 떨어졌던 1차시험에서 복수정답이 인정되어 2003년 추가합격을 하게 되어 다시 2번의 2차시험 기회가 주어진 것이었습니다. 그러나 2003년 5번째 2차시험에서 저는 또 첫째 날 헌법시험 앞에서 무릎을 꿇고 말았습니다. 과락공포에서 벗어나지 못한 채 시험을 보았습니다. 불합격, 역시 헌법은 과락이 나오지 않았습니다. 그해는 과락만 면하면 합격할 수 있었는데 저는 민법과락으로 떨어지게 되자 정말 저 자신이 너무나 한심해 보였습니다. 그때까지 저를 경제적으로 후원해주던 여동생에게 전화를 하다 정말 하염없이 울었습니다. 하나님이 원망스러워서 그런 게 아니고, 저의 불신 때문에 저의 안일함 때문에 울었습니다. 내가 정말 최선을 다했는가, 정말 믿음으로 공부했는가 질책하였습니다. 정말 내가 왜 이 공부를 하는가, 이 길이 정말 나의 길인가.

저는 다시금 지난 9년간의 삶을 돌아보면서 두려움 때문에 믿음대로 공부하지 못한 자신을 발견하고 회개하였습니다. 조그만 어려움 앞에서 기도하기보다 포기하기를 좋아했던 자신을 하나님 앞에 내려놓았습니다. 이런 자에게도 하나님은 공부할 수 있는 기회를 주시고 1차를 3번 합격시켜 주시고, 주위에 좋은 분들을 보내어 주셨음을 생각할 때 감사하게 되었습니다. 그리고 기도하였습니다. 2004년 6번째 2차시험이 마지막 시험이 될 수 있도록, 하나님께서 제가 이 길을 가기를 원하시는지 이 시험에서 응답해달라고, 비록 불합격하더라도 깨끗하게 포기할 수 있도록 해달라고 기도하였습니다.

2004년 1월초에 다시 신림동으로 거처를 옮겨 후배 2명과 함께 식사하고 붙어다니며 공부하였습니다. 그런데 그렇게 다짐을 했건만 한 달 정도 지나자 타성에 젖어 무기력한 생활을 하게 되었습니다. 그래서 이래서는 안 되겠다 싶어 아침에 일찍 일어나는 훈련도 하고 나태해진 자신을 다그치고자 고시식당 아르바이트를 한 달 정도 하게 되었습니다. 2월초부터 시작해서 3순환 모의고사가 시작되는 3월초 즈음까지 아침 7시부터 9시 30분까지 태학관 옆 상명II식당에서 계란후라이 굽고 음식을 날랐습니다. 비록 한 달이지만 사회생활을 맛보면서 내가 얼마나 감사할 제목이 많은지 절실히 깨달았습니다. 몸은 힘들었지만 더욱 공부에 집중할 수 있는 기초가 되었습니다. 3월초부터 3순환을 하게 되었는데 처음에는 모의고사 보고 강평 듣고 했는데 나중에는 게을러져서 모의고사문제 하고 답안을 가지고 와서 정리만 하였습니다. 그러다 3순환이 끝나자 학교에서 하는 것이 유혹 많은 신림동보다 나을 것 같아 고려대 고시실로 옮겨 마지막 정리를 하였습니다.

2004년 6번째 2차시험 4일은 잊을 수 없습니다. 항상 저의 발목을 잡았던 헌법시험을 앞두고 정말 잘 치고 싶은 마음에 무리하다 시간조절에 실패하여 그만 시험전날 밤새 공부하게 되었습니다. 그러나 첫째 날 1교시 헌법시험에서 여지없이 저의 소망은 무너지고 제대로 쓰지 못하였습니다. 지난 5번의 2차시험에서 제가 그랬던 것처럼 또 포기하고 싶은 마음이 저를 흔들어 놓았습니다. 그러나 점심을 가지고 온 여자 친구의 기도와 2003년 시험에서 떨어지고 하나님께 다짐했던 기도를 떠올리며 하나님께서 내가 이 길을 가기를 원하시면 역사하실 것이라는 믿음이 생겼고 평안으로 포기하지 않는 마음을 주셨습니다. 그래서 좀 무모하지만 포기하지 않겠다는 의지의 표현으로 4일간 자황 2병씩 먹고 밤을 새어가며 포기하지 않고 시험을 치르게 되었습니다. 절대 추천하고 싶은 것은 아니지만 그 당시에는 그것이 제가 포기하지 않겠다는 적극적인 표시였습니다. 그러나 갈수록 시험은 더 절망적으로 잘 치지 못했습니다. 특히 민법시험을 보고는 이 문제는 책을 펴놓고 써도 쓰지 못할 것 같은 문제라 생각되어 정말 포기하고 싶었습니다.

그러나 포기할 수 없었습니다. 아니 더 이상 포기하지 않기로 결단하였습니다. 한번이라도 믿음으로 끝까지 시험을 치르고 싶었습니다. 그렇게 4일간의 시험을 끝내고 저는 하나님께 모든 것을 넘겼습니다. 끝까지 포기하지 않고 시험을 보았다는 것이 너무나 감사하였습니다. 비록 잘 치지는 못했지만 후회 없는 시험이었습니다.

2차시험 후 저는 아무것도 가진 것 없는 중에도 하나님의 은혜로 귀한 자매와 11월 20일 결혼하게 되었습니다. 직장도 없었고, 돈도 없었고, 미래도 없어 보였습니다. 제가 포기하지 않고 시험은 보았으나 너무 못 친 것 같아 여자 친구에게도 떨어졌다고 생각하고 시집오라고 했습니다. 아내는 이런 상황을 받아들이고 저와 결혼하였습니다. 정말 대단한 믿음입니다. 결혼 준비기간 동안도 하나님은 섬세하게 이끌어주셔서 아무 가진 것 없던 저에게 넘치도록 축복하여 주셨습니다. 좋은 분들을 보내어주셔서 필요한 부분을 채워주시고 많은 도움들을 주셨습니다.

2004년 12월 3일 12시, 합격소식을 친구로부터 듣고 처음에는 정말 믿기지 않았습니다. 이 믿기지 않는 사실을 믿음으로 받아들이자 하나님께 무릎 꿇게 되었습니다. 내가 얼마나 부족한 자인가 알기에 이것은 하나님이 주신 선물임을 고백하였습니다. 세상 가운데에서 약하고 도움이 필요한 사람들을 돕고 살라는 사명과 함께 주어진 선물임을 알게 되었습니다. 하나님은 혹시 제가 저의 힘으로 했다고 할까봐, 하나님의 선물임을 잊어버릴까봐 다시 한번 확증하셨습니다. 최종합격자 발표 후 나온 성적을 보고 저는 하나님께 무릎 꿇었습니다. 제 점수를 확인하는 순간, 믿음이 승리함을 보게 하셨습니다. 제 점수는 컷트라인이었습니다. 무엇보다 헌법은 역시 과락이 나오지 않았고 제일 못 보았다고 생각했던 민법 점수가 제일 좋은 것을 보면서 믿음으로 끝까지 포기하지 않을 때 하나님이 역사하심을 깨닫게 되었습니다. 역대 최다인원인 1009명을 뽑은 시험에서 저는 마지막 주자로 정말 은혜로 합격하였습니다. 하나님이 저를 긍휼히 여기셔서 합격시켜 주시고,

겸손케 하시려고 마지막이 되게 하셨습니다. 저의 조그만 믿음의 행동을 보시고 결국에는 결실을 맺게 하시니 감사하게 되었습니다. 만약 제가 포기했더라면 저는 또 아깝게 떨어져서 후회하고 있었을 것입니다. 저는 이번 일을 통해서 하나님 안에서 언제나 믿음대로 최선을 다할 때 하나님이 역사하심을 보게 되었습니다.

고린도전서 15장 10절 "나의 나 된 것은 하나님의 은혜로 된 것이니 내게 주신 그의 은혜가 헛되지 아니하여 내가 모든 사도보다 더 많이 수고하였으나 내가 아니요 오직 나와 함께하신 하나님의 은혜로라." 바울의 고백처럼 지금 저는 하나님의 은혜로 된 것입니다. 저에게 주신 은혜가 헛되지 않도록 더 많이 수고하는 자 되길 기도합니다. 하나님의 사명을 감당하라고 주신 이 은혜가 헛되지 않도록 더 많이 수고하고, 더 많이 공부하고, 더 많이 섬기고, 더 많이 기도하는 자 되길 기도합니다. 좋은 법조인으로서의 기초를 잘 쌓고 무엇보다 목자의 심정을 가진 법조인이 될 수 있도록 마음을 낮추고, 하나님께 붙들린 삶이 되길 소원합니다.

지금까지 저에게 믿음의 세계를 보여주시고자 저를 포기하지 않고 함께하신 하나님께 감사드립니다. 부족한 아들을 믿어주시고 수고하신 부모님, 시집을 가고도 오빠를 물심양면으로 도와준 여동생 미경이와 매제에게도 감사합니다.
저를 신앙으로 이끌어준 로뎀나무교회 지체들에게 너무나 많은 사랑의 빚을 지고 있습니다. 그리고 너무나 사랑스럽고 평생 동역자로 늘 함께 할 수 있는 아내 인숙이에게 감사합니다. 그리고 마지막으로 2005년 10월 19일 태어난 나의 아들 인하에게 부끄럽지 않은 믿음의 아버지가 되길 소망하며 이 글을 맺습니다.

말씀과 기도가 인도하는 인생

사실 공부하는 시기가 가장 쉽게
성경을 규칙적으로 읽을 수 있는 시간인 것 같습니다.
마음으로 하나님을 바라보고 의지할 수 있으며,
외부로부터 간섭을 받지 않고 소신을 가지고
계획을 세워 실천할 수 있는 시간이기 때문입니다.

이 혜 정

서울대학교 법학과
사법시험 제46회

지금까지 저의 인생을 인도하시고 너무나도 부족한 사람에게 합격을 허락하여 주신 하나님께 감사드리며 모든 영광을 돌려드립니다.

제가 대학교에 입학한 것이 1993년이고, 다른 친구들처럼 학부 시절부터 시험을 준비했으니 기간으로 따지면 비교적 오래 공부한 셈입니다. 남들보다 오랫동안 시험을 준비했기 때문에 사법시험에 대해서는 무어라고 말할 자격이 없는 사람이라고 생각합니다. 그럼에도 불구하고 감히 펜을 든 것은 이 지면을 빌어 저의 삶 속에 역사하신 하나님의 은혜와 깨달음들을 함께 나누고자 하기 때문입니다.

저는 부산에서 목회를 하시는 목사님 가정에서 삼녀 중 차녀로 태어났습니다. 어릴 때에는 교회 안에 있는 사택에서 성장하였는데, 그때 당시 교회는 저의 삶의 모든 것이었습니다. 부모님께서 모든 것을 하나님께 헌신하시고, 하나님의 영광을 최우선으로 여기시는 것을 보면서 자랐습니다.

부모님께서는 제가 초등학교에 입학하면서부터 학업의 중요성에 대해서 많이 강조를 하셨습니다. 학교공부뿐만 아니라 성경공부에 대해서도 많이 신경을 쓰셨습니다. 그래서 저는 초등학교 2학년 때부터 매해 겨울방학이면 시험을 통해 교회의 대표로, 그리고 부산의 대표로 기독교대한성결교단에서 주최하는 '어린이 성경 경시대회'에 나갔습니다. 거기서 제가 좋은 성적을 거두는 것을 보고서 부모님께서는 제게 법관의 꿈을 심어주셨습니다.

하나님의 은혜와 부모님의 끊임없는 기도로 꿈만 같았던 서울대학교 법과대학에 입학하였습니다. 그런데 법학 공부가 생각보다 어렵고, 시험의 합격이 계속 늦어지는 상황에서 과연 법학이 나에게 맞는 것인가 하는 회의가 들기 시작하였습니다. 이와 같은 회의는 두 번째로 2차시험에 불합격하였을 때 많이 들었습니다.

다시 1차시험을 본격적으로 준비하게 되면서 같은 교회에서 고시공부를 하는 형제자매들과 함께 공부를 하게 되었습니다. 새벽예배를 함께 드리고, 식사도 같이 하면서 신앙 안에서 서로를 격려하고 붙들어주며, 고민이 있으면 이를 함께 나누며 서로를 위하여 기도해 주었습니다.

새로운 마음으로 공부를 하게 되면서 하루에 성경을 4장씩 읽기 시작하였습니다. 아침, 점심, 저녁으로 한 장씩 읽고, 같이 스터디를 하는 사람과 함께 또 한 장을 읽었습니다. 가장 마음에 와 닿는 구절을 서로 이야기하고 그러다 보면 상대방의 영적 상태와 어려움들을 잘 알게 되어서 서로를 위해서 보다 구체적인 기도를 해줄 수 있었습니다. 그리고 주일에는 되도록 공부를 하지 않고 교회에서 예배를 드리며 안식을 취하였습니다. 제가 다니던 선민교회에는 지역 특성상 각종 고시를 준비하는 사람들이 많아서 청년회 안에 '에벤에셀'이라는 고시를 준비하는 사람들의 모임이 있습니다. 그 모임에서

한 주간의 생활을 나누고 서로를 격려하는 시간들도 영적인 쉼과 재충전의 시간이 되었습니다.

아침, 점심, 저녁에 책상에 앉아서 공부를 시작하기 전에 혼자서 성경을 읽는 시간은 아무도 방해할 수 없는 하나님과 저만의 시간이었습니다. 하나님께서는 말씀을 통하여 저의 영적 자아를 끊임없이 일깨우셨습니다. 말씀을 읽는 것이 두려울 정도로 저를 혼내시는 것처럼 느껴질 때도 있었고, 때로는 자상한 어머니처럼 저를 위로하고 격려하여 주셨습니다. 이와 같은 과정을 통하여 제 스스로가 영적으로 새로이 태어나는 것과 같은 기쁨을 맛보았습니다. 그래서 저는 그 시절을 '영적인 수술의 시간' 이라고 생각하고 있습니다. 그렇게 시작한 성경읽기가 지금은 4회독 가까이에 이르고 있습니다. 하나님의 말씀을 밥을 먹듯이 규칙적으로 읽어 나가면서 하나님의 뜻을 발견해 나가는 것은 정말로 신이 나고, 재미있고, 가슴이 벅찬 일이었습니다. 그리고 영적 자아가 점점 더 건강해지고, 힘이 생겨나는 것을 느낄 수 있었습니다. 성경을 읽다보면, 하나님께서 기뻐하시는 것과 싫어하시는 것이 무엇인지, 그리고 하나님께서 중요하게 여기시는 것과 중요하지 않게 여기시는 것이 무엇인지 등을 잘 알 수 있기 때문에 그와 같은 성서적 세계관과 인생관에 맞추어 살아가려고 노력하였습니다. 그러다 보니 제가 많이 부족함에도 불구하고, 하나님께서 저의 삶을 참으로 기뻐하신다는 것을 느낄 수 있었습니다. 그래서 더 열심을 내어서 성경읽기를 계속하였습니다.

그리고 함께 공부하는 사람들에게도 성경을 규칙적으로 열심히 읽으라고 권하였습니다. 사실 공부하는 시기가 가장 쉽게 성경을 규칙적으로 읽을 수 있는 시간인 것 같습니다. 왜냐하면 마음으로 하나님을 바라보고 의지할 수 있으며, 외부로부터 간섭을 받지 않고 소신을 가지고 계획을 세워 실천할 수 있는 시간이기 때문입니다. 물론 자신의 의지가 중요하기에 많은 기도가 필요한 것은 사실입니다.

이렇게 성경을 꾸준히 읽어 가면서 공부를 하니, 법학공부가 이전보다 재미있게 여겨졌습니다. 단순히 시험에 합격하기 위해서가 아니라, 이 공부를 통하여 어떻게 하나님을 기쁘시게 해드릴 것인가를 항상 고민하게 되었고,

사명감을 가지고 공부를 하게 되었습니다. 그리고 주위에서 힘들어 하는 친구들을 하나님의 말씀으로 위로하며 격려한 것이 그들에게 실질적으로 큰 도움이 되는 것을 보고 기뻤습니다.

이 시기에 중요한 또 한 가지는 기도였습니다. 새벽예배를 빠지지 않고 드리려고 노력하였는데, 그것은 그 시간이 가장 집중하여 기도를 드릴 수 있는 시간이었기 때문입니다. 새벽에 기도를 할 때 하나님께서는 저의 잘못과 부족함을 하나씩 깨우쳐 주셨고, 목사님의 축복기도는 큰 힘이 되었습니다. 아침, 점심, 저녁으로 공부를 시작하기 전에도 공부하는 것들을 잘 이해하고, 정리하고, 암기할 수 있도록 도움을 구하는 기도를 드렸습니다.

부모님께서는 저에게 훌륭한 기도의 모범이셨습니다. 그래서 저도 어려서부터 기도를 열심히 하려고 노력하였습니다. 점차적으로 저의 삶을 전적으로 하나님께 맡기는 신앙을 소유하게 되었습니다. 그런데 제 인생이 하나님 앞에서 어떠한 의미를 가지는 것인지가 모호하게 여겨지는 시기에는 어떤 내용으로 기도드려야 하는지가 참 막막하였습니다.

신림동 고시촌에는 해마다 여름이면 '고시인 예수잔치'가 열립니다(2004년에 제10회 잔치가 있었습니다). 2001년 제7회 잔치 때 권오승 교수님(서울대학교)께서 오셔서 역대상 4장 10절 말씀을 통해 "나의 지경을 넓히소서"라는 주제로 간증을 하셨습니다. 그 말씀을 통하여 큰 도전을 받았고, 그 말씀을 토대로 기도문을 작성하게 되었습니다. 그리고 그 기도문을 가지고 하루에 한 번씩 기도를 드렸습니다. 앞으로의 인생에 대한 모든 소망을 담아서 기도문을 작성하였고, 지금까지 3년 반이 넘도록 그 기도문을 가지고 기도드리고 있습니다. 하나님께서 그 기도문 가운데 많은 부분에 대해서 벌써 응답하여 주셨음을 발견하고 감사를 드립니다. 그리고 그 기도문 안에서 앞으로의 삶의 모습들에 대해서 기대하고 소망하며 나아가고 있습니다. 기도문을 만들어 꾸준하게 드리는 기도를 하나님께서 기뻐하시는 것 같아 만나는 사람들에게 이와 같은 기도방법을 권하고 있습니다.

부모님께서는 저희 자매들을 위하여 참으로 많은 것들을 기도하여 주셨습니다. 그리고 지금의 저희들의 모습을 보면, 그 기도대로 된 것을 발견하게 됩니다. 지금까지의 저의 인생에 있어 가장 큰 영향력을 미친 것이 바로 부모님의 기도라는 것을 저는 조금도 의심하지 않습니다. 그러기에 저 또한 정성을 다하여 기도에 힘쓰려고 노력하고 있습니다. 새벽예배를 빠짐없이 드리려고 노력합니다. 선민교회의 박기수 목사님께서도 기도의 중요성을 많이 강조하셨는데 이것이 저의 기도생활에 참으로 큰 동기부여와 격려가 되었습니다.

시험공부를 하는 동안 법조인으로서 어떻게 하나님의 말씀을 실천할 것인가에 대해서 고민을 많이 하였습니다. 개인적으로 선한 일을 조금 더 하는 정도로는 하나님을 충분히 기쁘시게 해드리지 못할 것 같았기 때문입니다. 그러던 중 권오승 교수님을 통하여 '애드보켓 코리아(Advocates Korea)' 라는 단체를 알게 되었고, 2003년 가을 몽골의 수도인 울란바토르에서 개최된 '제3회 아시아기독법률가대회'에 참석하게 되었습니다. 그리고 2004년에는 서울 양재동에서 개최된 제4회 대회에 참가하였습니다. 이 기회를 통하여, 법을 가지고 아시아의 많은 나라들을 섬김으로써 하나님의 뜻을 실천할 수 있다는 것을 알게 되었습니다. 우리나라의 법학과 법조계가 이제 이웃 나라들을 충분히 도울 수 있을 정도로 많이 발전하였다는 사실을 발견하고 기뻤습니다. 그리고 이 일을 하기 위하여 많은 기독법조인들이 모이고 있다는 사실 또한 큰 기쁨이었습니다. 많은 것들을 헌신하며 이 일을 하고 계시는 많은 선배 법조인들을 뵙고서 그분들의 삶을 존경하게 되었습니다. 그분들은 이 일을 기쁜 마음으로 하고 계셨습니다.

아시아를 섬기고 여러 가지 방면으로 도움을 주기 위하여 2004년 6월에 '아시아법연구소'가 설립되어 외교통상부에 사단법인으로 등록되었습니다. 2차시험을 치른 후, 이 연구소와 관련된 일들을 할 수 있는 기회가 있었습니다. 11월에 서울대학교에서 '체제전환국 법정비지원사업의 현황과 과제' 라는 주제로 워크숍이 개최되었습니다. 국내에서 이 분야에 관심을 가지고 계시는 많은 분들이 오셨습니다. 이 새로운 일들에 대한 기대와 열정으로 모든 분들이 다 젊어 보이셨습니다. 이것이 바로 하나님께서 이 시대에 우리나라에 바라시는 일이라고 생각할 때 참으로 기쁜 일이 아닐 수 없습니다. 이제 우리 법조계도 보다 넓은 영역을 바라보아야 할 시기에 온 것 같습니다.

부족한 저를 낳아주시고 지금까지 변함없이 모든 후원을 아끼지 않으시는 부모님께 감사드리며 영광을 돌립니다. 저를 위하여 많은 것을 양보하면서도 변함없이 격려하고 기도해준 언니, 동생을 비롯한 친척, 친지분들께도 진심으로 감사드립니다. 부족한 며느리를 사랑해 주시고 기도와 사랑으로 격려해 주시는 시부모님과 시댁 식구들께도 감사드립니다. 사법시험이라는 터널을 함께 헤쳐 나오며, 처음부터 지금까지 변함없는 동역자인 남편에게 고마운 마음을 전합니다. 그리고 고향에 있는 교회를 비롯하여 저희를 위하여 기도해주시는 모든 분들께 감사를 드립니다.

제가 대학교에 입학한 때부터 지금까지 변함없이 저의 길을 지도하여 주시며 기도해주시는 권오승 교수님께도 깊은 감사를 드립니다. 신림동 고시촌에서 고시생들을 위하여 밤낮으로 수고하시는 '고시촌선교회'와 고시생 선교에 관심을 가지고 여러 가지로 도움을 주시는 '기독변호사회'에도 감사를 드립니다. 마지막으로, 오랜 기간 동안 함께 공부한 모든 친구들과 이 시간에도 독서실에서 열심히 공부하고 있는 모든 사람들이 하나님을 알고, 그분의 사랑 안에서 은혜로운 삶을 살아가기를 간절히 기도드립니다. 감사합니다.

고난은 선물이다

우리 하늘 아버지께서는 우리의 성공과 기쁨뿐만 아니라
실패와 눈물을 통해서도 역사하시는 분입니다.
모든 것이 합력하여 선을 이룰 것입니다

정 왕 재
연세대학교 정치외교학과
사법시험 제46회

모든 것이 하나님의 은혜였습니다. 이제껏 내가 산 것도, 시험에 합격한 것도 모두 다! 받은 은혜가 너무도 크기에 이 부족한 글을 통하여 많은 분들에게 하나님의 사랑과 축복을 전하기 원합니다. 또한 제가 『위로자격증 Ⅰ』을 통해 받았던 위로로써 모든 고난 중에 계신 분들을 조금이나마 위로할 수 있기를 바랍니다.

고난의 유익

"고난당한 것이 내게 유익이라 이로 인하여 내가 주의 율례를 배우게 되었나
이다"(시 119:71)

이 말씀은 제가 작년 재시에 떨어졌을 때 아는 형이 문자메시지로 보내준 것입니다. 그 당시 불합격의 충격으로(대충 예상은 했지만) 절망에 빠져 있을 때 하나님의 말씀은 제게 큰 위로가 되었습니다. 하지만 하나님의 자녀들에게 고난이 어떻게 유익한 것이 될 수 있을까요? 제 경우를 말씀드려 볼까 합니다.

먼저, 제가 기도하게 되었다는 것입니다.

불합격하기 전에는 기도의 중요성을 몰랐고 하나님을 의지하는 대신 저의 노력과 실력을 의지하였습니다. 그러나 불합격한 후, 의지할 분은 하나님밖에 없음을 깨닫고 간절히 기도하기로 작정하는 동시에 생전 처음 새벽기도회에 나가게 되었습니다. 하루의 첫 시간을 하나님께 드리는 것이 얼마나 큰 기쁨과 능력이 되는지 처음으로 알게 되었습니다. 중간에 많이 빠지기도 했지만 최선을 다해 새벽기도회에 나가도록 노력했고 1차시험 보던 날과 2차시험 기간 중에도 교회에 들러 기도하고 시험장에 갔습니다. 믿음이 훌륭한 분들께는 대단치 않은 것이지만 부족한 제게는 하나님 의지함을 배우는 하나의 놀라운 변화였답니다. 공부하고 계시는 형제자매님들, 특히 새로운 전환점 내지 돌파구를 필요로 하시는 분들께 새벽기도회에 참석하실 것을 강력히 추천합니다.

또한, 저와 같은 처지에 있는 분들을 위로할 수 있게 되었다는 것입니다.

> "우리의 모든 환난 중에서 우리를 위로하사 우리로 하여금 하나님께 받는 위로로써 모든 환난 중에 있는 자들을 능히 위로하게 하시는 이시로다"
> (고후 1:4)

우리는 불완전하기 때문에 오직 다른 이들과 같은 고난을 체험했을 때만 참으로 그들을 위로할 수 있습니다. 제가 간절히 합격을 원할 그때에 불합격했기 때문에 같은 고통을 겪는 분들을 위로할 수 있게 된 것입니다. 저는 언젠가 우리 교회에서 불합격한 분들을 위로하기 위해 걸어놓은 현수막에 씌어 있던 말씀을 기억합니다.

"즐거워하는 자들로 함께 즐거워하고 우는 자들로 함께 울라"(롬 12:15)

슬픔 때문에 울고 있는 사람에게는 백 마디의 말보다 함께 흘리는 눈물이 더 큰 위로가 됩니다. 하나님께서는 실패를 통해 제 눈에 주님의 눈물을 채우셨던 것입니다.

이와 같이 부족한 제게도 고난이 유익할 수 있었다면 주님 안에 있는 형제자매님들 모두에게도 고난은 선물이고 축복이라고 말할 수 있지 않을까요? 우리 주님께도 갈보리 십자가가 높은 하늘 보좌의 영광으로 인도하는 없어서는 안 될 고난의 길이었다면 우리도 마땅히 그 영광으로 통하는 고난의 길로 가야 하지 않겠습니까? 우리는 출애굽한 후에, 광야여행 없이 손쉽게 가나안 땅으로 직행하는 것이 아닙니다. 고난 없이는 영광도 없습니다. 우리 하늘 아버지께서는 우리의 성공과 기쁨뿐만 아니라 실패와 눈물을 통해서도 역사하시는 분입니다. 모든 것이 합력하여 선을 이룰 것입니다(롬 8:28).

약간의 공부방법론

저는 비법대생인데다가 시험에 빨리 붙은 것도 아니고 성적도 저조하여 공부방법론에 관한 한 별로 드릴 말씀이 없지만 제가 중요하다고 여기는 몇 가지만 말씀 드리기로 하겠습니다.

1차의 경우에는 막판정리가 중요합니다. 시험 직전까지 학원 강의에 매달리는 분들이 있는데 공부내용을 정리하지 못한 채 시험장에 가는 우를 범할 수 있으니 유의하시기 바랍니다.

2차의 경우에는 전체적으로 빠짐없이 공부하는 것이 필요합니다. 예상문제 위주의 소위 '찍기식 공부'는 매우 위험합니다. 또한 7과목 중 한 과목이라도 취약한 과목이 있어서는 안 되겠습니다. 최근 몇 년간 합격선이 낮아지고 과락율이 높아지는 것을 볼 때, 자신이 부족하다 싶은 과목은 더욱 신경 쓰서서 공부해야 할 것입니다. 특히, 자신 있는 과목이라고 소홀히 하면 과락의 낭패를 당할 수도 있습니다.

건강관리에도 신경 쓰서서 2차 기간 중에 몸에 이상이 생기지 않도록 조심하는 것도 중요합니다.

신앙에의 초대

우리의 구주 되시고 주님 되신 예수 그리스도를 소개합니다. 그분을 믿게 되면 우리의 삶과 죽음 그리고 영원의 문제까지 해결 받습니다. 믿음이란 결코 추상적이거나 형이상학적인 것이 아니라 구체적이고 현실적인 것이기에 우리의 삶을 변화시킬 수 있는 능력이 됩니다. 자신이 변화되지 않고는 세상을 변화시킬 수 없습니다. 저는 예수님을 믿음으로써 여러 유익을 얻었는데 무엇보다도 감사한 것은 인생의 목적과 의미를 알게 되었고 죄와 허물, 절망과 좌절로 얼룩졌던 삶을 새로운 피조물로서 다시 시작할 수 있었다는 것입니다. 예수님을 믿는다면 누구나 이런 유익을 얻을 수 있습니다. 주님을 대신하여 간구합니다. 그분을 믿고 의지하여 새로운 인생을 시작하십시오! 그분의 피 묻은 손을 거절하지 마십시오!

마치며

예비법조인으로서의 첫발을 내딛으며 하나님께서 나를 향해 두신 뜻이 무엇일까 다시 한번 생각해 봅니다. 우리가 하나님의 부르심에 겸손히 응답할 때 우리의 삶은 '향기로운 제사'가 될 것입니다. 지금 시험 준비하시는 분들께 '내가 왜 이 공부를 해야만 할까?' 라는 근본적인 물음을 자신에게 진지하게 던져볼 것을 제안합니다. 뚜렷한 목적의식(소명의식) 없는 공부는 맹목적이 될 수밖에 없고 결과적으로 자주 실패하는 원인이 되기도 합니다. 기독법조인이 되기를 바라는 분들은 『법조인의 소명』(IVP 刊, 조셉 알레그레티 지음)이란 책을 꼭 읽어보시길 권합니다.

하나님의 말씀으로 이 글을 맺을까 합니다.

> "아무것도 염려하지 말고 오직 모든 일에 기도와 간구로 너희 구할 것을 감사함으로 하나님께 아뢰라 그리하면 모든 지각에 뛰어난 하나님의 평강이 그리스도 예수 안에서 너희 마음과 생각을 지키시리라"(빌 4:6-7)

살아계신
하나님과의 동행

사법시험 준비 과정에서
질그릇과 같이
연약한 자신과 동행하여 주시는
하나님을 만난 체험을
생생하게 고백하는 글들입니다.

"나는 포도나무요
너희는 가지라
그가 내 안에,
내가 그 안에 거하면
사람이 열매를 많이 맺나니
나를 떠나서는 너희가
아무 것도 할 수 없음이라"

(요 15:5)

하나님의 인격적 인도하심으로 나의 자리로

제가 좋아하는 일을 발견하는 과정은
순식간에 이루어진 것이 아니라
여러 일들을 경험하며 다양한 각도에서 바라보며
6년에 걸쳐 조금씩 진행된 과정이었습니다.

강지훈
서울대학교 조선해양공학과
사법시험 제46회

제가 저의 사법시험 준비 기간에 도움 받았던 『위로자격증』에 글을 올릴 자격이 있겠느냐는 생각이 들었지만 부족한 대로 진실하게 쓴다면 부족한 부분들도 읽는 사람에 따라서는 도움이나 위로가 될 수 있겠고 오히려 하나님께서 저의 부족함을 하나님의 강함으로 쓰실 수 있겠다는 생각이 들어서 이렇게 펜을 들게 되었습니다.

공학을 전공했는데 어떻게 법조계로 진로를 정했나요?

고등학교 때 이과를 선택한 이유는 이과를 가면 취직하기가 쉬울 것 같다는 막연한 생각 때문이었습니다. 특별히 고민을 하지도 않았습니다. 그리고 이과로 진학해서는 또 특별히 고민 없이 제가 진학할 학교로 공대를 생각했습니다. 의대는 별로 생각도 없었고 안 맞을 것 같고 그래서 의대 아니면 공대를 가야지 하는 생각으로 공대를 지원했고 공대에 입학하게 되었습니다. 고등학교 때, 나중에 유학을 가서 공부를 더 해야지 하는 생각을 가지고 있었기 때문에 대학교에 들어간 후엔 유학을 가기 위해서는 무엇을 준비해야 하는지 알아보기도 하면서 또 대학생활에 적응하느라 바쁜 시간들을 보내었습니다.

공학 중에서 제가 전공한 분야는 조선해양공학으로 선박이나 석유시추 플랫폼 등 물과 관계된 - 주로 선박입니다 - 구조물들을 설계하는 공학입니다. 4년 동안 배를 설계할 때 필요한 기초들을 배우고 4학년 때는 4인 1조로 한 학기 내내 배 한 척을 설계해서 설계도를 제출하는 것으로 학부 과정이 구성되어 있습니다. 그리고 학부기간 동안 유학 준비도 하고 있었기 때문에 학점도 신경 써야 했고 영어도 계속 공부하면서 바쁘게 시간을 보내었습니다.

바쁜 대학 생활 중 제가 시간을 가장 많이 투자하고 제 내면에 가장 많은 영향을 준 곳은 사랑의교회 대학2부였습니다. 어릴 때부터 교회에 다닌 저는 대학교로 진학하면서 교회에서도 대학부를 다니기 시작했고 제가 대학교에 입학할 당시 사랑의교회에는 대학부가 3개 있었는데 저는 대학2부에 등반했습니다. 사랑의교회는 제자훈련이 특징인데 대학부도 예외가 아니어서 대학부에서 제자훈련을 받으며 여러 활동을 하였고 일정한 훈련과정을 마친 후에는 소그룹성경공부 리더로서 대학부 생활을 계속 하였습니다. 대학2부만 하더라도 300명이 넘는 인원이었고 대학부 연합으로 사역을 하는 기회도 많았으므로 대학부 생활을 하면서 다양한 사람을 만날 기회가 있었습니다. 여러 교역자분들부터 선배, 후배, 동기들. 여러 사역 현장에서 다양한 상황에서 많은 사람들을 만나고 얘기하고 서로 기도해주고 필요하면 권면하기도 하면서 조금씩 하나님에 대해서, 나에 대해서 그리고 공동체에 대해서 배우고 알기 시작했습니다.

대학부 생활을 하면서 저를 돌이켜보던 중, 제가 누구인지 알지 못하고 여러 진로에 대한 결정을 내렸다는 것을 알게 되었습니다. 진로를 결정하려면 하나님과의 인격적인 관계에서 제가 누구인지 알고 제가 어떤 사람인지에 대해서 알게 된 점을 바탕으로 진로를 결정하고 비전에 대해서 생각해야 하는데 고등학교까지는 입시를 위해서 공부만 하느라 그런 시간을 가지지 못했었습니다. 대학에 와서 특히나 대학부 생활을 하면서 하나님을 더욱 깊이 인격적으로 알게 되고 그러면서 제가 어떤 사람인지 조금씩 알게 되면서 제가 좋아하고, 하고 싶어하는 일이 무엇인지 알게 되었습니다. 그리고 제가 좋아하는 일을 발견하는 과정은 순식간에 이루어진 것이 아니라 여러 일들을 경험하며 다양한 각도에서 바라보며 6년에 걸쳐 조금씩 진행된 과정이었습니다.

의사소통과 중재자

많은 사람들과 만나고 대화를 하면서 저는 다른 사람들의 말을 듣고 이해하고 해석하고 전달하는 면에 있어서 잘한다는 얘기를 듣고 또 저도 그 일을 편하게 생각하고 좋아한다는 것을 알게 되었습니다. 의사소통에 문제가 있거나 인간관계에 문제가 생겼을 때 의사표시를 해석하고 또 상대방의 말을 객관적으로 해석해서 전달해주면서 많은 문제들이 해결되는 것을 경험했고 관계의 중간에 중재자의 위치에서 양 당사자의 이해관계를 조절해주면서 의견 조절에 도움을 주는 것을 좋아한다는 것을 알게 되었습니다. 그러면서 공학공부를 열심히 하긴 했지만 구조물에 응력이 얼마 걸리는지 계산하는 그 과정들이 점점 저에게 의미가 없어졌습니다. 같은 전공을 공부하는 제 친구들 중에는 컴퓨터로 프로그램을 짜며 공학적 계산과 설계를 하는 것을 매우 즐거워하며 눈을 빛내는 친구들이 있었지만 저는 성실히 해야만 하는 일이기에 열심히 하긴 했지만 그들이 가지는 열정과 에너지는 가지지 못했습니다. 오히려 저의 열정과 에너지는 컴퓨터와 책 사이에 있을 때가 아니라 사람 사이에 있을 때 넘쳤습니다. 이런 저를 보면서 유학을 가서 계속 공부를 하든지 아니면 연구원으로 진로를 정하겠다던 저의 생각이 잘못된 것은 아닌지 하는 생각을 계속 하였습니다. 사람과 관계에 관심이 많고, 그 관계를 형성하고 유지하고 윤택하게 만드는 의사표시에 능숙하고, 관계의 갈등을 해소하고 이해관계를 조절하는 것에 즐거워하는 것이 하나님과의 인격적인 관계에서 발견되는 저의 모습이었습니다.

신학과 법학

이 글의 뒤에 나오겠지만 저는 성경을 중학교 2학년 때부터 일정량 이상 계속 읽었습니다. 그리고 대학 와서는 대학 2학년 때부터 조직신학을 시작으로 신학책을 계속 읽으며 혼자서 신학공부를 계속하였습니다. 신학 공부를 혼자서 하게 된 것은 특별히 어떤 목적이 있어서라기보다는 마음에서 원하고 필요하다고 느껴서 시작한 것이었고, 조직신학 책들을 읽으며 역시 공부를 시작하기 잘했다는 생각과 함께 매우 흥미를 느꼈습니다. 신학 공부를 혼자서라도 하는 마당에 기독교 전문사역자로서의 진로를 생각하는 게 어떠냐는 질문도 종종 받지만 다른 직업도 그렇겠지만 사역자의 길은 아무나 하는 것도 아니고 부르심을 받은 사람이 하는 것인데 제가 부르심을 받았다고는 생각해본 적도 없고 사역자의 길을 염두에 두고 신학 공부를 한 것은 아니었습니다.

그렇게 몇 년을 계속 공부하면서 신학의 기본적인 공부방법론을 자연스럽게 익히게 되었는데 제가 지금도 하고 있는 그 수년간의 신학 공부의 경험은 나중에 사법시험을 준비하면서 접해야만 했던 법학공부에 많은 도움을 주었습니다. 신학과 법학은 넓게 봐서 텍스트를 놓고 해석하는 학문인 해석학에 속하고 내용에서 차이가 있지 방법론은 비슷한 점이 많다고 목사님으로부터 들었는데 제가 신학이나 법학에 대해선 잘 모르지만 그런 것 같다는 생각이 들었고 그 이후에 법학 공부를 계속 하면서 여러 방법론적인 면이나 리걸 마인드를 형성하는 부분 등에서 신학 공부의 경험이 많은 도움을 주었습니다. 결과적으로 이런 경험을 통해서 제가 해석학이라는 학문 분야에 흥미가 많고 재미를 느낀다는 것을 알게 되었고 법학을 진로로 결정하기를 잘했다는 생각도 했었습니다.

사람과 사람 사이에 처하여

공학자로서 좋은 배를 만드는 것. 훌륭한 일이라고 생각합니다. 또는 공학연구원으로서 좋은 배를 만들기 위해 연구하는 것. 물론 훌륭하고 필요한 일이라고 생각합니다. 그 분야에 뛰어난 누군가가 꼭 해야 하는 일이기도 하고요. 그런데 전 좀 더 사람과 사람 사이에 처하여 직접적으로 사람들과의 거리가 가까운 일을 하기 원했습니다. 하나님과의 인격적 관계가 깊어지면서 깊은 내면에서 원하는 것이기도 했고 그런 일을 했을 때 제 자신이 기쁨을 느끼고 의욕에 넘치는 것을 보았습니다. 그러면서 저에게 맞는 길이 무엇일까 기도하며 찾는 중에 사법시험을 보고 법조계로 가는 것이 좋겠다는 생각이 들었습니다. 사법시험을 보는 것 외에도 여러 비슷한 길이 있겠지만 마음의 소원이 끄는 대로 그리고 현재 가지고 있는 정보를 가지고 판단한 것을 바탕으로 유학 준비를 중단하고 사법시험 준비를 시작했습니다.

사법시험 준비를 시작한 때가 2000년 1월. 대학을 졸업하는 것과 동시였고, 대학 2학년 여름 갑자기 생각지도 않고 관심도 없던 사법시험에 대한 부담감을 느껴 기도를 시작한 지 6년이 조금 넘게 지났을 때였습니다. 그동안 진로를 바꾸고 사법시험을 봐야 하는지에 대해서 계속 기도를 해오고 있었습니다.

매우 힘들었던 사법시험 합격까지

사법시험 합격까지 5년 정도 걸렸습니다. 두 번의 1차시험 합격과 네 번의 2차시험을 경험하고 나서야 마지막 네 번째 2차시험에서 합격할 수 있었습니다. 배운 것, 느낀 것, 좋은 기억들 등등 많지만 그래도 공부기간인 5년의 시간은 힘든 시간이었다고 기억합니다. 공부 부분에서 힘든 점도 있었지만 그 부분보다는 장래에 대한 불확실에서 오는 불안감 때문에 힘든 것이 제일 컸다고 기억합니다.

하나님께서 사법시험을 볼 수 있도록 인격적으로 인도하여 주셨다는 것을 확신할 수는 있지만 그렇다고 해서 '합격'이 보장된 것은 아니었기 때문에 공부하다가 합격하지 못하고 시험을 그만둘 수도 있다는 것을 항상 마음에 두고 있었습니다.

힘이 되고 빛이 된 말씀과 기도생활

힘든 사시준비 기간 동안에 삶의 기본이자 근간은 예배생활이었고 특히 개인적으로 말씀보고 기도하는 시간이 5년 정도의 공부기간에 큰 정신적 기복 없이 꾸준히 공부하게 하는 데 가장 중요한 힘이 되었다고 생각합니다.

앞에서도 간단히 얘기했지만 중학교 2학년 때부터 말씀을 하루에 최소 14장씩 읽는 것을 습관처럼 해왔고 시험공부를 하는 동안에도 변함없이 읽었습니다. 그 날 읽는 성경의 길이에 따라서 매일매일 성경 읽는 시간이 차이가 있지만 대개 1시간 30분에서 길게는 2시간 정도 걸렸습니다. 물론 시편같이 각 장의 분량이 작은 책은 14장을 읽는데 30-40분 정도밖에 걸리지 않을 때도 있습니다만, 대개는 1시간 30분 이상의 시간이 걸렸습니다.

장소는 물론 독서실이었고 아침에 독서실에 와서 말씀을 읽기 시작하는데 1시간 30분을 일어나지도 않고 말씀을 읽는 것은 아니라서 실제로 말씀을 다 읽고 공부를 시작하는 시간은 1시간 30분이 훨씬 지난 시간이 되기가 일쑤였습니다. 피곤해서 늦잠을 자고 독서실에 조금 늦게 온 날이면 말씀 읽다가 점심시간이 되어서 점심을 먹으러 나간 날도 많았습니다. 특히 시험에 임박해서는 체력이 많이 떨어지기 때문에 아침 일찍 독서실에 나오지 못하고 10시나 되어서 독서실에 도착하는 경우가 더 많아졌는데 그런 날은 스터디원들과 점심을 먹기로 한 시간이 될 때까지 말씀을 보다가 나가야만 했습니다.

주위의 사시나 고시를 준비하는 교회 후배들로부터 하루에 약 2시간 정도 말씀을 읽었다면 그것이 합격에 도움이 되었느냐 아니면 방해가 되었느냐 는 질문을 종종 받습니다. 저로서는 대답하기 어려운 질문입니다. 돌이켜 생각해보면 도움이 되는 부분도 있었고 공부할 절대 시간이 모자란다는 면 에서는 어려움이 될 수도 있다고 생각합니다. 저는 그냥 지금까지 하나님을 만나는 방법이 그것이었기 때문에 하던 대로 했던 것이었고 특별히 합격과 공부에 대한 득실을 따지면서 말씀을 읽은 것이 아니어서 그런 질문에는 대 답하기가 어려웠습니다. 특히 시간을 아끼면서 공부해야 하는 사시생으로 서 기독교인이라면 누구나 2시간 정도 말씀을 읽는 것이 좋은지에 대해서는 더더욱 모르겠고 하나님과 만나는 시간과 말씀 읽는 분량은 개인에 따라 다 르므로 각자 자신에게 맞는 최적의 시간과 분량을 찾아서 그렇게 하면 충분 하다고 생각합니다. 자신에 맞는 최적의 분량이 있다면 양의 적고 많음은 신경 쓸 문제가 아니라고 봅니다.

기도시간은 대학교 올라오면서 만들었던 기도노트를 가지고 기도하는 개 인기도 시간을 계속 가졌습니다. 시간은 하루의 공부를 다 끝내고 원룸으로 돌아와서 자기 전에 기도를 했고 걸리는 시간을 정해놓고 한 것이 아니라서 매일매일 달랐지만 40분에서 1시간 정도 걸렸던 것으로 기억합니다. 일정 한 시간이 확보되었던 이유는 기도노트를 보면서 기도를 하기 때문에 약간 의 속도의 차이는 있었지만 기도하는 기도제목의 숫자가 거의 같으므로 매 일 일정한 시간의 개인기도 시간이 소요되었습니다.

많은 은혜를 경험했던 말씀 보는 시간과 개인기도 시간에 대해서 나누고 싶은 말이 많지만 여기서 요약해서 드리고 싶은 말씀은 매일매일 말씀을 보 며 기도하는 시간을 통해서 하나님의 임재와 예수 그리스도의 십자가의 능 력을 경험하고 묵상하며 그 결과 하루하루 힘든 사시생활을 견디어 낼 수 있었다는 것입니다.

힘들었지만 기억에 남는 2차시험의 경험

2차시험은 시험 전날 그 과목을 한 번 다 보고 들어가는 것이 매우 중요하다고 생각합니다. 물론 전날 그 과목을 다 못보고 들어갔어도 합격을 하는 경우도 많고 전날 다 보고 들어갔다고 해서 꼭 합격하고 그런 것은 아닙니다. 그러나 천재가 아닌 저 같은 보통사람은 시험장에서 답안지를 충분히 안정되게 쓰기 위해서는 전날에 한 번은 다 보고 들어가야지 시험장에서 생생하게 기억이 나고 그렇게 답안지를 쓸 수 있는 것 같습니다. 그런데 마지막 4번째 2차시험에 이르러서야 저는 매일매일 그 다음날 과목을 다 보고 잘 수 있었고 그 전의 3번째 2차시험까지는 그 다음날 과목을 다 보지 못한 날이 많았습니다. 아마도 합격에 필요한 최소의 절대공부량이 4번째 2차시험을 볼 때에야 겨우 쌓인 것이 아닌가 생각이 듭니다. 그 전에는 정말 노력은 했지만 다 보지도 못하고 잠이 와서 자야 했었는데 4번째 2차시험 기간에는 상대적으로 수월하게 책을 읽고 어떤 날은 중요한 부분은 한 번 더 보고 잘 여유가 있던 적도 있었습니다. 다른 2차 때와 다르게 이 차이가 큰 것 같습니다.

저는 2차시험 공부의 중요한 목표 중의 하나가 전날 한 번 다 보고 들어가도록 공부하는 것이라고 생각합니다. 그것을 염두에 두고 절대량도 쌓고 어떻게 하면 하루저녁에 다 볼 수 있을까를 생각하면서 공부를 해서 실제로 전날 다 보는 것이 합격의 확률을 높이는 길이라고 생각합니다. 그냥 열심히 공부하는 것과 하루저녁에 다 보도록 준비하며 공부하는 것은 다른 것 같습니다. 그러나 전날 한 번 보지 못해도 합격을 한 경우는 많으니 전날 한 번 보는 것이 합격을 위한 유일한 방법인 것처럼 말하는 것은 아니라는 것을 다시 한번 말씀드립니다.

나오며

시간이 좀 더 있었다면 연수원 생활에 대해서나 사법시험 공부하면서 느꼈던 것을 더 많이 나누고 싶지만 그러지 못해서 아쉽습니다. 다만 제가 공대를 졸업했으면서도 법조계로 진로를 결정한 것에 대해서는 그래도 다른 부분보다는 더 나누고 싶었습니다. 혹시 비슷한 고민을 하고 계신 분들에게 조금이나마 참고가 되었으면 합니다. 이 글을 읽으시는 오늘도 땀 흘리며 공부하고 계실 여러분들에게 하나님의 은혜와 능력의 강건함이 임하시길 기도하겠습니다. 힘내세요!

할 수 있거든이 무슨 말이냐!

미래가 없는 삶 가운데 희망을 주시도록
내 안의 절망을 완전한 소망으로 회복케 해주시도록
2시간을 통곡하며 기도하였습니다.

김 광 철

전남대학교 행정학과
사법시험 제47회

"예수께서 이르시되 할 수 있거든이 무슨 말이냐 믿
는 자에게는 능치 못 할 일이 없느니라"(막 9:23).

예수님을 영접하고 사법시험을 시작하기까지

어려서의 제 꿈은 과자가 너무 먹고 싶었기 때문에 슈퍼주인이었습니다.
대학도 경영학을 전공하고자 하였으나 수능점수에 맞게 법과대학에 함께
있는 행정학과에 들어가게 되었습니다.

어렵게 들어온 대학임에도 불구하고 캠퍼스의 술 문화에 젖어 너무 술을
많이 마셔서 위벽이 찢어져 피가 나는 병에 걸려 한동안 술을 못 마시고 혼
자 놀던 때가 있었는데 그때 대학생 성경읽기 선교회(UBF)를 통해서 예수
님을 처음으로 인격적으로 영접하게 되었습니다. 성경학교를 통해 "하나님

이 세상을 이처럼 사랑하사 독생자를 주셨으니 이는 저를 믿는 자마다 멸망치 않고 영생을 얻게 하려 하심이라"(요 3:16)는 말씀을 통하여 하나님이 독생자를 주시기까지 우리를 사랑하시고 우리가 예수님 믿고 죄를 회개하고 하나님께 돌아오길 원하심을 깨닫게 되었고, 두 번의 금식기도를 통하여 예수님의 희생의 깊은 사랑에 감격하였고, 통곡하며 나의 죄를 자복하고 하나님의 긍휼하심과 그 사랑 앞에 감격의 눈물을 흘렸습니다.

3학년이 되어서는 저의 장래 진로와 군대 문제에 대하여 심각하게 생각하게 되었습니다. 생각 끝에 3학년 1학기 도중 군대에 입대하게 되었습니다. 입대하기 전 행정고시보다는 사법시험을 치르는 것이 개인적인 시간이 많고, 더 의미 있고 보람된 일을 많이 할 수 있고 예수님의 지상명령인 전도에도 더 많은 시간을 낼 수 있을 것 같아 사법고시에 도전하기로 마음먹었습니다.

제대 후 3학년 때에는 학교 다니면서 1차를 공부하여 2001년 2월 제43회 사법시험을 응시하여 커트라인 87점에 반타작인 50여 점을 맞았습니다. 한다고 했는데 50점에 그쳐 낙심이 되었으나 부족한 실력을 알기에 1년 더 열심히 하여 어찌하든지 졸업할 때까지는 1차에 합격하자고 다짐하였습니다. 당시에는 기본서 다독이 대세였는지라 4학년 1년 동안 기본서를 각 과목당 10회독을 하게 되었고 문제집도 모두 풀어 보았습니다. 합격이 눈앞에 있는 것 같았고 2003년 2월 제44회 사법시험 1차에 합격하고자 혼신의 힘을 다해 공부하였습니다.

떨리는 가슴으로 드디어 제44회 사법시험 1차를 치르게 되었습니다. 꼭 합격해야 한다는 생각을 한 나머지 긴장이 되어 잠을 거의 설쳤습니다. 3일 만에 정답이 공개 되었으나 맞춰볼 용기가 나질 않았습니다. 발표일인 5월 중순까지 막연한 기대심만 가지고 안일하게 보냈습니다. 합격발표 3일 전에는 금식기도를 하고자 결단하고 하나님께 떼쓰는 마음으로 기도하였으나, 결과는 커트라인 82점에 70점을 맞아 사법시험의 높은 벽을 실감하며 이것이 믿음의 대가인가 하며 하나님을 원망하는 마음을 갖고 낙향하였습니다.

희망이 보이질 않았습니다. 졸업도 했는데 취직도 못하고 계속 사법시험을 공부해야 하는지, 언제까지 끝이 보이지 않는 길을 가야 하는지 막막했습니다. 저에게는 희망이라는 단어가 간절히 필요했습니다. 생각을 정리하며 기도한 끝에 지난번에 떨어진 이유는 기도가 덜 되서 그런 것을 깨닫고 '하나님의 비전을 다시 한번 붙들고 기도하며 한번 해보자' 라는 생각을 갖고 다시 광주로 올라오게 되었고, 본격적으로 사법고시를 준비하기 위해 대학 고시반인 청운학사에 들어가게 되었습니다.

졸업 후 고시반 시절

다시 한번 도전하고자 기본생활에 충실하기 위해 매일 새벽기도, 1시간 성경읽기, 신앙서적 탐독 등으로 영적인 기본생활에 충실하였고, 하나님께서 이 시험에 두신 뜻이 무엇인지, 저에게 무엇을 원하시는지, 어떤 점을 바꾸길 원하시는지, 이 시험을 내 정욕대로 쓰려고 잘못 구하는 것은 아닌지, 새벽기도 때 소상히 물어 확실한 응답을 얻게 되었습니다. 열심히 기도하며 공부한 끝에 전국모의고사에서 합격권 안에 들게 되었고 이번에는 정말로 합격할 수 있을 것 같은 자신감이 들었습니다.

드디어 2003년 제45회 사법시험 1차. 예년과 마찬가지로 떨리는 가슴을 진정시키지 못한 채 거의 뜬눈으로 밤을 지새우다시피 하여 시험장으로 향하였습니다. 문제는 꽤 어렵게 느껴졌습니다. 당일까지 심하게 공부한 탓에 저의 머리는 바늘로 찌르는 것 같았습니다. 첫 과목 헌법을 치르자 힘들겠다는 생각이 왔습니다. 그래도 여기까지 왔으니 최선을 다하자고 한 과목 한 과목, 최선을 다해 풀었습니다. 답안을 맞춰 보자 제 점수는 작년보다 1점 더 떨어진 69점으로 저조하였습니다. 이제 모든 것을 포기해야 할 시간이 온 것 같았습니다. 나에게 이 시험이 맞는 것 같았고, 하나님께서 합격을 주시리라 확신했고, 정말 열심히 기도했는데, 작년보다 더 저조한 성적으로 떨어지고 보니 정말 가슴이 아팠습니다. 기도는 되질 않고 희망이란 단어가

이 세상에서 사라진 것만 같은 절망의 소용돌이에서 헤어나올 수가 없었습니다.

이렇게 지친 저에게 저의 멘토이신 목자님께서 이사야 40장 "야곱아 네가 어찌하여 말하며 이스라엘아 네가 어찌하여 이르기를 내 사정은 여호와께 숨겨졌으며 원통한 것은 내 하나님에게서 수리하심을 받지 못한다 하느냐 너는 알지 못하였느냐 듣지 못하였느냐 영원하신 하나님 여호와, 땅 끝까지 창조하신 자는 피곤치 아니하시며 곤비치 아니하시며 명철이 한이 없으시며 피곤한 자에게는 능력을 주시며 무능한 자에게는 힘을 더하시나니 소년이라도 피곤하며 곤비하며 장정이라도 넘어지며 자빠지되 오직 여호와를 앙망하는 자는 새 힘을 얻으리니 독수리의 날개 치며 올라감 같을 것이요 달음박질하여도 곤비치 아니하겠고 걸어가도 피곤치 아니하리로다"는 말씀을 주셨습니다.

이 말씀을 듣고 심한 통곡의 눈물을 흘렸습니다. 어찌 내 안에 그리도 많은 눈물이 고여 있던지, 이 눈물은 제 삶의 비참함에 대한 눈물인 동시에 하나님께서 저의 기도제목을 잊지 않으시고 다 듣고 계셨다는 사실에 큰 놀라움과 새로운 비전을 보는 환희의 눈물이기도 했습니다. 재충전의 시간을 갖고자 고향으로 낙향하였습니다. 몇 년이 가도록 1차 합격도 못하고 내려가는 심정은 마음을 찢는 듯 괴로웠습니다. 하루가 다르게 늙어 가시는 부모님을 뵐 때 솔직히 너무 불효한다는 생각이 들었습니다. 다시 한번 사법시험에 도전하기에는 현실이 만만치가 않았습니다.

매일 아침점심으로 40문제 70분을 정해놓고 문제를 풀기 시작했습니다. 강제성을 갖기 위해 함께 공부하는 사람과 같이 풀었습니다. 문제를 풀고 정답 확인하고 왜 틀렸을까 고민하고 미진한 부분을 보충하다보면 오전시간도 다 지나가고 녹초가 되었습니다. 진도별 모의고사와 전 범위 모의고사를 진도가 밀린 부분까지 다 따라 잡으면서 두 개의 학원문제집을 거의 모두 풀어 보았습니다. 시중에 나온 문제는 이때 거의 풀어본 것 같았습니다.

과거의 실패를 거울삼아 철저하게 자신을 훈련시키며 정도를 걷고자, 시험 합격의 가장 어렵고도 험난한 길을 걷고자 하였습니다. 이렇게 하다 보니 점수는 그리 잘 나오지 않았지만 어떠한 문제가 나오더라도 시간 안에 풀수 있고 조금은 문제에 대한 자신감을 키울 수 있었습니다. 과거에는 기본서 정독과 교수 문제집을 지루하게 풀고 있었는데 이는 기본적인 실력배양에만 도움이 될 뿐 실전에는 그 효과를 발휘하기 힘들다는 것을 느끼게 되었습니다. 이렇게 마지막까지 문제 풀고 기본서를 정리하고 틀린 문제를 오려 붙여 오답노트를 각 과목별로 몇 권 만들었습니다. 최종정리로 기본서를 몇 회독하고 오답 틀린 문제를 집중해서 여러 번 반복해서 보았습니다.

드디어 2004년 제46회 사법시험 1차시험이 다가왔습니다. 이제 정말 하나님께 모든 것을 맡기고 주님의 뜻에 순종하여 떨어지나 합격하나 하나님의 뜻에 따르기로 굳게 결심하고 마지막 이틀 전 교회를 찾아가 지난 일 년간 을 회고하며 마지막으로 열매를 맺게 해주시라고 목 놓아 울었습니다. 이렇게 기도하다 보니 마음 가운데 참 평강이 임했습니다. 떨어진다 해도 더 좋은 길을 예비해 주실 것이라는 사실을 확신했습니다.

시험 전날, 예년의 시험 때와는 달리 빨리 들어와서 잠을 청했습니다. 잠을 자지 않으면 어려운 시험에서 문제를 틀릴 확률이 높아지기 때문에 필히 충분한 잠을 자야 하는데 내일 나올 시험문제 생각에 잠을 이루지 못하고 있었는데, "너희는 마음에 근심하지 말라 하나님을 믿으니 또 나를 믿으라" (요 14:1), "또 제자들에게 이르시되 그러므로 내가 너희에게 이르노니 너희 목숨을 위하여 무엇을 먹을까 몸을 위하여 무엇을 입을까 염려하지 말라 목숨이 음식보다 중하고 몸이 의복보다 중하니라 까마귀를 생각하라 심지도 아니하고 거두지도 아니하며 골방도 없고 창고도 없으되 하나님이 기르시나니 너희는 새보다 얼마나 더 귀하냐 또 너희 중에 누가 염려함으로 그 키를 한 자나 더할 수 있느냐 그런즉 지극히 작은 것이라도 능치 못하거든 어찌 그 다른 것을 염려하느냐"(눅 12:22-26)는 말씀을 통하여 내가 하는 걱정은 내가 어찌할 수도 없는 걱정이므로 나에게 아무 유익도 없다는 것을 되새기면서 걱정을 물리치고 편한 잠을 잘 수 있었습니다.

드디어 시험 당일이 되었습니다. 충분한 휴식으로 머리는 매우 상쾌했습니다. 불안해 하는 후배에게 모든 것이 하나님의 뜻임을 설명해주었고 걱정할 필요가 없다고 마음에 위안을 주었습니다. 문제는 꽤 어려웠으나 시간 안에 모두 풀었기에 합격할 수 있지 않을까 하는 생각이 들어 가벼운 발걸음으로 집으로 향했습니다. 참 감사가 되었고 이번에는 꼭 실망시키지 말아야지 하는 생각을 갖고 지금까지 인도해주신 하나님께 감사기도를 드렸습니다.

3일 후에 정답발표가 있었습니다. 결과는 83.00점 작년보다 14점이나 상승했고 예감도 좋았기 때문에 합격할 수 있을 것이라는 마음이 생겼습니다. 그러나 며칠 후 고시신문 지상에서 합격예상 커트라인 발표가 있었는데 결과는 84.50이었고 오차범위 플러스마이너스 1이었습니다. 아무리 점수가 내려가도 83.50이었습니다.

주님! 이렇게 저의 희망을 짓밟으십니까? 모든 생각이 멈추고 살 소망이 끊어져 버린 것 같았습니다. 그간 고생했던 것이 주마등처럼 지나갔습니다. 이로써 나의 고시인생은 비극으로 종말을 맺는 것이란 말인가? 지금까지의 고생이 물거품이 되는 것 같았습니다. 가슴을 갈기갈기 찢어발기는 듯한 극심한 괴로움에 며칠을 몸부림을 쳤습니다. 이제는 갈 곳도 없고 무엇을 해야 한다는 말인가? 뭘 먹고 산단 말인가? 결혼이나 할 수 있을까? 온갖 근심걱정이 나를 눌러 우울증에 걸릴 것 같았습니다.

이런 가운데 하나님은 마음에 감사를 회복하고 기도하도록 인도하셨습니다. 걱정한다고 안 될 일이 될 것도 아니고 그동안 인도하신 주님께 감사하며 하루 300번 감사기도를 드리고 실천하였습니다. 생각을 정리하던 끝에 이제는 모든 사법시험 계획을 포기하고 고시생 신분을 벗어야 한다고 생각하니 마음이 심히 착잡했습니다. 그동안 열심히 한다고 했고 정말 주님을 위해 세상에서 힘들고 곤란에 처하고 궁핍한 자들을 도와주고 악인의 손에서 이끌어내는 사명을 감당하고 싶었는데 이를 제 손에 맡기길 원치 않으신다는 것을 알고 주어진 삶에 감사하고 맡겨진 삶 가운데서 하나님의 뜻을 찾을 수 있도록 기도했습니다.

대학 졸업 후 나이가 스물아홉이 되었으니 하루 빨리 취직하는 것이 급선무였습니다. 그러나 저에게는 이력서에 올릴 만한 아무런 내세울 것이 없었습니다. 자격증이라는 것이라고는 운전면허증도 없었습니다. 빨리 정보처리기사를 따야겠다는 생각에 시험 등록을 하고 옛날에 보았던 토익도 다시 공부하기 시작했습니다. 갈수록 점점 더 어려워지는 바늘 문이 되어버린 취업문을 뚫을 수 있을까 생각하며 하루하루를 충실하게 살아갔습니다. 교회 성도들에게는 뭐라 말할지 고민이 되었습니다. 다들 합격을 자신하고 있었는데 수년째 연거푸 낙방하고 올해는 무슨 일이 있더라도 합격할 것이라고 생각들 하는데 어찌 말할지 걱정이 되었습니다.

5월 중순이 되어 드디어 1차시험 합격자를 발표하게 되었습니다. 그날은 금요일이었는데 금요 철야예배에 참석하려고 나갈 즈음 컴퓨터 앞을 지나가면서 혹시 몇 점이 합격선인지만 확인하고자 법무부 홈페이지에 들렀다가 놀랄만한 일에 입이 쩍 벌어졌습니다. 기적적으로 합격선은 83.00이었습니다. 그 누구도 예상하지 못한 일이 벌어지고 만 것입니다. 하나라도 실수했다면 떨어지는 것이었기 때문에 빠른 속도로 합격자 명단에 제 이름이 있는지 확인하였습니다. 실수가 없었는지 제 이름이 명단에 있었습니다. 실로 감격의 순간이었습니다.

교회에 뛰어가 이 사실을 알리고 주님의 놀라운 이 역사에 서로 감격하고 기뻐하였습니다. 목사님께서 이 감격을 얘기하라고 하자 저는 "제 인생에 있어서 홍해가 갈라지는 기적이었다"고 말씀드렸습니다. 기적은 정말 있었습니다. 1차 이후에는 서울에서 공부하는데 물질문제가 시급하였는데 "너는 내게 부르짖으라 내가 네게 응답하겠고 네가 알지 못하는 크고 비밀한 일을 네게 보이리라"(렘 33:3) 말씀을 붙들고 간절히 기도하였습니다. 기도 중에 하나님은 물질도 허락하시고 하나님의 열심이 시험 합격을 반드시 이룰 것임을 보여 주셨습니다.

5월 중순에서부터 6월 시험일까지 남은 기간은 단 1달밖에 남지 않았기 때문에 1차과목인 헌법, 민법, 형법을 제외하고 후4법인 민사소송법, 형사소송법, 상법, 행정법을 1회독할 각오로 하루에 거의 18시간씩 동영상 강의를 시청하였습니다. 이렇게 하고 예상문제를 각 과목당 20여 개씩 뽑아 시험장에서 놀지 않고 뭐라도 쓸 것을 만들어 갔습니다. 내년에 한 번 더 볼 수 있는 기회가 있으나 올 시험에 최대한 실전감각을 배양해 놓아야 하므로 최선을 다해 마지막까지 필사의 노력을 경주하였습니다.

서울 상경기

6월 21일이 되어 한양대에서 역사적인 첫 2차시험을 보게 되었습니다. 비록 한 달여 밖에 공부하지 못해 실력은 형편없었지만 마지막까지 최선을 다하고 어느 정도 써야 몇 점이 나오는지는 최소한 확인해야 하므로 끝까지 신중하게 답안 작성을 했습니다. 결과는 전 과목이 과락이고 평균 또한 23점이어서 앞으로 1년 안에 최소한 25점 이상을 끌어올려야 하므로 힘든 싸움이 예상되었습니다. 그러나 2600여 명의 1차 합격자 중에서 맨 꼴등으로 합격케 하신 하나님의 뜻이 겸손하게 더 열심히 하라는 하나님의 뜻임을 알고 희망을 갖고 열심히 하기로 하였습니다.

1순환은 민법을 제외하고는 예비순환을 동영상 강의로 시청하였으므로 다시 학원 수강을 위해 더운 여름에 이동하면서 체력을 소진시키지 않기 위해 독서실에서 혼자 공부하였습니다. 2순환부터는 본격적으로 학원수업을 따라가려고 마음먹고 또 스터디 그룹을 통한 학습이 중요하므로 최선의 사람들과 함께 스터디할 수 있도록 기도하였습니다. 스터디를 5명에서 시작하였는데 스터디 동료들끼리 실전 같은 답안작성연습과 서로 돌려서 집에 가져가 채점해오는 방식을 썼는데 처음에는 자신의 실력이 들통날까봐 힘든 점도 있었지만 합격을 위해서는 뭐든 한다는 각오로 하니 다 이겨낼 수 있었습니다.

3순환 첫 과목은 민사소송법으로 대부분의 수험생들이 가장 어려워하는 과목이었습니다. 1순환 때 8월 한 달 동안 아무것도 안하고 민사소송법만 읽었는데도 도무지 뭔 소리를 하는지 알 수 없었습니다. 그래도 2순환을 열심히 했으니 조금은 쓸 수 있겠지 하는 생각을 하며 첫 시험에 임하였습니다. 첫 시험부터 정말 모르는 것들이 나와서 책을 펴놓고 썼는데도 성적이 92%였습니다. 그 다음 시험도 또 모르는 것이 나와 책 펴놓고 눈치 보며 썼는데도 96%였습니다. 남들은 책 안 보고 썼는데도 나보다 실력이 좋은데 나는 책 펴놓고도 이러니 정말 내 실력은 형편이 없는 것 같았습니다. 독서실로 돌아오는 다리에 힘이 하나도 없고 이러려고 서울 올라와서 공부했는가 하는 생각이 들었습니다. 슬럼프로 빠져드는지 자리에 누워버리고 싶은 생각이 많았습니다. 이때 "너희 속에 착한 일을 시작하신 이가 그리스도 예수의 날까지 이루실 줄을 우리가 확신하노라"(빌 1:6)라는 말씀으로 차츰 안정을 찾게 되었고, 민사소송법을 최대한 놓치지 않으려고 정리 또 정리를 반복했습니다. 결국 민사소송법은 80-90%대를 유지하며 취약과목으로 일단 정하고 다음 과목인 행정법으로 넘어갔습니다.

행정법은 그래도 조금 자신이 있어 30-50% 정도를 유지하게 되었습니다. 슬럼프에 안 빠지고 버텨낸 것만도 다행이었습니다. 그리고 조금씩 절망에서 소망으로 나아가고 있는 나 자신을 발견하였고 더욱 더 새벽기도를 사모하며 눈물로 간곡히 마지막 기회를 놓치지 않게 해달라고 주님께 매달리며 기도하였습니다. 합격권은 학원모의고사로 20-30%권에 들어야 하기 때문에 너무 부족한 실력을 올려 주시도록 기도하였습니다. 상법도 40-50%권에 들었으나 아직도 합격권에 진입하지 못해 조급한 마음이 있었습니다. 형사소송법에서는 드디어 몇 번의 시험에서 10-20% 진입에 성공하였습니다. 뒤이은 헌법, 민법, 형법에서는 수강생들이 대부분 체력이 딸려 시험을 보는 숫자는 처음의 절반에도 미치지 못하였고, 저의 성적은 15%대를 유지하였습니다. 2차는 '끝까지 버티는 수험생이 합격한다'는 말처럼 끝까지 버티려고 했습니다. 남들 같은 머리는 없으므로 아침마다 운동하며 체력으로 이긴다는 각오로 기도하며 운동하며 나머지는 정신력으로 버텨냈습니다.

드디어 3순환이 끝나고 마지막 순환인 4순환이 5월 한 달 동안 남아 있었습니다. 어떻게든 마지막까지 버텨보리라 생각하고 아침반에 들어가 "죽으면 죽으리다, If I perish, I perish"(에 4:16)의 각오로 4순환에 임하였습니다. 4순환을 마치니 남는 시간은 17일! 17일 동안 전 과목 3회독 케이스 문제집, 학원모의고사를 다 보려니 시간이 너무 없었습니다. 각 과목 3회독 목표는 달성하지 못하고 헌민형 2회독, 후사법 3회독으로 만족할 수밖에 없었습니다. 시험 전까지 40일 새벽기도를 작정하고 지친 몸으로 주님 앞에 나아와 기도하기로 했는데 어느덧 40일이 다 돼 가고 2005년 제47회 사법시험 2차를 치르게 되었습니다.

나흘간의 힘겨운 일정이므로 무엇보다 체력안배와 충분한 잠이 필요했습니다. 시험문제 걱정하다가 날을 새면 큰일이므로 전날 일찍 들어와 잠을 청했습니다. 그때 예수님께서 갈릴리 바다 가운데서 큰 폭풍을 만난 제자들에게 물 위를 걸으며 나타나셔서 두려워 떨던 제자들에게 하셨던 "안심하라 내니 두려워 말라"는 말씀을 반복적으로 묵상하자 30분 만에 잠이 들어 나흘 동안 충분하게 잘 수 있었습니다.

21일 첫날은 헌법, 행정법 시험이 있었는데 헌법은 논점이 떠오르질 않아 고생하였으나 기도하면서 치르다가 시험 막판에 평등원칙이 생각나 무난하게 선방했고, 오후 행정법 제1문은 한 번도 보지 못했던 어려운 문제가 나와 논점을 추출하고 초안을 잡는데만 30여 분을 소비하였고 머리를 짜 가면서 1문을 쓰다 보니 지혜를 주셔서 생각보다 잘 쓰게 되었습니다. 그런데 2-2문이 의외의 문제가 나와서 거의 알지 못했고 시간 또한 3분여 밖에 남지 않아 3줄 정도 쓰는데 그쳐 행정법을 마치고 나니 걱정이 앞섰습니다. 이때 걱정한다고 해서 상황을 타개할 수 없음을 생각하고 오늘 걱정은 오늘로 묻고 이번 시험의 최대고비인 엄청난 양의 민법과 제일 취약과목인 민사소송법에 대비하였습니다. 22일 오전 민법 시험문제가 난해한 공동저당에 관련한 문제가 나오고 복잡하게 얽혀 있어서 문제 읽고 논점 추출하는 데만 35분여를 소비하였습니다. 어떻게든 말을 만들어 써야 과락을 면하기 때문에 확실히 맞는다는 생각도 없이 나름대로의 생각을 정리하며 제1문 케이스 문제를 써 내려 갔습니다. 제1문을 1시간 35분에 걸쳐 쓰고 나니 남은 시간은 25분.

제2-1문은 소멸시효문제로서 잘 보지 않아서 1차 실력으로 엉성하게 썼고, 제2-2문은 '금전채무불이행의 특칙에 대해 쓰라' 였는데 거의 생각이 나지 않아서 법조문 하나만 달랑 쓰니 시험 종료 벨이 울렸습니다. 절망감이 들어 고려대 우당교육관 5층에서 하염없이 무심한 캠퍼스를 바라보며 한숨지었습니다. 오후시험인 민사소송법은 제일 취약한 과목이라 40점만 넘자는 각오로 임하였습니다. 문제는 예전에 한번 풀어본 문제가 나와서 생각보다 잘 썼습니다. 그 다음날의 형법과 형사소송법을 무난하게 썼고 마지막날 상법의 불의타 문제를 의외로 선방하여 6월 21-24일의 힘든 대장정의 시험을 마치게 되었습니다. 부모님과 그간 도와주신 분들께 전화하니 왠지 눈물이 많이 났습니다.

시험을 마치고

합격발표일 전 수요예배 후에 마음이 괴로워 전심으로 하나님께 나아와 야곱이 얍복 강가에서 형 에서가 두려워 하나님과 씨름하며 기도한 것처럼 하나님께 살려달라고 기도하였습니다. 미래가 없는 삶 가운데 희망을 주시도록, 내 안의 절망을 완전한 소망으로 회복케 해주시도록 2시간을 통곡하며 기도하였습니다. 10월 14일 합격소식을 듣고 이 좋은 것을 주시기 위해 고통 가운데서 연단받게 하시고 지극한 행복을 주시려고 기다리셨음을 깨닫게 하셨습니다. 저의 입술에는 "내가 여호와를 기다리고 기다렸더니 귀를 기울이사 나의 부르짖음을 들으셨도다 나를 기가 막힐 웅덩이와 수렁에서 끌어 올리시고 내 발을 반석 위에 두사 내 걸음을 견고케 하셨도다 새 노래 곧 우리 하나님께 올릴 찬송을 내 입에 두셨으니 많은 사람이 보고 두려워하여 여호와를 의지하리로다"(시 40:1-3)가 흘러나왔습니다.

인생의 어둡고 긴 터널 가운데서 절망과 좌절만을 가슴에 품고 살아온 저에게 항상 말씀으로, 새벽에 밝아오는 찬란한 아침 빛 같은 소망의 빛을 비추시고 오늘까지 이끌어 오신 하나님을 찬양합니다.

하나뿐인 나

하나님께서 나를 온 세상에 하나뿐인 자인 것처럼,
이 세상에 사랑하는 자가 나 하나뿐인 것처럼
사랑하신다는 말씀입니다.

고려대학교 법학과
사법시험 제45회
법무법인 소명 변호사

우리는 어떤 사람들일까요? 수많은 대답이 있을
수 있겠지만 우리에게 익숙한 법률용어 중 하나로 대답하자면 특정물*이라
는 것도 그 한 대답이라고 할 수 있겠습니다. 이러한 사실은 저에게 많은 힘
과 용기가 되었습니다. 제가 세상에서 하나뿐인 자라는 것을 알게 되었을
때, 제가 얼마나 귀한 존재인가 하는 사실을 깨닫게 되었습니다. 저의 이 글
을 읽으시는 분들도 이러한 저의 생각을 함께 나누시며 많은 위로를 받으시
길 기대합니다.

---

* 물론 '물'로 표현하는 데 반감을 가지시는 분도 계시겠으나 여기서의 '세상에서 하나뿐'이라
는 의미로 사용하였습니다.

살아계신 하나님과의 동행 _ 165

어린 시절부터 대학생활까지

저는 크리스천 가정에서 태어났습니다. 우리 가정은 할머니, 할아버지 때부터 믿음생활을 시작하였고, 저는 너무나 믿음 좋으신 부모님 밑에서 나고 자란 행운아입니다. 이제 80세가 넘으신 할머니는 아직도 쉼 없이 기도생활을 하고 계시며 제 부모님은 철저한 체험 신앙인이십니다. 이러한 가풍 속에서 자란 저는 어렸을 때부터 자연스럽게 하나님을 믿게 되었고, 작지만 분명한 신앙을 가지고 있었습니다. 그러던 중 제가 법조인의 길에 들어서게 된 계기는 아주 우연한 데에서 시작되었습니다. 아니, 하나님께서는 이미 모든 것을 계획하고 계셨겠지만 사실 제게는 아무런 계획도 없었습니다. 아주 어렸을 때, 장래 희망을 물으면 판사가 되겠다고 대답한 적은 있었어도 그것은 성장하면서 잊혀져 버린 꿈이었습니다.

저는 아나운서가 되고 싶었습니다. 그래서 영문과를 가려고 하였습니다. 대학입시 특차지원에서 연세대학교 영문과를 지원하고자 연세대학교 원서를 샀습니다. 세상에, 원서 값이 2,000원이라는 겁니다. '아니, 이렇게 싸다니…. 하나 더 살까?' 하는 생각이 스치고 지나갔습니다. 그래서 고려대학교 원서도 사게 되었습니다. 두 개의 원서를 놓고 연세대학교 영문과뿐만 아니라 고려대학교 법학과 원서도 작성하여 보았습니다. 어느 곳에 가도 상관없다고 생각하였습니다. 아나운서가 되기만 하면 되는 것이라고 생각하였으니까요. 둘 중 어느 곳을 택할까 고민하고 있었는데, 어머니가 고3 때 담임선생님을 찾아뵙고 결정하라고 권하셔서 선생님께 도움을 청했습니다 (당시 전 재수생이었습니다). 선생님은 고려대학교 법학과가 더 낫다면서 그곳에 갈 것을 추천하셨습니다. 그래서 법학과에 가게 된 것이지요. 나중에 안 일이지만 어머니는 이미 어디에 지원할 것인가에 대하여 기도의 응답을 받았던 상황이었습니다. 그러나 저에게 직접 말씀하지 않으시고, 담임선생님을 찾아가서 결정하라고 권면하셨던 것입니다.

그 후 대학생 시절, 사실 저는 법학을 공부할 생각이 전혀 없었습니다. 아나운서가 되어야지 하는 생각뿐. 그런데 이런 저에게 공부를 할 수밖에 없는 상황이 왔습니다. 대학에 4년 장학생으로 입학하였는데 장학금을 받으려면 학점이 3.0 이상 되어야 했습니다. 학점이 점점 떨어지는 것을 보면서, 법학과에서는 놀면서 3.0 이상의 학점을 받기는 어렵겠다는 위기의식이 생겼습니다. 게다가 "너는 못생겨서 아나운서는 어렵지"라는 아버지의 충격적인 말씀에 다른 길도 모색해 봐야겠다는 생각이 들었습니다. 그래서 드디어 마음을 먹고 곽윤직 민법총칙부터 펼쳐보기 시작하였습니다. 그런데 신기한 것은 책을 읽으면 읽을수록 점점 재미있어지는 것이었습니다. 그러다 보니 어느 순간부터 저는 자연스럽게 사법고시를 준비하게 되었습니다.

고시생활

하나님을 떠난 생활

공부 자체는 재미있었으나 시험합격은 요원하였습니다. 계속되는 1차시험 낙방에 저는 풀이 죽어 있었습니다. 게다가 저는 대학에 입학하면서부터 신앙생활에 문제가 생겼습니다. 교회에 어려움이 있었는데, 그것이 제가 납득하기 어려운 방식으로 매듭지어지는 것을 보며 적잖이 실망하였던 것입니다. 지금 생각해보면 충분히 이해할 수도 있는 문제였는데 그 당시는 제가 많이 어리고 순수하였기에 감당이 안 되었던 것 같습니다. 교회에 가도 목사님 말씀이 귀에 들어오지도 않았고, 다른 교회에 가고 싶었지만 온 가족이 함께 다니는 교회에서 저 혼자 나올 수도 없었습니다.

이 당시 저는 매우 힘들었습니다. 그때의 저의 상태를 잘 말해주는 성경 구절이 두 군데 있습니다. 하나는 노아의 홍수시대를 두고 하나님께서 하신 말씀 중 "그들이 육체가 됨이라"(창 6:3)라는 말씀입니다. 제 스스로 육체는 살아 있었지만 생명이 없었다는 것을 느끼고 있었습니다. 고시공부 한답시고 가방을 메고 학교는 다니고 있었지만 그것은 껍데기(육)에 불과할 뿐 알맹이(영혼)는 없는 것처럼 느껴졌습니다. 괴로웠습니다. 또 다른 구절은

"땅이 혼돈(formless)하고 공허(empty)하며 흑암(darkness)이 깊음 위에 있고…"(창 1:2)입니다. 하나님이 천지창조를 하시기 전의 세상을 묘사하는 말씀인데 하나님의 영이 떠난 저의 상태와도 같았습니다. 제대로 갖추어진 것이 없이 뒤죽박죽하였으며, 허무하고, 어두웠습니다. 사는 것이 사는 것이 아니었습니다. 한 발 디딜 곳 없는 곳까지 가도록 하나님은 저를 내버려 두셨던 것 같습니다.

다시 하나님을 찾기까지

이러한 상황은 저의 생각과 자존심, 체면, 오만, 교만함을 버리게 하였습니다. 당장 내 자신(나의 영혼)이 죽었는데…. 그 어떤 것도 나를 살릴 수 없는 상황에서 마지막 지푸라기를 잡는 심정으로 새벽기도를 나가기 시작하였습니다. 무엇이 옳고 그르고 하는 것을 따질 여유나 겨를이 없었습니다 (가끔 전도를 하다 보면 우리의 교리에 대하여 시시비비를 가리며 거부하는 분들을 많이 만나게 됩니다. 그럴 때마다 제가 드는 생각은 '아직 충분히 힘들지 않으시군요' 하는 것입니다). 고시생으로서 새벽기도를 나간다는 것은 참으로 어려운 일이었음에도 불구하고 그렇게 하지 않으면 죽을 것만 같아서 살고자 하는 마음으로 새벽기도를 시작하였습니다.

기도하는 내내 저는 줄곧 눈물만 흘렸습니다. 저를 향한 주님의 사랑과 오래 참으심을 깨닫게 되었기 때문입니다. 또한 내가 하찮은 존재가 아니라는 것을 깨닫게 되었기 때문입니다. 계속되는 낙방 속에 우리는 스스로를 남보다 열등한 존재라고 생각하기 쉽습니다. 그렇지만 그것은 단연코 틀린 생각입니다. 우리는 너무나 귀한 존재입니다. 주님은 그것을 알게 하셨습니다. 새벽마다 목사님을 통해 들려주시는 하나님의 말씀이 얼마나 아름다운지 저는 날마다 그것을 사모하게 되었습니다. 또한 기도를 통하여 하나님과의 깊고도 깊은 교제가 시작되었습니다.

1차시험 합격과 변화된 생활

그 후 저는 우수한 성적으로 1차시험에 합격하게 되었습니다. 어찌나 감사하든지요. 또한 제가 새벽기도를 나가는데도 성적이 '떨어지기는커녕 오히려 모의고사 등에서도 우수한 성적을 거두는 것을 본 가까운 한 선배님(A형)도 새벽기도를 나가기 시작하게 되었고, 저의 기도친구가 되었습니다. A형과 저는 날마다 말씀을 나누며 은혜를 더해 갔습니다. 우리 고시실에 있는 아이들 전부를 전도하는 것을 목표로 삼고 날마다 서로 중간점검을 하였습니다. 누가 힘이 드는지 살피고 위로의 말씀을 전하여 주고 위해서 기도도 같이 하고. 돌이켜 생각하여 보면 제가 1차시험 합격 후 2차시험 공부하는 동안은 공부하는 시간보다 새벽기도하고 말씀묵상하고 어려운 친구들을 위하여 기도하고 전도하였던 시간이 더 많았던 것 같습니다.

2차시험 준비기간과 훈련시키시는 하나님

■ 첫 번째 단계 – 하나님만 섬겨라

이러한 저에게도 어려움이 찾아왔습니다. 1차시험을 치루고 나니 체력이 도저히 회복이 안 되는 것이었습니다. 공부를 하고 싶은데 공부를 할 수가 없었습니다. 얼마나 안타깝던지요. 건강한 아이들을 보면 부러웠습니다. 이러한 상황에서 더 이상 새벽기도 하는 것은 무리라는 생각이 들었습니다. 그래서 작정하고 하나님께 기도하였습니다. "하나님, 저의 형편과 처지를 잘 아시지요? 제가 지금 새벽기도 나올 수 없는 상황인 것도 다 아시지요? 2차 공부는 1차 공부랑 다르잖아요. 2차 공부하는 동안에는 새벽기도를 쉬겠습니다. 하나님, 저를 다 이해하시지요?" 끙끙대며 동일한 기도제목으로 며칠을 계속하여 기도하였습니다. 기도하면서 저는 하나님께서 다 이해하실 줄 믿었습니다. '그 정도의 이해심은 있으신 분이겠지' 라고 하나님을 신뢰(?)하였습니다.

그러던 중 드디어 응답을 받았습니다. 그런데 답은 "내가 너를 이해하노라"가 아니었습니다. "한 사람이 두 주인을 섬기지 못할 것이니, 혹 이를 미워하며 저를 사랑하거나 혹 이를 중히 여기며 경히 여김이라. 너희가 하나님과 재물을 겸하여 섬길 수 없느니라"(마 6:24). 생각지도 않은 답이 하나님께로부터 온 것에 대하여 놀라고 서운하고 실망하였지만 하나님의 말씀에 순종하기로 마음먹었습니다.

그동안 저는 하나님의 자녀로서 머리가 되고 꼬리가 되지 않는 것이 하나님의 영광을 나타내는 것이라는 굳은 신념을 가지고 있었습니다. 그래서 크리스천들은 각 분야에서 두각을 나타내어야 한다고 생각하고 있었으며, 고시에서도 마찬가지라고 생각하고 있었습니다. 신앙과 공부를 수레의 두 바퀴처럼 생각하고 있었는데, 하나님은 그것이 아니라고 제게 응답하셨습니다. 사실 두 가지 모두 잘해야 된다고 하면서도 우리의 마음은 공부와 시험에 더 쏠려 있을 때가 많았던 것 같습니다. 시험을 잘 보기 위하여 하나님을 믿는 것은 아닌지 점검을 해보아야 하겠습니다.

저를 향하신 하나님의 생각을 알게 되었습니다. 하나만 잘하면 된다. 너는 나만 섬기면 된다. 나머지는 내가 알아서 한다. 공부가 네 주인이 되어서는 안 된다. 공부가 너를 다스리고 지배해서는 안 돼. 나와의 교제시간 동안 공부 못 하는 것에 대해서는 네가 신경 쓸 바가 아니다〔"그러므로 염려하여 이르기를 무엇을 먹을까 무엇을 마실까 무엇을 입을까 하지 말라 이는 다 이방인들이 구하는 것이라 너희 천부께서 이 모든 것이 너희에게 있어야 할 줄을 아시느니라 너희는 먼저 그의 나라와 그의 의를 구하라 그리하면 이 모든 것을 너희에게 더 하시리라"(마 6:31-33)〕. 참으로 어렵고도 쉬운 말씀입니다. 어렵다는 것은 결단하기가 어렵다는 것이요(저의 경우 이 결단은 한 번만으로는 부족하였습니다. 때때로 기도 안 하면 안 되나 하는 생각들이 엄습해 올 때마다 다시금 결단해야 했으니까요), 쉽다는 것은 나머지는 하나님이 알아서 채워 주시므로 염려하지 않아도 된다는 점에서 쉽다는 것입니다. 아무튼 저는 어렵고도 쉽게 이 말씀에 순종하였습니다.

여기서 잠깐 공부방법론에 대하여 언급을 하자면, '나에게 맞는 스타일을 찾고, 남과 다른 것을 염려하지 말라'는 것입니다. 저는 1차시험 공부를 하면서도 주로 학교에서 공부하였으며, 2차시험을 공부하면서도 학교에서만 공부하였지 신림동에 전혀 가지 않았으며 학원 모의고사도(답만 사서 보았을 뿐) 풀어보지 않았습니다. 시험 전까지 몇 회독을 해야 한다든가 3-2-1 전략이라던가 하는 것들이 신림동에서 공부하시는 분들에게는 절대적인 원칙으로 군림하며 이를 못하는 경우 심한 스트레스로 작용하는 것으로 알고 있습니다. 그러나 이런 모든 신림동 원칙을 지켰다고 하여서 시험에 합격하는 것도 아니고 지키지 않았다고 하여서 불합격하는 것도 아닙니다. 저는 고지식하여 3-2-1 전략 같은 것은 쓰지 않았습니다. 특 A가 무엇이지도 모른 채 시험을 치렀습니다. 감히 힘주어 말하던데, 믿는 자들에게는 합격은 그런 곳에 있지 않습니다(그렇다고 공부를 열심히 하지 말라는 말은 절대 아닙니다). 하나님의 마음에 합하는 자가 되도록 힘쓰십시오.

■ 두 번째 단계 - 목표를 제대로 설정하라

앞서도 언급하였지만 저는 2차시험 공부하는 내내 건강이 너무 나빴습니다. 그래서 건강을 주실 것을 위하여 한참 동안 기도한 적이 있습니다. 그때 저는 아침 일찍 나와서 밤늦게까지 공부하는 친구들이 너무나 부러웠습니다. 나에게 건강만 있다면 세상에 못할 것이 없겠다는 생각이 가득하였습니다. 기도하면 기도하는 대로 하나님이 이루어주실 것으로 믿고 건강을 주시라는 기도를 시작하였습니다. 그런데 뚱딴지(?) 같은 응답이 왔습니다. "너희가 일찍이 일어나고 늦게 누우며 수고의 떡을 먹음이 헛되도다"(시 127:2). 아니 하나님은 구하는 건강은 안 주시고 제가 그토록 바라던 아침부터 밤까지 공부하는 것이 헛되다는 응답을 주시다니. 맥이 빠졌습니다. 도대체 나더러 어쩌라구요? 답답하였습니다.

그 후 얼마 안 가서 말씀을 읽던 중에 그 답을 알게 되었습니다. 기도 중에 응답받은 시편 127편 2절 말씀을 성경을 통해 확인하던 중에 바로 다음 장에 있는 말씀 속에서 하나님이 내게 하고 싶으셨던 말씀을 알게 되었습니다. "여호와를 경외하며 그 도에 행하는 자마다 복이 있도다. 네가 네 손이 수고한 대로 먹을 것이라. 네가 복되고 형통하리라"(시 128:1-2). 그렇습니다, 여러분, 이른 아침부터 밤늦게까지 공부하더라도 우리가 수고한 만큼 그에 대한 결실을 얻지 못한다면 모두가 헛된 것입니다. 우리는 하나님을 경외하며 하나님이 원하시는 길대로 살면 복된 자가 되는 것입니다.

■ 세 번째 단계 - 주님 한 분만으로 만족하라

시험 막바지에 이를수록 건강이 더욱 안 좋아졌습니다. 기도했습니다. '하나님 도저히 안 되겠습니다. 여기 나와서 기도하는 것조차 힘이 듭니다.' 당시 저는 하루에 2-3시간 정도밖에 공부를 할 수 없을 정도로 쇠약해져 있었습니다. 날마다 울면서 기도하였습니다. '아, 하나님 어찌하면 좋을까요. 제가 떨어지는 것도 걱정되지만 저의 불합격으로 인하여 실족하는 자들이 있을까봐 그것도 걱정됩니다. 하나님 제발요. 이제는 새벽기도 못하겠습니다.' 아무리 기도하여도 하나님은 응답을 주시지 않았습니다.

그러던 어느 날 월삭새벽기도회 때(저희 교회에서는 매달 1일을 월삭예배로 드리며 이때 특별히 성만찬을 합니다), 성만찬을 준비하면서 드디어 그동안 하던 기도와는 다른 기도를 하게 되었습니다. '예수님, 저 시험 떨어져도 좋아요. 제게 아무것도 안 남아도 좋아요. 저는 주님 한 분만으로 만족합니다. 그 어떤 것도 바라지 않습니다.' 눈물이 홍수가 난 듯 콸콸 쏟아졌습니다. 그리고 성찬에 참여하게 되었고 포도주를 먹게 되었습니다. 모태신앙인인 저는 그동안 성찬에 수없이 많이 참여하였습니다. 교회에서 주는 포도주가 어떤 맛인지도 너무나 잘 알지요. 약간은 달짝지근한 그 맛을. 그런데 그날은 포도주를 먹는 순간 예전에 제가 마시던 것과는 다른 포도주라는 것을 알게 되었습니다. 그것은 전에 맛보던 것과는 전혀 다른 것이었습니다. 걸쭉한 피맛(!)이었습니다. 주님께서 저에게 당신의 피를 나누어 주신 것입니다. 주님 한 분만으로 족하다는, 다른 어떤 것도 필요하지 않다는 저의 고백을 들으신 주님께서 저를 위해 작은 기적을 행하신 것입니다. 선물을 주신 것입니다. 그날 주님께서 저를 위해 쏟으셨던 피를 제게 직접 맛보게 하셨습니다.

2차시험

수많은 은혜를 체험한 저였지만 2차시험을 치르는 기간 동안에 너무나 힘들었습니다. 특히 첫날 헌법과 행정법을 치고 난 후에는 죽고 싶었습니다 (제가 주님을 알지 못하였다면 죽었을지도 모르겠습니다). 그렇게도 괴로운 4일이 지나갔습니다. 합격을 기대조차 하기 어려울 정도로 너무나 시험을 못 치렀습니다. 네 페이지로 구성되는 답안지 중 세 페이지를 채운 답안이 거의 없었습니다. 절망감이 몰려왔습니다.

2차시험 후 합격자 발표까지

시험기간뿐만 아니라 시험 끝나고 발표를 기다리는 동안은 누구에게나 힘든 기간입니다. 저도 이 기간 동안 무척 힘들었습니다. 기도하던 중 하나님이 "두려워 말고 믿기만 하라"(마 5:36)는 메시지를 주셨습니다. 그러나 이 말씀은 제게 합격도 불합격도 그 어떤 것에 대하여도 답을 주시는 것이 아니었습니다. 그냥 단지 하나님을 신뢰하며 믿기만 하라는(어떻게 보면 답답한) 말씀이었습니다. 그로부터 한두 달 후 기도원에 다녀오신 엄마가 절 위해 기도하시던 중 응답받으신 것이 있다는 말씀을 하셨습니다. 알고 보니 저와 동일한 말씀이었습니다. 아무튼 고시기간 동안은 하나님이 우리를 연단하시기를 이스라엘 백성들을 광야에서 연단하시는 것과 마찬가지라는 생각이 듭니다. 많이 힘들고 고되지요. 해 본 사람은 누구나 다 압니다. 얼마나 힘들다는 것을요. 그러나 이러한 연단의 기간이 없다면 우리는 하나님의 깊은 은혜를 체험하기가 훨씬 더 어려웠을 것입니다. 이에 대하여 잘 묘사한 말씀이 있어 소개합니다.

> "네 하나님 여호와께서 이 사십 년 동안에 너로 광야의 길을 걷게 하신 것을 기억하라 이는 너를 낮추시며 너를 시험하사 네 마음이 어떠한지 그 명령을 지키는지 아니 지키는지 알려 하심이라 너를 낮추시며 너로 주리게 하시며 또 너도

알지 못하며 네 열조도 알지 못하던 만나를 네게 먹이신 것은 사람이 떡으로만 사는 것이 아니요 여호와의 입에서 나오는 모든 말씀으로 사는 줄을 너로 알게 하려 하심이니라 이 사십 년 동안에 네 의복이 해어지지 아니하였고, 네 발이 부르트지 아니하였느니라 너는 사람이 그 아들을 징계함같이 네 하나님 여호와께서 너를 징계하시는 줄 마음에 생각하고 네 하나님 여호와의 명령을 지켜 그 도를 행하며 그를 경외할지니라 네 하나님 여호와께서 너로 아름다운 땅에 이르게 하시나니"(신 8:1-7).

정말 우리 고시생들에게 주는 말씀입니다.

합격 이후 - 다시 한번 체험한 하나님의 사랑

2차시험을 치르고 12월에 합격소식을 들은 후 저는 출산준비에 들어갔습니다. 다음 해 1월 14일 제 딸 예은이를 낳았습니다. 남들은 저에게 삼관왕이라고 하기도 하였습니다. 결혼에 합격에 출산에 모든 걸 다 이루었다며 칭찬하며 부러워하였습니다. 그러나 합격의 기쁨과 감사함도 잠시. 다른 합격생들이 연수원 입소 전 선행학습 등으로 열심히 공부하고 있는 것과는 상반되게, 제 자신은 아이 낳고 몸의 회복이 더디며 스스로의 힘으로는 어떤 것도 할 수 없고 모든 것을 도움받아야만 할 수 있다는 사실에 상심하며 내가 아무것도 할 수 없는 무력한 존재라는 생각이 가득하였습니다. 그래서 하나님께 이런 기도를 드리고 있었습니다.

"하나님, 나에게 하나님은 전부이시며, 하나님 없는 나는 생각할 수도 없습니다. 그렇지만 하나님은 너무 부자세요. 하나님을 사랑하며 헌신된 순전한 사람들이 바닷가의 모래같이 많이 있지 않습니까? 저는 하나님이 없어지면 전부를 잃은 것이지만 하나님께는 나 하나 없어도 아무 손해도 없으시지 않습니까? 도대체 전 하나님께 무엇인가요?" 그때 하나님께서 주신 말씀은 아가 6:8-9입니다. "왕후가 육십이요 비빈이 팔십이요 시녀가 무수하되 나의 비둘기, 나의 완전한 자는 하나뿐이로구나 그는 그 어미의 외딸이요 그 낳은 자의 귀중히 여기는 자로구나 여자들이 그를 보고 복된 자라 하고 왕

후와 비빈들도 그를 칭찬하는구나"

하나님께서 나를 온 세상에 하나뿐인 자인 것처럼, 이 세상에 사랑하는 자가 나 하나뿐인 것처럼 사랑하신다는 말씀입니다. 그렇습니다. 내 생각에는 내가 아무것도 아닌 자요, 아무것도 할 수 없는 자라는 생각이 들어도 하나님께서는 그 어떤 사람보다도 나를 가장 사랑하신다는 말씀입니다. 전 기본적으로 (원래부터 그랬는지, 장기간의 수험생활이 절 그렇게 만든 것인지는 잘 모르겠습니다) 자신감이 없는 사람입니다. 그런데 아가서의 말씀을 통하여 하나님께서는 다른 모든 사람보다도 특별히 저를 사랑하신다는 말씀을 주셨습니다. 지금도 힘들 때마다 저는 이 말씀을 통하여 많은 위로를 받습니다. 왕후가 육십이요 비빈이 팔십이요, 시녀가 무수한 가운데 그 중 하나에 불과한 종류물이 아니라 꼭 집어서 딱 하나뿐인 하나님의 사랑을 받는 자이며 이렇게 불완전한 나를 하나님은 완전하다고 쳐 주신 사실(법률용어로는 '의제' 하시는 것이라 하겠죠?)은 엄청난 일이며 감사한 일이었습니다.

마치며

변호사가 된 지금 제게 다시 고시생활을 하라고 한다면 잘 해낼 자신이 없습니다. 그만큼 여러분들이 하고 있는 일이 호락호락한 것이 아니라는 말이지요. 그러나 혹독한 연단 후에 우리는 정금같이 나아갈 수 있는 것입니다. 이런 과정 후 스스로가 걸어온 길을 뒤돌아볼 때 "고난당한 것이 내게 유익이라 이로 인하여 내가 주의 율례를 배우게 되었나이다"(시 119:71)라는 말씀에 공감하게 될 것입니다. 모쪼록 고시기간 동안 하나님의 풍성한 은혜를 체험하시는 여러분이 되시길 바라며, 그만 말씀을 맺겠습니다.

절망 중에 찾아오신 주님

좌절이란 그때 그 순간에는
제 모든 것을 집어 삼킬 것 같은 거대한 존재지만
하나님께서 우리를 성장시키시는 계획에 비춰보면
그 또한 우리를 위한 주님의 커다란 배려란 사실을…

김 주 은

서울대학교 법학과
사법시험 제46회

우선 부족한 저에게 이토록 귀한 책에 글을 쓸수 있는 기회를 허락하신 하나님께 감사를 드립니다. 저는 이 글을 쓰기에는 너무도 부족하고 하나님 앞에서 부끄러운 점이 많지만, 주님께서 저에게 베풀어 주신 은혜를 자주 잊고 사는 저의 모습에 대해 반성문을 쓰는 마음으로 이 글을 쓰게 되었습니다.

하나님께서 저를 이 땅에 태어나 자라나게 하심을 감사하며

이름

저의 이름을 보고 얌전한 요조숙녀의 글이라고 생각하며 이 글을 읽고 계신 분들께는 죄송스럽지만 저는 서른 넘은 아저씨입니다. 저의 이름은 주인 주(主)자에 은혜 은(恩)자를 붙인 것입니다. 물론 바람직한 현상은 아니라고 생각하지만, 부모님께서 두 명의 누님을 낳은 후에 따가워지는 할머님의 시선을 견딘 끝에, 주님의 은혜로 낳은 아들이라고 붙여 주신 이름인데 주님의 크신 은혜만큼이나 저에겐 부담이 되는 이름이기도 합니다.

지난 30여 년의 시간들을 돌이켜보면 정말 못나고 부족한 제가 주님의 은혜로 이 땅에 태어나 자라고 여기까지 올 수 있게 된 것 같아 이렇게 멋진 이름을 지어주신 부모님께, 그리고 그러한 멋진 부모님을 제게 주신 하나님께 감사의 기도를 올리게 됩니다.

기억의 첫 장면

제 기억의 처음 시작은 아주 넓고 밝은 방 저 멀리에서 한 젊은 남녀가 저를 향해 달려오는 장면에서부터 시작됩니다. 어린 시절에는 무언가 꿈을 꾸는 것 같은 그 장면에 관한 기억이 무엇인지 몰랐지만, 나중에 주위 친척 분들과 부모님의 말씀을 통하여 그 장면이 어떤 상황이었는지 알 수 있었습니다. 제가 어린 시절 외할머니의 보살핌을 받다가 외국에서 유학중이던 부모님께 보내진 당시 외국의 공항에서 처음으로 부모님과 다시 만나게 된 장면이 아닌가 생각됩니다. 부모님 말로는 그 당시 제가 비행기 안에서 받은 사탕을 부모님께 내밀었다고 하는데, 아무튼 제 기억의 처음 시작은 무언가 따뜻한 느낌이 드는 장면이었습니다.

어린 시절의 기억

어린 시절 저희 집은 여유롭지 못하였습니다. 아버지의 많지 않은 월급에 할머님과 삼촌, 그리고 부모님과 세 남매, 이렇게 일곱 명의 식구들이 한 집에서 생활하느라 늘 부족하고 아쉬운 어린 시절이었습니다.

지금은 초등학교가 된 국민학교 시절, 저에겐 소풍날이 그다지 달갑지 않은 날이었습니다. 그나마 산이나 고궁으로 소풍을 가는 경우에는 견딜 만하였지만, 특히나 여느 아이들이 소풍장소로 가장 좋아하는 어린이대공원이나 드림랜드 등의 놀이공원에 가는 날이면 정말 소풍 가기 싫어지곤 했습니다. 놀이동산에 소풍을 가는 날이면 친구들은 부모님이나 할머니, 할아버지에게서 받은 용돈으로 놀이기구를 타고 솜사탕 등 군것질 거리를 사먹고 신나게 소풍을 즐겼지만, 소풍날이라고 해도 별다른 용돈을 받지 못한 저는 담임선생님이 자유시간이라고 말하자마자 친구들을 피해 다니기에 바빴습니다. 제 사정을 모르는 눈치 없는 친구들이 같이 놀이기구를 타러 가자느니, 왜 너는 놀이기구를 타지 않느냐는 등 제 가슴을 한없이 무너져 내리게 만드는 말들을 툭툭 던지고는 멀어져 갔기 때문입니다. 저학년 시절에는 연못가나 놀이터 벤치에 앉아 집합시간까지 기다린 적도 있었지만 학년이 높아진 다음에는 아예 화장실에 숨어 지낸 적도 있었습니다.

어린 시절의 불우했던 기억들은 제가 자라가면서 힘든 일을 겪을 때, 하나님께 도저히 감사드리기 힘든 상황에 처할 때면 그래도 하나님께 감사의 기도를 드릴 수 있는 조그만 위로가 되고 있습니다. 그때를 생각하면 지금의 나를 만들어 주신 하나님께 감사를 드리지 않을 수 없게 되곤 합니다.

처음 맛 본 좌절의 기억

제 어린 시절에 가장 처음 맛본 좌절은 아직 열 살이 되기 한 해 전이었습니다. 대전에서 부유한 집안의 며느리로 있던 이모님이 서울에 올라 와서 저에게 난생 처음 TV 광고에 나오던 '월드컵' 운동화를 사 주신 적이 있습니다. 항상 시장에서 할머니께서 사다 주시는 운동화만 신던 저에게 새하얀 월드컵 운동화는 정말 봄날의 햇살 같은 만족감을 안겨 주었습니다. 그 운동화를 신으면 어찌 그리 몸이 가볍고 날쌔지던지 월드컵 운동화를 신은 저는 절대로 걷는 일이 없이 언제나 뛰고 또 뛰고 계속 뛰었습니다. 그 운동화를 신으면 동네 강아지보다도 빨리 달릴 수 있었고, 자전거를 탄 쌀집 아저씨도 앞지를 수 있었습니다.

그렇게 행복을 가득 안고 달리던 어린 시절의 저에게, 좌절은 그해 가을 운동회 날, 멀어져 가는 일곱 명의 아이들의 뒷모습과 함께 너무도 급하게, 한순간에 다가왔습니다. 그 누구보다도 저를 빠르게 결승선까지 데려다 주리라 믿었던 월드컵 운동화와 함께 저는 양 손바닥에서 피를 흘리며 운동장 바닥에 한동안 엎드린 채 결승선을 통과한 아이들의 손에 일등, 이등, 삼등 도장이 찍히는 장면을 보아야 했습니다.

좌절이란 그때 그 순간에는 제 모든 것을 집어 삼킬 것 같은 거대한 존재지만, 하나님께서 우리를 성장시키시는 계획에 비춰보면 그 또한 우리를 위한 주님의 커다란 배려란 사실을 제가 깨닫게 된 것은 그 후로부터 20년 가까이 지나고 난 후였습니다.

하나님께서 저를 사법시험의 길로 인도하심을 감사하며

공부를 시작하게 된 동기

많은 분들이 사랑과 정의에 대한 투철한 사명감으로 사법시험의 험난한 길에 들어서곤 하시는데, 부끄럽게도 저는 뚜렷한 목적의식이 없이 공부를 시작하였습니다. 군인으로 복무하던 때, 중부전선 최전방인 철원의 철책선 부대로 배치 받은 제게 맡겨진 일은 혼자서 하루 종일 사무실을 지키고 걸려오는 전화를 받는 일이었기에 저는 힘든 일을 한 것은 아니었지만 상당히 무료한 시간과 싸워야 했습니다. 처음에는 군대에 비치되어 있던 소설책들을 읽었는데 하루에 한두 권씩 매일 보고나니 더 이상 볼 책이 없었습니다. 그리하여 휴가를 나와 집에 있을 때, 책장에서 군대에 복귀해 볼 책을 고르다가 책장에 꽂혀 있는 두꺼운 법률서적들을 보게 되었고, 고시공부나 한 번 해 볼까 하는 생각으로 처음 사법시험 공부를 시작하게 되었습니다.

멋모르고 철이 없고 생각 없던 군인 시절이었기에 단순하게 마음먹고 결정한 것이었지만, 그때는 한번 해보게 된 고시공부가 가져올 엄청난 좌절과 고통을 짐작하지 못하였고, 이 또한 하나님께서 저를 위하여 예비하여 놓으신 연단의 과정이라는 것도 전혀 알 수가 없었습니다.

좌절의 시간들

고시공부를 시작하시는 대부분의 분들이 한결같이 갖고 계신 생각이겠지만, 저 역시 처음에 사법시험 공부를 시작할 때에는 '바짝 해서 3년 안에 해치우자' 는 야무진 꿈을 가지고 민법총칙 교과서의 첫 페이지를 넘겼습니다.

나름대로 2년간의 충실한 수험준비를 갖추고 치른 처음 1차시험에서 터무니없는 점수 차이로 떨어지고, 와신상담, 절치부심 준비하여 다시 치른 두 번째 1차시험에서도 떨어졌습니다.

두 번째 1차시험에서의 실패는 저에게 정말 큰 실망감을 안겨 주었습니다. 저는 만 3년간 정말 최선을 다하여 시험을 준비하였고, 학교 도서관에 가장 일찍 나와서 가장 늦게 도서관을 떠나는 고시생 중 한 명이었습니다. 제가 앉던 도서관 자리는 거의 저의 지정석이나 다름없었습니다. 제가 떨어졌다는 소식을 들은 주위의 친구들은 '너 정말 열심히 했었잖아?' 라며 의아해 하곤 했고, 최선을 다했음에도 실패하였다는 사실이 너무 고통스러웠습니다. 나름대로 열심히 한 만큼 두 번째 1차시험을 볼 때에는 기대도 상당히 컸었는데 기대가 컸던 만큼 실망도 컸기에 대한민국 전체가 월드컵의 감동에 눈물을 흘리고 있을 때, 전 홀로 절망의 늪에서 몸부림 치고 있어야 했습니다.

게다가 두 번째 1차시험에 떨어진 해는 제가 학부를 졸업하는 해였기에 대학원을 진학하기 위하여 대학원 입학시험도 보았는데, 세간에서 '개나 소나 다 붙는다' 고 일컬어지던 대학원 입학시험에서 또 낙방을 하였습니다. 대학원 입학시험에 떨어지기 며칠 전, 뉴스에서는 대학원 입학정원이 미달되어 사회적으로 문제가 되고 있다는 보도가 나온 터라 저를 향해 던져진 주위의 의아해 하는 시선들도 고통스러웠음은 물론이지만, 그보다는 저 자신에 대한 실망감과 자괴감이 더 쓰라렸습니다.

마치 하나님께서 저에게는 아무런 관심도 없으신 것 같고, 때로는 하나님이 능력이 없으신 것 아닌가 하는 대담한 의심이 들기도 하였습니다. 하나님이 계시다면 공부도 열심히 하고 나름대로 하나님께 간절히 기도하였던 제가 떨어질 수가 있느냐고 하나님께 따지며 뜨거운 눈물을 흘리곤 했습니다.

위로의 시간들

하지만 좌절과 절망의 참혹함 가운데서 주님은 여전히 저의 곁을 지켜주셨습니다. 제가 하나님은 어디 계시냐고, 도대체 계시기는 한 거냐고 뜨거운 눈물로 베개를 적시며 하나님을 원망하는 소리를 내던 그 순간에도 주님은 변함없는 사랑과 자비로 저를 지켜보고 계신 것을 많은 시간이 지난 후에야 알게 되었습니다.

눈물로 하나님께 왜냐고 절규하던 저에게 하나님께서는 저의 교만했던 마음을 깨닫게 해 주셨습니다. 시험을 준비하면서 그 누구보다도 열심히 공부하였으니까 나는 당연히 붙어야 한다는 교만이 제가 모르는 사이에 마음 한구석에 자리 잡고 있었던 것임을 깨닫게 되었습니다. 사람이 열심히 노력할지라도 그 일을 성취하시는 분은 여호와 하나님이시며 주께서 허락하셔야만 공부한 결과를 얻을 수 있음을 잠시 잊었던 것이었습니다.

깊은 마음의 고통 속에서 하나님께서는 저의 지난 어린 시절을 돌아보게 하셨습니다. 어린 시절 아무것도 잘 하는 것이 없는 보잘것없는 저를 사랑하셔서 저를 점점 자라게 하시고, 사법시험을 칠 수 있는 기회를 주신 것이 더없이 큰 하나님의 은혜임을 깨닫게 하셨습니다. 하나님께서 지금까지 저에게 베풀어 주신 은혜는 잊어버리고 더 큰 것을 당장 내놓으라고 하나님께 떼쓰는 저의 모습이 철없는 아이 같아 보였습니다.

또한 고시생이라는 핑계 아래 사법시험에 합격하는 것이 하나님보다 중요하다고 생각하였던 저의 모습도 회개할 수 있게 되었습니다. 말로는 하나님의 영광을 위하여 공부를 하노라고 수없이 외쳐왔지만, 정작 저의 진심은 오히려 시험에 합격하는 것이 하나님의 뜻대로 사는 것보다 더 우선이라고 여겨왔던 것입니다. 일생 동안 키워온 저의 믿음이라는 것이 시험에 붙어야만 하나님께 감사 찬양을 올려드리고, 시험에 떨어지면 하나님을 원망하며 하나님의 능력을 의심하는 유치한 수준에 머물러 있음에 부끄러움을 느끼게 되었습니다. 주님보다 더 소중한 것은 없다고 저의 입은 고백하였지만 저의 마음은 주님보다 세상의 명예와 성공이라는 우상을 섬기고 있었습니다.

물론 그렇다고 제가 그 이후로 시험보다 하나님을 우선할 수 있게 된 것은 아닙니다. 머리로는 시험보다 더 중요한 하나님을 삶의 중심에 모시고 살아야 한다고 생각하면서도, 현실적으로 제 앞에 놓인 시험을 바라볼 때면 또 어느새 시험이 저의 마음을 사로잡게 되는 것은 이 글을 쓰고 있는 지금까지도 해결되지 않은 저의 숙제입니다.

실패와 좌절의 연단을 거치면서 저의 기도제목은 주위 환경에 흔들리지 않는 믿음을 가질 수 있도록 해 달라는 것이 추가되었습니다. 항상 변치 않으신 하나님의 신실하심이 저에게서 발견되어지기를 바라는 소망을 품게 되었습니다.

맺는 글

한 가지 고백 드리자면, 저의 아버지는 고시준비 하시는 상당수의 분들이 그다지 좋아하지 않는 분입니다. 총론과 각론을 합쳐서 200페이지도 되지 않던 형법 교과서를 지금과 같은 분량으로 늘려 놓은 장본인이라는 소문도 있고, 20세기 후반에는 채점위원으로 들어가서 많은 수험생들에게 만족스럽지 못한 점수를 주셨다는 이야기도 있습니다. 저의 아버지는 고려대학교에서 형법교수로 재직하고 있는 김일수 교수님입니다.

고시준비 하시는 분들 중에 아버지에 대해서 그다지 호감을 가지신 분이 별로 없다는 점에 대해서는 저도 어느 정도는 이해가 갑니다. 그러나 한 가지 제가 아버지에 대해서 자랑스럽게 말할 수 있는 것은 신앙과 믿음의 측면에서 아버지는 아들에게 존경받을 만한 분이라는 것입니다. 하나님 앞에서 말씀대로 살아가려고 최선을 다해 노력하는 모습을 옆에서 지켜보면서 아버지의 신앙을 본받고 싶다고 느낀 적이 한두 번이 아니었습니다.

　마지막으로 제가 부탁드리는 말씀은 하나님을 온전히 믿고 의지하라는 것입니다. 제가 30여 년 살면서 느낀 하나님의 신실하심을 이제 환갑이 넘으신 아버지도 느끼며 살아오셨으리라 믿어 의심치 않습니다. 하나님께서는 아버지가 고시공부를 하실 때에도 아버지에게 힘과 위로를 베푸셨고, 제가 고시공부를 할 때에도 변함없이 저의 등 뒤에서 저를 지켜보아 주셨습니다. 하나님을 전적으로 의지하는 수험생들에게 비록 시험에서 떨어지는 경우가 있다고 하더라도, 하나님께서 자녀들을 위하여 미리 계획해 놓으신 것이라는 사실을 믿고 하나님을 의지하면, 언젠가는 하나님의 크신 은혜에 감격하여 감사의 눈물을 흘리는 날이 올 줄 믿습니다.

터닝 포인트 (Turning Point)

주님이 조용하게 물으셨습니다.
"네 안에 내가 네게 주기로 약속한, 세상이 알지 못하는 평안이 있느냐?"
"……"

김 진 하

고려대학교 법학과
사법시험 제45회

저는 2000년 여름부터 2003년 여름까지 본격적인 수험기간을 보냈습니다. 그 시간 동안 경험했던 하나님을 나누려고 합니다. 그 시간 동안의 나를 생각하면, 부끄러워서 숨기고 싶은 부분이 많습니다. 그러나 내가 작고, 부족하고 약한 만큼 그 시간에 나와 동행하신 하나님이 너무 크고, 충분하고 강하셔서 그분을 소개하려고 합니다. 글을 읽으시는 분들에게 조금이나마 격려와 위로가 되었으면 좋겠습니다.

2000년 하반기

저의 대학생활에서 가장 행복했던 시간이었습니다. 상반기에 과기독인모임을 섬겼는데 그 시간을 통해 제 안에 넘치는 열정과 힘이 차 올랐습니다.

그 시간 동안 인격적인 교제를 가지게 된 김일수 교수님과 송시섭 선배님이 제게 무척 좋은 모델이었습니다. 그분들 안에서 예수의 흔적을 보았습니다. 그래서 법을 통해서 사회를 섬기고 하나님의 나라를 확장하는 일에 하루 빨리 뛰어들고 싶었습니다. 내가 내 열정을 다해 열심히 공부하는 것을 하나님이 무척 기뻐하신다는 느낌이 있었고, 공부 마치고 집에 갈 때 '지금 네가 서 있는 땅이 거룩한 땅이다' 라는 확신이 있었습니다. 또한 제 안에 잃어버린 영혼을 향한 하나님 아버지의 마음이 있었습니다. 노숙자들을 생각할 때마다 눈물이 났던 것 같습니다. 10월 즈음에 사랑하는 학교 후배의 반(半)강요에 의해 학과 내 전도모임 홍보를 위해 200명 가량이 수업을 듣는 강의실에 들어가서 내가 만난, 내 삶을 바꾼 하나님을 소개하고 나는 그분의 사랑을 전하며 살 것이라고 공포(?)하고, 학생들을 초청했던 기억이 있습니다.

2001년

첫해 1차시험에서 꽤 좋은 점수로 낙방했습니다. 열심히 했기 때문에 아쉬움도 있었지만 결과가 내게 큰 영향을 주지 않았던 것 같습니다. 내가 최선을 다했고, 하나님이 도우시지 않았으면 나의 능력이나 한계로는 그 만큼도 공부하지 못했을 것이고, 그만한 결과도 얻지 못했을 거라는 겸손한 마음이 제 안에 있었습니다. 그러나 고시공부 하는 많은 사람들이 그런 것처럼 공부(특히 진도 밀리지 않는 것)에 최우선순위를 두는 수험기간이 길어지면서 속해 있던 공동체와 멀어지고, 영적 훈련과 성장에 소홀해지게 되었습니다. 그러면서 열정도 식고, 처음 품었던 마음도 상실되어 갔습니다. '일단 시험에 합격한 뒤에 내가 모든 것을 하리라' 는 지키지 못할 자기와의 약속을 하며 못난 자신을 정당화했던 것 같습니다.

2002년

그래서 이듬해 2월 1차시험에서 꽤 높은 점수로 합격하게 되었습니다. 지금 생각하면 이때부터 확실히 제 삶이 꺾이기(?) 시작했습니다. 마음이 높아졌습니다. 사람들을 의식하기 시작했습니다. 내가 사람들에게 인정받는 것이 어느새 당연한 것이 되어야 하고, 나보다 실력 있는 사람이 가까이 있는 것을 견디기 어려워하는 내 마음을 보았습니다. 학원에서 모의고사 결과에 일희일비(一喜一悲)하는 저를 발견했습니다. 스터디를 하다가 내 의견이 수용되지 않으면 그날 저녁 내내 그것만 생각하며 마음이 불편했습니다.

내 문제에 집중했습니다. 고시생의 특성이 몸에 배게 되었습니다. 다른 사람의 문제를 공감해 주고, 격려해주는 것은 내게 무척 귀찮은 일이 되었습니다. 나의 관심은 오직 내 진도, 공부할 때의 집중력, 내 몸의 상태, 사람들의 인정, 합격 여부였습니다. 그래서 그 당시에 꽤 친하던 동생들과의 관계가 깨어지는 아픈 경험이 있었습니다. 그들의 말의 요지는 "당신 변했다. 당신에게 실망했다"였습니다.

또한 구체적인 문제들에서 하나님의 분명한 뜻을 순종하지 않았습니다. 죄도 많이 지었습니다. 속한 공동체와의 관계가 완전히 끊어졌습니다. 참 많이 힘들었습니다. 그러나 '2차 수험생이라는 특수한 상황상 어쩔 수 없지 않은가'라며 거의 체념하고 그 상황을 방치했던 것 같습니다. 그래서 그 공허한 마음을 채울 수가 없어서 공부 끝내고 집에 가면서 아무 생각 없이 오락실 가서 1시간 넘게 오락할 때가 꽤 많았습니다. 그리고 갑자기 죄책감과 슬픔이 밀려오면 신림교회 가서 통곡하며 울었습니다.

2003년

많이 소진되어 있었습니다. 육체적으로, 정신적으로, 영적으로…. 제발 무사히 6월까지만 잘 버티면 모든 것이 해결된다는 환상을 가지고 견뎠습니다.

그러나 시험이 3주 정도 남았을 때 제게 견딜 수 없는 상태가 찾아왔습니다. 4순환 막바지 어느 날 하루 종일 책을 한 장도 제대로 읽지 못했습니다. 아무리 읽으려고 해도 머리에 들어오지 않았습니다. 내면이 무척 불안한 상태에 있다는 것을 감지했습니다. 저녁에 교회에 가서 기도해도 상태가 좋아지지 않았습니다. 원인을 알 수 없었습니다. 주일예배 드릴 때 나름의 은혜가 있었고, 시험 결과에 대해 주님께 맡긴다고 고백한 후였습니다. 그런 상태가 3일 동안 이어졌습니다. 죽을 지경이었습니다.

그래서 제 삶에서 처음으로 자발적(?) 금식을 하기로 하고 그 시간에 가까운 교회에 갔습니다. 회개하고, 부르짖고, 듣는 기도를 해도 가슴이 답답하기만 했습니다. 어느 정도 시간이 지난 후에 제 안에서 갑자기 하나님에 대한 강한 원망의 감정이 일어나는 것을 느꼈습니다. "하나님, 내가 당신 위해서 공부를 시작했고, 정말 많은 것을 포기했습니다. 공동체에서 사랑받고 훈련받는 것, 친밀했던 관계들, 읽고 싶었던 책들, 여행과 여가와 각종 놀이들. 그런데 지금 와서 이게 정말 뭡니까?"

그때 하나님이 이렇게 말씀하시는 것 같은 마음이 강하게 들었습니다(이런 때가 많지는 않지만, 하나님은 우리에게 그분의 마음을 보이신다고 믿습니다).

"네가 나도 포기한 것 같다."

제가 변명했습니다.

"아닙니다. 그래도 저는 계속 묵상도 했고, 기도도 하고, 주일에 교회에서 예배드릴 때 깊은 은혜를 느낍니다."

주님이 조용하게 물으셨습니다.

"네 안에 내가 네게 주기로 약속한, 세상이 알지 못하는 평안이 있느냐?"

"......"

할 말이 없었습니다. 부끄럽지만 인정할 수밖에 없었습니다. 어느 순간부턴가 내가 하나님을 포기한 것이었습니다. 죽어라 열심히 달려서 문 앞에

섰는데 열쇠를 놓고 온 느낌, 목적지를 향해 열심히 달렸는데 정신 차리고 보니 길을 잘못 든 느낌에 견줄 수 있을까요? 낭패였습니다.

날 위해 모든 것을 포기한 분을 내가 포기했고, 그분이 지금 내 앞에서 "네가 나를 포기했다"고 말씀하셨습니다. 그분은 내 삶에서 가장 중요한 분인데. 다른 어떤 것과도 비교할 수 없는 분인데. 내가 그분께 내 삶을 드리고, 그분만을 따르고, 당신으로만 만족하고, 당신만을 사랑하겠다고 수없이 수없이 다짐하고 사랑 고백했던 바로 그분입니다. 나를 위해 죽을 수는 있어도 결코 나를 포기하지 않으셨던 그분입니다. 그분 앞에 제가 서 있습니다.

그날 땅을 치면서 울었습니다. 목이 터져라 울었습니다. 울 기력이 없을 만큼 울었습니다. 그때의 실패감, 낭패감, 허탈감은 제게 그전에도 없었고, 그 이후에도 없었습니다. 방향감각을 상실했습니다. 어떻게 해야 할지 모르겠고, 책도 여전히 머리에 들어오지 않았습니다. 그래서 학교 본관 앞에서 멍하니 앉아 있었는데 주님이 다시 한번 강하게 말씀하셨습니다.

"내가 너를 다시 찾고 싶다. 나의 아들을 다시 찾고 싶고, 다시 교제하고 싶다."

교회에 쏜살같이 달려갔습니다. 아련한 기억들이 올라왔습니다. 하나님의 따뜻한 품안에 안겨서 쉬었던 시간들, 공동체 안에서 사랑받았던 기억들, 그분의 사랑을 노래하며 살겠다고 다짐했던 순간들, 캠퍼스와 세상의 잃어버린 영혼들을 향한 아버지의 마음을 품었던 기억들. 다시 울었습니다. 꺼이꺼이(^^;) 울었습니다. 그러나 그 이유는 좀 전의 눈물과 전혀 달랐습니다. 그분의 나를 향한 끝없는 추구와 찾으심에 놀랐습니다. 그분의 한없는 사랑에 완전히 무릎 꿇게 되었습니다. "나 길을 잃고 헤맬 때 그 사랑 날 찾아 내셨네~"라는 찬양의 가사가 저의 고백이 되었습니다.

그 후로 3일 동안 점심 금식하면서 기도했는데 하나님이 저를 깊이 회복시키셨습니다. 하나님을 향한 추구를 멈추지 말아야 하는 것, 공동체를 떠나서는 살 수 없는 것, 세상 정신으로부터 나를 거룩하게 지켜야 할 것에 대해서 큰 대가를 치르며 배웠습니다.

시험을 이틀 앞둔 토요일 밤에 무척 아팠습니다. 속이 완전 뒤집어졌습니다. 설사하고, 토하고, 입술도 파랗게 질렸습니다. 잠을 잘 수가 없었습니다. 그런데 그때 제가 알 수 없는 평안이 제 안에 있었습니다. 그 시간을 통해 아무리 상황이 힘들고 어렵더라도, 하나님과 함께 있으면 그곳이 바로 천국이라는 것을 배웠습니다. 그래서 평안함과 자유함을 누리면서 4일 동안 하나님의 보호하심 아래 시험을 무사히 치르고, 감사하게도 합격하게 되었습니다.

당부하고 싶은 말 (제 실패를 거울삼아)

부르심(Calling)에 대한 잘못된 이해

법과대학에 입학한 신입생에게 "어떻게 법대를 선택하게 되었냐?"라는 질문을 하면 거의 대부분의 지체들이 공통적으로 "하나님이 나를 법관 혹은 검사, 변호사로 부르셨다"는 말을 합니다. 물론 저도 그랬습니다. 그러나 이것은 매우 편협하고 왜곡된 이해입니다. 오스 기니스의 『소명』이라는 책에 보면 성경에서 말하는 부르심은 (1) 하나님을 향한 부르심과 (2) 세상을 향한 부르심 두 가지를 포괄하고, 둘 다 본질적이며, 현대 기독교가 세상을 향한 부르심에 편중되어 있다고 분석하고 있습니다. 타당한 분석이라고 생각됩니다. 또한 세상을 향한 부르심도 '무엇(what, post)이 되는 것'이라기보다는 '어떻게(how) 살겠다'라는 다짐이 소명의 본질에 가깝지 않은가 생각됩니다. 세상을 변화시키는 힘은 지위에서 나오는 것이 아니라 하나님과의 교제를 통해 형성된 그 사람의 인격과 영성, 삶의 방식 그리고 참된 전문성을 갖춘 섬김에서 나옵니다.

주되심(Lordship)

일단 사법시험을 준비하기로 하나님 앞에서 결정했다면 (1) 전력투구하되 (2) 결과에 자유로운 삶을 살아야 할 것입니다. 예수 그리스도가 그분의 순결한 피와 생명을 대가로 지불하고 우리를 취하셨습니다. 그래서 우리는 그의 소유이고, 그분은 우리 삶의 주인입니다. 그러므로 내가 이룬 성취를 통해서 나의 영광을 드러낼 분깃이 없습니다. 모든 영광을 하나님이 받으시는 것이 마땅합니다. 그럼에도 불구하고 하나님은 우리의 삶과 이 세상을 우리에게 맡기셨습니다. 그렇다면 우리는 하나님의 대리인(청지기)이고 내부관계는 위임이라 하겠습니다(^^). 그러므로 우리는 선량한 관리자의 주의의무로 본인(주님)을 위해 최선을 다하되, 법적 효과(그 결과)는 우리에게 귀속되지 않으므로 당락 여부로부터 자유로울 수 있습니다. 이 진리를 내면화해야 합니다.

마음지킴

사람에게는 눈에 보이지 않는, 측정하기 어려운 내면이 있음을 인정해야 합니다. 그리고 그것을 가꾸어야 합니다. 마음에 자라야 할 나무나 꽃들 – 자기 자신을 있는 그대로 받아들이는 것, 사람들을 있는 그 자체로 존중하고 사랑하는 것, 처음 공부를 시작할 때 품었던 이상이나 꿈을 계속 확인하고 되새겨보는 것, 용서와 화해와 평화, 겸손과 섬김과 배려와 자비 등 – 에게 계속 물을 주고 돌보아야 합니다. 마음에 있어서는 안 될 것들, 나무나 꽃에 해를 끼치는 해충과 잡초 – 비교하는 마음, 열등감, 교만함, 질투와 시기하는 마음, 분노와 좌절, 과도한 이기심, 분별없는 상승지향적 욕구 등 – 를 제거하고 뽑아야 합니다. 저는 마음을 가꾸는 데 소홀했습니다. 그래서 막바지에 시험이 주는 부담감과 압박을 이길 힘이 거의 상실되어 있었습니다. 아무리 공부를 많이 한다고 해도 그런 압박을 견딜 수 있는 영적인 힘이 없으면 소용이 없습니다.

공동체

사람은 공동체를 떠나서는 살 수 없습니다. 하나님은 공동체를 통해서 일하십니다. 우리는 보이지 않는 하나님을 보이는 공동체를 통해서 경험해야만 살 수 있습니다. 가까운 지역교회에서 청년부 생활을 할 수 있다면 그렇게 하는 것이 가장 좋은 것 같습니다. 만약 그것이 현실적으로 어렵다면 내면의 어려움을 깊이 나누고 서로를 위해 중보할 수 있는 좋은 동역자나 친구가 있어야 합니다. 하나님의 사랑과 보호하심은 사람들을 통해 확인되어야 합니다.

나가면서

그때의 실패로 인해 완전하지는 않지만, 제 삶이 좀 달라졌습니다. 사실 사법시험 공부를 할 때 제 삶에는 하나님 때문에 불편한 것이 거의 없었습니다. 그러나 연수원 생활을 하면서는 그러한 것들이 있습니다. 하나님 나라를 위해 공부하고, 이 땅에서 법률가로 살겠다고 다짐하는 사람이라면 어떤 형태로든 반드시 불편함을 감수해야 합니다. 만약 하나님 믿는 것 때문에 자신의 삶에 불편함이 없다면, 제대로 그 일을 감당하기 어려울 것입니다. 그 불편함이 나의 주인이 세상이 아니라 하나님이라는 것을 강하게 증거할 것입니다. 그 증거가 우리 삶에 자신감을 줄 것입니다. 세상을 이길 힘을 줄 것입니다. 최소한의 불편함을 감수하고 공부할 때 오히려 건강하고 효과적인 수험기간을 보내시리라 믿습니다.

외줄타기

하나님께서 '고난을 통해서' 저의 무릎을 꿇게 하시기 전에,
스스로 무릎을 꿇을 수 있었으면 합니다.

이 동 현

서울대학교 법학과
사법시험 제46회

꿈

       하나님이 사람에게 그분의 뜻을 전달하는 통로
에는 여러 가지가 있습니다. 그 중 하나님이 제게 허락하신 통로는 '꿈' 인
것 같습니다. 기도와 예배시간을 통해 영이 맑아질 때, 가끔 미래를 암시하
는 듯한 내용의 상징적인 꿈을 꾸었던 일이 있습니다.

 2003년 6월에 재시로 2차시험을 보게 되었습니다. 재시를 보는 대부분의
사람들이 그러하듯이, 저는 시험 전에 극심한 스트레스에 시달리게 되었고,
몸은 건강하였지만, 마음은 무척이나 지친 상태에서 2차시험을 치뤘습니다.

 시험을 마친 후, 과연 제가 합격할 수 있을지에 대해서 불안감에 시달리
고 있던 중, 전 조그맣게 기도를 마친 후 잠자리에 들었던 적이 있습니다.
그리고 조금은 독특한 꿈을 꾸었는데, 그 내용은 다음과 같습니다.

황량한 들판에 수백 명의 사람들이 흩어져 걸어 다니고 있었습니다. 그런데 한 사람 정도가 빨려 들어갈 만한 조그마한 회오리바람 수십 개가 여기저기서 불어 닥쳐옵니다. 들판에 있던 사람들은 그 회오리바람을 피해 살아남기 위해 허둥지둥 자리를 옮겨갔지만, 회오리바람은 한 사람 한 사람을 집어삼켰고, 결국 많은 사람들이 그렇게 사라져 갔습니다. 하지만 전 용케도 그 회오리바람들을 피했고, 근처에 있던 기차역으로 가 기차를 타고, 그곳을 빠져나왔습니다. 그리고 그 속에서 '아, 살았구나' 하는 안도감을 느꼈지만, 곧 그 들판에 '책가방과 지갑'을 두고 온 것을 발견하고는, 중요한 무엇인가를 잃었다는 느낌을 가지게 되었습니다.

이러한 꿈을 꾼 후, 여기저기 함정이 많았던 그해의 2차시험에서 제가 살아남아서 합격하는 것이 아닐까 하는 희망을 가지게 되었지만, 한편으로는 고시생으로서 가장 중요한 책가방과 지갑을 그곳에서 잃어버렸다는 것이 마음 한 켠에 불안감으로 남게 되었습니다.

그리고 합격자발표 당일, 정확히 기억이 나지는 않지만, 굉장히 무서운 내용의 꿈을 꾸었는데, 그해의 2차시험에 불합격하였습니다. 행정법과 민법 2과목이 과락이었습니다. 순간 책가방과 지갑을 잃어버렸던 꿈의 내용이 머릿속을 스쳐 지나갔습니다. 잃어버렸던 책가방과 지갑이 민법과 행정법을 의미하는 것만 같았습니다.

불합격 사실을 알게 된 후, 자신감을 잃고 군대에 갈까 하는 생각도 해보았습니다. 하지만 한번 더 최선을 다해 봐야겠다는 생각이 들었던 것은, 그래도 꿈의 내용이 '그 혼돈 속에서도 내가 생명을 유지할 수 있었다' 는 데에 조그마한 희망 같은 것을 느꼈기 때문입니다.

그리고 1차시험까지 남은 3개월 동안, 매일 한 시간 이상 방언으로 기도를 하기 시작했습니다. 그리고 하나하나의 배움을 소중하게 여기고, 하나님께 구체적인 지혜를 달라고 간구하며, 의문이 나는 점들은 기도 시간을 통해 답을 얻곤 하였습니다. 모든 것을 알고 계신 하나님께 간구하면, 저의 무지도 깨어질 수 있을 거란 생각 때문에, 각 법률 과목에 대한 구체적인 의문들에 대해 그 답을 구했고, 하나님께서는 제게 그 문제들을 바라보는 새로운 시각들을 알려 주시곤 했던 것 같습니다.

누구나 고통스러워하게 되는 이 3개월의 시간 동안, 그 중압감 속에서도 어느 때보다도 행복했었던 것 같습니다. 그것은 하나님과의 교제가 매우 일상적이었고, 또 구체적이었기 때문입니다.

결국 행복한 3개월의 시간을 통해, 그 다음해의 1차시험과 연이은 2차시험에 모두 수월하게 그리고 제가 얻을 수 있었던 것보다 좋은 성적으로 합격할 수 있게 되었습니다. 그때 '결국은 생명을 유지할 수 있었던' 그 꿈의 내용이, 상징적이긴 하지만 분명히 제 삶 속에서 일어날 일들을 '미리 보여 주시려는' 하나님이 주신 꿈일 것이라는 조그만 확신을 갖게 되었습니다. 그리고 그 꿈의 내용처럼 2차시험 불합격을 통해서, 오히려 '하나님이 주시는 새로운 생명'에 더욱 가까이 다가갈 수 있었다는 것을 알게 되었습니다.

모든 꿈이 하나님께서 주시는 것은 아니며, 또한 제가 꾸었던 그 꿈이 하나님이 주신 것이라는 점을 분별할 수 있는 힘이 제게는 없습니다. 그렇지만 하나님이 주시는 꿈은 제가 평소에 꾸는 꿈들과는 구별되는 특징들이 있습니다. 요셉이 그러했듯이, 그 꿈은 상징들로 가득 차 있는 것 같습니다.

공동체

예수님께서는 분명히 우리에게 공동체 가운데 있으라고 말씀하시면서, 그것을 교회라고 부르셨습니다.

사법시험을 시작하기 전, 저는 조그마한 동네 교회의 대학부에 소속되어 있었습니다. 그 속에서 미지근하기만 하였던 대학생들의 신앙이, 학생선교 단체를 지도한 경험이 있으신 한 전도사님의 인도를 통하여, 뜨겁게 되어가는 것을 지켜볼 수 있었고, 저 또한 그 속에서 많은 은혜를 받을 수 있었습니다.

하지만 또한 대학에 들어간 후에야 그 교회에 나가게 되었던 저는, 그 속에서 동네 교회에서 볼 수 있는, 동네 토박이들의 배타성 같은 것을 느끼기도 하고, 또 청년들이 서로 시기하고 질투하고 미워하며 싸우는 모습들이 가끔씩 일어나는 것을 보며, 조금은 실망도 하게 되었습니다. 사람은 하나님의 공동체라는 교회 속에서도 이렇게 서로 아웅다웅할 수밖에 없게 되는 것을 보면서, 사람의 죄 된 본성을 깊이 느낄 수 있었습니다.

그러던 중 대학부 활동의 주역으로 나서느냐, 아니면 그만두느냐의 기로에서, 고시공부를 하기로 마음먹었기에 결국 대학부 활동을 그만두고 부모님과 함께 대예배에만 참석하기 시작했습니다.

하지만 소그룹의 친밀한 교제가 없이 대예배에만 참석하는 것은, 분명 하나님과의 깊은 교제에 이르는 것을 어렵게 하는 것 같습니다. 그 때문에 은혜에 목말라 하면서도, 고시공부를 위해 시간을 아낀다는 생각 때문에, 재시를 보기 전까지는 계속하여 대예배에만 참석하고 청년 공동체에 속하는 것을 꺼리게 되었습니다.

재시를 본 후, 은혜에 갈급하던 중, 전 선교단체인 YWAM의 예배에 참석하기 시작하여 큰 은혜를 받았습니다. YWAM이 정말 뜨거운 열정으로 선교의 최전선에서 활동하는 선교단체여서 그런지, 하나님께서 그 단체에 특별한 은사들과 은혜를 부어 주심을 피부로 느낄 수 있을 만큼, 예배는 은혜로 가득 차 있었습니다. 그래서 재시를 본 후 짧은 기간이지만 대학의 YWAM 모임에 정기적으로 출석하며 훈련받았고, 또 단기선교를 가고자 하는 계획도 세웠습니다. 하지만 재시에 불합격하여 다시 1차시험을 준비해야 했기 때문에, 아쉽게도 단기선교에는 참여할 수가 없었지만, 지금까지도 그 단체의 지체들과 개인적인 교제를 나누며 많은 은혜를 받고 있습니다.

연수원에 온 후, 신우회에 가입을 하였지만 연수원의 바쁜 일정들 때문에 신우회의 모임에 거의 참석할 수가 없었고, 그 점은 많은 아쉬움으로 남습니다. 앞으로 한 분 한 분 개인적인 친분을 통해서나마 함께 뜻을 나누고, 생각과 경험을 나누었으면 합니다.

하나님, 그리고 사람

하나님과의 관계와 사람과의 관계 중 어느 관계가 더 중요하냐고 묻는다면, 당연히 '하나님과의 관계'라고 말할 것 같습니다. 하지만 현실 속에서는 그렇게 단순하게 답을 내릴 수 있는 것 같지는 않습니다.

하나님과의 교제를 통해서 하나님의 선하심과 정결하심 그리고 그분의 큰 사랑을 느낄 때마다, 저 자신에 대해, 제 주위 사람에 대해 너무나 초라하다는 느낌을 지울 수가 없었습니다. 그분의 선하심에 비추어 죄 된 본성을 가진 사람들은 너무나 작아 보였습니다. 또 크리스천 공동체에 속한 많은 사람들 또한, 결국 자기의 정욕에 따라 행동하는 것같이 보이는 일이 너무나 많았기 때문에(저 또한 그러했구요), 사람들에게 실망도 많이 했습니다. 특히 남녀관계를 보며, 실망을 많이 했던 것 같습니다.

그래서 결국 인간이라는 존재 자체에 대해 깊은 회의에 빠져들기도 했고, 그 때문에 사람을 사랑할 수 없게 되었던 것 같습니다. 그리고 지금도 사람을 사랑하는 것이 무척 힘듭니다. 그토록 선하시고 죄 없으신 하나님께선 절 그토록 사랑하셨는데, 이 부끄러운 죄인은 사람을 사랑할 수 없게 되었으니, 참 부끄럽습니다. 예수님께서는 "네 이웃을 네 몸과 같이 사랑하라"고 말씀하셨음에도 말입니다.

그래서 우리 주위에서 죄를 죄라고 생각하지 않는 많은 이웃들과도 좀 더 가까이 지내고, 좀 더 잘 이해하려고 다가가다 보면, 또 저 자신도 세속적인 가치관 속으로 빠져 들어감을 느낍니다. 그러면서 다시 하나님과의 관계가 소홀해지구요. 이렇게 지금까지 그러했듯이 앞으로도 '하나님과의 관계'와 '사람과의 관계' 사이에서 줄타기를 해야 할 것 같습니다.

성공, 그리고 교만

'사회적인 성공'과 '영적인 죽음'은 동전의 앞뒷면과 같이 함께 따라다니기 쉽다는 생각을 해봅니다. 그것은 사회적 성공이 '영적인 교만함'을 낳기 때문입니다.

비교적 짧은 준비기간을 거쳐 1차시험에 합격했던 전, 그것도 성공이라며 마음이 교만해졌던 것 같습니다. 그래서 그나마 열심히 참석하던 대예배마저도 공부해야 한다며 가끔씩 빠지곤 했던 적이 있습니다. 그리고 사법시험에 합격한 후, 또 한 번 영적인 교만함에 빠져 하나님과의 관계를 소홀히 하게 되었습니다. 기도드리는 시간도 무척 짧아졌고, 주말에 일이 생기면 예배에 참석하지 않기도 합니다. 가치관 또한 세속적으로 변해갑니다.

재시에 불합격한 후 1차시험을 보기까지 3개월여의 짧은 그 고통의 시간이 오히려 제게는 축복의 시간이었습니다. 지금과 그때 중 어느 때가 더욱 행복했냐고 누군가가 묻는다면, 주저 없이 그 짧은 고난의 시간들이라고 말할 것 같습니다. 사회적인 실패 앞에, 저의 부끄러운 모든 모습들을 하나님 앞에 내려놓고, 겸손하게 무릎을 꿇고, 하루 종일 눈물로 기도할 수밖에 없었습니다. 그것은 저의 치부를 가리고 있던 '사회적 성공'이라는 엄폐물이 불합격 때문에 치워질 수 있었기 때문입니다.

부자가 천국에 가는 것이 낙타가 바늘구멍을 지나가는 것보다도 어렵다고 하셨던 예수님의 말씀이 생각납니다. 바늘귀를 통과한 부자가 되고 싶습니다. 하나님께서 '고난을 통해서' 저의 무릎을 꿇게 하시기 전에, 스스로 무릎을 꿇을 수 있었으면 합니다. 교만하고 죄 된 본성 때문에 아마 쉽지 않을 거라는 생각도 듭니다만, 이런 저를 하나님께서는 여전히 사랑하고 계시다는 사실이 조금이나마 이 마음에 위안이 됩니다.

한계, 그리고 기도

고시공부를 하면서 그리고 연수원 생활을 하면서, 늘 부딪히게 되어왔고, 또 앞으로도 부딪히게 될 수밖에 없는 것은 '내게 주어진 시간과 체력의 한계'입니다. 연수원의 휘몰아치는 일정 속에서 정신을 차리고 늘 깨어있는 영혼을 가진다는 것은 정말 불가능하다는 생각이 들 정도였습니다. 또 고시 공부와 연수원 공부를 하면서 '시간의 한계' 때문에, 대부분의 사람들은 원하는 만큼 공부할 수 없었고, 저 또한 마찬가지였습니다.

이런 한계들 때문에 영성과 전문성을 동시에 추구한다는 것은 정말이지 두 마리 토끼를 잡으려다가 두 마리를 모두 놓치는 우를 범하게 될 수도 있는 것 같습니다. 전문성을 키워야한다는 생각이 강해, 오히려 영성을 포기한 면이 있었습니다.

이 영성과 전문성을 모두 다 잡을 수는 없을까라는 의문을 던지던 중, 희미하게나마 제게 떠오른 생각은 '겸손한 마음'을 가지고, 쉬지 않고 '기도'한다면 가능할 수도 있겠다는 것이었습니다.

하나님께 무릎을 꿇고 무엇인가를 '간구'한다는 것은, 자신의 인간적인 한계를 하나님 앞에 솔직하게 드러내는 것입니다. 그리고 하나님께 도움을 청하면, 전능하신 하나님께선 무한한 지혜와 능력을 허락하시고, 또 야베스처럼 지경을 넓혀 주시기도 합니다. 제가 학교와 집과의 거리가 너무 멀어 시간낭비가 심해 공부할 시간이 없다는 걸 부모님께 말씀드리면, 부모님께선 무리를 해서라도 이사를 할 수도 있으며, 제게 차를 사 주실 수도 있는 것입니다.

마찬가지로 하나님께 기도드릴 때, 하나님께선 제가 생각지도 못했던 지름길 같은 것을 보여주시는 것을 조금은 경험한 적이 있습니다. 재시에 불합격한 후, 짧은 시간 동안이지만, 1차시험 과목 중 잘 이해되지 않는 부분을 기도시간을 통해 해답을 얻고자 노력했었고, 하나님께선 그에 대해 새로운 시각을 제시해 주심으로 충분히 응답해 주심을 느낄 수 있었습니다. 연수원에 와서도 바쁜 일정에 쫓기며, 나름대로의 지혜를 간구하였고, 그 기도 시간 동안 하나님께서 주신 지혜들이 조금씩은 있었던 것 같습니다.

항상 한 사람으로서의 미약함을 알고, 그렇기 때문에 기도할 수 있었으면 합니다.

깨진 질그릇을 사용하시는 하나님

우리는 바람이 불 때까지 돛대를 붙잡고 돛을 올려야 합니다.
그 간절함이 하나님의 섬을 향하여 있을 때
하나님은 시원한 바람을 불어 주실 것입니다.

이 창 민
서울대학교 법학과
사법시험 제46회

『위로자격증』 원고를 쓸 운명이었나 봅니다. 써야지 하고는 잊어버리고, 써야지 하면서 잊어버리고를 반복하다가 결국엔 나는 원고를 쓸 필요 없이 책이 출판되겠구나 생각했는데 저 같은 사람이 많았는지 출판이 늦어져 원고를 쓰게 되었습니다. 글을 쓰고 있는 이곳은 인천지방검찰청입니다. 검사실에서 검찰시보를 하는 중인데 일이 없는 틈을 타서 내지는 일을 미루어두고 몰래 이 글을 쓰고 있습니다. 검찰은 일이 많아서 보통 힘든 게 아닙니다. 왜 이리 일이 많은가 하고 투덜대고 있지요. 하지만 이 글을 쓸 생각을 하고 컴퓨터 앞에 앉아 창밖을 내다보면서 생각합니다. 내가 이런 불평을 할 자격이나 있는가 하고 말입니다.

시험에 합격하였을 때를 생각합니다. 세상에 아무것도 부러울 것이 없고 더 이상 하나님께 무얼 바라면 내가 사람이 아니다 생각했지요. 그러다가는 시간을 조금 더 앞으로 당겨 대학교에 합격했을 때를 생각해 봅니다. 그때도 마찬가지였습니다. 더 이상 바라는 게 없다. 죽어도 여한이 없다고 생각했습니다. 그런데 생각해보니 고시생 시절 하나님은 나를 버렸나 보다 하고 낙담하던 제 모습이 떠오릅니다. 지금도 마찬가지입니다. 왜 검찰시보기간을 5, 6월에 주셔서 이 고생을 시키시나, 하나님은 내가 미운가 보다 하고 투덜대는 저를 봅니다. 사람은 누구나 그렇습니다. 감사할 일은 금방 잊어버리고 지금 당장 힘든 일만 기억합니다. 그런 기억들은 어금니 구석에 끼어서 잘 빠지지 않는 음식 찌꺼기처럼 하루 종일 사람을 불편하게 하지요. 가열차게 양치질을 해봅시다.

저의 짧다면 짧고 길다면 긴 고시생활은 대입으로 거슬러 올라갑니다. 서울대학교 법학과. 저에게는 애증의 이름이었습니다. 부족한 점수를 가지고 달려들어 넉다운 당하고 연세대학교 법학과에 합격했습니다. 입학을 일년 미루고 재수를 하였고 그때는 힘든지도 모르고 공부를 했던 것 같습니다. 별명이 '고종수'(고종수 씨 팬께는 죄송한 이야기이지만)였던 저는 꾸준히 오랜 기간 열심히 하지는 못하는 성격이었습니다. 대입에 또 실패하고 연세대학교에 복학하였습니다. 복학생이라 마음 둘 곳을 찾지 못하던 저는 매우 낙담한 상태였죠. 그러다가 연세대학교 IVF를 만나게 되었습니다. 우연히 그곳을 찾은 저는 하나님의 열심을 알게 되었습니다. 저는 늘 도망치려 하였지만 그런 저를 기다리시고 치시고 끌고 당기셔서 이 자리까지 인도하신 것이었습니다. 그제서야 참회하고 하나님이 베푸시는 풍성함 가운데 위태로울 뻔했던 연세대학교에서의 1년을 보낼 수 있었습니다. 가장 풍성하고 즐거웠던 한 해였던 것 같습니다.

어머니의 강권에 못 이겨 수능시험을 다시 치뤘습니다. 그때까지 저는 연세대학교 IVF에 푹 빠져 있어 이곳을 떠나는 것은 배신이라는 생각이 들어서 별도의 준비도 하지 않았죠. 단지 어머니의 소원풀이삼아 시험만 치자고 생각했습니다. 성적은 또 아슬아슬하고 빠듯하게 나왔습니다. 논술을 치고 면접을 치뤘습니다. 세 번의 시험마다 마주했던 성격 까칠하신 최대권 교수님을 세 번째 마주했습니다. 하나의 주제를 가지고 교수님께 호통 치듯 싸운 끝에 교수님께 수긍의 고개 끄덕임을 받아내고 나서 집에 돌아온 저를 기다리던 것은 입영영장이었습니다. 큰 의미를 두고 있지 않은 시험인지라 입영날짜를 기다리고 있던 중 호출이 왔습니다. 합격이라고. 그렇게 열심히 할 때는 안 주시더니 세속적인 준비는 하나도 없이 하나님께 의탁했을 때 하나님은 의외의 선물을 주셨습니다. 저에게 하나님은 그런 분이셨습니다. 저에게 하나님은 '깍쟁이' 셨습니다.

그렇게 원하던 서울대학교에 합격했습니다. 이제는 지난 세월의 굴욕을 모두 보상받아야 했기에 신나게 놀았습니다. 동료들 사이에 잘 놀고 재미있는 형으로 인기를 얻어 갔습니다. 그런 인정이 기분 좋았습니다. 연세대학교 때부터 IVF 회지인 '대학가'에 그리던 만화를 서울대학교에 와서도 계속 그렸지만, 서울대학교 IVF에는 가입하지 않고 있었습니다. 1학기가 다 지나고서야 주변의 떠밀림에 의해서 IVF에 가입하였습니다. 그 이후로 서울대 IVF에서 뜨겁게 하다가 차갑게 하다가 불씨 사그라들 듯 서울대 IVF에서 스스로의 존재를 지워버렸습니다. 저는 세상에서 알아주는 잘 놀고 재미있는 좋은 사람이 되어갔습니다. 하지만 하나님 앞에서는 푸른 초장에 들어왔다가 풀을 다 뜯어먹고 새로 돋아나는 새 풀을 기다리지 못하고 고기를 먹겠다고 뛰쳐나간 '초식동물'인 양이었을 겁니다.

대학교 기숙사와 자취방을 오가며 학교생활을 했습니다. 진득하게 앉아서 공부를 잘하지는 못했던 것 같습니다. 대학교 2학년 말 친구들과 스터디를 시작했지만 일정대로 진도대로 공부를 해나가지는 못했습니다. 그래서 그해 같이 스터디를 한 동기들 대부분이 1차시험에 합격할 때 저는 친구의 방에서 뒤늦게 배운 삼국지 게임을 하며 뒤쳐짐은 나에게 익숙한 것이라며 스스로를 위안하고 있었습니다. 아마도 막판 대역전극의 경험의 끝자락을 붙잡고 골든골을 보여주겠다며 축구 전반전을 후보 선수로 가득 채워 골대 앞에 포개어 놓고 무승부로 경기를 끌고 가려는 감독처럼 저는 저를 그렇게 길들였나 봅니다.

 하지만 그렇게 놀아가며 공부하다보니 1차시험만 세 번을 낙방하였습니다. 아직 대학생 신분이었고 그렇게 늦은 것은 아니었지만 공부 잘하는 사람들만 모여 있는 곳에서 열등생이 되어버린 나름의 옛 우등생은 그렇게 씁쓸해져갔지요. 하지만 그것을 겉으로 표현할 수는 없었습니다. 그럴수록 더 유쾌해져가고 더 잘 노는 친구, 선배가 되어갔습니다. 외로움과 그 씁쓸함의 바닥을 치고 숟가락으로 그 바닥을 파기 시작했을 때 예전에 만났던 아련한 하나님의 기억이 왔습니다. 사실 서울대에서도 IVF활동을 하면서 약 1년을 주기로 회심과 도망이 반복되었습니다. 수련회 같은 곳에 가서는 하나님을 만나고 세상에 나와서는 잊어버리길 반복했지요.

 하나님은 그때마다 내 안에 있는 외로움의 큰 덩어리를 보여주셨고 '그 덩어리를 내가 꺼내고 그 빈자리를 내가 사랑으로 가득 채워주마' 약속하셨습니다. 하지만 저의 안에 있던 관성으로 인하여 저는 다시금 그 덩어리의 빈 곳을 다른 것들로 채워가기 시작했습니다. 하지만 저는 모태신앙인이라 하나님에 대한 근본적 고민들은 끊임없이 하고 있었습니다. 무시하기 힘든 것은 나의 세속적 유쾌함에 대한 관성이었지만 말입니다. 저는 신학을 공부해 보기도 하고 여러 버전의 성경을 읽고 다른 종교에 심취해보거나 몸으로 하는 봉사에 뛰어들기도 하고 비오는 날 산에 올라가 기도도 해보았습니다. 제 신앙의 친구는 저더러 "너는 방황이 전공인 것 같다"고 했습니다. 하지만 저는 그 방황을 즐겼던 것 같습니다. 아마도 대역전극의 기억이 하나님의 열심을 믿고 마음껏 방황하라고 재촉한 것 같습니다. 결국 방황의 노정은 다시금 그 초장으로 돌아오기 위한 것이었음을 말하는 것으로 끝을 맺었습니다. 고기를 뜯어먹을 수 없는 '초식동물'임을 깨달았을 때 저는 어느덧 초장에 돌아와 있었습니다. 초장에는 아직 풀이 돋아나 있지 않았습니다. 다 뜯어 먹은 풀은 이미 소화가 다 된 상태로 저는 굶주려 있었습니다. 하지만 하나님의 열심을 믿었습니다. 하나님의 대역전극의 선물이 기다리고 있으리라 믿었습니다.

법 공부를 본격적으로 시작하면서 저는 이 재미없는 걸 왜 하나 생각했습니다. 하나님은 이런 저를 속속들이 알고 계셨는지 저에 맞는 루트를 준비하셨습니다. 유쾌하게 같이 공부할 수 있는 친구들을 주셨습니다. 그들은 저를 힘껏 격려해주고 함께 그 노정을 걸어갔습니다. 네 번의 시험 끝에 1차를 합격하고 저는 너무나 감사했습니다. 제 생일은 4월 30일입니다. 늘 1차 합격자 발표가 그날 났기 때문에 제 생일 파티마다 그리 즐겁지는 않았는데 합격자 발표가 나던 그해의 생일 파티에는 제 방황에 동참하고 격려하고 내지는 그냥 같이 편승하여 즐기던 수많은 친구들이 모여 있었습니다. 즐거웠습니다. 그렇게 다시 시작된 대역전극은 1년을 시한으로 하고 있었습니다. 제 안의 '고종수성(性)'을 알고 있던 저와 하나님은 조용히 독서실 골방에서 계획을 세웠습니다. 예비순환반을 빠짐없이 들었습니다. 대학에 와서는 학교 수업도 개근을 한 적이 없는 제가 학원을 개근하고 독서실에서 외로움과 싸우며 공부했습니다. 나름대로 하나님과 거래를 해가며 공부했습니다. 4일간의 시험을 치열하게 치르고 돌아와 저는 하나님께 감사드렸습니다.

제 안의 고종수는 이미 필드를 벗어나 방송 프로그램에 나와 노래를 부르고 있었습니다. 구색을 맞추듯이 2차시험 후 하던 스터디를 접고 학교에서 짐을 싸가지고 내려와 집에서 매일 뒷산을 오르내리며 피 말리는 기다림을 시작했습니다. 어머님은 무슨 믿는 구석이 있었는지 그런 저를 내버려두고 같이 산을 오르내릴 수 있음에만 너무나 감사하고 계셨습니다. 무슨 배짱인지 몰랐습니다. 하지만 어머님은 달랐습니다. 늘 필요한 것을 딱 그만큼만 준비하고 계시는 여호와이레 하나님을 인생을 통해 체험하신 어머님은 나름의 확신이 있으셨답니다. 나중에 듣기로는 기도원에서 깜빡 졸면서 꾸었던 돼지꿈에 목사님의 의미심장한 격려가 그 이유였다고 합니다. 제가 이룬 것의 반 이상은 어머님의 기도 덕이었음을 떽떽거리던 아들이 이제는 고백하지 않을 수 없습니다.

그해 합격을 했습니다. 식구들은 모두 주저앉았습니다. 이제 더 이상 로또는 사지 말자고 다짐했습니다. 대박의 양은 정해져 있다더니 저에게 주어지는 대박의 총량은 남들보다 컸던 것 같습니다. 골든골이었습니다.

연수원에 와서는 예기치 않게 신우회 친교부장이 되었습니다. 신우회에서 비전을 같이할 공동체를 만났습니다. 저는 아직도 관성에 휘둘리는 유쾌한 자이지만 그 유쾌함을 달리 쓸 곳을 찾았습니다. 하나님은 이제 참으며 뿌린 씨앗의 수확을 요구하고 계신 것 같습니다. 하나님은 참 열심인 분이셨습니다. 인내하시고 기다리시고 같이 플랜을 짜 주셨습니다. 그 인내와 열심에 감사합니다.

결국 대역전극을 자랑한 것밖에 되지 않아 보이지만 여러분께도 대역전극이 기다리고 있으리라 믿습니다. 하지만 그 대역전극의 마지막 끄트머리는 늘 여러분의 몫입니다. 그 끄트머리를 잡아 당겨야 실이 풀려 나올 것입니다. 수능시험을 치를 때 담을 넘어 도망가려던 저를 하나님은 붙잡아 앉히셨습니다. 2차시험 때에는 포기하고 싶은 마음을 누그러뜨리셨습니다. 찍은 문제가 나오기도 했지만 생판 모르는 문제가 나오기도 했습니다. 하지만 포기하지 않고 법전에 나온 부분만이라도 열심히 베꼈습니다. 알고 보니 그 문제의 출제 의도가 그것이었다고 합니다. 민사소송법 시간에는 본론 부분에 적을 내용이 결론을 적을 때에서야 기억이 났습니다. 아주 잠시 망연자실했다가 결론에다가 본론의 형태로 써넣었습니다. 다 쓰고 읽어보니 아무 무리 없이 매끈하게 처리가 된 것을 보고 하나님께 감사했습니다. 이러한 본론으로의 처리가 예상된 상태도 아니었는데 정신없이 이렇게 저렇게 써 내려가면서도 빠져나간 레고의 한 블록이 들어갈 부분을 정확하게 남겨둔 것은 확언컨대 제 능력이 아니라 하나님의 자비라고 믿었습니다. 초시를 앞둔 사람은 자신도 모르게 자신은 초시이고 실력이 부족하기 때문에 어려운 문제가 나오면 내년에 더 열심히 공부해서 잘 보자고 생각하게 됩니다. 일년의 유예로 도피하는 것이지요. 하지만 대역전극을 허락하실 때는 끝까지 포기하지 않고 붙잡을 때입니다. 야곱이 씨름을 하며 앙탈부리고 떼를 쓸 때 하나님은 복을 주셨습니다. 우리는 공격적일 필요가 있습니다. 포기하지 않고 붙잡는 끈기. 그것이 하나님을 흔드는 것입니다.

요즘 교회 중고등부에서 공부 잘하는 방법으로 강의를 해달라고 해서 한 적이 있습니다. 공부 잘하는 법처럼 말도 안 되는 법이 어디 있습니까. 예전에 삐리리스퀘어에서 나오는 말로 "그냥 열심히 하는 거지 뭐"하는 재수 없는 소리밖에 할 것이 없지요. 하지만 제가 아는 한 가지는 하나님의 열심과 그것을 끌어내는 포기하지 않는 끈기와 열정, 야곱과 같은 열심이 필요하다는 것입니다. 그 끈기는 하나님의 열심이 나를 어디로 인도하실까 하는 기대감을 가지고 붙잡는 끈기입니다. 그리고 그것은 분명 하나님 안에서의 방향성이 있는 끈기입니다. 저는 '방황' 끝에 '방향'을 잡았고 하나님은 그 돛대에 힘차게 바람을 불어 일으켜 주셨습니다.

포기하지 마시기 바랍니다. 가장 무서운 것은 그것입니다. 하나님이 나를 버렸다고 생각할 때 우리는 우리의 돛을 접고 맙니다. 하지만 우리의 끈기는 바람을 기대하며 풍랑이 가라앉기를 기도하는 선장처럼 하나님의 열심을 간절히 소망해야 합니다. 우리는 바람이 불 때까지 돛대를 붙잡고 돛을 올려야 합니다. 그 간절함이 하나님의 섬을 향하여 있을 때 하나님은 시원한 바람을 불어 주실 것입니다.

연세대에서부터 그린 만화를 시작으로 지금까지 그리고 있는 만화를 이번에 엮어 책으로 내기로 했습니다. 그 만화는 관성에 몸을 싣는 제 방종의 노정에서 하나님이 부과하신 작은 세금 같은 것이었는데요. 그나마 만화를 그릴 때 하나님과 공동작업을 하는 느낌이 들었습니다. 하나님은 감사하게도 그것들을 나름대로 쓰고 계시더군요. 그 중에 제가 시험에 낙방하고 눈물에 먹을 적셔 그린 만화를 같이 실어봅니다. 여러분도 이 만화처럼 오아시스를 발견하는 위대한 방황자, 위대한 실패자가 되시길 바랍니다.

『창민이의 고민사냥』(한국성서유니온선교회, 2006) 중에서

살아계신 하나님의 사도행전 29장

지금도 꿈을 꾸고 있습니다.
성령의 역사가 이 땅 가운데 나타나는 사도행전 29장의 꿈을!

임 형 섭

성균관대학교 법학과
사법시험 제45회

"여호와는 나의 목자시니 내가 부족함이 없으리로
다"(시 23:1)

한낱 먼지에 불과한 저를 지금껏 인도하신 하나님께 감사드립니다. 이 글을 통해 제가 아닌 살아계신 하나님께만 영광 드려지길 간절히 바랍니다.

1막 _ 대학 생활

저와 예수님과의 만남은 대학 1학년 때였습니다. 초등학교 때부터 교회를 다녔지만, 그때는 하나님에 대한 막연한 경외감으로 교회를 다녔지, 예수님을 내 삶의 주인으로 모시며 주님과 인격적인 교제를 나누지 못했습니다.

살아계신 하나님과의 동행 _ 207

고등학교 시절 저는 줄곧 문과 수석을 독차지 하다시피 하였기에 내 인생에서 가장 교만했던 시기였습니다. 그러던 중 고3 때 수능 실패와 원하는 대학의 진학 실패로 모교인 성균관대에 입학하게 되었고, 상대적인 상실감으로 인생이 무의미하게 생각되던 때였습니다.

나중에 알게 된 사실이지만, 바로 그때가 하나님이 저를 만나주시기 위해 예비해주신 시간이었습니다. 대학 입학 후 재수를 생각하며 캠퍼스를 방황하던 어느 날 과 선배를 만나게 되었고 그 선배를 통해 '겟세마네'라는 선교단체를 소개 받게 되었습니다. 왠지 모를 끌림에 선배의 손에 이끌리어 선교단체 예배에 참석하게 되었고, 그때 하나님께서는 저를 기다리고 저를 만나주셨습니다. 예배 가운데 환상을 통해 주님께서는 제게 이렇게 말씀해주셨습니다. "내가 지금까지 너를 기다리고 기다렸단다. 너를 사랑한단다, 내 아들아", "내가 너를 위해 골고다 십자가의 길도 기쁨으로 올라갈 수 있었단다." 그때 교만했던 내 마음은 주님의 사랑으로 녹아버렸고, 주님께서 부어주시는 사랑의 깊이와 넓이를 감당치 못해 예배 내내 하염없이 눈물을 흘렸습니다. 한편으로는 온 천지만물을 창조하신 살아계신 하나님을 만났고, 그 하나님께서 직접 내게 찾아와 나를 사랑하신다는 말씀을 하신다는 그 자체로 너무나 기뻐 주체할 수 없을 정도로 행복감이 몰려왔습니다.

그때부터 내 삶은 완전히 변하게 되었습니다. 그동안 내 중심의 삶에서 하나님 중심의 삶으로 바뀌었고, 내 평생을 하나님께 드리기로 결단했습니다. 그 다음날부터 제 기도제목은 "주님! 평생 주님만을 위해 살고 싶습니다. 저를 이 땅에 보내신 하나님의 비전을 제게 보여주십시오"였습니다.

1년을 밤낮 없이 기도하던 중, 1996년 가을 하나님은 제게 '부흥집회'를 통해 법조인 선교사로서의 북한선교와 통일선교의 비전을 보여주셨습니다. 특히, 통일된 그날의 과도기간에 제일 먼저 북한 지역으로 들어갈 수 있는 사람들이 공권력이 있는 검찰과 군대 조직이라고 생각했고, 그때 주님께서는 네가 가진 은사를 통해 섬기라고 말씀하셨습니다. 그때 저는 법학을 전공했기 때문에 주님은 제게 검사로서 북한 지역에 들어가 하나님의 교회를 섬기고 복음을 전파하며, 뒤따라 들어올 목사님과 선교사님들을 섬기는 법조인 선교사가 되는 소망을 주셨습니다. 그때의 감격은 제게 그해 봄 예수님을 인격적으로 만났을 때의 벅찬 감동과 동일했습니다.

그러나 하나님의 비전을 보여 달라고 그토록 기도했던 저인데, 막상 하나님께서 그 비전을 보여주셨음에도 주저했습니다. 왜냐하면 제가 너무도 부족하다는 것을 알기에, 그때 당시까지만 하더라도 저는 아직 제 자신을 아직 신뢰할 수 없었습니다. 하나님의 비전과 제 야망을 분별하지 못하는 것이 아닐까라는 의문이 들기 시작했습니다.

그래서 저는 주님께서 응답해 주셨음에도, 다시 주님께 매달리어 기도할 수밖에 없었습니다. 그날 주님께서 보여주신 비전이 하나님의 비전인지 제 개인적인 내면의 소리인지 알려달라고 하나님께 기도했습니다. 그리고 주님께서 보여주신 비전이 맞다면 다시 한번 확증해 달라고 기도했습니다. 마치 기드온이 그랬던 것처럼….

그렇게 밤낮 없이 기도하던 중 하나님께서는 선교단체에서 주관하는 아프리카 단기선교를 떠나게 하셨고, 그곳에서 다시 한번 말씀해주실 거라는 확신을 갖게 되었습니다. 우리가 정말 진실되게 자기 자신을 바라볼 수 있을 때는 하나님 앞에 서있을 때입니다. 하나님과 가장 친밀할 수 있는 영적 전쟁터인 선교지에서 하나님의 음성을 분별하라고 말씀해 주셨기에 단기선교를 자원할 수 있었습니다. 그래서 1997년 여름 아프리카 중부에 있는 부룬디라는 나라에서 단기선교를 하면서도 제 기도제목은 항상 하나님의 비전을 분별할 수 있게 해달라는 기도였습니다. 치열한 영적 전쟁의 한가운데 있는 아프리카 선교지에서 하나님과 친밀한 교제를 나누며, 저는 하나님의 마음을 품을 수 있게 되었고, 하나님께서는 저한테 주신 하나님의 비전을 확증해 주셨습니다. 아프리카에서 돌아온 뒤 이후부터 본격적으로 법조인 선교사로서 통일선교를 준비하기로 결단하였습니다. 그리고 이때부터 하나님께 통일선교라는 비전을 함께 공유하며 달려갈 믿음의 비전 공동체를 달라고 기도하기 시작했습니다.

2막 _ 군 생활

단기선교를 다녀온 그해 겨울, 군에 입대하게 되었습니다. 단기선교를 통해 제가 배운 것은 하나님의 사람들이 어디로 가든지 모두 그곳에는 하나님이 정하신 뜻이 있다는 사실이었고, 저는 하나님께서 파송하신 선교사라는 정체성이었습니다. 그래서 군입대를 준비하면서도 저는 감히(?) 담대하게 군복음화를 위한 기도를 하게 되었고, 이를 위해 저를 써달라고 하나님께 기도했습니다. 매일 신병교육대에서 고단한 하루일과를 마치고 취침나팔소리가 울리자마자 하나님께 서원기도를 드리던 중 하나님께서 저를 기쁘게 여기셨는지 육군본부로 보내시겠다는 응답을 받았습니다. '네가 군복음화의 비전이 있다면 군의 핵심부로 들어가서 복음을 전파하라' 는 말씀이셨습니다. 처음에는 잘 믿기지 않았습니다. 왜냐하면 그 당시 신병교육대 800명 중 겨우 10명만이 육군본부로 배정되기 때문이었습니다. 그래도 저와 함께 하신 하나님의 신실하심을 의뢰하며 6주간 계속 기도하였습니다. 그런데 놀랍게도 퇴소 하루 전 컴퓨터 추첨 결과 그 10명 중에 저도 포함되어 있었습니다. 제 이름과 소속부대를 앞에서 얘기해주었을 때 소름이 끼칠 정도로 정확하고 신실하신 하나님의 응답에 너무 놀랍고 하나님이 정말 살아계시다는 것을 다시 한번 체험할 수 있었습니다.

육군본부에 배정받고 처음 삼군본부교회에 가서 예배를 드리던 중, 다시 주님께 물었습니다. '하나님, 저를 이곳에 보내신 하나님의 뜻을 알고 싶습니다' 라는 기도를 드렸을 때, 주님께서는 네가 서원한 대로 이 예배당이 가득 차고 넘치게 되는 것을 보리라는 부흥의 환상을 보여주셨습니다. 결과적으로, 저는 1년 뒤 육군본부교회 신우회 부회장으로 섬기게 되었고, 제가 이등병 시절 처음 예배드렸을 때 300명에 불과한 교회가 제가 제대할 때는 1000명이 넘는 수가 함께 예배드리는 폭발적인 부흥의 역사를 보게 해주셨습니다. 최근에는 이젠 교회당이 좁아 교회 건물 옆에 교육관을 짓고 있다는 소식도 듣게 되었습니다. 이때 다시 한번 살아계신 하나님을 뵐 수 있었습니다.

3막 _ 수험생활

2000년 제대 후 신림동으로 들어와 사법시험을 본격적으로 준비하게 되었습니다. 내가 지금 하고 있는 공부가 하나님의 비전을 이루기 위한 하나님의 일이고, 이 공부를 통해 하나님께서 영광 받으실 것을 생각하니 공부가 너무 즐겁고 행복하던 때였습니다. 아침에 일어나서 제가 수험생활 중 기도처로 삼았던 선민교회에 나가 기도하고 오전에 독서실에 와 공부하고, 점심식사 후 교회에 가서 기도하고, 오후에 공부하고, 저녁식사 후 교회에 가서 기도하고, 저녁공부 후 고시원으로 들어가기 전에 다시 교회에 들어가서 오늘 하루 있었던 일에 대해 하나님께 아뢰고 하나님께 영광을 돌리며 잠자리에 드는 단순한 삶을 살았지만, 이 공부가 하나님의 영광을 위한 공부라는 생각에 즐겁고 기쁘게 공부할 수 있었습니다. 그리고 하나님께서 지혜를 주셔서 모의고사를 볼 때마다 합격할 만한 성적이 나와 자신감에 차 있는 기간이기도 했습니다.

하나님의 은혜로 신림동에서 열심히 공부하고 있던 중 안타까운 소식이 들렸습니다. 저를 영적으로 태어나게 했던 선교단체가 어려워 공동체를 섬길 사람이 필요하다는 소식이었습니다. 그때 당시 함께 공부했던 형들은 조금만 더 공부하면 합격할 수 있다며 지금 캠퍼스로 돌아가는 것은 모험이라고 극구 만류했지만, 며칠을 고민하며 기도하던 중 다시 공동체로 돌아가 섬기는 것이 하나님의 뜻이라고 생각되어, 신림동을 나와 캠퍼스로 돌아가게 되었습니다. 낮에는 공동체를 섬기고, 밤에는 시험을 준비하였습니다. 그런데 그 이듬해인 2001년 사시 1차시험에서 저는 평균 0.7점 차이로 불합격했습니다. 그때가 수험생활 중 제일 어려웠던 때인 것 같습니다. 하나님의 뜻대로 공동체를 섬기기 위해 캠퍼스로 복귀했는데 막상 불합격이라는 결과가 주어지고 나니 하나님께 약간 섭섭한 마음도 들었습니다. 신림동에서 계속 공부했으면 합격할 수 있었을 텐데 하는 생각이 제 마음을 계속 힘들게 했습니다.

그러나 저는 그때 내가 하나님을 위해 무엇을 하였으면, 당연히 하나님께서도 내게 무엇을 해주셔야 된다는 어리석은 생각에 빠져 있었음을 깨닫게 되었습니다. '하나님은 이미 제게 모든 것을 주셨는데, 나는 내가 한 일의 대가를 바라고 있었구나' 라는 생각에 주님 앞에 한없이 부끄러웠습니다. 그리고 아무리 하나님의 비전이라고 하더라도 중심 되신 하나님을 놓치게 된다면 그것 또한 아무것도 아님을 철저하게 깨닫게 해주셨습니다. 그리고 로마서 8장 28절 말씀처럼 하나님은 합력하여 선을 이루시는 분이시기에, 내가 지금 생각이 짧아 미처 생각하지 못하고 있지만, 하나님은 원대한 계획 가운데 나를 인도하고 계시는 분이시기에 분명 이 길도 하나님의 뜻이 있다고 생각했고, 하나님께서 그런 믿음을 주셨습니다.

그 이후로 저는 주님 앞에 철저하게 회개하였고, "나 무엇과도 주님을 바꾸지 않으리"라는 찬양의 고백을 매일 주님께 올려 드릴 수 있었습니다.

그리고 그 이후 1년이라는 시간이 흘러서 저는 하나님의 뜻을 알게 되었습니다. 그것은 이러한 과정을 통해 어머님이 주님의 손에 이끌리어 구원의 축복을 받게 되었다는 사실입니다. 저를 지켜보시던 어머님이 자식을 위해 기도해야겠다는 마음을 가지게 되셔서 교회에 나가게 되셨고, 그 과정을 통해 어머니가 주님을 만나 구원을 받게 되셨습니다.

저는 다시 회복되어 하나님의 은혜로 열심히 공부를 할 수 있게 되었고, 하나님의 은혜로 2002년도 1차, 2003년도 2차시험 합격을 거쳐 최종합격하게 되었습니다. 최종합격 발표가 났을 때 합격했다는 기쁨보다는 '하나님께서 이 길을 축복하시고, 나를 인도하고 계시는구나' 라는 생각에 더 기뻤습니다.

4막 _ 캠퍼스 복음화의 비전

사법시험에 합격한 후 저는 다시 한번 주님께 물었습니다. "주님, 제가 앞으로 어떻게 할까요?" 그때 하나님께서는 제가 수험생활 동안 드렸던 서원기도를 생각나게 하셨습니다. 그리고 1년 동안 하나님께서 보여주신 통일선교라는 비전을 위해 훈련받으며 제가 받은 은혜를 캠퍼스에 베풀고 헌신하라고 말씀하셨습니다. 이때도 요즘 사법연수원 생활의 어려움을 얘기하시며 말리는 선배들이 있었지만, 주님께서 말씀하시기에 아무런 미련 없이 순종하기로 했습니다.

그래서 2004년 1년간 사법연수원 입소를 연기하고, 통일한국에 하나님의 나라가 임하기를 준비하는 기독청년들의 훈련기관인 '한국리더십학교'에 제4기로 입학하여 4기 대표로서 섬기며 훈련받았습니다. 하나님께서는 캠퍼스를 향한 하나님의 마음을 알게 해 주셨습니다. 처음엔 모교에 입학한 것을 기쁘게 여기지 않았지만, 그곳에서 하나님을 만나게 되면서 저는 누구보다도 성균관대를 사랑하게 되었습니다. 우리 학교는 유교전통의 학교라 그 전까지 영적인 활동이 미미했습니다. 그래서 다른 학교에는 다 있는 '기독인연합회'와 '법대기독학생회'가 그때까지 생기질 않았습니다. 하나님께서는 제게 성대에 '기독인연합회'와 '법대기독학생회'가 세워지는 것이 하나님의 뜻임을 알게 해주셨습니다. 부족한 자이지만, 하나님께서 함께하시면 능히 이루시는 하나님임을 알기에 창립을 위해 담대히 선포할 수 있었습니다. 그래서 하나님께서는 저를 통해 '성균관대 기독인연합회(성기연)'와 '법대기독학생회'를 창립하게 해주셨고, 제가 성기연의 초대 회장으로 1년간 섬길 수 있게 하는 은혜도 주셨습니다.

5막 _ 연수원 생활

2005년도에는 사법연수원에 입소하게 되었습니다. 연수원에 들어올 것을 준비하면서 다시 한번 하나님께 "사법연수원에 저를 보내신 이유가 무엇입니까?"라고 물었습니다. 저는 매년 1월 1일 사랑의교회 안성수양관에 가서 올해 달려갈 하나님의 말씀을 구했고, 그때마다 하나님께서는 말씀을 주시고, 1년의 삶을 신실하게 인도해주셨습니다. 작년에도 마찬가지로 1월 1일 수양관에서 예배드리며 기도하던 중 하나님께서는 여호수아 1장 말씀을 주시면서 신우회를 섬기라는 말씀을 해주셨습니다. 그것도 신우회장으로 섬기라는 말씀이었습니다. 그때 정말 많이 놀랐을 뿐만 아니라 고민도 되었습니다.

우선은 그 당시 저는 오랫동안 영적 전쟁으로 지쳐 있을 때였습니다. 제대 후 지난 5년간 쉼 없이 달려왔기 때문에 건강에 문제가 생겼고, 육체적으로 많이 지쳐있었기 때문입니다. 3년 4개월간의 수험생활과 연수원을 연기하면서 1년 반 동안 캠퍼스 복음화와 통일선교를 위한 준비로 한번도 쉬지 못하고 하나님 나라를 위해 뛰어왔기 때문에 이젠 조금 쉬고 싶다는 마음이 들었습니다. 두 번째로는 하나님이 10년 전에 주신 비전에 따라 법조인 선교사로서 전문성을 키우고 싶은 마음도 있었고, 1년간 공부를 쉬니 다시 공부를 하고 싶다는 마음도 있었습니다. 그러나 들려오는 소식들은 갈수록 연수원 경쟁이 심해서 이제는 학회나 다른 활동들을 하지 않고 공부에만 매진한다는 얘기였습니다. 그리고 신앙이 있는 사람들마저도 연수원 2년만큼은 개인 신앙을 지키는 데 만족하고 다른 활동들을 하지 않고 공부에만 매진한다는 소식도 들렸습니다. 또한 역대 신우회장 중 아무도 임관된 사람이 없었기 때문에 신우회장으로 섬기면 임관을 포기해야 한다는 것이었습니다. 2박 3일 동안 수양관에서 하나님과 씨름했습니다. 하나님께 솔직히 고백했습니다.

"하나님, 제가 지금 많이 지쳐 있습니다. 하나님은 저를 너무나 사랑하시기에 제 몸이 상하기까지 바라지 않으신다고 믿습니다. 또 법조인 선교사로서 검찰에 들어가 통일선교를 준비하는 것이 제게 주신 하나님의 비전인데, 제가 지금 섬기게 되면 하나님의 비전은 어떻게 되는 것입니까?" 이렇게 투정하듯이 기도를 드렸습니다. 3일째 되는 날 하나님께서는 제게 "형섭아, 너는 내 사랑하는 아들이란다. 두려워하거나 걱정하지 말고 나만 따라오렴. 지금까지 네 삶을 인도한 나는 여호와란다. 네 삶은 내가 책임질 것이니 걱정 말고 나만 따라오렴. 보라 내가 너를 통해 새 일을 이룰 것이다"라고 말쏨해 주셨습니다. 하나님이 제게 마음의 평안과 함께 이런 말씀으로 위로해 주셨기 때문에 제 마음을 꺾을 수 있었습니다. 다만, 하나님께 확인하고 싶었습니다. 그래서 "하나님이 저를 신우회장으로 선출되게 하시면 이것이 하나님의 뜻인 줄 믿고 받아들이겠습니다"라고 기도한 후, 수양관을 내려왔습니다. 내려오면서도 내심은 쉬고 싶다는 생각을 하면서 하나님께서 하시는 일을 한번 지켜봐야겠다는 생각을 했습니다. 연수원의 관례상 나이가 제일 많은 분이 회장이 되기 때문에 내심 나이가 어린 내가 회장이 될 수 있을까 라는 생각도 했습니다.

2월 중순 36기 신우회 엠티 겸 총회가 열렸고 이 총회의 투표를 통해 저는 신우회장으로 선출되었습니다. 저는 그때 이것이 하나님의 뜻인 줄 명확히 알게 되었습니다. 총회를 마치고 내려온 날, 하나님께 다시 한번 물었습니다. "하나님, 저를 신우회장으로 섬기게 해주셨는데, 어떻게 섬기는 것이 좋겠습니까?"

그때 하나님은 제게 하나님의 안타까운 마음을 보여주셨습니다. 왜 1000만 명이나 되는 크리스천들이 있는데 이 사회는 변화되지 않는 것일까, 왜 죄인들을 위해 자기 몸을 버리신 하나님의 아들이신 예수님께서 영광을 받지 못하고 지금까지도 조롱당하고 있는 것일까라는 의문과 안타까움이었습니다. 그때 하나님은 제 눈을 열어 주셔서 보게 하셨습니다. 이 땅에 수많은 순교자적 삶을 사는 분들이 계시지만, 그분들의 영향력이 이 사회 전체로 퍼지지 못하는 이유는 무엇일까? 그것은 바로 이 사회의 구조적인 악이 있기 때문이었습니다. 헌신된 법조인들이 하나님의 뜻대로 섬긴다면 이 사회의 구조적인 악이 제거되고 하나님의 선한 영향력이 나타나 이 땅에 하나님의 나라가 세워지며, 하나님의 이름이 존귀히 여겨질 것입니다.

그런데 신우회장으로 섬기면서 법조계를 바라보고, 연수원을 바라보았을 때 안타까움이 절실했습니다. 법조계와 연수원을 사로잡고 있는 출세와 성공이라는 우상들, 경쟁으로 인해 서로를 벼랑 끝으로 내몰고 있는 성적의 우상들이 그동안 많은 하나님의 사람들을 좌절시키고 꺾어놓고 있구나, 바로 연수원에서부터 무너지는 사람들이 어떻게 현직에 나가서 하나님의 영광을 나타내며 살 수 있을까. 법조계의 수원지(水源池)인 사법연수원에서부터 튀지 말고, 관습과 성적에 순응하길 바라고 있는 문화를 바라볼 때 이곳을 변화시키지 않고는 법조계에 변화가 없고, 이 땅에 하나님의 나라가 세워질 수 없겠구나라는 마음을 주셨습니다.

바로 그때 하나님은 영국 사회를 변화시킨 "윌버포스와 클래펌 공동체"를 보여 주셨습니다. 한 사람의 헌신된 그리스도인이, 또 일단의 무리들이 하나님의 마음을 품고 하나님을 위해 살아간다면, 영국 사회를 변화시켰던 윌버포스와 클래펌 공동체처럼 신우회원 한 사람 한 사람이 하나님의 뜻대로 살아가려고 발버둥을 친다면, 이 법조계와 이 땅이 하나님의 나라로 바뀔 수 있겠다는 비전을 주셨습니다.

그래서 바로 우리 신우회 임원들과 함께 기도하면서 신우회의 비전을 '법조계 가운데의 윌버포스와 클래펌 공동체를 세우는 것'으로 하였습니다. 그래서 가는 곳마다 이 비전을 선포하며 영성과 전문성을 배양하기 위해서 1년을 쉼 없이 달려왔습니다.

신우회장으로 섬기면서 신우회 공동체가 "윌버포스와 클래펌 공동체"의 비전을 품고 달려간 것, 사랑축제를 통한 부흥의 역사, 신우회 여름수련회. 정말 하나님의 은혜로 달려온 놀라운 1년이었지만, 제 마음 한가운데에 아직 만족하지 못하는 마음이 있었습니다. 하나님은 광대하신 하나님이시기에, 저를 신우회장으로 섬기게 하신 이유가 또 있을 것이라는 생각이 들었습니다. 그런데 조금 지나지 않아 그 이유를 알게 되었습니다. 기도하던 중에 하나님께서는 제가 10년 전부터 기도했던 것들을 생각나게 해주셨습니다. 통일선교를 함께 준비할 비전공동체를 준비하라고 말씀해주셨습니다. 그 당시 2학기 시험이 얼마 남지 않은 상황이라 '과연 통일선교를 준비할 공동체로 함께 헌신하고 싶어하는 사람이 얼마나 될까' 라는 의구심이 들었지만, 그러나 '하나님이 말씀하셨기에 담대히 선포해보리라' 라는 마음을 주셨습니다.

9월말 신우회 예배 중에 통일선교의 비전을 선포하고 함께 "통일법조선교회"공동체로 헌신할 사람을 모집한다고 광고했습니다. 예배 후 기도하는 마음으로 기다리고 있는데 놀랍게도 8명이라는 헌신자들이 나와 "통일법조선교회"로 섬기겠다고 했습니다. 연수원 상황이 상황인지라 통일선교의 비전에 헌신할 8명이 있다는 사실이 믿기지 않을 정도였지만, '하나님이 이 사람들을 다 준비시켜 놓으셨구나, 그래서 나보고 선포하라고 하셨구나' 라는 생각에 감사했습니다. '바알에게 무릎 꿇지 않는 7000명의 용사가 있다는 말씀이 바로 이를 두고 하는 말이구나' 라는 생각을 하면서 왜 하나님이 저를 신우회장으로 세워주셨는지 알 수 있었습니다. 통일선교의 비전을 선포하고 믿음의 공동체를 세우시기 원하셨기에 내가 지쳐 있을지라도 나를 통해 역사하시기 원하셨다는 믿음의 고백을 드릴 수 있었고, 신우회를 섬기면서 정말 행복했던 순간이었습니다.

　이렇게 지금까지 저를 인도해주신 하나님의 큰 은혜를 생각할 때 저는 그저 감사 감사할 수밖에 없습니다. 주님께서 신실하게 이 모든 것들을 인도하고 계시기 때문입니다.

　저는 지금도 꿈을 꾸고 있습니다. 성령의 역사가 이 땅 가운데 나타나는 사도행전 29장의 꿈을, 신우회가 윌버포스와 클래펌 공동체의 역할을 하여 이 땅을 하나님의 거룩한 나라로 변화시키는 그날을, 그리고 통일법조선교회를 통해 이 시대의 민족적 소명인 "통일"을 정치적인 논리가 아닌 예수님의 복음으로 이 나라가 완전히 새롭게 되는 통일될 그날을, 그래서 7000만 이 민족이 하나님을 찬양하며 하나님께만 영광 돌리는 하나님의 나라, 하나님의 백성이 되는 꿈을 꾸고 있습니다. 그래서 어느 누구도 부인할 수 없는 하나님의 역사로 이 민족이 성령을 통해 복음으로 통일되어가는 과정을 통해 이 땅에 있는 모든 족속과 열방들이 하나님의 살아계심을 보고 하나님께 돌아오는 역사를 말입니다.

　지금도 신림동 고시촌에서, 각 대학 도서관에서 하나님의 꿈을 꾸면서 불철주야 매진하고 있는 후배 여러분!

"하나님은 하나님의 사람에게 하나님의 비전을 보여주시고, 하나님의 때에 하나님의 사람들을 불러모아 주셔서 하나님의 방법으로 하나님의 일을 이루시는 살아계신 하나님이십니다."

지금도 지난 고시생활을 돌아보면, 하나님의 비전을 품고, 꿈을 가지고 달려왔기 때문에 하나님이 이루실 일에 대해 기대감을 가지고, 즐겁게 수험 생활을 마칠 수 있었던 것 같습니다. 모두 하나님의 은혜이지요.

후배 여러분!

하나님께서는 저에게 다가오셨던 것처럼, 오늘 바로 당신에게도 다가오십니다. 하나님은 천하보다도 당신을 사랑하십니다. 그리고 여러분 한 사람 한 사람을 향한 하나님의 비전들이 있습니다. 그리고 그 비전을 이루기 위해 바로 지금 여러분을 준비시키고 있다는 것을 믿으십시오. 또 힘들고 외로울 때면 하나님께 달려가십시오. 엘리야를 40주야로 먹이시고, 그를 회복시키셔서 하나님의 선한 도구로 사용하셨던 것처럼, 여러분의 작은 신음 하나하나에도 하나님은 귀를 기울이시며, 여러분을 자애로운 손길로 어루만져주실 것입니다. 그리고 다시 일어나 달려 나가십시오.

저는 이 법조계 위에 하나님의 나라를 세우시고, 통일한국을 하나님이 기뻐하시는 나라로 만들기 위해 지금도 일하시고 계시는 하나님을 기대합니다. 또한 지금 이 글을 읽을 후배님들도 얼마 지나지 않아 저와 함께 동역하며 하나님의 나라를 위해 함께 달려 나갈 동역자가 될 것을 기대하는 마음도 있습니다.

마지막으로 지금도 하나님의 나라인 통일한국을 준비하기 위해서 사도행전 29장을 쓰고 계시는 하나님께 이 모든 영광을 돌립니다. 그리고 앞으로 또한 이루실 하나님의 역사를 기대하면서, 무익한 종 이만 글을 마칠까 합니다. 샬롬~

나는 포도나무요 너희는 가지니

주님께 붙어있으면 분명히 모든 유혹을 이겨낼 수 있으리라 믿습니다.
왜냐하면 그분은 전능자이시고 그분 안에는 생명과 능력이 있기 때문입니다.

황 보 현

연세대학교 동양사 · 중문 전공(법학 부전공)
사법시험 제46회

"나는 포도나무요 너희는 가지니 저가 내 안에, 내가 저 안에 있으면 이 사람은 과실을 많이 맺나니 나를 떠나서는 너희가 아무 것도 할 수 없음이라"(요 15:5)

우선 부족하지만 이렇게 고백의 글을 쓰게 되어서 감사합니다. 사법시험에 합격한 지 벌써 1년이 넘었고, 합격할 때 순수했던 첫 마음과 열정이 점차 가라앉기 시작했지만, 다시 한번 그때 그 자리를 기억할 수 있게 되어서 좋았습니다. 늘 부족하고 부끄러울 때가 많지만 그럼에도 불구하고 언제나 변함없으신 주님께서 하신 일, 그것만을 고백하고자 합니다.

슈퍼맨의 꿈

제가 하나님을 믿게 된 동기는 다름 아닌 슈퍼맨이 되고 싶은 꿈 때문이었습니다. 어렸을 때 키도 작고 힘도 약했는데, TV에서 슈퍼맨을 보고 강력하게 매료되어, 슈퍼맨이 바로 제 인생의 꿈이 되었습니다. 그래서 밤마다 꿈을 꿀 때 하나님께서 "현아, 네 인생의 소원 한 가지만 말해보아라"고 물으시면 주저없이 "슈퍼맨이 되고 싶어요~!"라고 말했습니다. 그런 꿈을 꾸고 나면 실제로 슈퍼맨처럼 망토를 어깨에 걸친 다음 그 위에 셔츠를 입고 학교를 갔다 오기도 하였고, 비가 오는 날이면 망토를 두르고 동네를 뛰어다니기도 하였습니다. 그때가 초등학교 3,4학년이었는데, 지금 생각해보면 제 모습이 참 우습기도 하고, 귀엽기도 하였던 것 같습니다.

초등학교 시절 교회 주일학교를 다니면서 자연스럽게 하나님을 알게 되고 예수님을 구주로 영접하게 되었습니다. 특히 하나님은 모든 것을 할 수 있는 전능자라는 사실을 더욱 확신하였습니다. 말씀 공부를 통해서 하나님은 이 세상을 창조하시고, 홍해도 가르시고, 죽은 자도 살리시는 능력자라는 사실을 알게 되었고, 그러한 사실을 통해 '하나님께서는 분명 나를 슈퍼맨이 되게 하실 거야'라는 믿음도 생기게 되었습니다. 매주일 교회학교를 다니면서 전도사님과 목사님을 통해서 많은 말씀을 듣고, 어린 시절이었지만 제 인생이 하나님의 영광을 위해 쓰임을 받을 수 있도록 기도도 하기 시작했습니다. 그때부터 점차 주님께서는 제 인생에 개입하기 시작하셨습니다.

지혜를 주시는 전능하신 하나님

중학교 3학년 가을, 지혜를 주시는 하나님의 능력을 체험하게 된 계기가 있었습니다. 당시 '평화의 밤'이라고 하는 중등부 예술제가 있었는데, 저는 성극에서 '삭개오'라는 주인공 역을 맡게 되었습니다. 그리고 그때 외국어 고등학교 입학시험도 함께 준비를 하게 되었습니다. 사실 외고가 있는지도 몰랐었기 때문에, 전혀 준비를 하고 있지 않다가 공부를 잘하는 같은 반 친구 한 명이 함께 외고 시험을 준비하지 않겠냐며 입시원서를 보여 주었고, 시험 3주 전에 친구와 함께 외고에 지원을 하게 되었습니다. 그러나 공교롭게도 '평화의 밤' 행사가 외고 시험 전날이었습니다. 그러나 '평화의 밤' 다음날 있는 외고 시험을 보게 된다면, 교회 선생님께서 삭개오 역을 다른 친구에게 주지 않을까 걱정이 되었습니다. 그러던 중 하나님께 기도하기를 "하나님은 전능하신 분임을 믿습니다. 저를 슈퍼맨이 될 수 있게도 할 수 있으시죠. 이번 삭개오 역도 잘 해내고 싶고, 외고 시험에도 합격하고 싶습니다. 이 모든 것이 하나님의 영광을 위한다고 생각합니다. 하나님, 제발 지혜와 능력을 주세요"라고 하였더니 신기하게도 3주 동안 정신이 맑아지고 집중력도 높아지면서 두 가지를 모두 해낼 수 있으리라는 믿음이 생겼습니다.

당시 이사를 해서 저의 집은 잠실에 있었고, 섬기던 교회는 용산 해방촌이라는 곳에 있었는데, 매일 학교 수업을 마치고 잠실에서 해방촌까지 1시간 동안 버스-지하철-버스를 타고 오가면서 지하철과 버스에서는 영어 단어를 외우고, 교회에서는 저녁 시간 동안 열심히 성극연습을 하였습니다. 그리고 저녁 10시쯤에 집에 와서는 곧장 독서실로 달려간 후 새벽 2시까지 정말 열심히 공부를 했습니다. 3주 동안 고등학교 형·누나들을 제치고 독서실 불을 마지막으로 끄고 집에 오는 밤길은 무척이나 즐겁고 행복했습니다. 물론 두 마리의 토끼를 모두 잡을 수 있을까 걱정이 되긴 하였지만, 하나님은 전능하신 분이시고, 이렇게 하는 것이 하나님의 나라와 의를 구하는 것이라고 믿었기 때문에, 입시공부와 성극 모두 열심히 준비했습니다.

놀랍게도 그렇게 공부한 3주간 전혀 피곤치 않았습니다. 3주 동안 삭개오 역을 충실히 연습한 덕에 '평화의 밤'에서 친구들로부터 가장 재밌고 인상적이었다는 칭찬을 들으며 성극을 무사히 마쳤고, 하나님께서는 5대 1이라는 경쟁률을 뚫고 외고 시험에도 합격하게 하셨습니다. 당시 3주 동안 독서실 책상에 앉으면 지혜를 달라고 기도하며 매일 잠언을 1장 또는 2장씩 읽기 시작했는데 시험 전날까지 잠언 31장을 모두 볼 수 있었습니다. 이러한 경험을 통해서 저는 공부할 때 하나님께 기도하고 간구하면 또 그것이 하나님의 영광을 구하는 것이라면 하나님께서 이루신다는 사실을 믿었고, 대학교 입학할 때도, 대학교 공부를 할 때도 그러하였습니다.

사법시험에 임하신 하나님

군대를 제대한 후 2001년 2월 제가 전공하던 인문학도 훌륭하지만 인문학적인 배경을 가지고 법학을 공부하면 더 많은 사람들을 도울 수 있을 것이라는 기대 속에서 법학을 부전공하기 시작했고, 2002년 월드컵이 끝난 여름 본격적인 사법시험에 도전하고자 고시촌에 들어서게 되었습니다. 법과대학을 나오지 않은 탓에 함께 공부할 사람이 없어서 외로워할 때, '고시촌 예수잔치'에서 황성주 박사님의 "하나님이 쓰시는 사람은 영성과 전문성이 조화된 사람이다"라는 말씀을 듣고 크게 은혜를 받아 열심히 기도하며 공부할 수 있게 되었고, 함께 공부할 사람들을 구하였더니 학원 종합반에 들게 하여 스터디를 통해 많은 위로를 받고 공부할 수 있게 되었습니다.

2002년 8월 첫 전국모의고사에서는 45점이라는 점수에서 출발할 정도로 매우 힘든 상황이었지만, 당시 하나님께서 함께하신다면 분명히 합격할 수 있을 거라는 믿음이 충만한 상태였기에 공부하다가 죽으면 죽겠다는 각오로 공부하였습니다. 정말 놀랍게도 전국 모의고사에서 매달 10점씩 점수를 올리며 마침내 2003년 사법시험 1차를 84.5점으로 합격하게 되었습니다. 할렐루야!

담배의 유혹과 영적 갈등

그러나 최종 합격에 이르기까지 고시공부를 하는 동안 내내 시험 공부할 때의 첫 마음을 유지하기란 무척이나 어려웠습니다. 1차시험을 합격하고 2

차시험을 준비하면서 영적으로 힘든 시기가 찾아왔습니다. 이상하게 기도도 되지 않을 뿐더러 기도도 할 수 없었습니다. 여러 가지 원인이 있겠지만, 그 중 저의 영적인 싸움을 힘들게 만든 것은 바로 담배였습니다.

　군대에서 호기심으로 배웠던 담배. 사법시험 1차시험을 보기 전에 끊었던 담배를 1차시험 며칠을 앞두고 다시 피우게 되었습니다. 다른 사람은 어떨지 몰라도 하나님 앞에서 담배를 피우는 것이 옳지 않다는 것을 깨닫게 된 저로서는 이미 중독 되어버린 담배를 끊기가 무척 힘들었습니다. 고등학교를 졸업하고 대학교에 입학하여 방황할 때 하나님께서 제게 주일학교 교사로서의 비전을 주셨고, 그 비전으로 중등부 교사로서 아이들에게 성경공부를 가르치고 있었는데, 스스로 하나님 앞에서 올바로 서있지 못한 탓에 주일날만 되면 아이들 앞에서 성경교사로 나아간다는 것이 무척 괴로웠습니다. 물론 고시공부를 하는 동안에도 매주일 성수와 중등부 교사를 하고 있었지만, 순수한 아이들 앞에서 경건한 척, 하나님을 정말 잘 믿는 척 하는 제 모습이 싫었습니다. 말씀과 기도로 무장하지 않고 6일간 지내며 하나님을 잊고 있다가 토요일 밤만 되면 주일날 학생들 앞에서 성경교사로 서야 하는 부담감과 죄책감이 너무 힘들었고, 결국 2004년 2차시험 4개월을 앞두고 중등부 교사를 쉬게 되었습니다. 사실 그때는 정말 홀가분하고, 무거운 멍에를 내려놓은 듯했지만, 고시촌 원룸에서 4개월의 생활은 제겐 가혹할 정도로 힘들었습니다.

　늦게까지 공부하고 밤 1시가 되어 아무도 반겨주지 않는 어두운 원룸을 열고 들어가는 순간의 외로움. 그리고 시험에 대한 두려움. 하나님께서 함께하신다면 시험에 반드시 합격할 것이라는 믿음은 2차시험 공부를 하는 동안 점차 사라지기 시작했고, 하나님을 떠나서 공부하고 있다는 느낌이 들때면 정말 괴로웠습니다. 기도하고 싶었지만 이미 하나님과 관계가 멀어졌기 때문에 하나님께 기도하는 것이 너무 힘들었습니다. 그러나 시험 날짜가 다가올수록 제 마음의 부담감과 죄책감은 심해졌고, 담배도 늘게 되었습니다. 그리고 시험 한 달을 앞두고 가슴이 너무나 아프고 눈이 침침해져서 고시원에서 일어날 수도 없었고, 폐암으로 이제 죽는 것이 아닌가 하는 생각이 들었습니다. 그래도 하나님, 한 달만 절 눈감아 주세요. 학원 모의고사 성적도 잘 나오고 있고, 이대로만 하면 붙을 수 있을 것 같으니까. 그리고 시험 끝나면 다시 하나님께로 돌아갈 테니까 딱 한 달만 눈감아 주세요.

그러나 시험이 다가올수록 몸이 쇠약해지고, 아침에 자고 일어나면 눈이 침침해서 한동안 책을 볼 수 없었습니다. 그래도 담배를 끊을 수 없었습니다. 그렇게 하루하루를 보내다가 드디어 2차시험, 결전의 날이 왔습니다.

시험을 통해 깨닫게 하신 하나님

4일 동안 모교인 연세대학교 문과대 건물에서 시험을 보게 되었습니다. 2차시험에서 첫날 오전은 헌법 시험이었습니다. 평소 학원 모의고사에서 줄곧 상위권을 해왔던 과목이었습니다. 그러나 문제지를 받고 문제를 읽어 나가는데, 갑자기 가슴이 탁 막히고 글자가 안보였습니다. 도저히 문제를 읽을 수 없었습니다. 15분 동안 문제지만 멍하니 지켜보고 있었습니다. 그러다가 정신을 차린 후 그래도 아는 것만이라도 힘껏 써내려가는 심정으로 쓰긴 하였으나 글씨가 시험 답안지를 덮으면 덮을수록 합격과는 멀어지는 느낌이 들었습니다. 시험 보는 동안 정신이 하나도 없었습니다. 오전 시험을 마치고 점심시간에 함께 공부하던 사람들과 이야기를 하다가 제가 엉뚱하게 문제를 잘못 읽고 답안지를 작성했다는 사실을 알게 되었습니다. 너무나도 충격적이었습니다. 정말 울고 싶어질 만큼 침울해졌습니다.

그때 갑자기 날아온 교회 친구의 문자 메시지 한 통 "하나님의 사랑하는 믿음의 아들 현아! 하나님께서 너에게 지혜를 주사 반드시 시험에서 승리할 거야~."

평소에는 무심코 넘겼을 수도 있을 문자 메시지를 접하는데, 갑자기 울컥

하고 눈물이 나왔습니다. 하나님의 사랑하는 믿음의 아들. 그 문자 메시지를 읽는 순간 내가 처음으로 공부를 시작했을 때 가졌던 첫 마음이 떠올랐습니다. 얼마나 하나님께서 내가 하나님만을 의지하도록 하시길 원하셨는지, 주님께서 얼마나 그동안 아파하셨는지. 눈물이 나서 다음 시간 행정법 책을 볼 수도 없었고, 점심을 먹을 수도 없었습니다. 곧장 제가 대학을 다니면서 자주 갔던 기도실로 달려갔습니다. 점심시간 내내 울고 또 울었습니다. 하나님, 얼마나 아파하셨나요. 그래도 나를 항상 지켜보고 계셨네요. 내가 기도도 못하고, 하고 싶어도 제 모습이 부끄러워 하나님께 기도하지 아니 하였는데, 제가 하나님 생각하기를 거부했었는데 결국엔 시험 때가 돼서야 깨닫게 하시는군요. 주님.

눈물만 흘리다가 1시 30분이 되어서야 마음을 가다듬고, '이 시험은 내가 합격할 수 있는 시험이 아닙니다. 모든 것을 하나님께 맡깁니다'라는 마음으로 1시 30분부터 20분간 1천 페이지에 달하는 행정법 책을 집중적으로 읽고 시험에 임하였습니다. 나중에 시험 성적이 나와서 알게 된 사실인데, 7과목 중에서 제일 잘 본 과목이 바로 행정법이었습니다. 할렐루야!

그렇게 4일 동안 시험을 치르면서 몸이 너무 힘들고 괴로워서 포기하고 싶었습니다. 시험을 볼 때마다 이상하게 눈물이 계속 나왔습니다. 그때마다 하나님께서는 좋은 사람들을 많이 허락해 주셔서, 친구들이 저를 격려해 주었고, 교회 중등부 선생님들과 청년지체들, 교회 권사님, 목사님들이 저를 위해 중보기도해 주었습니다. 특히 부모님께서 늘 저를 위해서 기도하시던 모습이 생각나서 중도에 시험을 포기할 수 없었습니다.

마지막 4일째 형사소송법 시험을 마치고 나오면서, 하나님께 고백했습니다. 이번 시험은 저로서는 합격할 수 없는 시험입니다. 제가 하나님의 도움 없이 그리고 하나님의 능력 없이 이 시험에 합격한들 그것이 무슨 소용이 있겠습니까? 시험의 당락에 연연하지 않겠습니다. 만약 떨어지더라도 그때는 전심으로 하나님만 의지해서 다시 공부하겠고, 그렇게 된다면 분명히 합격할 거라고 믿습니다. 이번 시험에 떨어지더라도 낙담하지 않겠습니다. 합격시켜주신다면 이 모든 것을 하나님이 하셨다는 것을 사람들에게 알리겠습니다. 모든 것이 하나님께 있습니다. 시험의 당락을 하나님께 맡깁니다.

시험장을 나서면서 위와 같은 고백을 한 이후 담배를 끊었고 정말 놀랍게도 하나님께서는 제게 시험 합격이라는 큰 선물을 주셨습니다. 할렐루야!

마치면서

대학 초년 시절, 하나님께서 이 세상을 보시고 아파하시며 "내가 누구를 보낼꼬?" 물으실 때 이사야처럼 "주님 내가 여기 있사오니 나를 보내소서"라고 기도도 하고 굳게 다짐도 하였지만 시간이 흐르면서 당시의 기억이 희미해질 때가 많았습니다. 그럼에도 불구하고 그러한 고백들은 나의 삶이 깨끗하지 못하여 주위 사람들에게 복음을 전하지 못할 때에는 새롭게 생각이 나서 제 마음을 부끄럽게 하였습니다. 그리스도인이 된다는 것은 하나님의 은혜로 값없이 구원을 얻은 것인데, 그렇게 귀한 감격을 잊고 세상을 따라 살아가고 있을 때가 참 많은 것 같습니다. 올바른 그리스도인은 전도를 할 때 당당히 그리스도인임을 밝히고, 예수님을 나의 구주로 영접한 사실을 부끄러워하지 않는 사람이라고 생각합니다.

시험공부를 하는 동안 제 마음을 사로잡은 담배라는 유혹을 이겨내고 연수원에서 찬양팀으로 섬길 수 있게 되었으나 진로문제, 결혼문제, 이성문제, 성적문제, 술문제, 돈문제, 가정문제, 건강문제 등등 다양한 유혹들이 몰려오고 있습니다. 하지만 제가 아닌 주님께서는 그것들을 이겨낼 힘을 주신다는 사실을 믿습니다. "나는 포도나무요 너희는 가지니 저가 내 안에, 내가 저 안에 있으면 이 사람은 과실을 많이 맺나니 나를 떠나서는 너희가 아무것도 할 수 없음이라." 주님께 붙어있으면 분명히 모든 유혹을 이겨낼 수 있으리라 믿습니다. 왜냐하면 그분은 전능자이시고 그분 안에는 생명과 능력이 있기 때문입니다. 두서없이 써내려간 글이지만, 하나님께서 제 인생을 인도하셨음을 부인할 수 없습니다. 미래를 준비하면서 지혜와 명철이 절실히 필요한 저와 모든 그리스도인들이 항상 주님 안에 거하며 이 세상에서 영향력 있는 하나님의 사람들이 되기를 소망합니다. 아멘.

하나님과 함께하는 공부

사법시험 준비 과정에서
하나님께 아뢰고 응답받았던
구체적인 공부방법론을 소개하며
형제자매를 사랑하는 마음으로
자신이 받았던 은혜를 나누는 글들입니다.

"여호와를 경외하는 것이
지식의 근본이거늘
미련한 자는
지혜와 훈계를 멸시하느니라"
(잠 1:7)

오직 주의 사랑에 매여

하나님을 아는 것은 저에게 가장 큰 자랑인데,
그것을 망각하고 세상에 취해서 조금씩 교만해지고 있지는 않았는지
제 자신을 다시금 생각해봅니다.

박 래 형

부경대학교 법학과
사법시험 제47회

공부를 시작하여 합격 때까지 많은 일이 있었습니다. 많은 것을 잃기도 했고, 많은 것을 포기하기도 했던 그런 힘든 시간이었습니다. 그 와중에 얻은 가장 귀한 것은 주님을 알게 된 것입니다. 처음 공부를 시작할 때는 하나님을 알지 못했습니다. 그때는 2003년 여름이었는데, 많은 방황을 하고 있었습니다. 도저히 그 당시에는 앞이 캄캄하고 아무런 밝은 미래가 없는 것같이 느껴졌습니다. 그러다가 새로운 것을 찾아 방황하던 중에 친구 성필이가 전도를 하여서 서로사랑교회에 나가기 시작하였습니다. 처음에 나갈 때는 하나님을 알아서라기보다는 그냥 다람쥐같이 돌기만 하는 저의 삶이 너무 무미건조하게만 느껴져서 새로운 자극이 필요하다는 생각으로 시작하였습니다. 그러던 와중에 하나님을 영접하게 되고, 인격적으로 만나고, 저에게 있어 가장 선하신 결과로 준비해주시는 분이 하나님이심을 인정하기까지는 많은 시간이 걸렸지만, 오직 주님으로 인해 구

하나님과 함께하는 공부 _ 231

원을 얻게 되었음은 너무 놀라운 은혜라 생각됩니다.

사실『위로자격증』이 두 번째 책으로 나온다는 이야기를 듣고 처음에는 이렇게 생각했습니다. '나와는 상관이 없는걸, 내가 무슨 자격으로….' 또 모범적인 수험생활을 했던 것도 아니고, 무엇인가 자신에 대해 드러내는 글을 쓴다는 것에 대한 부끄러움 등이 앞서, 망설이는 마음이 많이 있었습니다. 그러다가 지난 2월에 있었던 사법연수원 37기 신우회 수양회 기간 동안 마음에 감동이 와서 이제까지 써놓았던 글을 조금 정리하여 하나님을 드러내고자 하는 마음이 생겼습니다. 그래서 부담감에도 불구하고 글을 적어 보려 합니다.

교재 선택에 대해

1차교재

● 헌법은 저는 금동흠 씨의 책을 보고, 금동흠 씨의 강의를 실강으로 한 번 들었습니다. 문제집은 민경식 교수님 책을 보려고 했으나, 제대로 풀지 못해 도움이 많이 되지는 않았습니다. 마지막 즈음에 금동흠 씨의 최신판례 공개수업 테이프를 들으면서 보충하고 금동흠 부속법령강의를 들었습니다. 그 외에 판례집은 따로 보지 않았습니다. 그리고 객관식대비는 금동흠 진도별모강을 풀었습니다. 판례평석집을 보았지만 크게 도움이 되지는 않았던 것 같습니다.

● 민법은 김형배 교수님 책에 권순한 씨 강의를 들었습니다. 수업 들으면서 요해민법책을 줄긋고 복습을 한 번하고 그 이후로는 양이 너무 많아 다시 보지는 못했습니다. 그리고 김종원 핵심정리 민법을 보고 그 책을 김형배 교수님 책에 단권화했습니다. 문제집은 김형배 교수님 책을 한 번 정도 풀었고, 권순한 진도별모강을 중심으로 객관식을 대비했습니다. 따로 조문이나 판례집 책을 보지는 않았습니다. 공부 시작하기 전에 조금씩 곽윤직

교수님 민법시리즈와 이은영 교수님의 기본서를 보았습니다만, 실제 수험 기간 동안에는 보지 못했습니다. 그리고 판례 평석집과 논문집을 구해서 보려 했지만 크게 도움이 되지는 않았던 것 같습니다.

● 형법은 이재상 교수님 책에 이용배 씨 강의를 들었습니다. 문제집은 신호진 씨의 종합형법을 풀었고, 판례집은 이승헌 씨의 판례집을 보았습니다. 객관식대비는 주로 신호진 진도별모강으로 했습니다. 형법만 유일하게 판례집을 따로 보았는데, 기본서에 판례가 부족하고 또 판례비중이 크기에 형법만은 따로 판례집을 볼 필요가 있다 생각이 듭니다. 신동운 교수님의 판례백선을 총론부분만 보았었는데, 시험에 도움이 되었는지는 모르겠지만 이해에는 도움이 되었던 것 같습니다. 그 외에 박영사에서 나온 판례평석 논문집을 보았지만 도움이 안 되었던 것 같습니다.

● 경제법은 박도하 책에 박도하 씨 강의를 듣고 박도하 진도별모강을 풀었습니다. 법령집을 따로 볼 필요가 있다고 생각이 들어 박도하 법령집을 보았습니다. 개인적인 생각에는 문제집을 푸는 것이 크게 도움이 안 되는 과목이라 생각이 듭니다.

2차교재

● 헌법은 정회철 기본서에 정재성 강의테이프를 듣고, 김유향 판례집을 보았습니다. 케이스집은 금동흠 씨 책을 보려 했지만, 정회철 변호사님 책 자체에 케이스가 많이 있어서 한 번 정도만 보고 그 이후로는 보지 않았습니다. 그리고 김선택 교수님의 케이스집을 보았는데, 시간이 없어 잘 보지는 못했습니다.

● 민법은 김형배 교수님 책에 노재호 씨 책을 단권화했습니다. 판례를 다 복사해서 붙였는데, 나중에는 다시 안 보게 되는 것 같아서 괜한 수고를 했던 것 같습니다. 케이스집은 김종률 교수님 책을 기본으로 하고, 노재호 케이스랑 송영곤 케이스랑 유정 케이스를 발췌해서 보았습니다. 초시 때 민법점수가 좋아서 조금 소홀히 했는데, 재시 때 점수가 저조하게 나왔는데,

기본3법은 방심하지 않는 것이 좋은 것 같습니다.

• 형법은 정웅석 교수님 책에 이인규 씨 강의를 듣고, 이인규 씨 책은 수업 들으면서 복습만 하고 그 이후로는 양이 부담되어 보지 못했습니다. 케이스집은 이재상 케이스집을 보았고, 거기에다가 고시계, 고시연구 교수님들 사례를 복사해서 따로 더 풀어 보았습니다. 정웅석 교수님 책으로 간 이유는 책이 두 권이 되니 조금 부담감이 되는 것 같아서 바꾸었는데 처음 그렇게 갈 때는 주변에 그렇게 보는 분들이 적어 조금 망설였는데, 이재상 교수님 책을 충분히 보셨다면 그렇게 해도 문제는 안 되는 것 같습니다.

• 민사소송법은 이시윤 교수님 책에 박승수 변호사 강의를 듣고 단권화를 했습니다. 케이스집은 박승수 변호사님 것으로 했습니다. 요즘에는 이창한 씨 강의를 많이 듣는다고 하는 것 같던데, 좋다고 이야기 들었습니다.

• 형사소송법은 이재상 교수님 책에 이지민 씨 강의를 듣고 이재상 교수님 케이스집을 보았습니다. 단권화는 수업 중에 받은 자료를 중심으로 했습니다.

• 상법은 임재철 변호사님 책에 박명환 변호사 수업을 듣고 이정복 씨 강의도 테이프로 들었습니다. 케이스집은 임재철 씨 책으로 하고, 판례집은 최준선 교수님의 판례백선을 보았습니다. 상법과 민법을 전략과목으로 한다고 생각했었는데, 이제와 생각하면 잘한 것인지는 모르겠습니다. 각 과목별로 단문집을 보았는데, 이는 주로 논점파악을 위해 목차 정도만 보았고, 1차 준비하면서 간단히 본 것이라서 크게 의미가 있지는 않다 생각됩니다.

행정법

행정법 교과서 때문에 고생을 많이 했고, 자세한 글도 그다지 많지 않아서 올해는 어떤지 모르겠지만 제가 느낀 것을 간단히 올려 봅니다. 학교 다니면서 보긴 했었지만, 김동희 교수님 책은 현재 수험을 준비하면서 참고용으로 말고 주 기본서로 하시는 분은 거의 없기에 제외하고 많이 보는 이병철, 홍정선, 장태주 책에 대해서만 올리겠습니다(어찌하다 보니 3권의 책을 모두 보았습니다. 결국은 장태주 책을 주 기본서로 했습니다). 다만 이 아래의 내용은 순전히 주관적인 것이고 오직 수험에만 초점을 맞춘 서술임에 먼저 양해를 구합니다.

● 이병철 변호사님 책은 중간 중간에 판례가 많고 글자도 크고 해서 1000페이지가 넘어도 실제량은 그렇게 많지 않습니다. 가장 큰 장점은 나올 것 위주로 중요한 논점중심으로 정리가 되어 있기에 그 책에서 다루고 있는 문제가 나오면 논점 찾기가 쉽고 암기정도에 따라 고득점도 가능합니다. 이병철 변호사님의 강의 지원도 괜찮습니다. 사실 책에 빠져 있는 부분이 많다고 해도 실제 교수님 책을 보아도 X표를 치고 안보거나 예비순환이나 1순환 이후로는 보지 않기 때문에 그 차이는 크지 않습니다. 또한 논점중심으로 단권화가 비교적 되어있어 쉽게 접근이 가능하구요. 교과서를 무엇으로 선택하는지는 큰 차이가 없는 것 같습니다. 자기의 이해 정도에 달려 있죠. 다만 쉽게 서술되어 있어 정확히 이해 못하고 넘어가게 될 수 있고 - 전체의 흐름 속에서 이해를 못했음에도 이해한 것처럼 착각해서 - 교과서 편제라고 해도 전체적인 흐름을 놓치기 쉽습니다.

● 홍정선 교수님 책은 제가 잠시 보았기에 정확한 판단은 곤란한데, 주변 이야기에 의지하여 적어 보겠습니다. 판례소개가 간략히 잘 되어 있는 것 같고, 우선 다른 교과서에 비해서 학설 소개가 풍부합니다. 강의는 많은 분들이 성봉근 강사 강의가 실력 있는 강의라고 하구요^^. 교수님 교과서이기에 전체적인 흐름이나 체계에 있어서도 좋습니다. 또한 수험용을 의식하고 쓰신 책이기에 단권화가 잘 되어 있습니다. 다만 기본적인 내용의 소개는 되어 있는데, 다른 책에서 몇 줄에 거쳐 설명되어 있는 것을 단 1-3줄로 요약해서 소개해 놓은 부분도 조금 있는데 기본적인 이해 없이 이 책만으로 책 내용을 이해하는 것이 힘듭니다. 그에 반해서 홍정선 교수님 사견이나 다른 깊이 있는 이론의 소개가 다른 책에 비해 자세하지만 수험적으로 필요한 것인지에 대해서는 잘 모르겠습니다(그냥 제 생각입니다). 버려야 할 부분도 많아서 혼자서 정리하기는 힘든 점도 있구요. 다만 이런 부분은 강의

나 아니면 이미 행정법 공부를 하신 적이 있다면 크게 문제되지 않을 것 같습니다.

● 장태주 교수님은 내용을 잘 소개하고 있는 것 같습니다. 지금 학원강의에 가장 많이 보는 책인 것 같구요. 내용이 평이하다고 해도 실제 문제되는 쟁점은 다 소개가 되어 있습니다. 다만 서술이 쉽게 되어 있어 이병철 변호사님 책과 같은 단점은 어쩔 수 없는 것 같습니다. 체계나 전체적인 흐름도 교수님 교과서이기에 괜찮습니다. 단권화도 비교적 되어 있기에 내용 첨가가 그리 많이 필요한 것은 아닌 것 같습니다. 다만 책 내용이 너무 많습니다. 또한 각론 강의 지원이 별로 안 되는 상황인데, 그것도 혼자 정리하기에는 힘듭니다. 중간 중간에 개념정의가 너무 단조롭게 되어 있는 것이 몇 개 있어 다소 수험적으로 고쳐야 할 필요가 있습니다.

● 마치면서 간단히 제가 느낀 것을 적어보았는데, 도움이 될지는 모르겠습니다. 어느 책을 선택하든 단권화는 필요하고, 책에서 내용을 지우고 중요부분을 더 강조하는 방식을 원한다면 교수님 저서를, 전체적인 흐름에 대해서는 자신이 따로 채우고 빠진 부분을 채우는 방식을 원한다면 이병철 저서를 선택하시고, 교수님 저서 중에서 기본적인 내용에 대한 소개가 풍부한 책을 원한다면 장태주 교수님 저서를, 기본적인 내용에 대한 이해를 전제로 깊이 있는 공부를 원하면 홍정선 교수님 책을 선택하시는 것이 좋을 것 같습니다. 어느 책을 선택해도 상관없습니다. 기호의 차이일 뿐이라고 생각합니다. 책이 합격시켜 주는 것이 아니라 자신의 머릿속에 있는 내용이 합격시켜 주는 것일 테니까요.

1차시험

2003년 1차 사법시험을 마치고, 합격을 기대하며 한림에서 예비순환강의를 들었습니다. 2003년 4월 말이 되어서는 후4법 강의를 들었는데, 막상 시험 결과로는 떨어져 버리고 말았습니다. 그로 인해 조금 방황을 하다가 스터디를 구성하고 토익을 준비했습니다. 이때부터 교회를 나가기 시작했습니다. 토익은 이익훈 책을 보고, 김대균 실전 문제 시리즈로 객관식 감을 익혔습니다. 처음 준비해본 토익이고 듣기 같은 경우는 안 한지가 너무 오래되었기에 두려움이 많이 있었습니다. 어학용 카세트로 속도를 빠르게 하여 파트 1과 2를 받아쓰기를 했었는데, 그것이 도움이 많이 되어 듣기점수가 잘 나와서 운 좋게도 점수를 받을 수 있었습니다. 2003년 6월부터 8월말까지는 주제도 모르고 동차에 대한 욕심이 생겨서 헌, 민, 형을 2차시험을 준비한다는 느낌으로 케이스집과 단문집을 보았습니다. 지금 와서 생각하면 전혀 도움이 안 되었던 것 같습니다. 9월부터는 진도별 모강을 풀었고, 12월부터는 전범위 모의고사를 풀었습니다. 2004년 1월이 되어서는 정리과정에 들어갔는데, 저 같은 경우는 하루를 4등분해서 헌. 민. 형. 경제법을 모두 하루에 조금씩 보는 방법을 택했습니다. 1월부터 시험장에 들어가는 날까지 5회독 정도를 할 수 있었습니다.

2004년 사법시험 1차시험 며칠 전부터의 기도제목은 시험 치는 날 편안히 잘 수 있는 것이었습니다. 시험 치던 전날이었던 토요일, 기도회가 있었는데 그날 기도회에 참여해서 잠을 잘 자게 해달라는 기도 부탁을 하고 왔습니다. 샤워를 하고 10시 즈음에 잠을 자려고 누웠습니다. 이리 뒤척이고 저리 뒤척이고 도저히 잠이 오지 않았습니다. 차분한 음악을 들어 보기도 하고, 명상도 해보고, 아무리 해도 잠이 오지 않았습니다. 사법시험 1차시험은 객관식인데, 그날 풀어서 맞추어야 하는 순발력도 어느 정도 많이 요구되어 그날 컨디션이 굉장히 중요합니다. 그런데 그 전날 평소에 자던 것보다도 훨씬 적은 시간을 자야 하니 도저히 감당할 수가 없었습니다. 새벽 4시쯤에 고시원 옥상으로 올라갔습니다. 6시에 일어나서 준비하기로 했으니 2시간도 채 남지 않은 시간이었습니다. 온몸이 절망이었고, 모든 의욕이 없어졌고, 하나님에 대한 원망으로 가득 찼습니다. 정말 열심히 준비해 왔었는데, "왜 이래야 하나요. 정말 중요한 순간이었는데, 그 마지막 순간에 이렇게 하시면 어쩌십니까. 기도 부탁도 계속 해왔는데, 또 기도도 받고 왔었는데…." 많은 원망이 생겼습니다. 고시원 앞에 교회의 십자가가 보였습니다. 마음이 당장 편해지지 않았지만, 그냥 자려고 노력하는 것이 옥상에서 원망하고 있는 것보다는 좋을 것 같은 마음이 생겨 방에 내려갔고 어느덧 잠이 들었습니다.

운명의 6시가 되어 준비를 해야 했습니다. 밤 동안에는 잠이 그렇게도 안 오더니 그때는 왜 그리 잠이 많이 오던지 너무나 괴로웠습니다. 겨우 일어나 몸을 이끌고 밥을 먹고 학원버스를 타려고 기다리고 있었습니다. 너무 몸이 무거웠습니다. 같은 교회의 지체들과 시험을 치러 갔었는데, 버스에 타기 전에 기도를 했습니다. 그런데 정말 간단하게 갑자기 그때부터 힘이 생기기 시작했습니다. 다이어리에 그 당시에 제가 묵상하던 구절 몇몇을 적어 갔었는데, 이사야 41:10, 이사야 40:31, 역대상 17:8였습니다. 계속 그 것을 두고 기도했습니다. 조금씩 시간을 나누어서 힘이 들거나 집중력이 떨어질 때마다 기도했습니다. 한 과목씩 치고 갈 때마다, 그 구절을 꺼내어 보았습니다. 그렇게 헌법, 민법, 형법, 경제법을 끝냈습니다. 그리고 놀랍게도 그 순간순간에 놀라운 집중력이 발휘되었습니다. 시험을 치고 나오면서 어느 정도 합격하겠구나 확신을 할 수 있었고, 그날 바로 점수를 매겨보니 어느 정도 안정권의 점수가 나왔습니다. '마킹 실수 따위를 하지 않았을까?' 라는 생각도 들어 편한 마음은 아니었지만, 예상 커트라인보다 높게 나왔었기에 편하게 2차시험을 준비했습니다. 그리고 합격자 발표날 1차 합격을 했고, 교회에서 감사기도를 드렸습니다.

2차시험

6월까지 기본서들을 후4법을 중심해서 보고, 암기를 위주로 하였습니다. 그러나 이런 식으로 얕게 암기위주로 공부를 한 탓에 재시를 준비하면서 굉장히 힘들었습니다. 6월 시험을 치고 나서 잠시 부산에 내려갔다가 온 뒤 학원 1순환 강의에 맞춰서 올라 왔습니다. 학원강의를 들으면서 복습을 하고,

기본 이론 이해와 줄긋는 데 중점을 두었습니다. 그리고 답문집이나 고시계에 나와 있는 중요문제 정리된 것을 중심으로 a, b, c급 문제로 나눠서 표시를 해놓는 작업을 하였습니다. 케이스집을 보고 싶은 욕심이 있었는데, 예비 순환 때 제대로 줄을 그어 놓지 않았고, 또 작년에 보았던 책을 모두 바꾸었기에 단권화하는 데 너무 시간이 많이 걸려서 엄두를 못 내었습니다. 그리고 헌, 민, 형은 학원수업을 듣지 않고, 테이프를 위주로 들었습니다.

2순환 때는 강의 테이프를 들으면서, 학원에서 모의고사를 치는 방식으로 했습니다. 조금 더 단권화를 완성하고, 중요한 목차와 키워드를 이때부터 암기했습니다. 그리고 케이스집도 이때부터 보기 시작했습니다. 케이스집은 먼저 목차와 서론을 잡아보고, 책을 보는 방식으로 했습니다. 그리고 쉽게 이해 안 되는 부분은 표시를 해 놓았습니다. 나름대로 a, b, c를 케이스집도 나누어서 중요도를 표시해놓으려고 해보았습니다. 다만 a, b, c급 문제에 대해서 조금 언급하자면 수험생은 하나라도 나온다면 다 준비해야 하는 것이 어쩔 수 없긴 하지만, 어느 정도 강약을 줄 필요는 있다고 생각해서 그렇게 표시를 하였지만, 나머지 부분도 마지막을 제외하고는 계속 보았었던 것 같습니다. 그리고 저는 모든 경우를 그렇게 하지 못했지만, 단문의 경우는 미리미리 조문과 교재내용을 비교해가면서 목차 현출 연습을 해놓으면 불의타 대비에 도움이 많이 될 것 같습니다.

3순환 때는 아침에 시험을 치고 강평을 들으면서 정리를 해나갔습니다. 케이스집을 보고, 이때부터 형광펜을 이용해서 개념은 분홍색, 학설키워드는 녹색, 판례키워드는 파란색, 목차 암기할 것은 갈색 이런 식으로 원래 펜으로 줄을 그어 놓은 것 위에 더해 표시를 했습니다. 5월이 되면 학원강의도 끝이 나고 4순환이 시작됩니다.

4순환부터는 보통 4, 2, 1을 한다고 하던데, 주일에 공부를 해야 가능한 것인데 저는 주일예배는 꼭 드려야 한다고 생각했고, 어느 정도 쉬어야 된다고 생각해서 주일은 공부를 안 하는 것을 원칙으로 했습니다. 그 대신에 5, 2를 해서 과목에 따라 조금을 줄이거나 늘려 마칠 수 있었습니다.

시험 4일 동안은 너무 육체적으로 힘이 들었고, 정신적으로 너무 피곤했습니다. 주변 분들께 육체의 강건함과 정신의 안정을 위해 많이 기도부탁을 했는데, 감사하게 무사히 치를 수 있었던 것 같습니다. 첫날인 21일부터 끝나는 24일까지 4일간 12시간 정도 잤었는데, 육체적, 정신적으로는 너무 힘이 들었었지만, 계속 주님께 의지하며 시험을 치를 수 있었습니다. 그때 주로 묵상한 것은 이사야 41:17, 이사야 41:10, 이사야 40:31, 마태복음 21:22, 시편 37:4-6입니다. 힘이 없을 때마다 수첩에 따로 적어 놓은 이 구절에 의지하며 시험을 준비했었습니다. 많은 의지와 마음의 평안을 누릴 수 있었습니다. 2차 공부를 들어가면서부터는 시간활용을 잘 해야 할 필요를 느껴서 다이어리에 공부에 집중한 시간을 기록하였습니다. 독서실 자리에 앉아 책을 볼 때부터 시작해서 잠시 일어나거나, 다른 생각을 하면 시간을 표시해놓고, 다시 공부를 시작하면 그 시간을 표시하는 방법으로 하루하루를 체크해 나갔습니다. 제 경우 운동은 따로 시간을 내기가 힘들어서 아침에는 고시원에서 제가 있는 독서실까지 뛰어가는 것과 저녁에 올 때 독서실에서 고시원까지 뛰어가는 것으로 대신하였습니다. 사법시험 2차시험의 경우는 수험기간이 1년 이상이 되고, 불확실한 미래에 대한 걱정과 공부량이 주어진 시간만으로 하기에는 충분치 못하다는 문제점이 있어 의지가 강하다고 하여도 정신적으로 많이 힘듭니다. 또한 스트레스에 기인해서든, 수면부족에 기인해서든, 운동부족에 의한 것이든, 육체적으로 굉장히 많이 힘듭니다. 수험기간 동안 주변의 많은 동료들이 흔들리거나 포기하는 것을 보았습니다. 결과에 상관없이 저로서는 벅찬 공부에 포기하지 않고 집중할 수 있었으며, 제 자신에게 방해되는 아무런 일이 생기지 않고 평범하게 공부를 할 수 있었다는 것은 놀라운 주님의 능력이라고 생각합니다.

글을 마치면서

두서없는 저의 글을 읽느라고 수고하셨습니다. 제가 경험한 하나님의 사랑과 은혜를 여러분에게 나눠 드릴 수 있는 기회가 되었으면 하는 마음에 글을 시작하였지만 많이 미흡하기만 한 것 같습니다. 이 글은 이제껏 써놓았던 간증과 사법시험을 준비하는 희망 있는 사람들의 모임 게시판에 제가 올렸던 글들을 정리하고 다시 쓴 것입니다.

시험에 합격하고 나서 하나님 앞에 좀 더 나가야 하는데 그러고 있나? 라고 반문해보면 부끄러움이 많이 앞서는 것도 사실이긴 합니다. 하나님을 아는 것은 저에게 가장 큰 자랑인데, 그것을 망각하고 세상에 취해서 조금씩 교만해지고 있지는 않았는지 제 자신을 다시금 생각해봅니다. 이 글을 쓰고 있는 지금은 2월인데, 앞으로도 연수원에서 많은 시험이 있을 것 같다 생각됩니다. 그러나 오직 주님께 의지하며 믿음의 동역자들과 함께 잘 해 나갈 수 있을 것 같다는 기대도 막연히 듭니다. 이번 기회에 주님을 더 바라볼 수 있길 바라고, 저의 상황도 주님께 더 나아가기 좋은 상황이 많이 생겨서 제가 가지고 있던 신앙의 깊이가 조금만 더 커져갔으면 좋겠다고 생각합니다. 하나님을 믿는 99%의 믿음이어서 1% 때문에 주변상황에 따라 흔들리는 것이 아닌, 100%믿음이어서 저 하나에만 국한됨이 아닌 저뿐만 아니라 주변에 대해 크게 영향을 미칠 수 있는 200%의 믿음을 가지게 되길 바랍니다. 여러분을 축복합니다.

위로자격증을 얻는 방법

결국 문제의 답은 스스로가 찾아야 하겠지만,
실패를 경험한 나와 지금도 힘들어하는 나의 친구들의 경험을 통해
'수험생 스스로가 원인을 찾고 깨달음을 얻는 여정'에 도움이 되고 싶다.

박 종 명

서울대학교 법학과
사법시험 제45회
공익법무관

합격하는 이유, 불합격하는 이유

해마다 찬바람이 불 때면 사법시험 2차 합격자 발표가 있다. 이번에도 역시 수험생은 합격자와 불합격자로 나뉘게 되었는데 나는 후자에 더 관심이 갔고 '무언가'를 해야겠다는 의무감을 느끼게 되었다. 나는 지금은 사법시험을 합격하고 사법연수원을 수료한 법조인이지만 당연한 과정으로서 얼마 전까지 사시수험생이었고 1, 2차시험을 각 2회 불합격한 경험이 있다(즉, 실질적으로도 1, 2차 각 1회의 '실패'를 경험한 셈이다).

불합격은 참으로 견디기 힘든 고통이다. 좌절의 아픔과 실패의 고통을 경험한 나는 지금 아픔을 겪고 있는 분들을 위해 내가 경험한 실패와 극복, 그 과정에서 얻은 작은 깨달음들을 나누고 싶다.

글의 구성

글을 읽다 보면 여느 합격기나 수험안내서에 강조되어 있는 중요한 내용들이 빠져있는 것을 보고 의문을 가지게 될 수 있다. 그것은 내가 빠뜨린 탓이다. (독자들의 소중한) 시간관계상 적게 쓰려면 '정작 중요한 것' 중 '많이들 얘기하는 것' 보다는 '많이들 빠뜨리는 것' 부터 쓰는 것이 효율적이기 때문이라는 생각에서이다. 먼저 불/합격하는 이유에 관한 내용, 시험에 임하는 자세, 삶의 습관, 명상하는 방법 등을 생각해보고 그 후에 여유가 된다면 '법학공부' 일반에 관한 얘기를 하게 될 것이다.

예화 – 수험생 A & B

사법시험 2차는 7과목, 각 40점(과락)을 넘겨야 한다. 사실상 면과락자 중 불합격하는 경우는 많지 않으므로 면과락=합격으로 얼추 볼 수 있다. 2차 수험생 A와 B가 있다. A의 점수는 40, 41, 45, 42, 42, 48, 50. 평균 44점. B의 점수는 50, 60, 55, 70, 50.5, 65, 39.5. 평균 55점. 커트라인이 45회 사시와 같이 42.64였다면 결과는 A는 합격, B는 그 반대이다. 평균점수, 총점은 B가 월등히 높지만 B는 형소법에서 과락을 받았기 때문이다.

A와 B의 차이

사법시험을 본 사람이라면 위의 예화가 예외적인 케이스가 아니라 오히려 전형적인 케이스라는 것을 알 것이다. 억울하겠지만 차가운 현실이다. 왜 이런 일이 생기는 것일까? A와 B 중 과연 누가 더 실력이 있는 사람일까? B는 다음 시험을 위해 무엇을 어떻게 준비해야 하는 걸까? 가정이지만, 만약 A의 공부가 모자랐다면 A의 점수는 40, 41, 42, 42, 41, 44, 42. B가 공부를 더 열심히 했다면 B의 점수는 70, 65, 75, 60, 38, 65, 70. 이런 식으로 나왔을 가능성이 많다. 즉, A는 여전히 면과락, 불합격해도 덜 억울할 테지만 B는 점수가 수석보다 높음에도 이번엔 민소법 과락으로 고배를 마신 것이다. 불합격자 중에는 수석합격자보다 고득점한 경우가 왕왕 있다. A는 공부를 더 열심히 하면 되지만 최선을 다한 B로서는 정말이지 할 수 있는 것, 얻을 수 있는 교훈조차 없음에 소주잔을 기울일지도 모른다.

이유

실패한 사람은 그 원인을 알아야 한다. 원인을 발견하지 못하면 실패는 반복되기 마련이다. B가 계속 시험을 보다 보면 합격하는 날이 올까? 그렇지 않다는 게 나의 생각이다. A와 B는 분명 다른 종류의 사람이고, A의 합격에도 B의 불합격에도 분명 그 이유가 있다. B가 그 원인을 찾을 수만 있다면 합격하는 것은 쉬울 것이다. 짐작하겠지만 B가 불합격한 이유가 절대로 '공부가 부족해서'는 아니라는 것이다.

이유를 찾아서

내 친구들의 경우를 보면 2차시험에 불합격한 사람은 대부분 B와 같은 스타일이 많다. 사람마다 차이가 있기에 불합격의 이유에 대해 내가 "이것이다"라고 말할 수는 없을 것이다. 결국 문제의 답은 스스로가 찾아야 하겠지만, 실패를 경험한 나와 지금도 힘들어하는 나의 친구들의 경험을 통해 '수험생 스스로가 원인을 찾고 깨달음을 얻는 여정'에 도움이 되고 싶다.

공부, 삶, 자아상 – 그 안의 차이들

A와 B의 예화 – 주변 사람들의 반응

앞서 예화의 A와 B를 비교해보자(자신이 아는 구체적 인물을 떠올려보거나 독자 스스로가 어느 유형인지 생각해보면 쉽다). 원래 A와 B를 아는 주변 사람들의 결과에 대한 반응은 엇갈린다. 하나는 결과가 납득하기 어렵고 도무지 이상하다는 것이다. 갸우뚱. 다른 하나는 그럴 만하다, 예상했다는 끄덕임.

반응의 근거 - A와 B의 어떤 점을 보았을까

갸우뚱하는 사람은 아마도 A, B의 모의고사 점수, 학점, 박식함, 얼마나 시험에 매달리고 집중(집착)하는지를 보고 판단했을 것이다. A는 좀체 공부에 관심이 없는 사람처럼 보이는데 반해, B는 모의고사 때도 항상 밤을 새고 데이트도 안 하고 시험이 가까워 오면 밥도 잘 못 먹는다. 공부할 때의 모습을 주로 보는 사람, 가령 같은 스터디 멤버라면 갸우뚱 반응을 보일 것 같다. 끄덕이는 사람은 아마도 평소 A, B의 얼굴표정이나 기분, 자세를 보고 판단했을 것이다. 언제 봐도 A는 자신만만하고 합격이 기정사실(기한)인 양 향후 계획을 밝히며 친척들이 뭘 물어보면 - 결론은 틀려도 자신 있고 조리 있게 자신의 생각을 얘기한다. 반면 B는 늘 불안하고 시험걱정을 하며 판검사는 딴 세상 사람인 양 아예 얘기도 꺼내지 않는다. 오로지 시험생각만을 하는 것이다.

고시공부의 문외한인 친척들은 A는 믿는 구석이 있나 보군, '곧 큰 일 할 녀석일세'라고 느끼고 B는 '아직 공부가 부족해서 이번엔 어렵겠구먼' 하고 느낄 가능성이 많다. 즉 A, B의 삶을 보는 사람은 끄덕임 반응을 보이는 것이다.

자아상

인간의 심리와 자아상에 관해서는 많은 연구가 있고 그 중에서는 이런저런 생각을 가진 사람이 10년, 20년 후에 어떻게 되어 있는지를 추적해 조사하는 방법(추행 조사법)도 있다. 여기서 이에 관해 엄밀히 증명할 수는 없겠지만, 대체로 다음과 같은 결론에 동의하며 필자는 스스로의 체험을 통해서 확신하고 있다.

현실적인 노력을 하는 사람은 스스로가 규정짓는 이상적인 자아상으로 되어간다. 이는 두 가지를 의미한다. '행위' 면에 있어서 현실적인 노력이 있느냐 없느냐. '영혼' 면에 있어서 긍정적인 자아상이 있느냐 없느냐. 이 두 가지 모두에 YES 하는 사람은 그대로 될 것이고 하나라도 NO 하는 사람은 스스로를 바꿀 필요가 있다. 긍정적인 자아상을 다르게 말하면 '목적'이다. 모든 노력은 목적을 향해서 투입되어야 의미가 있다.

B의 문제

B는 자신의 자아상을 현재의 고달프고 애처로운 모습에 고정시키고 있다. 목적이 없는 삶이다. 좋은 자동차에 연료를 가득 실었지만 목적지가 없이 기어를 N(중립)에 놓고 가속페달만 밟고 있는 사람과 같다. 한 발자국도 앞으로 나갈 수 없고 시간이 지나면 연료도 떨어지고 차도 낡을 것이다. 나쁜 차에 기름이 얼마 없어도 목적이 있어 기어를 D에 놓고 엑셀을 밟는다면, 그리고 적절히 핸들을 돌린다면 최소한 어제보다 나은 오늘을 볼 수 있을 것이다.

해결의 실마리

출발점을 바꿀 수는 없다. 지금 내가 가진 차와 연료로 출발하는 것이다. 그러나 머물러 있는 사람과 변화하는 사람의 차이는 크다. '목적을 가지고 노력하는 나'를 만들어 보자. 이 글에 이어서 두 편의 글을 예정하는데, 하나는 '목적'을 정하고 그런 '자아상'을 유지하는 방법이요, 다른 하나는 적절히 핸들을 돌리는 방법이다. 최선을 다하는 것의 중요성이나 아주 열심히 공부하는 사람의 아름다움 등에 관해서는 쓰지 않을 터인데, 그것은 매우 어렵고 필자 스스로도 잘 모르기 때문이다. 나는 쉬운 방법만 소개하려고 한다. 방법을, 노력을 덜 들이면서 효과를 더 보게 하는 기술이라고 정의한다면, 빠레토 효율적이지 아니한 방법은 방법이 아니라고 믿기 때문이다.

위로자격증을 따는 방법

긍정적인 자아상

사법시험의 합격은 기술이나 사건이 아니라 목적을 향해 나아가는 삶의 한 과정이기에 긍정적인 자아상이 필요하고 이는 숙고하여 얻어진 구체적인 것이어야 한다. '왜 사는가?' 보다는 '무엇을 하며 어떻게 살 것인가?' 를 고민하는 시대이지만, '왜 사는가' 는 여전히 중요하다. 가령 돈을 벌기 위해 식당을 하는 사람과 맛을 내기 위해 식당을 하는 사람 중 후자가 부자가 된다는 것은 확실하다. 마찬가지로 사법시험에 합격하고 싶은 사람과 시험에 반드시 합격해야 하는 이유(목적, 사명)가 있는 사람이 있다면 후자가 합격하는 것이다.

자아상을 만드는 방법

이제 기술적인 얘기를 해보자. 자아상은 구체적일수록 좋다. 막연히 판사, 국제변호사, 인권변호사라고 생각하기보다는 '그림을 그리듯이' 생각한다. 여기에는 과정에 대한 의심은 필요하지 않다. 즉, '다 되었다' 는 전제에서 원하는 결과만을 생각한다. 가령, 자신이 어떤 분위기의 방에서 어떤 옷을 입고 누구와 어떤 말을 한다. 눈에 보고 그리듯이. 마라톤 금메달리스트들은 예외 없이 명상하는 습관이 있는데 이들의 평소 머릿속에는 고된 훈련과정은 없고 '단상 위에서 금메달을 목에 거는 장면' 만 있다. 이들의 자아상은 처음부터 고된 훈련생이 아니라 금메달리스트였다. 수험생에겐 다음의 장면이 도움이 된다. 합격자 명단에서 자신의 이름을 발견하는 장면, 연수원에 정장을 차려 입고 입소하는 장면, 설경구(검사)가 되어 정준호를 잡는 장면. 그때의 벅찬 '느낌'.

Think => Feel => Act

가장 중요한 것은 'Feeling'이다. 메달을 목에 걸었을 때의 느낌을 스스로에게 주입하는 것. 필링을 가지면 뇌가 의식/무의식, 신경, 호르몬, 모든 것을 동원하여 필링에 맞는 자신을 만든다. 필링은 생각에서 나온다. 정리하면, 사람은 생각하는 대로 느끼고, 느끼는 대로 행위하고 그 결과로 존재한다. (Ich denke, so ich bin.) 쉬운 예를 들어보자. 뚱뚱해서 다이어트를 하고 싶은 사람이 있다. 그녀는 아이스크림을 먹으며 낮잠을 자고 싶지만 꾹 참고 현미밥과 헬스클럽으로 하루를 보낸다. 결과는 어떨까? 99% 실패다. 스트레스 때문이다. 하고 싶은 일을 참으며 언제까지 살 수는 없다. 즉, 사고/감정과 반대로 행위하며 살 수는 없다. 그녀가 진정으로 다이어트를 원한다면 아이스크림을 먹고 싶기보다는 추운 날에도 한강을 뛰고 싶어야 한다. 그렇게 느끼기 위해서는 그렇게 생각하는 수밖에 없다. 즉, 스스로 달콤한 게 싫고 공복감과 땀을 즐기는 사람이라고 생각하면 그렇게 느끼게 되고 행동하게 되는 것이다.

맑은 정신을 유지하는 방법

명상, 묵상(Meditation)은 요즘 유행처럼 흔한 말이지만 오해도 많다. 모든 것을 비우라는 등 막연하고 어렵게 설명한다. 흔히들 말하는 것처럼 '비우면' 어떻게 될까? 그냥 멍하게 있다 보면 정신이 맑아질까? 오히려 온갖 잡념으로 머리가 혼란스러울 것이다(악화가 양화를 구축한다). 더구나 비우고 나면 그 다음엔 무엇으로 채운단 말인가. 불가나 도가에서 말하는 무념무상의 경지가 과연 있는지는 의문이지만, 그냥 멍하게 있는다고 무념무상이 되지 않는 것은 확실하다. 나는 명상을 하며 사는 사람 중 한 명인데, 모

든 종교와 사상에 공통되는 진정한 명상의 방법은 '비우는 것'과는 정반대
이며 의외로 간단하다.

meditation = focused thinking

명상을 하는 이유/목적은 잡념을 없애기 위해서이다. 잡념이란 깨끗한 생
각, 목적에 따른 생각을 제외한 나머지 생각이다. 그러므로 자신이 의도(목
적)하는 것에 생각과 정신을 집중하는 것, 집중된 사고작용이 바로 명상인
것이다(여기서 우리는 목적이 없다면 명상도 없다는 것을 알 수 있다).

어려우신지? 놀랍게도 우리 모두는 명상하는 방법을 정확히 알고 있다.
평소 다음과 같은 생각을 해본 적이 있는지? 시험에 떨어지면 어떻게 하나,
내일도 지각하면 큰일인데, 아무래도 이번 남자친구와도 오래 못 갈 것 같
아, 시험 때 배탈 나면 어쩌지 등등. 이런 '생각'을 하며 불안한 '필링'을 느
껴본 적이 있는지? 그리고 그런 느낌이 실현된 결과를 보며 괴로워한 적이
있는지? 있다면 오늘부터 '같은 방법'으로 정반대로 생각하면 된다. 이번엔
꼭 되겠군. 내일 아침은 일찍 일어나겠군.

하루 일과를 보내는 방법

이제 하루하루를 보내는 방법이다. 생각/감정은 목적/결과를 응시한다.
그리고 순간순간은 지금 할 수 있는 최선을 다한다. 지난주 내내 놀아서 진
도가 밀렸다거나 다음주 모의고사는 어떻게 볼까 따위의 생각은 잊어버리
고 오늘 내가 할 수 있는 공부만 하자. 그러면 곧 합격자 명단에서 당신의
이름을 볼 것이다.

> Therefore do not worry about tomorrow, for tomorrow will worry about
> itself. Each day has enough trouble of its own. (Matthew 6:34)

나의 나 된 것은 주님의 은혜니

주님은 아무 공로 없는 나에게
친구이셨고, 선생이셨으며, 아버지셨다.

송 윤 정

연세대학교 법학과
사법시험 제46회

　　　　　　　　　"와! 송윤정 있다." 내 평생 아버지의 이렇게 기
뻐하시는 모습을 본 적이 없다. 차마 내 이름을 확인할 수 없기에 아버지께
컴퓨터를 내어 드린 지 얼마 안 되어 부모님과 나는 눈물로 얼싸안고 기뻐했
다. 그 후 난 그 자리에 엎드려 눈물로 합격케 하신 하나님께 감사의 기도를
올려 드렸다. 지금 와 돌아보면 연세대학교 지방분교 출신인 내가 2년 반이
라는 시간으로 합격할 수 있었던 것, 공부에 관해 도움 줄 사람 한 명 없이
홀로 고시촌에 있으면서도 행복할 수 있었던 것, 집에 정기적인 수입이 없음
에도 부족함이 없는 생활을 할 수 있었던 것, 건강히 공부할 수 있었던 것,
모두가 주님의 은혜였다. 주님은 아무 공로 없는 나에게 친구이셨고, 선생이
셨으며, 아버지셨다.

두려움과 열등감의 1년

휴학 1년 동안 난 참 치열하게 살았다. 우리나라에서 인재란 인재는 다 모이는 곳에서 내 모습은 너무나 초라했고 열등감 속에 점점 혼자만의 생활을 계속하며 1년을 보냈다. 하루 24시간 내내 말 한 마디도 하지 않고 지나가던 때도 많았다. 학원 수업 후 빈 방에 들어와 두려움으로 매일 울다가 잠이 들곤 했다. 학교에 다니면서도 학교학보사(연세춘추) 활동이 주가 돼 법 공부를 별로 하지 않아 학원 강의는 정말 모두가 어렵고 생소했다. 어려워도 물을 사람이 없었기에 더욱 답답했고 내가 할 수 있는 것은 남들보다 더 열심히 한다는 생각으로 시간을 쪼개가며 열심히 하는 것뿐이었다. 그러나 이 때도 난 완전히 주님 앞에 엎드리지 못했다. 신계교회에 출석하면서 수요정오집회도 참가하면서 말씀과 찬양을 통해 은혜를 받았지만, 여전히 주님보다는 내 힘으로 하려는 생각이 더 컸다. 그렇게 내가 할 수 있는 최선을 다해 1년을 보냈지만 2003년 처음 본 1차시험에서 난 합격점에 근접하지도 못한 점수로 떨어졌다.

졸업 마지막 학기를 위해 복학해 학교를 다니며 막연히 다시 보겠다는 생각으로 수험서를 잡았지만 내 모습은 어느새 하나님을 바라보고자 하는 마음도, 엎드리고자 하는 마음도 상실한 채 패배감에 포기하고픈 생각이 커 제대로 된 생활을 하지 못하고 7월에 졸업을 했다.

새벽기도의 시작과 꿈을 통한 확신

졸업 후 정말이지 고시촌에 다시 오고 싶지 않았지만 결국 다시 고시촌에 들어왔고 난 이때부터 새벽기도를 시작했다. 하나님께 두 손 두 발을 다 든 후의 결심이었다. 하나님이 아니면 도저히 할 수 없다는 생각이 간절했고, 못난 딸을 위해 1년 전부터 새벽기도를 하시는 부모님에 대한 죄송함이었다.

그렇게 새벽기도를 시작한 지 1달 정도가 지났지만 여전히 난 합격에 대한 불안과 두려움에 새벽에 가 매번 울고 오곤 했다. 주님께서는 이런 내가 불쌍하셨는지, 어느 날 밤, 합격하는 꿈을 꾸게 하셨다. 꿈에서 눈물로 감사 기도를 하면서 잠에서 깼는데 꿈이 너무도 생생해 새벽기도를 가면서도 잊혀지지 않았다. 하지만 그때까지만 해도 토익도 패스 못한 내가 합격이라니. 내 안에서 자조 섞인 음성이 들렸고 그 순간 놀라운 일이 펼쳐졌다. 내 발 앞에 놓인 합격증서 때문이었다. 순간 어안이 벙벙했다.

사정은 당시 모 학원에서 실제 사법시험 합격증을 사진 찍어 손바닥 정도의 크기로 광고전단에 실었는데 고시촌의 합격을 간절히 원하는 누군가가 그 부분을 오려 가지고 다니다 땅에 떨어뜨렸고 그것이 내 발 앞에 놓이게 된 것이었다. 순간 전율이 흐르며 살아계신 하나님을 느낄 수 있었다. 난 나 혼자 힘들고 슬프고 눈물 흘리는 줄 알았는데, 주님은 내가 모르는 상황에서도 나와 함께 아프시고 슬프셨다는 것을 체험했고, "네 맘 다 안다. 딸아 울지 말고 나를 믿으렴" 하시는 주님을 느낄 수 있었다.

그날 이후 난 내가 합격할 것에 대해 의심하지 않았다. 문제는 시기뿐이라는 생각을 했고, 새벽마다 두려움으로 인한 기도 대신 아무 공로 없이 보잘것없는 날 너무도 사랑하시는 하나님께 감사해 기도하며 눈물 흘렸다. 그리고 혼자의 생활을 접고 일요일에는 청년부의 형제자매들과 교제하며 지냈다.

기도의 맛

몇 개월 새벽기도를 하면서 전적으로 하나님께 의지하는 기도를 드렸다.

말씀 3장을 읽지 않으면 책을 펴지 않았고, 학원 강의를 들을지 말지에 대한 것부터 교재를 무엇으로 볼지, 잘 모르는 부분에 대한 이해까지 전부 시시콜콜하게 다 기도했다. 물을 사람이 없었기도 했지만 하나님만이 내 길을 아신다는 믿음으로 기도했고 기도 후 주시는 깨달음대로 실행에 옮겼다. 그리고 주님이 주시는 확신이란 생각이 들면 결정을 바꾸지 않았고 말씀과 일상의 일에서 하나님의 뜻을 놓치지 않으려고 애썼다.

그리고 든든한 기도 후원자이신 부모님께도 구체적으로 기도 부탁을 드렸다. 이러한 기도 덕분에 수험상의 시행착오는 거의 없었다.

1차 합격

토익도 8월에 패스하고 본격적으로 수험준비는 9월부터였음에도 2004년에 합격했다. 시험 당일 새벽에 예배를 드리고 마지막 '나의 모습, 나의 소유, 주님 앞에 모두 드립니다' 라는 찬양을 부르며 나도 모르게 뺨이 홍건해졌다. 아무것도 드릴 것 없는 나라서 내 모습이 드려지길 바라는데, 드리기엔 너무나 보잘것없고 연약한 나이기에 죄송했기 때문이었다. 막판 정리 중 받은 이사야서 41장 10절에 의지해, 항상 실전에서 약해 생긴 객관식 공포를 극복했다. 펜이 떨려 제대로 시험을 못 보는 경우가 많았는데 말씀에 의지해 "주님, 의의 오른손으로 붙잡아 주세요"를 외치며 차분히 시험에 응했고, 그 결과, 커트라인에 넘치는 점수로 남들보다 일찌감치 2차를 준비했다.

합격발표 당일 청년부에서 간 산기도에서 태어나 처음으로 나로 인해 하나님이 기뻐하신다는 걸 느낄 수 있었다.

2차 합격

2차는 정말이지 고된 과정이었다. 매 순환이 거듭할 때마다 엄청난 진도와 과연 내가 이 모든 걸 이해해 시험에서 쓸 수 있을까 하는 의구심이 들었다. 양은 많은데 시간은 부족해 시간 전쟁과도 같았지만, 새벽기도와 성가대를 하면서 말씀과 찬양으로 하루하루 살 수 있었다. 매 순간이 거듭할수록 주님은 나에게 넘치는 지혜를 주셨다.

2차 막판 정리기간 중 받은 여호수아 1장 말씀에 의지했다. 광야를 지나

약속의 땅으로 들어가기 전 하나님이 여호수아에게 약속하셨듯이 고시공부라는 광야를 지나 합격을 하기 전 "두려워 말며 시험에 응해라. 네가 내 말씀대로 행하고 치우침이 없다면 너의 길이 형통하리라"는 주님의 음성을 말씀을 통해 들을 수 있었다.

시험을 보고 예년보다 좀 어려웠다는 생각을 지울 수는 없었지만, 주님의 도우심을 생각하면서 주님을 믿기에 합격할 수 있다는 생각을 했다. 그리고 그 믿음대로 재시도 합격했다.

여호와는 나의 목자시니 내가 부족함이 없으리로다

고시공부 시작 당시만 해도 아버지는 두 번의 폐 수술 끝에, 하시던 영세사업을 그만두셨다. 결국, 우리 집은 정기적인 수입이 없었지만 주님은 놀라우신 방법으로 내가 고시를 준비하면서 물질로 어렵지 않게 하셨다. 그리고 주님은 우리 가정을 회복시키셨다. 매주 마지못해 일요일 예배에 겨우 참가해 믿음의 연수는 길었지만 형식적인 믿음을 지닌 가정의 못난 딸을 위해 난생 처음 새벽에 아버지께서 무릎을 꿇으셨고, 온 가족이 모든 공예배와 가정예배 교회봉사로 기쁨의 참맛을 느끼게 되었다. 그 과정에서 대학입학에 실패했던 동생도 대학에 입학해 장학금을 받으며 학교에 다니고 있다. 단지 기도했을 뿐인데 주님은 넘치는 축복을 허락하신 것이다.

공부 방법

공부하면서 연수원 신우회가 펴낸 『위로자격증 Ⅰ』이라는 책을 많이 보았다. 같은 하나님의 자녀들이 공부할 때 받은 은혜들은 힘들고 지칠 때마다 힘이 되었고, 공부 방법은 나의 계획의 지표가 되었다. 언젠가 나도 이 책에 나의 글을 실을 수 있는 날이 오기를 간절히 바랐는데, 이렇게 현실이 됐다.

다시금 주님께 감사드린다.

공통사항

사법고시는 무엇보다 양이 많은 공부다. 그렇기에 1, 2차 모두 한 번 선택한 책은 중간에 바꾸지 않았고 각 과목당 한 권의 책으로 압축해 공부했다. 특히 2차의 경우에 처음 시작할 때 의욕이 앞서서 대부분 "다들 똑같은 책과 같은 강의를 듣고 시험을 보면 같은 답안으로 경쟁력이 떨어지지 않나?" 라고 생각한다. 그러나 2차는 더더욱 창조적 답안을 요구하는 시험이라기보다는 얼마만큼 중요 논점을 정확히 잘 정리하고 있느냐가 당락을 좌우하며, 그렇기에 모두 같은 책을 본다 해도 떨어지는 사람과 붙는 사람이 있는 것이라고 보인다.

생활의 단순화가 중요하다. 많은 양을 빨리 보는 방법은 그만큼 공부시간의 확보가 중요하다는 얘기가 된다. 난 새벽기도를 했기 때문에 특히, 아침에 강의를 많이 들었고 그래서 나름대로 집중이 잘되는 저녁 시간에 혼자 정리의 시간을 충분히 가질 수 있었다. 공부는 10시간 이상했고 독서실에 앉으면 밥 먹을 때까지 웬만하면 일어나지 않았다.

수면시간에 대해서는 5-6시간 정도 잤다. 근데 지금 와 생각하면 충분한 수면시간을 확보하는 것이 효율적인 공부에 적합하다고 생각된다. 부족한 수면시간 때문인지 1, 2차 모두 막판에 몸이 많이 힘들어 오히려 더 강도 높게 해야 되는 막판정리 기간에 10시간 가까이 잠을 자야 했다.

스터디는 선택사항이다. 1차는 혼자 했고, 2차도 혼자 하려다 2차에서는 필수라는 부담 때문에 학원에서 구성해주는 스터디에 들어갔지만 2달여 정도 하다가 그 후 밥터디 정도하면서 쭉 혼자 공부했다.

예습보다는 복습위주로 공부했고, 오전 오후 저녁으로 나눠 공부시간을 정해 공부했다. 체력관리는 1차의 경우는 하루 30분 정도 헬스를 했고, 2차의 경우는 시간이 너무 부족해 보약 등을 충분히 먹었다. 그리고 일요일은 아침에 예배 후 공부를 하기보다는 부족한 잠을 자거나, 사우나를 하거나,

읽고 싶던 책 등을 읽고 먹고 싶은 음식을 먹으면서 쉬었다. 그 당시에는 쉬면서도 공부부담이 있어 맘이 편하지는 않았지만 일주일 중 하루 정도는 머리를 쉬게 하는 시간이 필요한 것 같다.

1, 2차 모두 신림동에서 학원 강의를 따라가며 공부했다. 특이점은 여러 강사의 강의를 두루 듣기보다는 한 강사의 강의를 반복해 들어서 이해하려고 했다.

1차 공부 방법

처음 공부하는 사람이면 목차를 따로 오려 보면서 부담 없이 1독할 것을 권한다. 혼자 보기 어려우면(경험상 어려울 것이다) 강의테이프를 구입해 들으면서 강사들이 강조하는 부분을 눈여겨 둔다.

민법의 경우는 다른 과목에 비해 양이 방대해 초반에 잡아 놓지 않으면 막판까지 잡히지 않는 과목이다. 그래서 기본강의가 3월부터 시작하기 때문에 1월, 2월은 민법강의(김준호 저)와 기출문제집을 보면서 얇은 요약집을 사서 거기에 조금씩 정리하면서 정독했다. 이렇게 정독 후, 기본강의를 들으면서 민법의 경우는 서브노트를 했는데 민법정리에 도움이 많이 됐고 이때 노트는 2차 공부에도 도움이 됐다.

기본강의기간(3-6월) 중에는 기본서의 정독이 중요하다. 강의를 충실히 따라가면서 스스로 이해하려는 노력을 해야 된다. 단권화는 적어도 2회독 후부터 시작하는 것이 좋다.

집중강의 기간(7-8월)은 테이프 등을 활용해 빠르게 회독수를 올렸다. 기본강의기간을 충실히 보냈다면 이때부터 공부의 속도가 붙을 것이다(테이프를 8-10개까지 들었다). 그리고 이때부터 하루에 2시간 정도 두꺼운 문제집을 풀기 시작했다. 판례집은 따로 보지 않았다. 최대한으로 양을 줄인다는 생각으로 기본서상의 판례에 강의 자료나 문제집상의 추가판례를 가필했다.

모강기간(9-11월)에는 무엇보다 끝까지 시험을 보는 것을 잊지 말아야 한다. 그러기 위해서는 이때만큼은 예습을 위주로 공부해야 한다. 특히, 중요한 것은 틀린 지문, 아리송한 지문은 꼭 기본서를 펼쳐서 확인해야 한다는 것이다. 결국 모강은 예습하면서 1독, 강의 들으며 2독, 틀린 문제 정리하며 기본서를 확인하면서 3독의 효과를 얻는 것이다. 이렇게 하려면 이 기간은 다른 기간보다도 시간의 절도 있는 운영이 필요하다.

전범위기간(12-1월 중순)에는 나름대로 범위를 정해 정독하는 시간을 갖고, 시험은 감을 익힌다는 생각으로 임한다. 이때부터는 시험을 좀 단축해서 봤는데, 70분 시험이긴 하나, 45-50분 내로 시험을 보려고 했다. 그리고 전국 모의고사도 충실히 봤다. 시험 후 성적표를 받아서 다른 사람에 비해 부족한 과목을 중점 관리했다.

2차 공부 방법

예비순환기간에는 사실 그리 열심히 공부하지 않았다. 학원수업만 겨우 들었던 것 같다. 1순환기간에는 학원수업을 들으면서 교과서 이해에 중점을 뒀다. 그리고 이때부터 결심한 것이 있는데 "앞으로 있는 모든 시험은 다 보겠다. 주님과의 약속이다"라는 것이었다. 그래서 마지막 4순환까지 한 번도 거르지 않고 모든 시험을 다 봤다. 1순환 때는 뭔가 아는 것이 없기 때문에 답안을 쓰는 것이 두렵지만 점수에 연연하지 않고 나름대로 이해한 후 답안을 작성했다. 이때부터 많은 자료가 나오는데, 모든 걸 다 옮기려고 단권화만 하다가 세월 다 보냈다는 생각이 들었다. 그러나 단권화는 책의 문구를 답안에 옮길 정도로 요약하는 것이다. 즉, 중요테마별로 학설＋판례＋결론이 한 세트이고, 이것을 구성하는 데 부족한 최소한을 자료로 보충하는 것이다. 의욕이 앞서다보니 가점을 받을 부분을 신경 쓰고, 중요한 정리부분을 제대로 못하는 경우가 많았고, 이 사실을 1순환 중반이 돼서야 알게 됐다. 무엇보다 1순환의 중요점은 '이해'다. 이때부터 암기를 하는 바람에 2, 3순환 때 힘들어하는 사람이 많다. 암기는 덜 해도 깊이 생각하고 교과서를 쭉 이해하는 것이 중요하다.

2순환기간부터는 본격적인 단권화가 필요하다. 이 정도 시기이면 2-3회 독은 한 시점이기 때문에 자료를 선별할 수 있는 눈이 생기기 때문이다. 이때 강의를 들을지 말지 고민이 많았는데 진도를 빼는데 속도감의 측면에서 강의를 들었다. 2순환에 접어들면 기간이 줄면서 하루 동안의 진도 양이 상당히 많은데, 강의시간을 최대한 활용하고 특히, 사례집을 보면서 기본서 위의 여백에 중요 사례의 목차와 논점을 간략하게 가필해 다시 사례집을 보는 수고를 덜도록 했고, 하루 양이 많다보니 하루 진도를 제대로 다 못 보는 경우도 있었는데 이때는 그것을 다 보려고 하기보다는 덮고 다음 진도가 뒤쳐지지 않게 하고 못 본 부분은 잠을 줄이거나, 공부가 빨리 끝난 날 보충했다.

3순환기간은 누구나 가장 부담되는 기간이다. 특히, 2순환에서 3순환으로 넘어가는 시점에서 너무 긴장해 처음 시작을 제대로 못하는 경우가 많고 (특히, 2순환 때 강의를 들어 예습 후 시험 보는 데 익숙하지 않은 경우), 이는 다음 과목에 영향을 주면서 3순환을 망치는 경우가 있는데, 무엇보다 자신감을 가지고 3순환을 시작할 필요가 있다. 맨 처음 심적으로 많이 흔들렸으나 주님께 의지하면서 안정을 찾고, 힘들지만 최선을 다해 진도가 밀리지 않도록 준비해 시험을 봤다. 시험시간을 엄수했고, 특히 시험 본 후 최고답안과 채점평을 열심히 보고 답안에 표현하기 좋은 문구는 책의 표현을 대체해 단권화했다.

4순환기간은 고시잡지 등의 예상문제를 복사해보면서 정리한 것들을 확인했다. 시험은 매일 봤다. 잠을 일부러 줄이지 않고 충분히 잤다. 그리고 시험 4일 동안도 하루 전날 다 보고 가야 한다는 소리가 있었지만, 그보다는 맑은 정신으로 시험을 보기 위해 충분히 잠을 자고 시험에 응했다.

나의 부족함을 채우신 분들

나는 합격할 만한 인격도, 실력도, 신앙도 갖춘 아이가 아니다. 그럼에도 불구하고 합격할 수 있었던 것은 나를 위해 기도해주신 분들 때문이다. 특히, 부모님은 새벽마다 울부짖으며 기도하셨다. 아버지가 두 번의 수술을 하셨을 때 난 기도하려는 생각을 하지 못했지만 부모님은 자식을 위해 기꺼이 무릎 꿇으셨다. 자식을 위해 모든 것을 희생하심에도 당신들이 많이 배우지 못해 제대로 뒷바라지 못했다며 스스로 '0점짜리 부모'라시는 부모님. 감히, 나 같은 아이가 두 분을 나의 부모님이라 부를 수 있게 하신 하나님께 감사드린다.

그리고 수원동부감리교회 박만용 감독님, 그리고 고시생활 동안 나에게 오아시스와 같던 말씀으로 하나님을 인격적으로 만나게 하신 신계교회 이종운 목사님께 감사드린다.

끝으로 나의 삶의 목적이신 나의 주님. 합격하여 좋은 것은 이제까지의 글이 나만의 하나님 능력이 아닌 이 글을 읽는 모든 사람의 하나님의 능력이 될 수 있다는 것이다. 모든 것을 살아계신 하나님께 감사드린다.

신실하게 인도하신 하나님

가뭄에 쩍쩍 갈라진 논과 같던 제 마음에
하나님이 부어주셨던 은혜가 너무 기뻤고, 좋았기 때문에
정말 온몸이 은혜로 넘치는 것 같았습니다.

이 경 은

한양대학교 법학과
사법시험 제46회

　　　　　연수원 신우회에서 『위로자격증 Ⅱ』 원고를 부탁받은 지 오랜 시간이 지나도록 저의 이야기를 제가 알지 못하는 다른 사람들에게 드러낸다는 것이 부끄럽기도 하고, 나이도 어린 제가 이런 원고를 쓸 자격이 되지 않을 것 같아 계속 피하기만 하였습니다. 하지만 저의 체험도 그 누군가에게 도움이 되지 않을까 하는 생각과 저의 인생을 신실하게 인도하여 오신 하나님을 증거하고 싶은 생각에 늦게나마 컴퓨터 앞에 앉았습니다.

수험생활

계기

저는 1981년생으로 고등학교를 졸업하고 한양대학교 법학과에 입학하였습니다. 솔직히 법조인이 되어야겠다는 생각으로 법대에 온 것은 아니었고, 법대에 와서 여러 가지 진로를 모색해 보아야겠다는 생각에 여러 법대를 지원하였는데 원하는 대학에는 다 낙방을 하고 한양대학교에 고시반 전액장학생으로 합격하게 되었습니다. 사법시험을 준비하겠다는 생각도 없었는데 자의반 타의반으로 고시반에 들어오게 되어 고시반에서 운영하는 시스템에 따라 사법시험공부를 시작하게 되었습니다. 1학년 때에는 처음 집을 떠나드는 외로움, 재수를 해야 하나 하는 고민 가운데서 학기 중에는 한 달에 한 번씩, 방학이면 일주일에 한 번씩 1학년을 대상으로 치러지는 고시반 시험, 빡빡한 특강들이 너무 힘들어 울기도 하였습니다. 그때부터 한양대병원에 있는 기도실에 가서 한 시간, 두 시간씩 기도를 하였고, 그러고 나면 다시 일어날 힘을 얻었습니다.

1차시험

이후 선배들이 공부하는 것을 보고 나도 저렇게 공부해야겠다는 생각들을 하게 되었고, 2학년 여름방학에 처음으로 신림동이라는 곳에 가서 민법 기본강의를 듣고 2학기 때는 다시 학교 고시반에 와서 학교 진도를 따라가고, (장학금을 유지하기 위해서는 학점을 일정 수준 이상 받아야 했고, 학점에 대한 욕심도 있어서 학기 중에는 따로 시험 공부할 틈을 내지 못해서 방학 위주로 공부를 하였습니다) 겨울방학 때는 형법, 헌법 기본강의 테이프를 들었습니다. 그때 제 친구들 가운데는 다음해 2월에 있는 1차시험을 본격적으로 준비하는 친구들도 있었는데 저는 제 실력이 합격할 실력이 아니라고 생각했고, 마음만 바빠질 것 같아 그냥 기본강의를 듣고 기본실력을 기르는 데 중점을 두었습니다.

3학년 1학기 때는 수업을 21학점을 들었기 때문에 수험공부를 시간 내어 하기에는 힘이 들어 학교 수업에 집중하고 저녁 때는 수업내용을 예·복습하고, 남는 시간에는 민법 기본서를 읽었습니다. 3학년 여름방학 때는 민법 집중강의와 형법 집중강의를 듣고, 2학기는 휴학을 하고 한참 유행이었던 모강을 들었습니다. 민법을 우선 시작하였는데 진도 따라가기가 너무 힘이 들고 벅차서 헌법은 그냥 기본강의를 수강하며 혼자 문제집을 풀었는데 차분히 정리가 되어 좋았고, 시험에 대한 긴장감이 좀 풀어지는 효과가 있었습니다. 이후 신림동에 있는 게 힘이 들어 다시 학교 고시반에 돌아와 스터디에서 같이 형법 모강문제를 풀었고, 이후에는 전범위모강시험문제만 구해서 스터디에서 같이 풀면서 꾸준히 책을 읽었습니다. 전범위모강이 끝난 후에는 5-2-1로 헌. 민. 형을 순환시켜 읽었고, 국제법은 따로 날짜를 두지 않고 헌, 민, 형 진도와 같이 조금씩 읽었습니다.

그런데 1차시험을 본격적으로 준비하던 12월경부터 몸이 물을 먹은 것처럼 너무 피곤했고, 저녁 8시만 되면 온몸에 힘이 빠져서 공부를 할 수가 없었습니다. 원래 잠이 많았기 때문에 평소에도 7시간씩은 꼭 잤는데 그때에는 8시간, 9시간을 자도 힘들었고, 6, 7명이 같이 생활하는 고시반에서 밤이면 자꾸 잠이 깨어 점점 예민해져갔습니다. 신림동에 갈까 하는 고민도 해보았지만 그것은 더 자신이 없었고, 집에 가면 긴장이 풀어져 시험에 떨어질 것이 분명하였습니다. 그래서 학교 앞 고시원에 들어가서 잠만 자고, 아침은 학교 고시반에 와서 먹고 중앙도서관에서 공부를 하게 되었습니다. 그렇다고 몸이 더 좋아지지는 않았지만 중간에 깰 염려 없이 잠을 푹 잘 수 있었고, 도서관에서 공부하다가 8, 9시 되어 힘이 들면 고시원에 내려와 누워서 책을 보다가 잤습니다.

그러면서도 이렇게 공부해도 되는 것인가 하는 생각에 괴로웠고 그때마다 병원기도실에 가서 하나님께 떼를 썼습니다. "하나님, 저 다시 하라고 하면 절대 못합니다. 제발 이번에 꼭 붙게 해주세요. 저 너무 힘들어요." 그때는 몸이 너무 지쳐서였는지 기도도 잘 집중이 되지 않았고, 찬양도 잘 되지 않았지만 그냥 가서 습관처럼 앉아 울며 투덜거리기도 하였고 매일 30분씩은 기도하였습니다.

2차시험

하도 힘들어하니 하나님께서 저를 불쌍히 여기셔서인지 그 다음해 2004년 2월 1차시험에 합격하게 되었습니다. 시험을 치고 나와 채점을 하고 난 후 성적이 되면 바로 신림동에 가서 예비순환을 듣는 친구들도 많았는데 저는 학교를 다녀야겠다는 생각에 복학을 하고 2차 과목 위주로 수업을 듣고, 후사법 테이프를 들었습니다. 그러나 여건이 된다면 신림동에 바로 가서 분위기를 잡는 것이 좋았을 것이라는 후회를 많이 하였는데, 아무래도 학교를 다니다 보니 시간을 내기 쉽지 않았고, 그 전까지는 민소법이나 형소법 학교 수업을 전혀 들은 일이 없었기 때문에 2차 수험기간 내내 많이 고생을 하였기 때문입니다.

초시를 치르고 1순환이 되자 학교를 휴학한 후 스터디를 조직하여 신림동으로 갔고, 학원수업을 들었습니다. 아무래도 2차 기간은 타이트하게 짜여진 스케줄이 있다 보니 계획에 끌려가는 경향이 있고, 그러다보니 지치는 것 같습니다. 1순환 때에는 책정리를 했어야 하는데 그냥 수업만 듣고 예습, 복습에 치중하다보니 많이 긴장이 풀렸고 그러면서 스트레스를 많이 받았습니다. 그때 저는 사랑의교회에 출석하고 있었는데 오정현 목사님이 새로 오셔서 특별새벽부흥회를 시작하셨고, 저는 수험생의 신분임에도 너무 은혜를 받고 싶었고, 채움을 받고 싶었습니다. 그래서 버스도 안 다니는 새벽에 택시를 타고 매일 택시비 만원씩을 내어가며 새벽예배를 다녔습니다. 잠이 많은 제가 4시에 일어나려면 적어도 8시 반에는 자야 했고, 남들이 한창 공부하는 시기인 8시에 짐 싸서 들어가 자는 어이없는 짓(?)을 하였습니다.

하지만 가뭄에 쩍쩍 갈라진 논과 같던 제 마음에 하나님이 부어주셨던 은혜가 너무 기뻤고 좋았기 때문에 정말 온몸이 은혜로 넘치는 것 같았습니다. 그때 새벽집회에 나가서 제가 기도했던 것은 시험에 붙게 해달라는 것이 아니었습니다. 하나님을 더 알고 싶다고 예수님을 더 닮고 싶다고 간절히 기도했습니다. 제가 의식적으로 그렇게 기도했던 것은 아니었고, 하나님께서 그런 마음을 주셨던 것 같습니다. 그렇게 다니던 새벽집회는 교회에서 돌아오는 길에 발을 접질러 인대가 늘어나는 바람에 열흘 만에 중단되었지만, 그때 받은 은혜로 제가 공부를 포기하지 않을 수 있었던 것 같습니다.

원래는 1순환, 2순환을 다 신림동에 있을 생각이었지만 점점 마음이 힘들어지고 각박해져서 1순환을 마치고 다시 학교에 들어왔습니다. 오랜만에 보는 친구들, 선·후배들이 있어서 너무 좋았습니다. 시험공부를 한다고 인간관계를 다 끊고 혼자 생활하는 분들도 계시지만 별로 좋은 방법이 아니라고 생각합니다. 혼자 있을 땐 잠시 편한 것 같지만 금방 외로워지고, 감정적으로 채움을 받지 못하여 더 방황하고, 쉽게 포기하게 되기 때문입니다.

이후 2순환 때부터는 시험을 마칠 때까지 진도와의 싸움이 시작되었습니다. 1순환 때 책정리를 해놓지 않았던 터라 책정리와 예습, 복습, 케이스까지 보려고 하니 정말 너무 힘이 들었습니다. 그래도 매일 기도실에 다니며 도와달라고, 하나님께서 주신 기회 포기하지 않게 해달라고 울며 기도하고 다시 일어나고 하며 수험기간을 보냈습니다. 강의는 1순환 이후로 학원강의는 듣지 않았고, 2순환 때는 민소법, 형소법만 테이프로 들었습니다. 저는 책을 읽는 데 시간이 많이 걸리는 편이라 수업까지 들으면 도저히 책을 읽을 시간이 나지 않아서 선택을 해야만 했습니다. 3순환, 4순환 때는 정말 피를 말리는 진도와의 싸움이 시작되지요. 저는 매일 진도가 밀려서 힘이 많이 들었습니다. 반밖에 못 본 채 다음 과목으로 넘어가고 하는 제 능력에 스트레스를 받았는데, 이미 합격한 교회선배이자 학교선배인 장섭이 오빠가 오빠도 책 읽는 것이 너무 느려서 남들 두 번 볼 때 한 번 보았다고 말씀해

주셔서 큰 용기를 얻었습니다. 그래서 저도 제 스타일대로 꼼꼼히 책을 읽었고, 3순환 때 3분의 2를 보고 4순환 때 3분의 1을 보고, 5순환 때 3분의 2를 보고, 6순환 때 3분의 1을 보았습니다. 시험 전날에 책을 다 보고 들어가야 붙는다는 이야기도 있지만 그렇게 하다가는 내용도 눈에 안 들어오고 봐도 쓸 수 있을 것 같지 않아 헌. 민. 형은 기본실력을 믿고 안 보고 후사법만 고시신문이나 학원강사들이 찍어주는 20개 논점만 보고 들어갔습니다(이 방법은 평소에 공부가 꼼꼼히 되어 있지 않으면 매우 위험한 방법이므로 취사선택하십시오).

2차시험 기간에는 잠이 그렇게 많은 저도 4시간씩만 잤습니다. 하지만 불안한 마음에 잠이 안 와서 못자는 분들도 많았는데 저는 눕기만 하면 잠이 들고, 일어나면 개운할 정도로 잘 잤습니다. 이런 것들이 하나님을 믿는 사람들과 안 믿는 사람의 차이가 아닌가 생각합니다. 밥도 잘 먹었고, 시험치고 나면 바로 기도실에 가서 기도를 드렸습니다. 도와주셔서 감사하다고, 앞으로도 함께 해달라고.

논점을 찍어서 공부했기 때문에 전날 본 것에서 나온 문제는 한 과목당 한 개 정도였습니다. 2차시험 공부하면서 한 번도 보지 못했던 논점도 많았는데 첫 기말고사 들어간 1학년생의 마음으로 법전을 뒤져 관계되는 조항이 나오면 그것을 재조합해서 답안을 만들어 썼습니다. 예를 들어 상법에서 영업소에 대해 쓰라는 문제가 나왔는데 한 번도 공부해보지 않은 것이었지만 상법 1조부터 뒤져서 영업소에 관계된 조항은 다 쓰고 민소법까지 뒤져서 재판적이 된다는 식으로 썼습니다. 헌법의 재판청구권의 범위에 대해 쓰라는 문제도 막막했지만 말장난하듯이 객관적 범위, 주관적 범위 나눠서 재판청구권에 대해 알고 있는 것은 다 썼습니다.

민법이 가장 어려웠던 것으로 기억되는데 케이스는 논점이 무권대리인지, 표현대리인지 명확하지 않았고, 2문은 1학년 물권법 시간에 들었던 이후 들은 적 없는 명인방법과 도대체 뭘 묻는 것인지 알 수 없는 채무의 상속에 대한 문제였습니다. 케이스의 논점을 잡고 써나가다가 이게 아닌 것 같아 답안지를 교환하고, 다시 쓰다가 아닌 것 같아 다시 교환을 하고 나니 45분이 남았습니다. 손이 떨리고 오그라들었습니다. 펜을 내려놓고 기도했습니다.

"하나님, 민법 때문에 제가 시험에 떨어질 수도 있겠지요. 하지만 하나님을 믿는 제가 두려워서 답안을 작성하지 못하는 일은 없게 해주십시오. 침착하게, 평안하게 쓸 수 있게 해주세요." 다시 평정을 되찾고 케이스를 마치고 나니 20분도 남지 않았습니다. 하지만 어차피 모르는 문제였기 때문에 쓸 것도 많지 않아서 명인방법에 대해 모든 기억을 떠올려 대충 쓰고, 세 번째 문제도 채권자 취소권에 대한 판례를 쓰고 나왔습니다. 정말 제대로 쓴 문제가 하나도 없어 보였고 나중에 알아본 답과도 많이 틀려 보여 과락이 있다면 민법일 것이라고 예상했는데 후에 점수를 확인해보니 오히려 다른 과목보다 점수가 좋게 나왔었습니다. 그러니 시험을 치던 중 어떤 과목을 망쳤다고 시험을 포기하거나 하는 어리석은 일은 절대 없으셨으면 합니다. 채점은 수험생이 하는 것이 아니니까요.

교과서

1차시험

헌법은 황남기 선생님의 책을 보았고, 민법은 김준호 교수님, 형법은 이재상 교수님 책을 보았습니다. 문제집은 헌법만 민경식 교수님 문제집을 풀었는데 양이 너무 많아 홀수만 풀다 말았고, 다른 과목들은 진도별 모강과 전범위 모강 문제로 풀었습니다. 판례집은 민법은 이태섭 선생님이 학교에 와서 판례특강을 하실 때 이태섭 선생님의 판례집으로 같이 정리를 하였습니다. 형법은 신호진 선생님의 형법판례총정리를 보았습니다.

2차시험

헌법은 금동흠 저, 민법은 지원림 선생님 책을 보았고, 형법은 이재상 저, 행정법은 이병철 저, 민소법은 이시윤 저, 형소법은 이재상 저, 상법은 임재철 저를 보았습니다. 저는 주로 후배들이 물을 때에도 교수님 책을 기본서로 하라고 권하는 편인데 교수님 책이 돌아가는 것 같지만 빨리 가는 길이라고 생각합니다. 강사책은 뚜렷한 논지 없이 왔다 갔다 하는 경우가 많아 오히려 더 헷갈리고 이해하기가 어려워서 회독 수가 늘어도 실력이 늘지 않지만 교수님 책은 처음에는 어렵고 양도 많아 보이지만 이해가 쉽기 때문에 나중에는 읽는 속도가 훨씬 줄어듭니다. 빠진 논점들만 잘 보완한다면 교수님 책으로 공부하는 것이 불의타가 나오는 경우에도 기본실력으로 대응하기 쉽다고 생각합니다. 그러나 가장 중요한 것은 어느 책을 선택하든지 갈팡질팡하지 말고 후회 없이 밀고 나가는 것이겠지요.

접으며

이렇게 글을 쓰다 보니 저의 수험생활이 파노라마처럼 지나갑니다. 길면 길었고, 짧으면 짧다고 할 수 있지만 많이 힘들어 울기도 했고, 때때로 즐거운 나날들도 있었습니다. 하지만 저 나름대로 성실하게 꽉 찬 하루하루를 보냈다고 말할 수 있습니다. 그렇게 살 수 있었고, 부족했지만 좋은 결과를 얻을 수 있었던 것은 참으로 크신 하나님의 사랑 덕분입니다. 연수원에 들어와서 사법시험이 끝이 아니고 앞으로 더 많은 산들이 남았다는 것을 알았습니다.

결국 중요한 것은 시험에 붙고, 떨어지는 것이 아니라 내가 그 과정 가운데서 얼마나 하나님을 의지하고 신뢰하느냐인 것 같습니다. 그렇게 산다면 시험에 떨어진다고 하더라도 하나님은 그 사람에게 맞는 최상의 길로 인도해주실 것입니다. 그리고 시험에 붙고 싶으시면 붙고 싶다고 꼭 붙여달라고 솔직하게 기도하십시오. 그것이 여러분에게 좋은 일이라면 붙여주실 것이요, 그렇지 않다면 합격보다 훨씬 좋은 다른 길을 보여주실 것입니다.

하나님께서 저와 함께해주셨던 것처럼, 저를 사랑해주셨던 것처럼, 도와주셨던 것처럼 이 글을 읽고 있는 여러분과 함께해주시고, 사랑해주시고, 도와주시기를 간절히 기도합니다.

밤중에 노래하게 하신 하나님

사람에게는 누구나 고통의 시간, 밤의 시간이 있다.
그러나 그 시간을 통해 하나님께서는 밤에만 배울 수 있는 지혜를 배우게 하시고
밤에만 부를 수 있는 노래를 부르게 하신다.
밤은 영원히 계속되지 않으며 반드시 아침은 온다.

전 진 우
연세대학교 법학과
사법시험 제47회

『위로자격증 Ⅰ』에 실린 글들을 읽으며 나도 언제쯤 『위로자격증』에 글을 쓸 수 있을까 생각했었는데 이렇게 원고를 부탁받고 글을 쓰려니 감사하기도 하면서도 한편 정말 책에 실릴 정도로 가치있는 글을 쓸 수 있을지 두렵기도 하다. 지금까지 인도하며 지켜주신 주님의 은혜를 솔직하게 간증하는 글이 되고, 사법시험 공부 방법에 대해 조금이나마 알려드릴 수 있는 글이 되기를 바라는 마음으로 써 보려 한다.

1차 준비기간

2002년 여름, 4학년 1학기 기말고사 마지막 과목이었던 형사정책 시험을

마치고 바로 하숙집 방을 빼서 신림동으로 이사했다. 신림동에서 공부하면서 시간계획은 하루에 12-13시간씩 꾸준히 공부하는 것으로 세웠다. 보통은 평소에 8-10시간 정도만 하다가 시험이 다가오면서 15시간까지 시간을 늘려서 집중적으로 쏟아 부으라고들 하지만 나에게는 그럴만한 체력이 없다는 것을 알았기 때문에 평소나 시험 직전이나 나의 한계치인 12-13시간씩 꾸준히 공부하기로 한 것이다.

그리고 아무리 바쁘더라도 하루에 한 번, 되도록 아침 첫 시간에 가까운 교회에 가서 기도하고 독서실에서 큐티하는 시간은 지키기로 했고 사법시험 전날까지도 이 시간은 지켰다. 공부보다 더 중요한 것이 주님과의 관계이고 주님과의 관계가 바로 서 있지 못하면 공부도 할 수 없음을 알았기에 시험 전날에도 이 시간은 아깝지 않았다. 그리고 하루 1시간 이상 꼭 헬스클럽에 가서 운동을 했다. 시험 직전까지도 이 시간은 지켰는데 내가 건강이 좋지 못한 것을 알기 때문에 건강이 무너지면 공부도 할 수 없기에 이 시간도 아깝지 않았다. 대신 운동하는 동안 판례강의 테이프 등을 들었다. 하루에 30분 정도 지금 공부하는 과목과 다른 과목의 판례테이프를 조금씩 들은 것이 기억상실을 방지하는 데 큰 도움이 된 것 같으니 일석이조의 효과를 얻은 셈이다.

9월에 진도별 모의고사가 시작되므로 그 전까지 기본3법의 기본적인 단권화를 끝내자는 계획을 세웠다. 숨 가쁘게 달려서 8월이 끝났다. 진도별모의고사 기간이 되면서 약 3개월 동안 똑같은 삶이 반복되었다. 아침 7시에 일어나 생식을 타먹고 교회에 들어가 약 20분 동안 기도하고 한국법학원 301호 강의실로 가서 모의고사를 풀고 채점하고 친구들과 점수를 비교하고 강의를 듣고 점심을 먹고 1시간 동안 그날 본 모의고사를 정리하고 1시간 동안 독일어 공부를 하고 1시간 동안 헬스클럽에서 운동하고 다음 날 볼 모의고사를 대비해서 공부하고 12시쯤 독서실을 나와 원룸으로 돌아가는 삶이었다. 토요일에는 모의고사가 없어서 모의고사 진도와 다른 과목을 빠른 속도로 훑어보는 일을 했다.

이런 삶을 살다 보니 나도 모르게 정말 중요한 것이 무엇인지를 서서히 잊어 가고 있는 모습을 발견하게 되었다. 특히 친구들과 같이 모의고사를 보고 그 점수를 비교하고 서로 경쟁하고 하다 보니 지금 나를 움직이는 것이 주님께서 주신 목표인지 친구들과의 경쟁의식인지 분간하기 힘들 정도가 되었다. 특히 나보다 공부를 덜 한 친구가 나보다 성적이 잘 나왔을 때 내가 얼마나 기분 나빠하고 있는지를 느낄 때 정말 부끄러우면서 두려웠다. 오직 '합격'이라는 목표만을 위해 달려가도록 온갖 시스템이 정교하게 갖춰진 신림동에서 '합격'이 진짜 목표가 아니라 "그의 나라와 그의 의를 구하는 것"이 진짜 목표임을 잊지 않고 사는 것은 정말 쉬운 일이 아니었다. 독서실 책상 위에 붙여진 "너희는 먼저 그의 나라와 그의 의를 구하라 그리하면 이 모든 것을 너희에게 더하시리라"라는 말씀을 계속 보고 매일 아침 정말 내가 공부하는 목표가 무엇인지 잊지 않게 해달라고 간절히 주님께 간구했다. 주님께서 은혜를 주셔서 정말 공부하는 목적을 잊지 않고 진도별 모의고사 기간을 마칠 수 있었다.

진도별 모의고사를 마치고 막판 정리에 들어갔다. 민법은 12-8-6-2일, 형법은 9-6-5-1일, 헌법은 8-5-4-1일, 형사정책은 3-2-1-1일 순으로 보고 마지막 날 전과목을 한 번씩 보는 계획을 세웠다. 연필로 친 줄 위에 볼펜 줄, 형광펜 줄을 치면서 양을 줄여 가고 계속 틀리는 것은 포스트잇을 붙여 놓았다. 하루에 한 시간씩은 나가고 있는 진도와 다른 과목의 책을 포스트잇 붙인 부분만 한 번씩 훑어보거나 최신판례책을 한번 훑어보는 등의 일을 해서 기억상실 방지를 위한 노력을 했다. 주님께서 놀랍게 은혜를 주셔서 특별히 아프거나 체력의 떨어짐 없이, 진도를 크게 밀림도 없이 막판정리를 해 나갈 수 있었다. 공부하는 데 방해되는 것이 그렇게 없이 공부가 잘된 적은 처음이었던 것 같다. 그래서 좀 들떠 있었던 것 같다. 그때 시험을 3주 앞두고 감기가 걸렸다. 감기에 걸려 그렇게 잘 나가던 진도를 나가지 못하게 되고 방에 누워 있게 되면서 정말 주님의 은혜가 없이는 아무것도 할 수 없음을 절감할 수 있었다. 아무리 내가 열심히 하더라도 주님께서 지켜

주시지 않으면 아무것도 할 수 없다는 것을. 독서실 책상에 새로운 말씀을 붙였다.

> "여호와께서 집을 세우지 아니하시면 세우는 자의 수고가 헛되며 여호와께서 성을 지키지 아니하시면 파숫군의 경성함이 허사로다"(시 127:1).

감기를 통해 주님의 은혜가 없이는 내가 얼마나 나약한 존재인지를 배운 것이다.

시험이 코앞으로 다가오면서 조금씩 두려움이 찾아왔다. 모의고사를 보면 퍼센트도 잘 나왔고 진도도 밀리지 않고 있고 건강도 주님께서 지켜 주셔서 별 문제가 없었지만 "정말 합격할 수 있을까?"라는 물음에는 자신이 없었다. 시험 합격이라는 것이 필요조건은 많지만 충분조건은 없는 것이니 자신이 없는 것은 당연한 것이었다. 그런데 무엇이 두려운 것일까 생각해보았다. 나는 정말 최선을 다했고 주님께서도 최선의 환경을 허락해 주셨고 정말 후회 없이 했다면 떨어지더라도 하나님 앞에 당당할 수 있을 것이고 떨어진다고 당장 군대에 끌려갈 상황도 아니었는데 무엇이 두려운 것일까. 정답은 내가 시험에 떨어지면 다른 사람들이 나를 어떻게 평가할 것인지가 두려운 것이었다. 후배도 붙는데 나는 떨어지면 얼마나 창피할까. 바로 그런 두려움이었다. 그 순간 독서실을 나와 교회로 가서 기도했다. 먼저 내가 하나님만을 두려워하지 못하고 다른 사람들의 평가를 의식하고 자존심에 민감해 있었음을 회개하고 합격하든 떨어지든 주님께서 주신 상황 가운데 최선을 다한 것이라면 주님께서 최선의 길로 인도해주심을 믿고 주님의 평가만을 의식하고 최선을 다하게 해 달라고 기도했다. 다시 마음의 평안을 찾고 열심히 공부할 수 있었다.

시험 전날에 각 과목별로 포스트잇을 붙여 놓은 부분만 골라서 빠르게 훑어 보면서 포스트잇을 반 정도 줄였다. 각 과목의 교과서와 판례집 등을 가지고 시험장으로 갔다. 전날 줄여 놓은 포스트잇을 중심으로 쉬는 시간마다 최선을 다해서 보고 시험을 봤다. 채점을 해보니 넉넉히 합격할 점수였다. 정말 기쁘고 감사했다.

동차 준비기간

1주일의 휴식을 취하고 바로 동차 준비에 들어갔다. 1차 점수를 잘 받은 직후라 사기충천하여 동차까지 노려보자고 겁 없이 덤벼 1차 때 이상의 강행군을 했다. 그렇게 한다고 합격할 가능성이 높지는 않겠지만 하나님께서 주신 기회이니 최선을 다해야 하고 하나님께서 혹시라도 역사하실 기회는 드려야 하지 않겠느냐는(^^) 생각이었다. 그러나 결과는 불합격이었다. 점수도 형편없이 낮았다. 오히려 동차기간 동안 놀면서 슬슬 했던 사람들이 점수가 훨씬 더 높았다. 지금 생각해보면 그 정도 해서 붙지 못하는 것도 당연하고 어설프게 외운 것보다는 참신하게 지어 쓴 것이 점수가 높은 것도 당연한데 그때는 많이 실망스러웠다. 지금 돌이켜 보면 그때 겁 없이 덤빈 것은 잘못된 선택이었다는 생각이 든다. 결과도 좋지 못했고 특히 몸을 혹사한 결과 건강에 문제가 생겨 재시 기간 고생을 좀 해야 했기 때문이다.

재시 준비기간

재시는 그룹스터디도 하고 학원강의도 들으면서 준비했다. 학원강의를 1, 2, 3, 4순환까지 따라갔다. 동차준비를 무리해서 한 까닭에 재시 준비기간 초반에 건강 문제가 좀 있기는 했지만 주님의 은혜로 큰 무리 없이 공부했다. 각 과목별로 기본서, 사례집을 하나씩 보고 단문집, 학원 자료로 보충하여 단권화하는 평범한 방법으로 공부했다. 과목에 따라서는 동차 때 만들었던 노트를 활용하기도 했다. 2차 기간에도 주께서 놀라운 은혜를 부어주셔서 슬럼프에 빠지거나 진도를 밀리는 일 없이 끝까지 공부할 수 있었다.

재시가 한 달 앞으로 다가오면서 불면증이 찾아왔다. 자리에 누운 뒤로 짧게는 한 시간 길게는 두 시간 정도 잠이 들지 않으니 참 답답했다. 주변에서 권하는 각종 처방들을 따라 해봐도 별 효험이 없었다. 재시를 위해 학교 앞 원룸으로 옮긴 첫날에는 창밖의 빗소리까지 크게 들리며 정말 오래 잠이 들지 않았다. 정말 답답해서 미칠 지경이었다. 그렇게 제대로 잠을 자지 못하고 일어났다. 주일이었다. 걱정이 태산 같았다. 이제 화요일부터 4일간 2차시험을 봐야 하는데 계속 이렇게 잠을 못 자면 어떻게 할지. 그런 마음을 가지고 교회로 갔다. 가까운 교회를 갈까 하다가 신촌에서 강남까지 지하철을 타고 본교회로 갔다. 그날따라 오정현 목사님께서 설교하시다가 "요즘 같은 세상에 잠을 편히 잔다는 것이 참 쉬운 일이 아닙니다. 하지만 그리스도인이라면 그 가운데서도 편히 잠을 잘 수 있을 줄 믿습니다. 믿으시면 아멘하세요!"라고 말씀하시는 것이었다. 난 정말 간절한 마음으로 "아멘"을 외쳤다. 그런데 놀랍게도 그날 밤부터 자리에 누우면 바로 10초 안에 잠이 들었다. 그래서 전혀 불면에 시달리지 않고 재시 기간을 보낼 수 있었다. 영육이 강건한 가운데 시험 전날마다 다음 날 볼 과목들 A, B, C급들을 간단히나마 다 훑어보고 들어갈 수 있었다. 시험을 마치고 나오면서 "주님, 감사합니다. 주님의 은혜로 본 시험이니 주님께서 가장 좋은 길로 인도해 주실 줄로 믿습니다"라고 거도드렸다.

재시 불합격과 1차 준비

　2년 만에 복학해서 마지막 학기를 다니면서 합격자 발표를 기다렸다. 발표일이 다가오면서 두려움을 부인할 수 없었다. 무엇에 대한 두려움일까 생각해보니 역시 다른 사람의 평가에 대한 두려움이었다. 정말 내가 주님 앞에 부끄러울 것 없이 최선을 다했다면 걱정할 것이 없어야 하는데 나는 또 다른 사람의 평가를 두려워하며 내 자존심에 민감해 있었다. 그때 읽고 있던 오스 기니스의 『소명』의 한 구절이 나의 마음을 잡아 주었다. "나는 그

유일한 청중 앞에서 살아가고 있다. 다른 모든 청중 앞에서는 내가 입증할 것도, 얻을 것도, 잃을 것도 없다." 합격자 발표 전날 아침 기도실에 앉아 찬송을 불렀다. "주님 말씀하시면 내가 나아가리다. 주님 뜻이 아니면 내가 멈춰 서리다." 두 눈에서 눈물이 흘렀다. 그렇다. 걱정할 것이 무언가. 말씀하시면 나아가면 되고 뜻이 아니면 멈춰 서면 되는 것이다. 마음에 평안이 찾아왔다. 합격자 발표가 정오 쯤에 날 것이라고 했다. 오전부터 계속 학교에서 인터넷에 접속해도 결과가 안 나와서 법대 지하 동아리방에 누워있는데 문자가 왔다. 떨리는 마음으로 열어보니 "형, 불합격인 것 같아요"라는 문자가 와 있었다. 법대 건물을 빠져 나왔다. 제정신이 아니었다. 집에 전화를 했다. 불합격이라고, 죄송하다고 어머니께 말씀드렸다. 잠시 정신을 못 차리다가 다시 시작하자는 맘을 먹고 750번 버스를 타고 신림동으로 갔다. 원룸을 계약하고 독서실을 등록했다. '다시 시작하자. 최선을 다하고 받은 결과이니 당당하자. 주님께서 가장 좋은 길로 인도하실 것이다. 7개월만 더 고생하자.' 이렇게 굳게 마음먹고 기도했다.

합격한 사람들에게 축하전화를 하고 싸이월드 클럽들에는 공식적으로 축하글을 올렸다. 많은 주위 사람들이 게시판에 올린 글에 대한 답글이나 미니홈피 방명록을 통해 위로와 격려를 해줘서 큰 힘이 되었다. 특히 내가 쓴 글들을 보고 익명으로 방명록을 남겨준 분들은 지금도 누군지 알 수 없지만 정말 큰 위로를 주었다. "우연히 진우님 홈피에 들어오게 되었는데 님이 쓰신 글들을 읽고 정말 감명받았습니다.^^ 종교가 없는 저에게도 깊은 신앙심이 무엇이고 그것을 실천하는 아름다운 모습이 어떠한지를 보여주신 진우님, 앞으로 정말 잘 되실 겁니다"라고 쓰여진 익명의 방명록을 읽으면서 하나님께서는 합격을 통해서만이 아니라 불합격에 대처하는 모습을 통해서도 영광 받으신다는 것을 깨닫고 나의 짧은 생각을 회개하며 다시 큰 힘을 얻었다. 바로 다음날 신림동으로 이사를 하고 신림동에서 공부를 시작했다. 2년 전에 보던 책을 다시 꺼내고 최신판례는 헌책방과 복사집에서 구해서 보충했다. 하루에 3회분씩 진도별모의고사를 풀었다. 2시간 30분간 예습을 하고 1시간 모의고사를 풀고 30분 복습하는 것을 세 번 반복하는 것이었다.

처음에는 교만하게도 잘 할 수 있을 것이라 생각했다. 그러나 현실은 그렇지 않았다. 그전에 당연히 할 수 있었던 것들을 할 수 없었다. 독서실로 들어가 자리에 앉기가 너무 힘들었다. 집중이 되지 않았다. 모의고사를 풀면 정말 상상을 초월하는 최악의 점수와 퍼센트가 나왔다. 처음에는 객관식 감각이 없어져서 그런 것이고 곧 점수가 좋아지리라고 생각했지만 끝까지 점수는 올라가지 않았다. 최악의 점수를 하루에 세 번씩 확인하는 것은 정말 고역이었다. 체력도 바닥났다. 그때 합격자 발표 전에 읽은 한 책의 내용이 생각났다. '하나님의 본심'이라는 제목의 장의 내용이었는데 이스라엘 백성들을 광야에서 고생시키신 하나님의 본심은 '그들에게 허락된 모든 것이 다 하나님이 주신 것, 하나님의 것'임을 알게 하려는 것이었다는 내용이다. 그 순간 정신이 번쩍 들었다. 하나님은 나에게 이렇게 말씀하고 계셨다. "네가 모의고사 점수가 잘 나오던 것이 너의 것인 줄 알았니? 네가 하루에 13시간씩 슬럼프 없이 잡념 없이 건강하게 공부한 것이 너의 것인 줄 알았니? 네가 1차 합격하고 2차생이었던 것이 너의 것인 줄 알았니? 아니야. 내가 준 것이란다." 나는 모든 것을 잃고 나서야 정말 그것이 주님이 주신 것임을 깨닫고 있었다. 예전에 내가 가지고 있었고 내가 할 수 있었고 당연하게 생각되던 것들을 갖지 못하고 하지 못하게 되니 그것들이 얼마나 감사한 것이었는지 절실히 느껴졌다. "하나님 지금이라도 이렇게 깨닫게 하시니 감사합니다. 다 주님의 것인데 내 것인 줄 알고 당연하게 생각하고 내 것인 것처럼 자랑하고, 감사하지 못하고 더 좋은 것이 없다고 불평했던 것 용서해 주세요"라고 기도했다.

그 기간에 주일 예배시간에 옥한흠 목사님께서 "밤중에 노래하게 하시는 하나님"이라는 설교말씀을 해 주셨다. 정말 바로 나를 위해 주시는 말씀 같았다. "사람에게는 누구나 고통의 시간, 밤의 시간이 있다. 그러나 그 시간을 통해 하나님께서는 밤에만 배울 수 있는 지혜를 배우게 하시고 밤에만 부를 수 있는 노래를 부르게 하신다. 밤은 영원히 계속되지 않으며 반드시 아침은 온다"는 말씀이었다. 너무나 힘든 때였지만 그 말씀을 들으니 내가 세상에서 가장 행복한 자 같았다. 지금 허락된 이 밤의 시간에 밤에만 부를 수 있는 노래를 부르고 밤에만 배울 수 있는 지혜를 배우자고 마음먹었다. 힘든 시간이지만 함께 공부하는 사람들과 작은 것 가운데서도 기뻐하는 기쁨을 누렸다. 그리고 이전에 배우지 못했던 지혜를 배웠다. 특히 내가 실패하고 위로받는 자의 위치에 처해보니 내가 그동안 남을 위로한다고 하면서 얼마나 상처를 줘 왔는지, 참된 위로는 어떤 것이어야 하는지 배울 수 있었다. 정말 밤에만 배울 수 있는 지혜였다. 정말 힘들었지만 가장 큰 은혜를 누리며 주님과 가장 가까워진 시간이었다.

시험이 다가와도 모의고사 점수는 오르지 않았다. 불합격해도 할 말이 없다고 생각했다. 다만 혹시 주님께서 은혜를 주실지도 모르니 끝까지 최선을 다하자고 생각하고 막판 정리를 했다. 시험을 보았다. 시험을 보는데 느낌상 너무 어렵게 느껴졌다. 시험을 마치고 떨어지겠구나 생각했다. 신림동으로 돌아와서 시험지를 2차생인 한 후배에게 맡기면서 채점해서 연락해 줄 것을 부탁하고 함께 공부했던 후배들과 저녁을 먹으러 갔다. 저녁을 먹으려 하는데 문자가 왔다. 점수를 보는데 처음에 내 눈을 의심했다. 처음 합격할 때보다 오히려 더 높은 점수였다. 정말 은혜였고 감사했다. 붙을 것 같았던 시험에서는 떨어지게 하시고 붙지 못할 것 같았던 시험에서는 붙게 하시고 정말 은혜로 붙은 것임을 알게 하신 주님께 감사의 기도를 드렸다.

삼시 준비기간과 합격자 발표

1차시험 다음 날 졸업식을 하고 그 다음날부터 3순환을 시작했다. 재시 때보다 많이 힘든 상황이었지만 지난 시간 주님께서 부어주신 은혜를 생각하며 최선을 다해서 준비했다. 시험을 보고 나서 역시 떨어질 것이라고 생각했다. 내가 봐도 너무 못 쓴 것 같았다. 합격하면 은혜요 떨어지면 당연한 것이라 생각했다.

합격자 발표날이 되었다. 갑자기 전화벨이 울렸다. 친구였다. "진우야. 너

수험번호가 뭐야?" "응, ******** 야." "뭐? 수험번호가 틀린데." 순간 가슴이 덜컹했다. 동명이인이 없었던 것 같은데 이상하다는 생각이 드는데 친구의 목소리가 들렸다. "하하 축하한다. 합격이야." 순간 믿어지지 않았다. 피씨방으로 들어가서 직접 명단을 확인했다. 신기하게도 내 이름과 수험번호가 있었다. 정말 감사했다.

마치며

지난 수험기간을 돌아볼 때 정말 그 기간이 주님의 은혜로 가득한 시간이었음을 보게 된다. 나에게는 과분한 합격이라는 결과도 감사하지만 시험을 준비하던 시간 매 순간 주님께 받은 은혜가 크기에 정말 무엇과도 바꿀 수 없는 귀한 시간이었다. 정말 쉽지 않은 밤의 시간이었지만 그 시간을 통해 하나님께서는 밤에만 배울 수 있는 지혜를 배우게 하셨고 밤에만 부를 수 있는 노래를 부르게 하셨다. 그냥 쉽게 공부해서 한 번에 합격했더라면 나는 아마도 말로는 주님의 은혜라고 하면서도 내가 잘해서 합격할 만해서 합격했다고 속으로 생각했을 것이다. 하지만 주님께서는 합격할 것이라고 생각했던 시험에서 불합격하고 밤의 시간을 보내며 불합격할 것이라 생각했던 시험에 합격하게 하시는 과정을 통해 모든 것이 주님의 은혜임을 확실히 깨닫게 하셨다.

나에게 주어진 이 합격자의 자리가 내가 마땅히 합격할 자격이 있어서 주어진 것이 아니라 주님께서 전적으로 은혜로 주신 것이고, 합격을 허락하신 것은 내가 더 누리라고 주신 것이 아니라 주님과 이웃을 더 섬기라고 주신, 더 누리려 하기보다는 더 섬기려는 마음으로 내게 이 자리를 허락해주신 분이신 하나님만을 두려워하며 한 걸음 한 걸음 앞으로 나아가고 싶다.

하나님을 추구하는 삶

수험생활을 포함한 삶은 하나님을 경험하는 삶이며
하나님을 추구하는 삶인 듯합니다.

조 영 종

연세대학교 법학과
사법시험 제47회

경영학과에서 법학과로

저는 원래 전세계를 누비며 무역을 꿈
꾸는 경영학도였습니다. 그래서 고대 경영학과에 입학했고, 일찍부터 장래
를 준비하기 위해 1학년을 마친 뒤 바로 군대에 입대했습니다. 제대를 앞둔
따뜻한 봄에 마지막 휴가를 나와 지하철을 타고 가다가 마음으로부터의 한
음성을 들었습니다. "너는 그리스도인인가?" 당연히 저는 그 물음에, 어린
시절부터 신앙생활을 해온 터라 자신 있게 'Yes'라고 답했습니다. 재차 물
음이 이어졌습니다. "너는 진실한 그리스도인인가?" 그 물음에는 Yes란 답
대신에 눈물을 떨구었습니다. 솔직하게 말해서, 제가 멋지게 살고 싶어서
'내가 성공하는 것이 하나님께 영광이 된다'는 그 명제를 내 삶에 끌어들였
던 것이었습니다. 하나님을 의지하기보다는 제 자신의 생각과 계획들을 더

의지했습니다. 그러면서도 제 삶의 주인은 하나님이라고 고백하며, 다른 사람보다 믿음이 더 있는 줄 알았습니다. 수련회 때의 뜨거움과 눈물이 제가 믿었던 얄팍한 신앙이었습니다.

하나님의 날카로운 메스 앞에 저의 거짓된 모습들이 드러났을 때, 전 더 이상 아무것도 아니었습니다. 언제나 믿음이 좋은 것처럼 살았던 거짓된 그리스도인만이 있었을 뿐…. 사실 이 글을 쓰고 있는 지금도 저를 드러내기 위해 거짓으로 제 삶을 그려낼까봐 두렵습니다. 하나님의 임재 앞에서 누구보다도 더 초라한 모습으로 제 속에 가득한 죄와 거짓된 모습으로 바닥에 엎드려졌던 모습을 기억하기에.

하나님을 만났을 때 저의 모든 삶의 계획들이 무너졌습니다. 성경을 펼쳤을 때, 예수 그리스도의 십자가로 인해 모든 민족이 구원을 받는 하나님의 마스터플랜을 보게 되었습니다. 가장 높고 고귀한 분이 가장 낮고 천한 이 땅에 와서 자신을 온전히 내어 주심으로 모든 민족이 구원을 얻게 된 사건. 이것이야말로 참된 비전이 아닐까. 당시에 저는 이것이 위로부터의 혁명이라고 생각했습니다. 그렇다면 우리나라에서 가장 위가 어디일까? 그것은 '사법부가 아닐까' 하는 생각이 들었습니다.

그러던 중 연세대 편입 시험 공고를 보았습니다. 시험 3일 전에 공고를 보아서 준비는 전무한 채로 연세대를 구경하는 기분으로 시험을 보았습니다. 경쟁률은 53:1 정도였고, 시험과목은 영어와 논술이었습니다. 영어 공부 안 한 지 5년인지라 저의 능력으로는 그 문제들을 풀어낼 능력이 없었습니다. 그런데 결과는 놀랍게도 합격이었습니다. 저는 그 속에서 하나님의 도우시는 손길을 너무나 강하게 느낄 수 있었습니다. 저는 그래서 그 결과에 대해서 하나님의 능력 외에는 자랑할 것이 조금도 없습니다. 저는 이 일을 계기로 해서 제가 훌륭한 법조인이 되리라는 뜻으로 받아들이지는 않습니다. 여태껏 살아왔던 자신의 삶에서 하나님께로 눈을 돌렸을 때 하나님의 능력을 경험하게 된 것이라 생각합니다. 하나님은 제가 어떠한 업적을 남기는지에 관심을 가지시는 것이 아니라 얼마나 하나님께로 제 삶의 초점이 맞추어져 있고, 하나님을 얼마나 사랑하는지에 뜨거운 관심을 가지고 계시는 지를 알았던 것입니다.

신림동으로, 토익 패스 그리고 1차 합격

2001년 6월말에 드디어 사법시험을 공부하기 위해서 고시의 메카라고 하는 신림동으로 들어왔습니다. 2002년 1차시험을 준비하면서 느꼈던 것은 저의 실력이 너무나도 부족하다는 것이었습니다. 나름대로 학교에서 놀지는 않았다고 생각했는데, 형법을 제외하고는 사법시험이 요구하는 수준과는 거리가 멀었습니다. 그래서 저는 2002년 2월 시험 볼 때까지도 기본서를 읽는 데에 주력했습니다. 기본서를 총 5회독 하고 시험장에 들어가서 최선을 다해 시험을 보았지만 저의 실력이 역부족임을 느꼈습니다. 그러나 기본서를 반복해서 집중한 것은 좋은 방법이었던 것 같습니다. 2002년 1차시험은 1문제 차이로 떨어지고, 다시 1차 공부할 때에 수월하게 할 수 있었기 때문입니다.

2002년은 공부하면서 언제나 점수는 잘 나왔고 내심 합격에의 기대로 충만해 있었습니다. 주위 사람들도 이 성적이면 반드시 합격하리라고 격려해 주었습니다. 시험 전주도 저의 계획대로 정리도 확실하게 끝냈다고 자부하였습니다. 그런데 시험 전날 밤 너무나도 긴장을 한 탓인지 잠이 오지 않는 것이었습니다. 마음은 계속 초조해지고 그럴수록 정신은 더 맑아지면서 잠은 더 오지 않고. 견딜 수 없는 마음에 무릎을 꿇고 기도를 해보았지만 잠이 오지 않기는 마찬가지였고, 하나님에 대해서 서운한 마음조차 들 정도였습니다. 결국 다음날 시험장에서 참패를 맛보았습니다. 집에 돌아와 맑은 정신으로 시험지를 보니 울고 싶었습니다.

6월말에 다시 신림동으로 들어가 후배들과 같이 스터디를 조직하여 1차 공부를 시작했습니다. 그런데 생각지도 않은 복병이 나타났습니다. 그것은 바로 토익이었습니다. 토익 700점을 넘는 것이 이리도 힘들 줄이야! LC는 거의 들리지 않고, RC는 이미 기억에서 소멸된 지 오래고. 7월, 8월, 9월을 500점대, 600점대에서 허덕였습니다. 같이 스터디하던 후배들은 9월을 기점으로 모두 700점을 넘었습니다. 이제 저만 남은 것입니다. 발표날에 땅이 없어진 듯한 느낌으로 정신이 아득해졌습니다. 주님께 매달렸습니다. 다른 사람들에게도 기도를 부탁하였습니다. 그리고 매일 주님 앞에 서는 심정으로 토익공부를 한 10월 마지막 주는 지금도 잊을 수 없습니다. 토익 공부하다가도 주님의 임재로 감격하여 목이 메고, 주님의 음성에 이끌려 신림동을 걷고, 그렇게 힘들었던 토익 공부가 나름대로 즐거웠습니다. 토익 시험장에서 듣기가 잘 들리고, 어렵던 RC가 눈으로 들어오는 것이었습니다. 하나님께 그리고 기도해준 많은 사람에게 감사한 마음으로 시험장을 나왔습니다. 토익은 또 한 번의 주님의 도우심을 경험하는 시간이었습니다. 이제 1차에 매진할 수 있게 되어 홀가분해졌습니다.

차곡차곡 공부를 쌓아나가다가 1차시험 전주에 몸이 말을 듣지 않는 것이었습니다. 신림동 방안에 혼자 누워서 아픈 마음을 주님께 아뢰었습니다. '주님, 너무나도 속상합니다. 제일 중요한 때 이렇게 몸이 말을 듣지 않네요. 아직도 제가 많이 부족한가 봐요.' 결국 시험 전날까지도 계획했던 분량의 반도 채 보지 못했습니다. 게다가 지난해와 마찬가지로 한잠도 못 자고 시험장으로 가면서 몽롱한 가운데 간절히 기도했습니다. "주님, 저의 이런 예민하고 연약한 모습을 너무도 잘 아십니다. 지난해는 몰랐으나 올해는 압니다. 주님께서는 이런 저와 함께하신다는 것을." 지난해와 달리 주님께서 주시는 평안으로 시험장에 들어갔습니다. 1교시 헌법시간. 정신이 몽롱하여 문제 또한 아득하게만 느껴졌습니다. '주님께서 제가 이번에는 이렇게 공부 못한 것 잘 아십니다. 주의 능하신 손길에 모든 것을 맡깁니다.' 마지막 교시까지 주님께 맡기고 마음을 비웠습니다.

그날 밤에 채점해보니 놀랍게도 안심해도 되는 점수가 나왔습니다. 이번 시험은 준비도 부족했고, 점수 또한 내 실력을 상회하는 것이기에 다시 한번 주님을 경험함에 감사했습니다.

2차시험을 준비하면서

예비 순환은 그동안 지친 몸을 쉬면서 학원에서 나누어 주는 자료를 단권화함에 그쳤습니다. 예비 순환이 끝나자마자 스터디를 조직해서 본격적으로 2차 준비에 매진했습니다. 스터디 팀은 모두 지토(연세대 법기독 모임) 후배들이어서 제가 자연스럽게 리더를 해서 이끌었습니다. 저희들이 스터디 했던 방법은 1순환 때는 케이스집을 하나 정해서 돌아가면서 발표하고, 밥 먹고 난 뒤 다른 과목의 케이스를 같이 생각해보는 것이었습니다. 2순환 때는 일주일에 2번은 시험보고 3번은 단문을 외워서 쓰는 방법으로 스터디를 했는데, 나름대로의 효과가 있었던 것 같습니다.

3순환 때부터는 스터디를 해제하고(지금 생각해보면 제가 능력이 너무 부족해서 스터디를 효율적으로 이끌지 못했던 것 같습니다) 각자 학원 모의고사를 따라가는 방향으로 공부했습니다. 저는 좀 둔한 편이라 그런지 3순환이 끝나가도 후4법의 내용들이 체계적으로 정리되지 않았습니다. 두려움이나 걱정이 될 때는 신림동의 녹음이 우거진 곳들을 산책하면서 주님을 묵상하고 기도하면서 평안을 계속 유지할 수 있었습니다.

2차시험을 치르고 난 뒤 – 그리고 2차시험 합격

2차시험을 치르고 난 뒤에는 모든 것을 주님께 맡기고 그동안 가고 싶었던 단기선교도 갔다 오고, 가족여행도 다녀왔습니다. 저의 개인적인 생각으로는 시험 치르고 난 뒤 발표날 때까지의 기간은 주님 앞에서 마음을 비우는 기간인 듯합니다. 시험의 결과에 대해서 마음을 비우고 주님의 뜻대로 인도하심을 구하며 겸허해지는 기간인 듯합니다. 시험기간 동안 사귀었던 제 여자 친구와 결혼을 추진하여 10월에 결혼하였습니다. 공교롭게도 신혼여행에서 돌아오는 날 합격자 발표가 있었습니다. 비행기에서 내리자마자 합격했다는 문자가 여러 개 와 있어서 '아! 합격했구나' 라는 생각으로 주님께 정말로 감사의 기도를 드렸습니다. 저의 수험기간은 주님과 동행했던 기간이었고, 주님의 능력만이 나타난 기간이었습니다.

사법시험을 위해 제가 보았던 교재 및 학원강의

1차시험

헌법 : 기본서 - 황남기 헌법, 차강진 헌법, 정회철 판례집,
　　　　　　송헌철 부속법령
　　　참고서 및 문제집 - 허영 한국헌법론, 대학 모의고사,
　　　　　　민경식 문제집
민법 : 기본서 - 김형배 교과서, 유정 가족법, 이정우(정일배) 판례집
　　　참고서 및 문제집 - 곽윤직 민법시리즈, 김형배 문제집,
　　　　　　기출 문제집
형법 : 기본서 - 이재상 총 · 각론, 광장 판례집
　　　참고서 및 문제집 - 배종대; 임웅 총론, 신호진 요론,
　　　　　　신호진 형법 총정리, 이재상 문제집
선택과목(형사정책) : 기본서 - 박문호 신경향 형사정책
　　　참고서 및 문제집 - 김옥현 형사정책, 기출 문제집,
　　　　　　박문호 문제들
토익 : 이익훈 교재, 김대균 교재, 시사 모의고사

2차시험

헌법 : 금동흠 헌법, 허영 한국헌법론
민법 : 김형배 교과서, 노재호 교안, 교수 사례집(고시계)
형법 : 이재상 총 · 각론, 김정철 형법 솔루션, 문갑서원 사례집

민소법 : 이시윤 교과서, 교수 사례집(고시계)

형소법 : 이재상 교과서, 교수 사례집(고시계),

　　　　참고서로 배종대, 이상돈 공저

행정법 : 장태주 교과서, 이재화 사례집, 교수 사례집,

　　　　참고서로 이병철 행정법

상법 : 임재철 상법요론, 교수 사례집(고시계),

　　　　참고서로 이철송 상법 시리즈

학원강의

1차는 헌법은 차강진 강의, 민법은 강의 들은바 없고, 형법은 초기에 조금 듣다 많이 빠졌습니다. 형사정책은 박문호 강의.

2차는 헌법은 금동흠을 이틀 듣다가 그만두고, 민법은 2순환 김태윤 강의, 형법은 강의 들은바 없고, 민소법은 이창한 강의, 형소법은 이지민 강의, 행정법은 김정일, 류준세 강의, 상법은 강의 들은바 없습니다.

사법시험 공부 방법

1차시험

■ 개요

1차는 단 하루에 모든 것이 끝나는 시험이라는 것에 중점을 두셔야 합니다. 즉, 1차시험은 시험 전날에 그동안 공부했던 모든 부분을 한번씩 보고 들어가는 데 초점을 맞추어 공부해야 합니다. 이를 위해 계속 반복하고, 단권화를 해야 하는 것이라고 생각됩니다. 전날에 전 범위를 모두 본다는 것은 정말 쉬운 일이 아닙니다. 나름대로의 요령이 필요한데, 저는 포스트잇을 많이 활용하였습니다. 시험 2주 전부터 모르는 부분에는 여지없이 포스

트잇을 붙이고 계속 반복, 반복해서 보면서 완전히 외웠다고 생각하는 부분은 포스트잇을 떼었습니다. 그리고도 전날까지 못 뗀 포스트잇은 1과목당 A4용지 2장에 깨알같이 정리하여서 시험장에서 보았습니다(제가 시험장에 가지고 들어간 것은 과목당 A4지 2장씩, 부속법령, 최신판례들, 선택과목이 었습니다 – 선택과목은 책에다 정리를 했거든요).

■ 반복과 단권화 작업

반복 작업은 베리타스의 순환을 따라가시면 무난할 듯 싶습니다. 저는 독학하는 스타일이라 학원을 거의 다니지 않고 혼자 했는데, 그래도 학원 시간표대로 순환을 따라갔습니다. 여기서 단순히 학원만 따라가서는 계속 아득해지는 기억의 감소를 막기가 어렵습니다. 저는 마지막이 다가올수록, 기억의 감소를 막기 위해서 그날 공부했던 것을 연습장에 옮겨 적어서 다음날 공부 시작하기 전에 보면서 떠올렸습니다(특히 헌법과 민법 중 암기 부분이 많은 파트만 활용했습니다). 이 방법은 귀찮기는 하지만 생각보다 효율성이 높아, 꼭 권해드립니다.

1차는 기본서의 모든 내용과 문제집 한두 권만 거의 완벽히 소화하면 문제없이 합격하는 시험임을 꼭 염두에 두시기 바랍니다. 단지 다른 사람들이 모두 학원에 다니고 방대한 자료를 보기 때문에 불안해져서 자신도 이것저것 다 해야 할 것 같은 생각이 들지만, 시간상 그 모든 것을 다 할 수 없습니다. 막상 시험을 치르고 나면, 기본서와 자신이 보았던 문제집만 충실히 이해했어도 합격했을 것이라는 후회가 많이 남을 것입니다.

■ 과목당 주의할 점

형법(제가 제일 잘했던 과목입니다^^)은 신호진 강사님의 형법요론이나 이재상 교수님의 교과서 어느 것을 보아도 1차에 합격하는 데는 지장이 없습니다. 그런데 요론을 보면 소위 말하는 리걸 마인드와 내공이 잘 쌓이지 않습니다. 저는 교과서를 꼼꼼히 볼 것을 권해 드립니다. 특히 형법총론은 내용이 비교적 작기 때문에, 모든 학설과 근거 또한 암기해 주어야 합니다.

이 부분을 게을리 공부해 두면 항상 발목을 잡습니다. 형법 고득점의 근거는 형법총론임을 꼭 기억해주세요. 그리고 각론의 뒷부분은(공무원 범죄, 도주, 무고 등의 죄) 재산죄만큼은 아니라도 꼼꼼히 정리해 두세요. 이 부분은 시험에 꼭 출제되는데 적당히 공부해서는 맞추기 쉽지 않습니다. 이 부분을 반드시 맞추는 것이 합격의 지름길입니다. 형법은 판례가 80% 이상을 차지한다고 합니다. 판례는 반드시 정확히 기억해 두시고, 잘 아는 판례라도 막판에는 최종 점검을 꼭 해두세요. 시험장에서 평소에 잘 아는 판례가 생각이 안 나면 심리적으로 위축되어 다른 실수를 꼭 하게 됩니다. 판례는 최종점검이 반드시 필요합니다.

민법은 민총의 소멸시효, 물권의 비전형 담보, 채권법의 다수 당사자 채권관계, 채권의 소멸, 사무관리, 조합부분은 꼼꼼히 정리해두시길 바랍니다. 평소에 소홀히 하는 부분인데 시험에서는 난이도 있게 출제되는 부분이라고 생각합니다. 이 부분을 정복하면 이삭 줍는 듯한 여유가 생깁니다. 요즘에는 가족법 공부도 열심히 하셔야 합니다. 실제 시험에서는 가족법이 비중 있으면서도 어렵게 출제됩니다. 판례와 평소에 보지 않던 조문이라도 꼭 챙기시고 시험장에 들어가시길. 민법은 앞뒤로 연결되고 사례형 문제가 어렵게 출제되므로, 중요한 판례는 정확히 숙지하시고 사례형 문제들을 풀어보실 것을 권합니다. 그리고 단권화는 반드시 기본서에 해두세요. 강사의 요해 등은 참고자료에 불과합니다. 주종이 바뀌면 곤란합니다. 교과서와 관련해서는 김준호, 김형배, 지원림 어느 교수님의 교과서를 봐도 합격하는 데는 크게 지장이 없다고 생각됩니다. 얼마나 더 심도 있게 보는가가 관건이거든요.

헌법은 우선 조문을 꼼꼼히 체크해두는 것은 필수적이고, 판례는 기본서 보듯이 세심한 주의를 기울여 공부해야 합니다. 문제는 부속법령인데, 개인적인 생각으로는 두꺼운 부속법령집을 열심히 보는 것보다는 판례나 기본서에 충실하는 것이 좋은 방법인 듯한데, 심리적으로 불안하기 때문에 부속법령집을 안 할 수는 없는 듯합니다. 시중에서 많이 보는 법령집을 틈틈이 정리해두는 것도 요령인 듯합니다(물론 별도로 부속법령집을 보지 않고도 합격한 사람은 많습니다). 연혁에 관련해서는 중요한 것들은 반드시 암기해 두어야 합니다. 시험에서 연혁은 꼭 물어보는 것 중에 하나입니다. 그러나 모든 연혁을 외우기에는 너무 효율성이 떨어지므로 기출되었던 것 중심으로 외우는 것이 좋은 방법인 듯합니다(저도 그렇게 했습니다).

2차시험

■ 개요

2차시험은 이해라고 생각하기 쉽지만, 결국은 암기가 비중을 차지합니다. 2차시험은 주어진 답안지에 자신이 쓰는 내용에 의해 평가되기 때문입니다. 한번 써보신 분들은 알겠지만, 자신이 잘 아는 문제가 출제되면 답안지의 공간이 상당히 부족합니다. 결국 답안지에 꼭 써야 할 분량만 쓰는 것이 관건이며 이것은 심오한 이해에 기초하기보다는 오히려 암기에 기초하기 때문이지요. 2차에서는 개념의 암기는 필수적이고, 중요판례 또한 이에 못지않게 중요합니다. 학설은 대표적 학설과 중요근거 하나씩만 암기하시면 됩니다. 심오한 이해는 문제의 제기에서 밝혀주면, 좋은 인상을 줍니다. 답안지의 내용을 메우는 것은 튼튼한 암기입니다. 이 명제들을 기억하시면서 공부하신다면 답안 쓰는 것에 대한 두려움이 줄어들 것이라 생각합니다. 이제 과목별로 정리해보려고 하는데, 제 생각은 꼭 참조만 하세요.

■ 헌법

본교재는 금동흠이나 정회철로 많이 보는데, 요즘은 정회철 저로 많이 하는 듯합니다. 헌법은 요약서로 공부하면 그 책에 정리되어 있는 쟁점 이외의 문제가 출제될 경우 속수무책입니다. 조문과 부속법령을 베끼면서 조금씩 말을 붙이는 데 그치기 마련입니다. 예비순환이나 1순환 때, 즉 시간 있을 때 교수님의 교과서를 정독하면서 기본교재에 정리해두시면 좋습니다. 저도 허영 교수님의 교과서를 활용했는데, 헌법의 체계가 점점 잡히는 느낌이었습니다(저는 1차 때부터 허영 교수님의 교과서를 봐서 헌법으로 고민한 적은 없었습니다). 케이스집은 필수라고 하기는 어렵고, 헌재 판례와 대법원 판례는 반드시 숙지하는 데 중점을 두셔야 합니다.

■ 민법

수험생들이 2차 민법 기본서 때문에 고민을 많이 하는데, 1차 때 보던 교과서를 계속 보시는 것이 유리합니다. 굳이 교과서를 바꾸는 것은 시간 낭비입니다.

김준호 교과서는 제가 생각하기에도 좀 부실합니다. 그러나 그 부분들은 케이스집으로 메울 수 있습니다. 따라서 교과서를 바꾸기보다는 케이스로 부족한 부분들을 메우는 것이 효율적입니다. 민법은 반드시 케이스집을 볼 것을 권합니다. 케이스집을 보면서 자신이 잘못 이해했던 부분들을 확인하게 되고, 이 문제가 나오면 반드시 이 쟁점을 써야 하는 것들을 확인하여 교과서에 가필해두어야 합니다. 실전에서 그런 연결쟁점들을 생각할 시간이 없습니다. 시간이 없어서라기보다는 연결쟁점들을 평소에 공부를 잘 해놓지 않았기 때문입니다.

■ 민사소송법, 형사소송법

소위 후사법 중 이 양소법은 절차법으로 2차 공부의 분수령입니다. 후사법 중 제일 까다롭습니다. 형사소송법은 처음에는 쉬운 듯 보이나, 막상 시간이 갈수록 어려워지는 것을 깨달을 수 있습니다. 이 두 법은 처음부터 열심히 하셔야 합니다. 처음 공부하실 때는 개념 암기와 내용이해에 주력합니다. 단권화는 2순환 때까지는 끝내 놓습니다. 민사소송법은 책을 샅샅이 이해하면 시험을 보는 데에 전혀 지장이 없습니다. 그러나 형사소송법은 이재상 교과서만으로는 부족하고 반드시 보충자료들이 필요합니다. 특정 교과서에 없는 내용도 자주 출제되기 때문입니다. 그리고 이 절차법은 꼭 케이스집을 병행해서서 체계를 잡으시고, 절차가 어떻게 되는지도 기본체계를 조문과 함께 정리하셔야 시험장에서 당황하지 않게 됩니다. 민소법은 교수 사례집을 추천합니다. 형소법은 이재상 케이스집보다는 학원 케이스와 교수 사례집이나 문갑서원 사례집이 더 좋은 듯합니다.

■ 행정법

행정법에 대해서는 우선 수험생들이 교재 때문에 가장 고민하는 듯합니다. 장태주, 홍정선, 류지태, 박균성. 어느 교수님의 교과서를 보더라도 합격하는 데 지장이 없음을 밝혀둡니다. 수많은 합격생들의 증언입니다. 다만 요즘에는 이병철 저는 점점 줄어드는 추세니 참조하시길 바랍니다. 처음 공부할 때는 행정법에 대해서 감 잡기가 너무 어려우실 듯합니다. 저도 체계를 세우기가 어려웠는데, 장태주 교수님 교과서를 이병철 책과 병행하며 읽었더니 체계가 조금씩 세워졌습니다. 이해가 안 가는 부분들은 케이스집을 참조하고 학원 강사에게 질문했습니다. 기본서만으로 이해가 안 가시는 분들은 이병철 저에 나와 있는 사례들을 꼭 참조하세요. 큰 도움이 됩니다. 이병철 책이 형편없다는 이야기에 현혹되지 마시고, 참고서로 활용하시면 정말 가치 있는 책입니다. 그리고 절대 교과서 바꾸지 마시길 바랍니다. 행정법은 이상하게도 교수님마다 체계도 다르고 내용과 서술방식도 판이합니다. 혼란스럽기까지 합니다. 행정법은 한번 채택한 교과서로 꼭 끝까지 밀고 나가시길.

■ 상법

상법은 흔히들 수험생들이 가장 쉽다고 하는 과목인데, 사실 양이 정말 방대한 과목입니다. 마치 민법이 생각날 정도입니다. 수험생들이 보는 기본서로는 임재철 저와 김혁붕 저가 있는데, 개인적인 취향에 따라 선택하시면 될 듯합니다.

정찬형 저는 그 분량에 비해(2권) 빠진 부분들이 많아서 상법을 처음 공부하시는 분이라면 선택하지 않는 편이 좋을 듯합니다. 그리고 상법은 기본서 한 권만으로 정리, 이해하기에는 벅찬 과목입니다. 학원에서 나누어 주는 보충자료나 참고서 등을 꼭 활용하시길 바랍니다. 상법 자체가 양이 워낙 방대해서 별도로 단문집은 안 보는 것이 좋을 듯합니다. 혹시 시간이 남는다면 단문집 대신 케이스집을 한 권 보시는 것이 효율적이라 생각됩니다. 보험법은 임재철이나 김혁붕 저에 나와 있는 부분들은 빠짐없이 공부하셔야 하고, 해상법은 논점 10개 정도를 공부하시면 될 듯합니다. 보험법을 적당히 공부하면 마지막에 불안감이 가중됩니다. 특히 올해 같은 경우에는 더욱 더 그랬지요.

마치면서

수험생활을 포함한 삶은 하나님을 경험하는 삶이며 하나님을 추구하는 삶인 듯합니다. 주께서 함께하시기에, 수험생활도 힘든 것만이 아니라 귀하고 가치 있는 시간입니다. 언제나 저와 동행하신 하나님, 그리고 수험생활을 통해 나타난 그분의 능력을 증거하며 오직 그분께 홀로 영광을 돌립니다.

합격을 하기까지 모든 것을 아낌없이 지원해 주신 저의 부모님과 가족들, 그리고 장인어른과 장모님께 감사를 드립니다. 언제나 저와 함께한 사랑하는 나의 동생과 사랑하는 나의 아내에게도 이 자리를 빌어 진심으로 감사를 전합니다. 또한 저를 위해 힘써 기도해주신 목사님과 개포교회 사람들, 그밖에 저의 사랑하는 후배들과 친구들에게도 마음으로부터 감사를 드립니다.

아직도 공부에 힘쓰고 있는 지토 후배들과 저의 제자들에게도 격려의 말을 전하며 이 글을 읽는 모든 수험생에게도 하나님의 평안이 함께하길 기도합니다.

위로의 통로가 되길 바라는 마음으로

내가 받고 있는 고통이 이유가 있는 고통일 것이라고 생각하고
지금 내가 가는 길을 하나님이 이끄신다는 생각으로
조금만 더 버티자고 다짐을 했었습니다.

조 은 경

서울대학교 경영학과
사법시험 제46회

Intro

저는 그리 대단한 신자가 아닙니다. 하나님을 영접한 지도 얼마 되지 않았고, 20년 이상 세상에 길들여진 사고와 행동방식을 신실한 종의 그것으로 바꿀 훈련도 제대로 받지 못하였습니다. 그래서 많은 순간순간 아직도 하나님을 모르는 사람처럼 행동하는 죄인입니다. 그래서 '위로자격증'을 받을 자격이 있는지 모르겠습니다.

하지만 하나님께서는 제가 알 수 없는 놀라운 방법으로 지금까지 저의 삶을 이끌어 오셨고, 어느 날 전혀 생각지도 못한 시간, 장소에서 원고 청탁을 받게 하셨는데, 이 또한 그 은혜가 아닐까 하는 생각에 용기를 내어 이 순간에 이르렀습니다. 저의 글이 부디 하나님을 높이는 방법으로 기능하고 하나님이 사랑하시는 자녀들에게 위로를 전하는 통로가 될 수 있도록 기도하는

마음으로 글을 시작합니다.

나의 간증

저는 몇 년 전만 해도 하나님을 믿는 사람이 못 되었습니다. 누군가 절대자가 있겠지 생각은 하였지만 어린 마음에 기독교란 서양인들이 퍼트린 이데올로기에 불과하다는 생각을 하고 괜히 부정적으로만 생각을 했었습니다. 저희 식구 모두 마찬가지였습니다. 그런데 언제부턴가 어머니가 주위 분들의 권유에 성경공부를 시작하셨고, 그러던 어느 날 제가 고3 수험생이 었을 때 의사이시던 아버지께서 말기 폐암 진단을 받으시면서 저희 가족을 향한 놀라운 하나님의 역사가 시작되었습니다. 아버지께서는 직장이시던 병원에서 동료들의 최상의 노력에도 불구하고 진단 1년 후인 1999년, 제가 대학교 1학년 때 돌아가셨지만, 시한부 진단을 받으시면서 하나님을 영접하셨고 가족이 함께 예배드리길 원하셔서, 동생까지 네 식구가 사랑의교회에 출석하게 되었습니다.

아버지가 돌아가신 후, 어머니와 동생이 어려운 마음을 하나님께 위로받으면서 신앙을 키워 나가는 시기에 아둔하게도 저는 이 어려움을 내가 강하게 이겨나가야 한다고 생각하며 슬픈지도 모르고 대학 초년을 보냈습니다. 그러던 중 대학 3학년이 되면서 외국에 나가서 공부를 계속하고 싶었던 저의 어린 시절부터의 꿈이 사실상 불가능하다는 판단을 내리게 되었습니다. 어린 나이에 결혼하셔서 사회생활 경험이 없는 착하고 순진하기만 한 우리 어머니, 그리고 아직 어린 동생. 이들을 두고 내 꿈을 찾아 떠난다는 건 안될 일임을 깨달은 순간, 내가 가장 먼저 해야 할 일은 사라진 '가장'의 자리를 채워야 하는 문제였습니다.

가장이 가족을 대표하는 한국 사회에서 '남자 어른'이 없는 가족은 참여하기 어렵고, 보호받기 어렵습니다. 그래서 제가 선택한 길이 사법시험입니다. 내가 가장 빠른 시간에 성인 남성과 같은 사회적 지위를 보장받을 수 있는 길, 실제로 보장받을 수는 없다 하더라도 어머니와 동생이 그렇다고 믿고 안심할 수 있는 길이라고 생각했기 때문입니다.

시험을 준비하기로 결심하고서 합격수기를 읽어 보았고, 주변의 선배들에게 물어보았지만 그때까지 법서를 한 번도 구경해보지 못한 경영대생으로서는 '사법시험'이라는 것이 뭔지, '법학'이 뭔지 도대체 감을 잡을 수 없었습니다. 그래서 공부하느라 힘들다기보다는 공부할 줄을 몰라서 더 힘들었던 것 같습니다. 더욱 힘들었던 건 고시촌 원룸에서, 가족과 떨어져 지내면서 우울함에 시달렸던 것입니다. 다른 친구들은 한창 멋도 내고 다니고, 고등학교 때 친구들 중에 유학 준비하는 친구들도 있었는데 내 자신은 그에 비해 여러 면에서 너무나 초라하게 느껴졌던 것입니다. 아빠만 살아계셨다면 내가 원하는 삶을 살 수 있었을 텐데 왜 이렇게 되었을까. 스물한 살, 어린 나이에는 그게 참 원망스러웠습니다.

그러던 어느 날 자려고 누웠는데 갑자기 참을 수 없을 만큼 눈물이 났고, 목 놓아 울다가 하나님께 기도를 드리기 시작했습니다. 나의 어려운 마음을 누군가에게 털어 놓고 싶었고 상대방은 왠지 이 모든 사태에 책임이 있다고 느껴지는 하나님이었기 때문이었습니다. 사실 그때까지 어머니와 동생의 성화에 주일예배를 따라 다니긴 했지만 호시탐탐 빼먹을 궁리만 하는 수준이었는데, 그래도 서당개 3년에 풍월을 읊는다고, 그분과 이야기를 하려면 손을 모으고 주기도문을 외워야 한다는 정도를 알고 있었으므로 울면서 하나님을 원망하는 기도를 했습니다.

그러다가 순간 마음이 너무나 평온해지면서 아득해져 잠들었고, 정신을 차렸을 때는 다음 날 아침이었습니다. 신기한 것은 계속하여 저를 짓누르던 답답한 마음과 근심이 사라진 것이었습니다. 전날 밤에 무슨 일이 있었던 것일까? 수년이 지난 지금 기억은 점점 흐려졌지만, 분명한 것은 '걱정하지 말아라'라고 하는 음성 같은 걸 들었다는 것입니다. 하나님은 저를 그렇게 위로하셨습니다. 그 순간 저는 단순히 '어떤 절대자'가 아닌 '하나님'이 존재하심을 믿게 되었고, 그분의 인도로 그 당시의 저의 상황을 받아들이고 배우는 즐거운 마음으로 고시공부를 할 수 있게 되었습니다.

1차시험 공부

하나님의 붙드심으로 공부하는 데 마음을 붙였음에도 법학 공부는 녹록
치 않았습니다. 그 방대한 양에 정신을 차릴 수 없었고, 학원을 가면 '저력'
이 있어 보이는 다른 사람들의 모습에 기가 죽어서 합격은 너무나 먼 나라
이야기 같기만 하였습니다. 그렇게 꾸역꾸역 공부를 하다가 공부 시작한 후
처음 맞이하는 1차시험의 원서를 내고 와서 혼자서 다짐을 했습니다. '시험
이 끝날 때까지 집에 가지 말자.' 당시 신림동의 원룸에서 지냈지만 주말,
그리고 공부하기 싫을 때는 가족들이 있는 집으로 가서 며칠씩 있다 오곤 했
었는데, 그럴 때마다 마음이 약해지고 공부하는 사이클이 약간씩 엉클어졌
기 때문에 2달여 남은 시험까지 좀 더 독해지고자 한 것입니다.

그런데 시험을 3주 정도 앞둔 어느 날, 몸이 살살 아프더니 감기 기운이
감지되었습니다. 마침 힘들게 공부하는 딸내미 저녁 사 주러 오셨던 어머니
께서 일단 집으로 가는 게 어떻겠냐고 하셨지만, 스스로 한 약속이 있기에
일단 버텨보겠다고 한 후 신림동 원룸으로 돌아왔습니다. 그런데 증상이 점
점 심해지더니 정말 눈물이 핑 돌 정도로 아팠습니다. 어머니를 부르면 분명
안쓰러워하시면서 집으로 데려가실 텐데, 지금 집에 가면 시험을 포기해 버
릴 것 같았습니다. 그래서 혼자 누워서 끙끙대다가 결국 지금 저의 남편인,
당시의 남자친구를 불러 그의 간호를 받았습니다. 밤이 되어 그가 집으로 돌
아간 후에도 너무 아파서 전기요를 둘둘 말고 몸을 새우처럼 웅크리고 있었
는데, 몸이 아픈 것보다 공부를 못 하고 있는 상황이 더 견디기 힘들었고,
그래서 몸을 좀 움직일 수 있게 되자마자 엉금엉금 책상 쪽으로 기어가 최신
판례강의 테이프를 사다 놓은 것을 틀고 들으며 누워서 공부를 하였습니다.

감기야 공부하는 수년의 시간 동안 여러 차례 걸렸었지만, 이때의 상황을
굳이 길게 말씀 드리는 것은 이때만큼 공부가 하고 싶어 안달인 때가 없었
기 때문입니다. 사실 고시생은 보통 하루 종일 공부하는 날이 대부분이기
때문에, 책만 붙잡고 있다 보면 지겨워지고, 낭비되는 시간이 얼마 정도 있
더라도 대범하게 넘기는 때가 많고, 저도 그랬습니다. 그런데 이날, 그 아픈

순간에, 공부할 수 있는 몇 분이 너무나 아쉬웠고 그래서 몸이 나아지면서 지겹게 느낄 새도 없이 3주를 하루처럼 공부할 수 있었습니다. 이 3주간 실력이 많이 늘었고 비록 이 시험에서 떨어졌지만 다음 시험의 준비에 반석이 될 수 있는 실력과 마음자세를 갖게 되었습니다.

그 다음 해에는 정말 1차생의 정석대로 공부하였습니다. 3, 4월은 좀 쉬다가, 5월부터 8월까지 헌, 민, 형을 1회독씩 하면서 부족한 부분은 강의도 듣고, 책 정리도 해 놓았고, 9월부터 진도별 모의고사를 보며 그 진도를 따라, 예습-시험-오답정리-복습의 순서로 공부했습니다. 11월 중순에 진도별 모의고사가 끝나고 12월말까지 혼자 1회독을 하면서 마지막으로 책을 정리하고 해를 바꾸어 1, 2월에는 계속 암기하면서 책 보고, 전범위 모의고사 문제를 서점에서 사다가 책 보는 중간 중간에 풀어 보았습니다.

이런 과정을 거쳐 1차시험을 붙은 저는 고시공부에 있어서 '독한 마음'을 먹는 것이 중요하다는 말씀을 드리고 싶습니다. 아프면서도 집에 가지 않았던 오기나, 도서관에 나올 수 있는 힘이 남아 있는 한, 15분을 기어서라도 도서관에 나오려고 했던 객기. 시간이 지난 지금은 그러했던 저 스스로가 약간 미련하게 느껴질 때도 있습니다. 장기 레이스를 하는 고시생의 입장에서 그렇게 무모하게 스스로를 밀어 붙이는 것은 역효과가 날 수도 있으므로 여러분께 권장하고 싶지는 않습니다. 특히나 연수원에 와서는 더 이상 그렇게 몸이 움직여지지도 않는 것을 보면, 고시공부를 채 1년도 안 해서 몸이 별로 상하지 않은 20대 초반 때나 가능한 일이 아니었나 싶기도 합니다. 공부와 휴식은 적절히 균형을 맞추어야 합니다. 그럼에도 이러한 일화들을 꼭 소개하고 싶었던 것은 그만큼 독한 마음, 절박한 마음, 매달리는 마음이 사법시험 합격의 필요조건임을 확신하기 때문입니다.

1차시험 당일

첫 도전의 실패 후에, 나름대로 정석대로 성실하게 공부했다고 자신하고는 두 번째로 1차시험에 응시하였습니다. 시험 전날은 정신없이 책을 눈에 발랐고, 새벽 1시가 좀 넘어 선택과목까지 마무리하고 자려 했지만, 잠이 안 와서 우유를 데워 먹은 후에야 잠이 들었습니다. 그런데 당일 아침에 일어나려 하니 잠이 잘 깨지를 않고 몸도 뻐근, 머리도 띵 한 것이 컨디션이 좋지 않았습니다. 어쨌든 시험장으로 가서 자리를 찾아 앉았는데, 오전에 받아 본 헌법 시험은 저를 완전히 당황시켰습니다. 전혀 들어보지도 못한 내용들도 있었고 헷갈리는 문제들도 많았습니다. 교재를 꼼꼼히 외웠고 학원가에서 돌아다니는 모의고사 문제들을 풀어 봐도 높은 점수가 나올 때가 많았으므로 어느 정도 자신이 있었기에 새로운 문제 유형에 더욱 당황했던 것 같습니다. 또 전 해에 시험을 봐 보기는 했지만 그때는 공부를 시작한 지 반년이 채 안된 때라 아는 문제 몇 개가 반가운 수준이었기 때문에, 당해의 시험 문제를 풀면서 제가 제대로 하고 있는 건지 전혀 파악이 되지 않았습니다.

그런데 점심 도시락을 꺼내니, 대학교에 들어가서 IVF 활동을 하면서 신앙적으로 저보다 훨씬 성장을 한 동생이 도시락에 붙여 놓은 포스트잇을 발견할 수 있었습니다. 종이에는 빌립보서 4장 3절 말씀이 적혀 있었습니다. "내게 능력 주시는 자 안에서 내가 모든 것을 할 수 있느니라." 부끄럽게도 하나님을 만난 후에도 그분의 존재를 인정하는 것이 신앙의 끝인 줄 알았던 저는, 그때까지 말씀을 제대로 공부한 적이 없었고, 성경에 어떤 내용이 들어 있는지 궁금하지조차 않았는데, 그날 시험장에서의 절박한 그 순간에는 그저 그 말씀에 매달릴 수밖에 없었습니다. 물론 당시는 그 말씀을 상당히 자의적으로 해석하여 이해하였지만 말입니다.

점심을 먹고난 후, 걱정으로 떨리는 마음을 진정시킬 수 없었고, 책을 폈지만 하나같이 생소하고 모르는 내용 같아서 더욱 떨리기만 해서 도저히 책을 볼 수 없었습니다. 책을 볼수록 자신감이 없어졌기 때문입니다. 그래서 연습장에 위의 빌립보서 말씀을 하염없이 쓰면서 마음을 진정시키려 했습니다. 잠시 후 오후 일정을 시작하는 종이 울리고 형법, 민법 그리고 선택과목 시험을 봤는데, 확실히 아는 문제는 몇 개 안 되는 것 같았지만 무아지경에서 문제를 풀어간 것 같습니다. 그렇게 시험이 끝나고 참 많이도 울었습니다. 정말 힘든 것 참아가며 공부했는데 어쩐지 그 결실을 보지 못할 것 같은 걱정과, 결과야 둘째 치고 공부한 만큼은 실력발휘를 했어야 되는데 컨디션도 안 좋았고 해서 그만큼도 못 한 것 같은 아쉬움 때문이었던 것 같습니다.

그래서 시험이 끝나고 며칠 후에야, 떨리는 마음으로 인터넷에서 가답을 뽑아 채점을 해보았는데 놀랍게도 너무 높은 점수가 나왔고, 그 순간부터 발표 때까지는 참 마음 편하게 지낼 수 있었습니다. 저의 힘으로 받을 수 있는 점수가 아니었기 때문에, 하나님이 저를 불쌍히 여기셔서, 저를 하나님께로 이끄시기 위하여, 저에게 능력을 주셨던 게 아닐까 하는 생각을 합니다.

2차시험 공부

저는 초시 때는 후사법 테이프만 슬슬 들으면서 그냥 놀았습니다. 비법대라 후사법은 그때까지 구경도 못해 봤기 때문에 초시공부를 해도 승산이 없을 것 같았고, 괜히 붙잡고 있어 봤자 힘만 빼는 것 같았기 때문이었습니다. 2차시험 공부를 처음 하면 민소법을 가장 어려워하게 된다길래, 민소법만 좀 열심히 본 것 같습니다. 그리고 초시가 끝난 그 순간부터는 역시 정석대로 한 것 같습니다. 학원에 다니면서 강의를 듣고 학원 진도에 맞추어 공부했습니다. 1순환 때는 강의 위주, 2순환 때는 책 정리 위주로 하면서 시험보고 강평하는 학원 강좌를 수강했는데, 그때까지도 답안지를 작성할 실력이 되지 않아 시험지는 그냥 받아다가 공부하는 용도로 사용하고 1시간 반 정도의 강평을 들으면서 그날 공부 내용을 재확인하는 것이 주였습니다. 그리고 3순환 때는 마지막으로 책을 정리하면서, 학원 모의시험 강좌를 등록하여 시간 내에 답안지를 작성하는 연습을 했습니다. 5월부터가 4순환이었는데 이때부터는 정리된 책을 기본으로 해서 반복 암기하였습니다. 정말 평범하지요.

2차시험 공부에 왕도는 없는 것 같습니다. 모든 2차생들이 같은 사이클로 가고 있는 바로 그 과정을 그저 성실하게 따라가는 것이 수험생이 할 수 있는 전부인 것 같습니다. 그런데 그게 정말 어렵습니다. 진도 밀리기 일쑤이고, 슬럼프나 우울증에 시달릴 때도 있고, 계속 긴장 상태로 몸을 혹사하다 보면 탈이 나기도 합니다. 저 자신도 3순환 이후로 '지금이라도 이 시험을 때려치울까' 하는 생각을 백 번도 더 하였습니다. 그때는 시험에 붙는 것보다 당장 이 중압감에서 벗어나는 것이 더 행복할 것 같았기 때문입니다. 2차 공부할 때는 그나마 가끔 성경책 뒤적이며 읽고, 때때로 예배에 제 발로 걸어 나가는 수준에 이르렀습니다. 마음이 너무너무 어려웠기 때문에 무언가 위로받고 싶은 마음에 예배에 참석했고, 예배가 시작하자마자 참 눈물이 많이 났는데, 주중 스트레스 받으면서 공부하느라 위축되어 굳어 있던 마음이 조금이나마 풀어지는 것 같았습니다. 지금 내가 받고 있는 고통이 이유가 있는 고통일 것이라고 생각하고 지금 내가 가는 길을 하나님이 이끄신다는 생각으로 조금만 더 버티자고 다짐을 했었습니다.

제자훈련

시험이 끝나고 한참 동안은 몸과 정신의 건강을 회복하느라 요양하면서 지냈습니다. 몸이 어느 정도 회복 된 어느 날, 동생이 제 방에 들어와서, '언니는 기억하지 못할지 몰라도 하나님은 기억하신다' 는 말을 툭 던지고 나갔는데 사실 당시의 저의 모습은 당면한 어려움이 사라지다 보니까 하나님께 매달리던 마음도 잊혀지고, 다시 미지근한 '표현 신앙인' 으로 돌아가는 형상이었습니다. 그때 동생의 말 한마디에 다시 정신이 번쩍 차려지는 듯하였고, 역시 동생의 도움으로 사랑의교회 대학부에 등록을 하게 되었습니다. 그리고 저희 대학부를 이끄셨던 전도사님과 이미 리더의 반열에 올라선 신앙의 선배이자 친구인 동갑내기 동역자들의 사랑으로 소그룹 성경공부와 제자훈련을 받을 수 있게 되었고 그때야 비로소 하나님의 말씀에 귀 기울이고 순종하는 삶을 알게 되었습니다.

그렇게 행복하게 하나님과, 동역자들과 교제하는 가운데 시간은 흘렀습니다. 많은 이들의 기도 덕분인지 합격자 발표가 날 때까지도 크게 불안해하지 않고 기다릴 수 있었고, 하나님의 은혜로 2차시험까지 합격할 수 있었습니다.

에필로그

저는 시험에 붙은 것이 하나님의 은혜라는 생각을 많이 합니다. 도저히 내 힘만으로 할 수 없는 일이었는데, 하나님이 이루셨습니다. 제가 특별히 잘나서 하나님이 합격으로 이끄셨다고 생각하지 않습니다. 제게 세상적인 성공을 주셨기 때문에 그분을 추앙하게 된 것도 아닙니다. 당시 저는 참 세상의 약한 자였습니다. 스무 살이 갓 넘은 여자애가 가족을 지켜보겠다고 혼자서 세상의 파도 앞에 나선 셈이었습니다. 하나님이 보시기에 참 위태위태하고 안쓰러워 보이셨나 봅니다. 제가 하나님의 은혜로 합격의 기쁨을 누리게 되었다는 말씀을 드리면서도, 혹시나 저보다 열심히 노력했음에도 기쁨이 아직은 유보되어 있는 분들의 마음을 시험 들게 하는 것이 아닐까 염려가 됩니다. 저도 아버지가 돌아가시고 힘들었을 때 하나님을 원망했고, '왜 나한테만 고통을 주시는 것일까' 의문을 품었습니다. 하지만 그 모든 아픔이 결국은 어느 정도 극복된 지금에 와서는, 저를 태중에서부터 아시고 사랑으로 인도하여 주시는 하나님의 계획에 놀라지 않을 수 없습니다. 하나님께서는 우리의 아픔에 반응하시며, 우리의 고통 또한 하나님의 더 큰 차원의 계획 안에서 결국 회복될 것이 예정되어 있는 것 같습니다. 힘내세요.

지금까지 제가 고시공부와 신앙생활 이야기를 두서없이 늘어놓았습니다. 저의 글 솜씨가 부족하여 저의 경험과 하나님의 은혜를 제대로 전달하지 못한 것 같아 아쉽습니다. 아무쪼록 이 글을 읽는 분들께 조금이나마 도움, 위로가 되었으면 하는 간절한 바람입니다. 좀 더 구체적인 공부 방법을 궁금해

하실 분들을 위하여 추가적으로 뒤에 적어드리면서 부족한 글을 마무리하겠습니다. 여러분 모두 앞으로 법조에서 뵙기를 기대하며 기다리겠습니다.

공부방법론

생활의 단순화

마음이 정리되어야 차분하게 공부할 수 있습니다. 마음에 걸리는 일들은 먼저 정리해 두시고 공부 기간 동안에는 되도록이면 생활을 단순화하세요.

스트레스 해소

오랜 시간 앉아 있는다고 머릿속에 다 들어오지는 않습니다. 가끔씩 머리를 비우고 스트레스를 풀어 주어야 합니다. 운동이나 친구들과의 수다 등 중독성이 크지 않은 것을 택하세요.

단권화

민법을 수년 보아도 시험 당일 날 기억나는 것은 얼마 되지 않습니다. 특히 1차시험은 생각하기도 전에 반사적으로 판단을 할 수 있어야 하는데 그래서 전날 책을 다 보는 것이 중요합니다. 저도 1차 때는 시험 전 이틀간 전 과목을 한번 보고, 2차 때는 시험 시작하기 전에 2시간 동안 책 한 권씩을 다 보았는데, 하나하나 읽는 게 아니라 쓰윽 하고 눈으로 보는 것입니다. 이렇게 보면 며칠 후에는 생각이 나지 않을지 몰라도 하루 정도는 기억에 남으니까 시험에서 순발력 있게 대처하는 데 유용합니다. 그런데 이렇게 보는 것만으로 그 내용을 알 수 있기 위해서는 이전에 그 책을 여러 번 보고 정리해 놓아야 합니다. '단권화' 가 그것입니다.

회독 수

내용이 워낙 방대하니 헌, 민, 형 3달 걸려 다 보고 나면 3달 전에 보았던 헌법은 전혀 기억이 나지 않습니다. 저도 그래서 우울한 때가 많았습니다. 처음에 1, 2회독 할 때는 전에 보았던 것이 하나도 기억나지 않고 새 책을 보는 듯한 것이 정상이니 너무 당황하거나 걱정하지 마세요. 대신 1회 보는 시간이 단축되어 처음에 민법을 3달 걸려 1번 보았는데 그 다음에는 2달, 또 다음에는 1달, 이런 식으로 줄어들어 결국 점점 빨리 볼 수 있습니다. 그래서 책을 볼 때 이해한 바를 책에다 정리해 놓으면 다음에 볼 때 유용합니다.

1차

빠진 부분 없이 꼼꼼히 보아야 합니다. 그리고 막판에 전범위 객관식 문제를 많이 풀어 보는 것이 감각도 생기고 좋은 것 같습니다. 저는 전년도 12월까지 책 정리를 하고, 그 후 시험 때까지 2달여의 기간은 암기에 주력하였습니다. 책 정리 하는 기간에는 다른 자료도 많이 참고하고 책에 없는 판례도 책에 정리해 놓으시고, 다만 그 이후에는 새로운 것을 보기보다는 정리된 책을 반복하여 최대한 익숙하게 해놓는 것이 낫습니다. 물론 그해에 나온 최신 판례는 보아야 합니다. 너무 좁게 공부하면 아는 게 없어서 떨어지지만, 너무 양을 벌여 놓으면 실력은 있겠지만 시험날 발휘할 수가 없습니다.

2차

2차 역시 양을 늘리다가, 어느 정도 정리된 후에는 양을 줄이면서 가는 것이 중요합니다. 민법을 제외하고는 교수님들 책이나, 강사책 중에 잘 정리되어 있는 것이 많으므로 책을 정리하면서 보시면 되고, 민법 같은 경우는 단문을 예상한다는 것이 불가능에 가까우므로 1차 때의 감각을 유지하시면서 사례문제를 꾸준히 보시는 것이 도움이 될 것입니다. 시험 전날은 어느

한 부분만 자세히 보면 시험문제를 자의적으로 자기가 기억이 나는 쪽으로 잘못 해석할 위험이 있으므로, 책 전체를 균형 있게 볼 필요가 있습니다.

교재의 선택

어느 것을 보아도 무방하나 대다수의 수험생들이 보는 것이 안전합니다. 혼자 다른 책을 보다가 나중에 불안해서 책을 바꾸는 경우도 많기 때문입니다. 다수의 수험생이 보는 책이 있다면, 거기 안 나온 내용을 틀렸다 해도 어차피 남들도 틀릴 것이므로 당락에 영향이 없지만, 다수의 수험생이 맞춘 것을 혼자 그 내용이 없는 다른 책을 보아 틀린다면 치명적이기 때문입니다. 그런데 요새는 정보가 공유되어 어느 책이든 빠진 부분이 별로 없는 것 같습니다.

시험에 대한 의지

너무 힘들어서, 또는 어차피 시험을 잘 못볼 것 같아서 시험을 포기하게 되는 경우가 많은데, 끝까지 최선을 다하는 것이 중요한 것 같습니다. 1년 더 공부하면 실력이 나아질 테니 다음 해에 도전을 해보자 생각이 들지만, 시험의 특성상 어느 정도 기본 실력이 형성되면 막상 시험에서는 1년 공부한 것이랑, 2년 공부한 것이 차이가 나지 않습니다. 당해년도, 특히 시험 막판에 얼마나 공부했는지, 그리고 시험 보는 순간에 누가 더 의지를 가지고 정신 차리는지가 더 중요합니다. 절대 중도포기하지 마십시오.

스터디

좋다고는 하는데, 저는 2차 공부 1순환 때 잠시 외에는 전혀 하지 않았습니다. 도움 되는 스터디가 있으면 좋겠지만, 스터디 안 하더라도 합격하는

데는 지장 없으니, 스터디 안 하더라도 너무 걱정하지 마세요.

생활 스터디

저도 이른바 스터디는 결성하였었는데, 공부보다는 밥 같이 먹는 것이 주였습니다. 마음 맞는 사람들과 생활을 같이 하면서 규칙적인 생활을 유지하고, 서로 위로해주는 것이 도움이 많이 되었습니다.

육하원칙과 플러스

저의 공부는 매우 과학적으로 저 자신을 분석하고, 주위와 시대를 구별하고,
시간을 효율적으로 사용하고자 했던 노력의 산물이며
여기에 하나님의 은혜가 덧입혔다고 말하고 싶습니다.

최 한 신

한국외국어대학교 법학과
사법시험 제40회
법무법인 기쁨 대표변호사

최변의 소개

        평안하십니까? 저는 사법연수원 30기인 최한신 변호사입니다. 3년 정도 고용변호사로 있다가 2003년 11월부터 현재까지 '법률사무소 기쁨'을 운영하고 있습니다. 『위로자격증 Ⅱ』에 글을 쓸 정도까지는 되지 못하지만 저에게 있었던 경험을 나누어 후배들에게 도움이 되면 좋겠습니다.

    저는 최근에도 시험에서 떨어지는 꿈을 꿉니다. 시험을 합격한 것이 1998년이고 현재가 2006년이니깐 햇수로도 9년이 지났건만, 아직도 사법시험에서 떨어지는 꿈을 꾸고 있으니 정말로 저의 인생에서 이 시험이 매우 중요한 인생의 전환점이었던 것은 분명한 것 같습니다. 『위로자격증 Ⅰ』이 나왔

을 때에 10권을 구입하여 고등학교 후배들에게 모두 나누어주었는데, 전도용으로, 또 공부할 후배들에게 큰 자산이 될 것이라 믿었기 때문입니다. 두 번째 책 역시 많은 분들에게 좋은 지침이 되길 바라는 바입니다.

사법시험의 육하원칙

누가 공부하고 합격하는가?(WHO)

여기서 논할 수 있는 부분은 자신을 잘 점검하는 것입니다. 저 같은 경우는 만 4년 만에 합격을 하였습니다. 지금은 시험과목이 줄었기 때문에 만 4년 만에 합격하는 분도 많이 있는 것으로 알고 있습니다. 시험공부를 시작한 것이 1994년 7월 20일경부터라고 기억됩니다. 이때에 고시촌에 처음 왔기 때문입니다. 그리고 3개월 정도 지나서 고시원을 옮겼고 교회 선배 분을 만났습니다. 그분은 저에게 1차를 3년 정도, 즉 대학교를 졸업하는 해에 합격하는 것을 목표로 할 것을 권고하였습니다. 저는 속으로 '아멘'으로 화답하였습니다. 선배 분은 경험이 있기 때문에 충분히 숙고하여 권면을 했을 것이기 때문입니다. 그리고 이 말을 하나님이 저에게 하시는 음성으로 받아들였던 것입니다. 그렇기 때문에 전 불합격에 대해서도 아무런 고통이 없었습니다. 그런데 진짜로 1997년도에 합격을 하였습니다.

저는 하나님께 이런 기도를 많이 했던 것을 기억합니다. "하나님, 신이 합격하는 시험이 아니라 사람이 합격하는 시험입니다. 신이 합격하는 시험이라면 제가 합격할 수 없지만, 사람이 합격할 수 있는 시험이니 저는 합격할 수 있습니다. 더욱 저는 신의 아들이 아닙니까?" 참으로 우스운 말인 것 같지만 이 말과 기도는 저에게 큰 힘이 되었습니다.

어디서 공부할 것인가?(WHERE)

이는 작은 문제 같지만 매우 고민스럽습니다. 어디서 공부할 것인가? 제가 공부할 때에 서울대 분들은 주로 서울대학교 도서관에서 모여 스터디를 했던 것으로 보입니다. 아마 도서관, 독서실, 고시원방으로 압축될 것으로 보입니다. 저의 경험으로 볼 때에 이는 매우 개인적인 차원이기 때문에 자신을 잘 분석할 필요가 있다고 봅니다. 저는 고등학교 3년 동안 기숙사 생활을 하였고 학교독서실에서 공부하였는데 초저녁에 매일 잠을 잤던 기억이 있습니다. 대학교에서 운영하는 고시원 역시 독서실과 같은 곳이었는데 고등학교 때와 같이 매번 졸더군요. 그런데 고시원방은 저의 이런 버릇을 말끔히 없애주었습니다. 작은 방이기 때문에 집중할 수 있었고, 피곤할 땐 바로 이불을 깔고 조금 숙면을 취함으로써 졸음으로 인하여 빼앗길 수도 있었던 공부 시간을 확보할 수 있었기 때문입니다. 그리고 다른 사람과의 만남으로 인한 시간 소비를 줄일 수도 있었던 것 같습니다. 최근은 대부분이 고시원에서 잠을 자고 독서실에서 공부하고 있지만 남이 그렇게 하니까 나도 그렇게 해야 한다고 생각하지 말고, 이를 면밀히 검토하여 자신에게 좋은 공부장소를 마련하시기 바랍니다.

그리고 학교에서 공부하는 것보다는 고시촌에서 공부하는 것이 더 좋다고 생각합니다. 고시원 비용 등의 부담도 있지만 고시촌의 경우 학원도 있고 정보수집도 좋을 뿐만 아니라 운동할 수 있는 산도 있기 때문에 시간을 확보하는 면에서 매우 좋습니다. 그리고 가능하면 비용을 조금씩 오래 쓰기보다는 많이 짧게 쓰시기 바랍니다. 이는 무슨 말인가 하면, 돈이 없어서 일하면서 공부하거나 아르바이트를 하여 돈을 벌고 나서 다시 공부하는 식의 경우는 대부분 공부 기간이 늘어납니다. 그에 비하여 한꺼번에 집중하여 공부할 경우에는 그 기간이 줄어들 가능성이 매우 큽니다.

또한 꼭 부탁드리고 싶은 것은 반드시 한 시간 이상 운동을 하시라는 것입니다. 처음에 고시원에서 공부할 때, 운동하는 분들을 이해할 수 없었습니다. 그런데 제가 운동을 직접 해보니 이는 매우 효율적인 것이었습니다. 운동하기 전에는 한두 시간 정도는 잠을 더 자야 했습니다. 그런데 운동하고 나서 한 달이 지나자 두 시간의 낮잠이 필요 없게 되었습니다. 즉 공부할 수 있는 한 시간 정도의 시간을 벌게 되었던 것입니다. 그리고 11개월 운동하면 마지막 한 달 정도는 전력투구를 할 수 있습니다. 버리는 것 같지만 오히려 얻는 것이 운동입니다.

언제 공부할 것인가?(WHEN)

주간시간표에 관한 검토를 보면, 공부한 시간과 공부한 양을 그래프로 만들어 보면서 나 자신을 알게 되었습니다. 주일날엔 예배를 드리기 때문에 5-6시간 공부를 했고, 월요일과 화요일은 12-13시간, 수요일은 10-11시간, 그리고 목요일은 6-7시간, 금요일과 토요일 10시간 이상씩 공부를 하는 것이 밝혀졌습니다. 즉 목요일에 가장 공부가 되지 않는다는 것을 확인하였습니다. 그래서 문구류 구입, 다른 잡다한 일을 목요일에 하고, 또는 안산에 있는 형님집에 가서 하루 정도 쉬고 오는 것도 목요일에 하게 되었습니다. 이로 인하여 시간을 효율적으로 사용할 수가 있었습니다.

다음으로 공부해야 할 나이를 보면, 대학 2-3학년에 시작하는 것이 좋다고 봅니다. 대학 1학년부터 공부하는 후배들을 보면, 빨리 합격할 것 같지만 꼭 그렇지 않은 것을 많이 보았기 때문입니다. 그리고 가능하면 교수님 강의를 반드시 충실히 듣길 바라는 바입니다. 항상 어느 곳에서든 충실한 사람이 시험에서도 좋은 성적을 받고 변호사를 하든 어느 직역에 가든 좋은 성과를 올리는 것을 보기 때문입니다. 학원수업과 학교수업은 보완관계이지 대체관계는 아니고, 후자가 주가 될 필요가 있습니다. 그리고 가능하면 33세 이전에 결정을 보시기 바라는 바입니다. 저희가 공부할 때만 하더라도 40세가 손익분기점이라는 말이 있었습니다. 그러나 가능하면, 33세 이후에는 포기하는 것이 좋다고 보입니다. 특히 1차를 전혀 합격하지 못한 분은 더욱 그러합니다. 배수진을 치지 않으면 절대로 합격할 수 없습니다. 그러나 오히려 현재 35세가 넘어버린 분들 중에 1차를 여러 번 합격하신 분이라고 한다면, 저는 계속 공부할 것을 권합니다. 왜냐하면 특별히 다른 직장을 얻기도 어렵습니다. 얻는다고 하더라도 '사오정' 또는 '오륙도' 라는 말처럼 그리 오래 가지 못할 것이고 오히려 '삼팔선'에 해당하기 때문에 그리 큰 이득을 보지 못할 것입니다.

저는 식사를 하고 나서 바로 공부하시기를 권합니다. 대부분이 식사를 하고 커피와 차를 마시는 시간으로 30분 정도를 소비합니다. 하루에 이 시간을 합하면 1시간 반입니다. 그리고 실제적으로 식사를 하고 나서 바로 공부하는 경우에 그 공부의 효율성이 우리가 생각하는 것과 달리 더 높다고 합니다. 저도 처음에는 그 시간에 차를 마시거나 신문을 보았는데 이 시간에 공부를 했습니다.

그렇다고 한다면 언제 영적인 생활을 하는 것이 좋은가? 저는 가능하면 한 달에 한 권 정도의 신앙서적을 보시길 권고합니다. 이는 짧은 시간에 그 책의 저자가 살아온 평생의 삶을 간접적으로 경험할 수 있고, 많은 시간을 통하여 얻을 수 있는 말씀의 깊은 진리를 빨리 얻을 수 있기 때문입니다. 그리고 기도를 아웃소싱하시길 바랍니다. 저는 교회 집사님과 권사님에게 기도부탁을 많이 했습니다. 저는 대신 주일날 점심을 먹고 난 이후에 교회 부엌바닥을 닦는 일을 했습니다.

언제 공부할 것인가의 면은, 항상 공부해야 하기 때문에 공부하지 못하도록 방해하거나 그럴 가능성이 있는 장애물을 줄이는 방법을 논하는 데 치중할 수밖에 없습니다. 그리고 또한 공부함에 있어 슬럼프가 있기 때문에 이 슬럼프 없이 계속 꾸준히 공부하기 위해서는 자신의 존재가치를 인정받는 것이 중요하고 그런 방법에 대한 저의 예시도 보았습니다. 그런데 자신의 존재가치를 인정받기 위해서 자신의 공부시간을 너무 버린다면, 주객이 전도되는 우를 범할 수 있습니다. 이것이 시험의 합격여부에 매우 큰 영향을 미칠 것입니다. 하나님께 시험의 합격을 응답받았다는 많은 사람들 중에 합격치 못한 사람들이 있었습니다. 이는 시간 관리를 잘못했기 때문일 가능성이 매우 큽니다.

무엇을 공부할 것인가?(WHAT)

사법시험의 합격자는 시험생이지 박사나 교수가 아닙니다. 그리고 1차 공부는 정확한 지식을 원합니다. 그리고 2차 공부는 전반적인 지식을 원합니다. 1차 공부의 경우에는 항상 걸림돌들이 있습니다. 제가 공부하던 때에 헌법의 경우는 헌정사와 헌법재판소의 결정문제가 많았습니다. 저는 매번 이것을 누구로부터 들어서 알게 되다보니 항상 정확한 지식이 부족했습니다. 그래서 저는 제헌헌법부터 9차 개정헌법의 전문을 구하여 조문별로 대비를 하여 정확히 저의 지식으로 만들었습니다. 그렇기 때문에 헌정사 문제는 확실히 알 수 있었습니다. 교수님이 제출한 대학교 모의고사를 본 후 돌아가면서 답을 이야기하는 시간이 있었는데 우연히도 제가 풀어야 하는 문제가 헌정사였습니다. 저는 정확히 답을 했습니다. 그런데 다른 분이 아니라고 하더군요. 교수님이 저의 손을 들어주셨습니다. 그리고 헌법재판소의 결정의 경우 저는 고시잡지에서 1월경에 그 전해의 중요한 결정 원문을 부록으로 만들어 내는 것을 알게 되었습니다. 그래서 가능하면 1990년도 초반 것까지 구할 수 있는 한 구하여 직접 원문을 읽었습니다. 이렇다 보니 헌법재판소 결정문제도 해결하였습니다.

저는 공부하는 분에게 정독을 권합니다. 한 번을 보더라도 정확히 아는 지식이 1차에서는 중요합니다. 그렇지 않고 대충 넘어가면 항상 그것이 발목을 잡을 때가 많기 때문입니다. 그리고 민법의 경우에는 한 사람에게 강의 듣기를 권합니다. 왜냐하면 민법은 방대하지만 그와 동시에 일관적인 사고의 체계를 잡는 것이 필요합니다. 그리고 가능하면 기본서를 한 번이라도 읽을 것을 권합니다. 이는 합격을 하고 나서도 매우 중요하기 때문이고, 2차 공부함에 있어서도 중요합니다. 현재 단권화에 의하여 한 권을 보는 시대이지만 1차시험을 1년 늦게 합격하는 한이 있어도 2차를 바로 합격하기 위하여서는 더욱 그러합니다. 그리고 그에 반하여 문제집의 경우는 다른 강사에게 듣는 것이 좋을 수 있습니다. 이로 인하여 보완이 되기 때문입니다. 형법의 경우도 기본서와 문제집을 같은 사람보다는 다른 사람의 것을 보는 것이 상호 보완 작용이 크다고 할 것입니다. 그리고 전체적으로 무엇보다도 판례의 중요성은 더욱 큽니다. 사법연수원 교수님들이 시험위원으로 들어갈 뿐만 아니라 시험오답으로 인한 사후 법적 문제를 가장 깔끔하게 해결하기 위해서는 판례가 중요시될 수밖에 없습니다.

2차시험의 경우는 머리를 굴리지 않길 바랍니다. 항상 불의타가 있습니다. 저의 친구는 전체 점수로는 수석할 수 있는 점수가 나오는데 항상 과락으로 떨어집니다. 자신의 머리를 믿고 중요한 것만을 공부하기 때문입니다. 저는 그래서 2차 공부할 때에는 항상 이 말을 기억하시길 권합니다. "처음에는 그물코를 좁게 하고 나중에는 그물코를 넓게 하라"는 것입니다. 처음 2차 공부할 때에는 처음부터 끝까지 모두 읽고 세세한 내용까지 보시기 바랍니다. 그리고 여러 번 회독을 하고 시험이 가까워졌을 때에는 중요한 것을 자연히 알게 되는 혜안을 가지게 되고, 이미 중요치 않은 부분도 어느 정도 공부를 했기 때문에 불의타로 인한 걱정을 하지 않아도 되기 때문입니다. 그러나 그 반대의 경우는 처음에는 자신감이 있지만 시험이 가까이 오면 불의타에 대한 준비를 하지 않았기 때문에 진정 중요한 문제를 공부해야 할 때에 불의타 방지를 위해 책을 뒤척이다가 떨어지는 경우가 많기 때문입니다.

그리고 1차 공부의 경우에는 "두 과목은 효자 과목을 만들어라. 그리고 올해 쉬웠던 과목은 올해에 더욱 열심히 하라"라는 격언을 기억하시기 바랍니다. 올해에 헌법을 잘 본 사람은 분명 자신이 헌법에 자신이 있다고 생각합니다. 그러나 이는 교만입니다. 헌법에 자신이 있었기 때문이 아니라 헌법이 쉬웠기 때문입니다. 그렇다면 왜 헌법이 쉬웠는가를 분석해보면 반드시 그 전해에 어려웠던 것을 알 수 있습니다. 그런데 사람들은 착각을 합니다. 자신이 그 과목에 공부가 어느 정도 되어있으니 올해 잘 보지 못한 과목에 더 신경을 쓰게 됩니다. 그런데 눈치를 채신 분도 계시겠지만 일반적으로 올해 어려웠던 과목에 대하여 어려웠다는 비난이 있기 때문에 그 다음해에는 조금 쉽게 내는 경향이 있고, 쉬웠던 과목은 어렵게 내는 경향이 있습니다. 그런데 이를 알지 못하고 교만하게 생각하여 쉬웠던 과목을 게을리 공부하게 되면 다음해에는 매우 곤란하게 됩니다. 이를 위하여 올해 쉬웠던 과목을 더 열심히 하시기 바랍니다. 그래서 그 과목을 효자 과목으로 만들기 바랍니다. 쉬우면 고득점이 되고 어렵다고 한다면 다른 사람보다 더 잘볼 수 있기 때문에 역시 유리합니다. 수년을 공부했어도 다람쥐 쳇바퀴 같은 점수를 얻는 것은 바로 이런 시험의 흐름을 파악하지 못하기 때문이라고 저는 분석하였습니다. 그리고 두 과목 정도는 90점이 넘도록 공부해두는 것이 매우 중요합니다. 이 경우에 다른 잘 못 본 과목의 실수를 상쇄시키기 때문입니다.

2차 공부에는 소송법이 있습니다. 이 분야는 실무를 해 본 경우는 쉽게 이해가 되지만 그렇지 않은 경우에 조금 어려운 점이 있을 것입니다. 판례의 경우가 더욱 중요하게 됩니다. 제가 공부할 때에 우연히 학원 강사가 민사소송법책의 순서에 맞춘 판례집을 주었는데 저는 그것을 전부 다 읽었습니다. 결론만 읽는 것이 아니라 이유와 사실까지도 모두 파악하여 왜 이와 같은 문제가 발생했는지를 알 수 있었습니다.

그리고 2차시험의 경우에는 판례의 동향이 무엇보다도 중요합니다. 아마 제가 시험을 본 이후에 단문으로 "일부취소"라는 것이 민법에서 출제된 것으로 알고 있습니다. 그런데, 제가 동기의 착오와 일부취소라는 논문을 읽고 관련판례를 개인적으로 혼자 공부해보니 이 시험이 나오기 몇 해 전부터 일부취소에 관한 판례가 여러 개 선고되었고, 그에 관한 논문들도 나온 것을 알게 되었습니다. 사실 저희 시험에서도 상법의 경우에 "선일자 수표로 지급한 최초보험료"에 관한 케이스문제가 나왔습니다. 이것 역시 몇 해 전에 판례가 나왔고, 저의 경우는 강사분이 대학원에서 자신이 쓴 논문과 시험보기 전 한 달도 못된 시점에 고시잡지에 나온 교수님의 논문을 보게 되었습니다. 시험에서는 부산고등법원의 판례와 대법원의 판례까지 모두 적게 되었습니다. 변호사를 하면서 개인적으로 어떤 분야의 관련 판례를 정리하고 있는데 2차시험의 경우는 대부분 관련 판례가 3-4개 정도 축척이 되고 교수님들이 이에 대한 논문을 쓰고 나면 5년 내에 시험에 출제된다는 것을 자연히 알 수 있게 되었습니다.

그리고 2차 공부의 경우는 책을 관통하는 혜안을 가질 필요가 있습니다. 서로 연관이 없을 것 같은 내용들이 공부를 해보면 서로 연관되어 있다는 것을 알게 됩니다. 저는 시험에 합격할 수 있다는 자신감을 가진 것이 바로 이 연관성을 찾아서 그 페이지를 찾게 되었던 점입니다. '이 내용을 저 앞 어느 부분에서 보았는데' 라는 생각이 들어서 그 부분을 보면, 그 내용이 있었고 제 자신이 어느 정도 공부의 경지에 올랐다는 것을 알 수 있는 기회였습니다.

1차 공부의 경우 OMR카드를 작성하는 법과 시간 준수도 매우 중요합니다. 저는 1996년도의 1차시험 1교시에서 이를 완전히 작성하지 못하고 시험을 보았기 때문에 이 중요성을 알 수 있었습니다. 그런데 오히려 이것이 전화위복이었습니다. 다른 선후배들 동료들은 1996년 시험의 결과를 기다리고 있을 때에 저는 일찍 이를 포기하고 1997년도 공부를 시작하였기 때문에 다른 경쟁자보다는 2-3달을 많이 공부할 수 있었습니다. 그리고 1997년 2월 초에 학교에 갔는데 지금 검사로 있는 후배가 교수들이 학교에서 낸 모의시험을 가지고 OMR카드를 작성하면서 실전과 똑같이 공부하는 것을 보고, 저 또한 고시원에 돌아와서 아침 10시부터 동일하게 했습니다. 20일 정도를 했던 기억이 있습니다. 결과가 만족스러웠습니다. 자신감이 생겼고 실수만 하지 않는다면 합격할 수 있다는 생각이 들었습니다. 그리고 실전에서는 OMR카드의 한 문항 한 문항 표시할 때마다 속으로 '감사' 라는 말을 수없이 했던 기억이 있습니다. 정말로 이것이 중요합니다. 저의 후배들을 보면, 과목을 바꾸어서 작성하거나 내려 적거나 하여 시험성적은 합격했으나 결과는 떨어지는 것을 많이 보았습니다. 이것 역시 공부의 내용입니다. 그리고 1차시험처럼 "교만은 패망의 선봉이요, 거만함은 넘어짐의 앞잡이다"라는 것도 없습니다. 문제집을 풀면서 저는 계속적으로 문제를 맞추었을 때에 교만한 마음이 들면 바로 그 다음 문제는 반드시 틀리는 것을 경험하였습니다. 내 자신에게 속상하였습니다. 그때에 하나님께서 지혜를 주셨습니다. '그래 교만치 말고 오히려 맞추게 하신 하나님께 감사하자!' 라는 생각이 들었습니다. 교만할 만할 때에 오히려 하나님께 감사를 드리면 이상하게 그 다음 문제를 틀리지 않았습니다. 교만은 분명히 우리의 지혜와 지식을 가리는 안개였습니다. 정말로 "겸손은 존귀의 앞잡이다"라는 잠언의 말씀을 저의 시험공부 중에서 체험한 것입니다.

어떻게 공부할 것인가?(HOW TO)

아마 이 글 전체가 사실은 어떻게 공부할 것인가에 관한 내용이기 때문에 따로 이 제목이 필요한가라고 생각할 수 있을 것입니다. 그런데 여기서 중요한 것은 바로 공부의 아웃소싱과 그 활용방법입니다. 아마 이제는 혼자 공부하는 고시생은 없을 것입니다. 그렇습니다. 대부분 학원을 이용합니다. 저는 학원을 가지 않고 혼자 공부하는 사람들에게 반드시 학원을 가서 공부하길 권합니다. 나는 다섯 과목이나 여섯 과목을 공부하지만, 강사는 한 과목만 합니다. 즉 나보다는 전문가입니다. 그리고 또한 그들은 그것이 직업입니다. 고시원 학원 강사처럼 부침이 심한 직업도 없을 정도로 경쟁이 심한 곳입니다. 그곳에서 5년 이상 남아 있는 강사는 드물 것입니다. 살아남은 분들은 진정 고수라고 보면 될 것입니다. 그렇기 때문에, 저는 그들의 지식과 경험을 돈을 주고 산다고 생각했습니다. 그리고 철저히 학원강사들을 저의 개인 지도교수로 만들었습니다. 쉬는 시간마다 저는 학원강사에게 찾아가서 질문하고 답을 구하였습니다. 김일수 교수님 형법 문제집을 풀 때의 그 강사 분은 그야말로 저에게 호된 고문을 당하였습니다. 그리고 어떤 강사 분으로부터 저는 1년 이상의 장학금도 받았습니다. 저는 하나님께 이렇게 기도했습니다. "하나님, 저의 아버지가 제가 합격하였을 때에 '네가 믿는 하나님이 네게 돈을 주더냐? 다 내가 준 돈으로 공부한 것이 아니냐?' 라고 말씀하실 때에 하나님이 제게 돈을 주셨다고 말할 수 있도록 장학금을 받고 싶습니다' 라고 기도했습니다.

그리고 저는 이 글을 읽는 분들에게 공부도 매우 과학적으로 하시길 바라는 바입니다. 이미 위에서 본 것처럼 저는 시간관리, 체력관리, 목표설정, 바이오리듬, 공부장소, 공부내용, 교회와의 관계설정 등에 있어서 매우 세밀한 저만의 방법을 가졌고 이를 지켰다고 생각합니다. 당연히 하나님이 함께 하셨습니다. 그러나 계획은 우리가 세워야 합니다. 그리고 실천하는 것 역시 우리의 목표입니다. 저는 이런 기도를 했습니다. '하나님, 하나님은 공평하십니다. 주님은 크리스천과 잠재적 크리스천 모두에게 하나님입니다. 그렇기 때문에 저의 시험에 있어서도 제가 주님께 속한 자라고 하여 잠재적 크리스천보다 저를 합격시켜 주시지 않을 것을 압니다. 주님 다만 최선을 다하겠습니다. 그리고 결과는 주님께 맡깁니다. 다만 저를 불쌍히 여기사 주의 사랑을 보여주소서' 라는 식의 기도와 독백을 했습니다. 크리스천들이 범하는 우가 있는데 그것은 하나님의 저울에 하나님께서 자신에게 더 많은 복을 줄 것이라는 생각이고, 그 복을 누리기 위해서는 하나님의 일을 더 많이 해야 한다고 생각하여 교회활동에 치중하는 것입니다. 그러나 이는 하나님의 눈을 가리고자 하는 방법일 뿐입니다. 아무리 하나님께 이런 기도를 드리고자 하더라도 이 기도를 드리기보다는 하나님이 기뻐하시는 방법으로 기도를 하는 것이 중요하다고 생각합니다. 그렇게 하면 정말로 하나님의 마음을 품을 수 있고 오히려 '하나님이 이 기도를 들으셨다' 라는 확신이 들기 때문입니다.

그리고 저만의 공부방법이 있습니다. 그것은 책을 사면 책을 보기 전에 책의 가장 앞에 있는 속지에다가 기도문이나 성경구절을 쓰는 것입니다. 그리고 책을 읽고 나면 뒤 부분 속지에 또 기도문을 작성했습니다. 책의 시작과 끝에 기도문을 작성하게 된 것은 신림동교회 목사님의 영향이 컸습니다. 그분은 늘 새벽기도하기 전에 집에서도 말씀을 하지 않고 나오신다고 하셨습니다. 하나님께 첫 번째 말을 드리기 위한 것이 그 이유였습니다. 나 또한 그분의 영향을 받아서인가는 모르겠지만 고시공부할 때에 일어나서는 처음으로 "하나님 사랑합니다. 감사합니다"라는 말로 시작하였고, 잠잘 때에도 "오늘 몇 시간 공부했습니다. 감사합니다. 하나님"이라고 기도하고 잤던 것이 기억납니다.

우리 스터디팀은 세 명은 크리스천들이었고 세 명은 잠재적 크리스천들이었습니다. 그리고 세 명은 법대생인데 비서울대생이고, 세 명은 비법대생인데 서울대생이었습니다. 그리고 여성이 두 명이었습니다. 나이도 모두 1971년생이 3명, 1972년생이 두 명이 있었고 한 명이 1967년생이었습니다. 처음부터 끝까지 스터디팀이 운영되었습니다. 나는 처음 스터디가 시작될 때에 1차시험과는 달리 하나님이 합격 약속하신 것을 스터디팀에게 고백하게 되었습니다. 동차시험 삼일 째 되던 날에 나의 뒤에 나이 많은 아저씨가 시험을 보았습니다. 성균관대학교에서만 시험을 보았는데 한 여름에 그곳은 정말로 찜통이었습니다. 삼면이 모두 건물이나 산으로 막혀 있는데 이런 곳에서 시험을 보게 하다니. 더욱 검은 천이 있었습니다. 그분은 가톨릭 신자였습니다. 오후 시험이 시작되는데, 성호를 긋고 기도하셨습니다. 나는 '내가 삼일 동안 기도도 하지 않고 시험을 보았구나' 라는 깨달음을 그분을 통하여 얻었습니다. 아무리 합격할 수 없는 동차라고 하더라도 하나님께 죄송했습니다. 그런데 나의 입에서는 "하나님은 동일하시니 어제나 오늘이나 동일하시다. 1차를 합격케 하신 이가 2차도 합격시키지 않겠느냐?"라는 고백이 나왔습니다. 정말로 또 하나님이 합격에 대한 응답을 주신 것입니다.

왜 공부하는가?(WHY)

이 부분은 공부의 동기와 목적에 관한 내용입니다. 가장 먼저 언급할 수도 있는 부분이지만 가장 뒤에 놓은 것은 가장 중요하다고 생각했기 때문입니다. 이 부분이 명확하고 확고하지 아니하면 공부에 있어서 추진력과 목표의식의 희박으로 인하여 슬럼프에 빠지거나 느슨함으로 인하여 공부하기가 어렵거나 기간이 늘어날 수밖에 없습니다.

저의 경우는 대학 2년 동안 선교단체에 있으면서 간사님들의 생활이 너무 어려운 것을 보았습니다. 하나님께 '하나님, 저는 돈을 벌어서 보내는 선교사 일을 하게 해 주세요. 간사님들의 생활에도 도움이 될 수 있는 직업을 가지고 싶습니다' 라고 기도했습니다. 또한 저의 선교단체 선배가 우연히 자신은 "일만 명을 선교사로 보내고 싶다"라는 말씀을 저에게 했고, 저는 속으로 '매우 좋은 생각이다. 이 비전을 나의 것으로 만들자. 이는 하나님이 내게 말씀하시는 것이다' 라는 생각이 들어서 이것을 마음에 품고 대학생활 2년을 보내게 되었습니다. 저의 성품상으로도 혼자 일하는 것이 더 나을 것이고 '직장생활보다는 더 많은 수입을 얻는 직업을 원합니다' 라고 기도를 드렸고, 그 기도 중에 지혜로운 마음에 '나는 현재 어떤 상황인가?' 라는 생각이 들었습니다. 그 당시 저는 법대생이었고, 부모님 역시 그야말로 어려서부터 "판검사! 판검사!" 하셨습니다. 부모님에게 효도하고 하나님의 일을 할 수 있는 것이 사법시험공부였기 때문에 공부를 시작한 것입니다. 그래서인지 모르지만 공부할 때에 저의 경우는 슬럼프가 없었습니다.

무엇보다 자신의 공부목적을 뚜렷이 하시길 권고드리는 바입니다. 남들이 '소수자를 위해 봉사하겠다' 라고 하니 '나도 하겠다' 라는 식의 남의 사고를 차용하는 것이 아니라, 하나님께 받은 나 자신만의 소명의식이 있기 바랍니다. 그리고 그 소명의식을 어떤 상황에서도 변경치 않을 수 있는 마음이 필요하다고 생각됩니다. 전 처음부터 변호사를 하겠다고 하나님께 고백했습니다. 그리고 그래서 연수원에서 직업은 선택되었으니 배우자를 만나는 것을 우선순위로 정했습니다. 그래서 수료성적은 들어갈 때의 성적에 십을 곱하면 나오는 성적이 되었습니다. 그러나 전 이것도 하나님의 인도라고 생각합니다.

현재 제가 운영하는 '법률사무소 기쁨'의 제 책상 옆으로 세계지도와 중국지도가 있습니다. 그곳에는 20명의 선교사와 간사님의 이름표가 있고, 그 이름표는 그분들이 선교하는 나라나 지역을 가리키고 있습니다. 또 책장에는 그분들의 선교철이 고유번호를 가지고 별도로 편철되어 있습니다. 각 선교사님들에게는 고유번호가 있습니다. 이 번호가 이제 20번입니다. 10,000번이 되는 것이 언제일지는 모르지만 하나님이 제게 주시는 능력 안에서 그 일이 이루어지길 원합니다. 왜냐하면, 제가 하나님께 서원한 것이 일만 명의 선교사를 후원하는 자가 되는 것이기 때문입니다. 선교사분들에게는 1년에 한 번 후원금을 드리고, 7년을 지원하기로 약정을 했습니다. 그 이후에는 하나님이 그들의 필요에 따라서 더 하시도록 할 것입니다. 선교함에 있어서도 전 처음부터 일 년에 얼마를 후원할 것이며, 7년 동안 후원할 것임을 분명히 말씀을 드립니다. 그것이 그분들의 삶을 규모 있게 하고 그에 따라 생활(사실 생존입니다)을 계획할 수 있기 때문이라고 생각되기 때문입니다.

플러스 – 하나님의 사랑

저는 사실 많은 기도를 하는 사람도 아닙니다. 그렇다고 특별히 모태신앙으로 인하여 기도를 후원해주실 분도 없고 기도를 해주셨던 조상도 없습니다. 하지만, 저는 하나님의 사랑을 많이 받고 있는 자라고 자랑하고 싶습니다. 왜냐하면, 저 자신이 하나님에게는 가장 수치스러운 교회의 지체일 것이기 때문입니다. 화장으로 자신의 얼굴의 가장 부족한 부분을 가리는 것처럼 하나님은 자신의 지체 중에서 가장 부끄러운 저를 그분의 화장법인 사랑으로 가려주시고 있는 것입니다. 그렇기 때문에 제가 저 된 것은 하나님의 은혜라는 고백을 할 수밖에 없습니다.

하나님의 사랑을 저의 시험과 그 이후의 삶에서 보면, 매우 재미있는 일이 많았습니다. 1996년 1차시험을 보고 나오면서 전 OMR카드를 잘못 작성하였기 때문에 합격을 기대하지는 않았지만 경제학이나 세계사가 있어 합격을 못할 것이라고 생각하면서 속으로 '시험제도가 변경되지 않는 한, 난 합격할 수 없겠구나!' 라고 독백을 하였습니다. 그런데, 갑자기 시험제도가 변경되었습니다. 경제학은 선택과목으로, 세계사는 삭제가 되었습니다. 그리고 시험제도가 변경되고 나서 본 시험에서 전 합격을 했습니다. 세계사는 좋아하는 과목인데 결과가 좋지 못했고, 경제학은 경제이론은 재미가 있는데 수학에 약한 저에게는 책도 보기 싫었던 과목이 되고 있었던 것입니다. 그리고 영어공부를 일년 동안 꾸준히 하여 전년도보다 두 개를 더 맞추었습니다(사실 시간 부족으로 일곱 개를 찍었는데 전부 틀렸다고 생각했는데 그 중에 한두 개가 맞은 것이 아닌가 생각됩니다). 그것이 합격의 열쇠였습니다. 그리고 1차시험이 1997년도에 4월에 실시되었습니다. 아마 이것도 전무후무한 일이었습니다. 그리고 행정고시를 보고 나서 사법시험을 본 것도 그때까지는 전무한 일이었습니다. 그런데 연기된 것은 저에게 큰 도움이었습니다. 책을 늦게 보는 저에게는 시험이 늦어진 것은 매우 큰 플러스가 되었습니다. 그럼에도 불구하고 다 보지 못하고 들어간 과목이 있었습니다. 그리고 시험합격자 수가 갑자기 늘어나서 합격한 점, 2차시험을 주일날 보는 전무후무한 일이 또 발생했습니다. 그리고 실수를 했다고 생각한 민법에서는 그때에 아마 대부분 60점 이상의 점수를 고시생들이 받았을 정도로 후한 점수를 주어서 저 또한 70점이 넘는 점수를 받았고, 행정법의 경우 다른 과목에 비하여 가장 낮은 점수였지만 50점은 넘었습니다. 그리고 학원을 잘 선택한 것인지는 모르겠지만 학원강사를 통하여 2-3개의 문제가 출제될 가능성을 알게 되었고, 그것으로 인하여 좋은 성적을 받을 수 있었습니다.

이처럼 저의 합격에는 많은 변수가 있었습니다. 관운이라는 것이 있다고 사람이 말하는데 저는 하나님의 은혜라고 고백합니다. 그리고 전 옆에 있는 믿음의 선배들의 말을 하나님의 말로써 믿고 "아멘"으로 화답한 것이 큰 도움이 되었습니다. 같은 고시원에 있던 29기 선배님의 경우, 시험보고 나서도 기도를 많이 했다고 하면서 그 내용을 알려주었습니다. 저 또한 2차시험의 경우에 "하나님, 저의 시험지를 채점하는 교수님이 그 전날에 부부싸움을 하지 않게 하시고, 마음이 기쁜 날 채점하게 해주세요. 그리고 채점하는 날이 뜨거운 여름날이 아닌 시원한 날이 되게 해주세요"라고 기도했습니다. 그래서인지 과락도 없고 좋은 성적으로 합격하게 해주셨습니다. 하나님은 항상 신실하십니다. 1차시험은 총점 0.5점차로 합격하게 하셨고, 2차시험에서는 기도 이상으로 도와주셨습니다.

사법연수원에서 저는 연수원 공부보다는 제가 좋아하는 공부와 배우자를 만났습니다. 우선순위에서 전 승리한 것이라고 봅니다. 그리고 시험을 합격하고도 전 신림동교회를 3년 동안 떠나지 않았습니다. 그것은 신림동교회 성도님들에게 있는 아쉬운 마음을 알기 때문입니다. "고시생은 합격하면 떠날 사람이다"라는 생각을 조금이나마 바꾸고자 했기 때문입니다. 결혼을 연수원 2년차에 했는데, 결혼하고 난 후 오전에는 아내와 예배를 같이 드리고, 오후 내내 저녁식사까지 고시생 후배들과 시간을 보냈습니다. 그들과의 성경공부를 위해서 전 성경교재를 따로 만들었고 토요일 오후에는 그것을 복사하는 시간으로 보냈습니다. 그리고 현재도 영적인 어머니로 모시는 두 분의 권사님을 계속적으로 만나고 있습니다. 목사님도 찾아뵙고 있습니다. 공부할 때에도 가능하면 전 운동복으로 다니지 않았습니다. 고시생들에 대한 신림동 분들의 인식을 가까이서 접하고 살았기 때문입니다. 그리고 가능하면 고시생 때의 생각을 잊지 않으려고 합니다. 그리고 후배들과 같이 삶을 나누고자 합니다. 집이 신림동과 너무 멀어서 그리고 자녀가 3명이나 되기 때문에 어려운 점이 있지만 지금도 후배들과 같이 성경공부를 하고 기도하는 그 시간을 같이 했으면 하는 것이 저의 바람입니다. 이것이 제가 하나님께 기도했던 것처럼 교회 일에 있어서 합격하고 난 이후 장기적으로 힘 있게 섬겨주는 것이라고 믿고 있기 때문입니다.

저는 매우 우연하게 기관사건을 할 수 있게 되었습니다. 그래서 안정적인 사무실 운영을 할 수 있게 되었습니다. 최연소로 그 기관의 고문변호사가 되었을 뿐만 아니라, 동종 사건이 사해행위취소소송과 채권자대위권에 의

한 통정허위표시에 의한 말소소송, 한정승인심판결정사건, 부동산실권자명의등기에관한법률에 관한 사건, 민사집행법 및 보증보험사건 등의 전문화를 자연히 이루게 되었습니다. 이것 역시 하나님께서 저를 불쌍히 여기신 사랑의 징표라고 보고 있습니다.

감사하는 생활

제게 임하였던 하나님의 사랑은 정말로 큽니다. 그리고 저의 공부는 매우 과학적으로 저 자신을 분석하고, 주위와 시대를 구별하고, 시간을 효율적으로 사용하고자 했던 노력의 산물이며 여기에 하나님의 은혜가 덧입혔다고 말하고 싶습니다. 그러나 시험 합격하고 나서의 삶은 고시생의 삶보다 더 어렵습니다. 공부와 하나님만 알면 되었던 시간에서 돈도 벌고 세상을 알게 되고 자신의 위치가 올라간 것처럼 생각되는 시간으로 이동되면 사람도 변질될 수가 있습니다. 저 또한 전혀 예외는 아니었습니다. 기도로 하나님의 역사를 기다리기보다는 돈이 있기 때문에 그 돈으로 해결하고자 하는 유혹이 많았고, 그에 따라 많은 순간 넘어졌던 것도 사실입니다. 그런데, 이런 시간들은 수십 년 동안 계속될 수도 있습니다. 합격 이후의 시간을 보내는 준비가 더 중요할 수도 있습니다. 겸손하게 돈을 의지하지 않고 하나님을 의지하며 늘 감사하는 삶이 그 긴 시간에서 승리하는 열쇠라고 보입니다. 짧은 고시생활에서도 그 열쇠는 동일합니다. 그 열쇠는 여러분과 제가 원했던 다른 시간으로 넘어가는 데 장애였던 문의 자물쇠에 꼭 맞는 열쇠도 될 것입니다. 하나님과 함께 그 열쇠로 자물쇠를 열어보시길 권합니다.

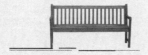

연수원 시절,
내일을 위한 일기

사법시험 합격이라는
기쁨을 안고 시작했지만
만만치 않은 연수원의 현실을
이겨나가는 과정에서 겪는 경험들을,
더 치열하고 위험한 내일을 위한 기록으로
남겨두고 있는 글들입니다.

"그런즉
선 줄로 생각하는 자는
넘어질까 조심하라"
(고전 10:12)

지금 알고 있는 걸
나중까지 기억할 수 있다면

지금 내가 쓰고 있는 이 글을 내가 다시 읽게 되길 바란다.
그리고 자신에게 이렇게 자문해보길,
'네가 어떤 마음을 가졌을 때 가장 행복했었는지.
진정한 사는 이유가 무엇인지.'

송 인 호

연세대학교 법학과
사법시험 제45회

내일이 입춘인데 꽤 쌀쌀한 날씨다. 다소 한가한 법원 시보실에서 잠시 생각에 잠겨본다. 법원 시보 생활도 한 달이 지났다. 고개를 돌려 시보실 창문 밖 하늘을 바라본다. 날씨가 추워서 그런지 유난히 파랗다. 두 달여 전 2학기 시험 직전 무렵 연수원에서 공부 중 창밖으로 바라보던 하늘이 생각난다. 그때도 이렇게 파란 하늘이었는데, 감사하다. 갑자기 정말 감사하다는 행복감이 마음 깊은 곳으로부터 충만해진다. 이 얼마나 기다렸던 시기였던가? 이제 본격적으로(?) 잠시 눈을 감고 지난 1년을 되돌아본다.

새로운 시작

두려움. 그래 맞다. 두려움이었다. 다시 시작되는 연수원 1학기 생활.

그 시작을 앞둔 내 마음의 상태는 설렘이라기보다는 두려움이었다. 과연 이 빡빡한 생활을 잘 이겨낼 수 있을까? 결국 기도밖에 없었다. 아침과 밤 하루 두 번의 고작 20분 남짓한 큐티만으로는 부족했다. 뭔가 특단의 대책이 필요했다. 매주일 밤 교회에서 1시간씩 부르짖으며 기도하기로 했다. 이렇게 해서 연수원 1학기 생활이 시작되었다.

회복

"너는 내게 부르짖으라 내가 네게 응답하겠고 네가 알지 못하는 크고 비밀한 일을 네게 보이리라"(렘 33:3)

"나를 사랑하는 자들이 나의 사랑을 입으며 나를 간절히 찾는 자가 나를 만날 것이니라"(잠 8:17)

누군가 이런 말을 한 적이 있다. 꼭 부르짖어야 하나님께서 들어주시냐고. 그냥 조용히 기도해도 되지 않냐고. 그래 맞는 말이다. 조용히 기도한다고 하나님께서 못 들으시는 것도 아니다. 그런데 성경말씀을 보면 유독 '부르짖으라', '간절히' 구하라는 구절이 많이 나온다. 그 이유가 뭘까? 사실 나도 잘 모르겠다. 하지만 한 가지 추측할 수 있을 듯하다. 예수님께서 병든 자들을 고치시기 전에 항상 '네가 낫고자 하느냐?' 라는 그들의 입장에서 너무나 당연한 질문을 하셨다는 점에서 추측해 볼 수 있지 않을까 싶다.

바로 우리의 '간절함', '절실함'을 보시려고 하시던 것이다. 그렇게, 간절히 정말 간절히 부르짖으며 기도했다. 연수원 생활을 이겨낼 힘을 달라고 기도했다. 영적으로, 육체적으로, 정신적으로 모든 면에서 압도당하지 않고 오히려 압도할 수 있는 지혜와 능력을 달라고 간절히 기도했다.

그리고 역시 성경말씀대로 그분께서 주셨다.

성장

> "만일 그럴 것이면 왕이여 우리가 섬기는 우리 하나님이 우리를 극렬히 타는
> 풀무 가운데서 능히 건져내시겠고 왕의 손에서도 건져내시리이다 그리 아니
> 하실지라도 왕이여 우리가 왕의 신들을 섬기지도 아니하고 왕의 세우신 금 신
> 상에게 절하지도 아니할 줄을 아옵소서"(단 3:17-18)

사실 난 어려서부터 누군가에게 무언가를 달라고 잘 요구하지도 부탁하
지도 못하는 성격이었다. 심지어 부모님께도 뭔가 부탁하는 것이 굉장히 죄
송하고 미안하고 그럴 정도로. 이런 성격이 신앙생활에도 이어져서 하나님
께 무언가를 해달라는 기도를 할 때도 괜히 멋쩍고 어색하기도 했다. 신앙
적인 의무감, 책임감, 뭐 이런 류의 신앙관에 더 익숙했다. 어쩌면 이런 기
질에다 몇 차례의 낙방의 고배 끝에 사법시험에 합격한 경험이 날 더 위축
시켰는지도 모르겠다. 한마디로 다니엘서 3장 18절 말씀이나, '그리 아니하
실지라도 감사해요'라는 어느 CCM가사 같은 생각에 나도 모르게 너무 치
우쳐 있었다.

물론 맞는 말씀이고 신앙인으로서 기본적으로 가져야 할 태도이긴 하다.
하지만 이런 식의 사고가 지나치면 신앙의 '힘'이 약해지는 것 같다. 예컨대
고시생이 합격을 기도하면서 공부를 해야지 '불합격시키셔도 감사합니다'
라는 생각을 하며 공부한다면 아무래도 자신도 모르는 사이에 점점 열정이
식어지지 않을까? 결국 연수원 1학기 시작 당시 내 영적 상태가 바로 이런
'낙담의식'에 나도 모르게 상당히 사로잡혀 있는 상태였던 것이다. 그리고
하나님께서는 바로 이런 다소 위축된 상태를 다시 '열정'있는 모습으로 회
복시키시기 위해서 그런 깊은 두려움 속에서 '간절히'기도하길 바라신 것
이다.

일반적으로 이성적(?) 크리스천들 사이에서는 '(세상적인 의미에서) 복

을 구하는 신앙'을 저급(?)하다고 보는 경향이 있는 듯하다. 물론 그런 측면도 있다. 하지만 한편으로 그렇게 비판하는 사람들의 경우 스스로 부족한 것이 별로 없기 때문에, 하나님께서 복 주시길 간구하는 사람들의 그 절박함과 간절함을 잘 이해하지 못해서 그렇게 생각하게 되는 면도 있지 않나 하는 생각이 든다. 어쩌면 바로 내가 그랬는지도 모르겠다. 그랬기에 하나님께서는 바로 그런 '절박함'을 느끼고 하나님께서 복 주시길 '간절히' 기도하길 원하고 계셨던 것이고.

매주일 밤 그런 간절한 부르짖는 기도 속에서 하나님께선 내 신앙컬러(?)에서는 다소 의외(?)라고 여겨지는 '방언'도 할 수 있게 해주셨고, 이어서 방언기도를 통해서 정말 하나님과 보다 더 친밀히 통할 수 있는 기도의 문과 기도의 새로운 지경을 활짝 열어주셨다. 그리고 바로 여기서 단지 회복의 차원을 넘어 이제 다시 한 단계 높아지는 신앙의 성장으로 이끌어 주셨다.

소명

"너는 범사에 하나님을 인정하라 그리하면 네 길을 지도하시리라"(잠 3:6)

연수원이란 참으로 재미있는(?) 곳이다. 평균 나이 30살 정도의 사람들이 마치 고등학교 학생인 듯 반, 조별로 생활하고, 나이차가 20살 정도 나는 사람들 간에도 형, 동생으로 호칭되고, 심지어 고3 때의 진학상담이 생각되는 조별 지도 교수님과의 성적 또는 진로 면담도 있다. 모두 분명히 각자가 품었던 법조계에서의 꿈이 있었을 텐데 이에 대해서는 서로 털어놓을 시간도 마음의 여유도 없이 그저 마치 달리기 시합처럼 일단 저 높은 성적의 고지(?)를 향해 온 힘 다해 뛰어간다. 물론 나름의 목표를 갖고 소명의식 하에 뛰어가는 연수생도 있겠지만 대개는 일단 뛰어가고 보는 것 같다. 이런 분위기에 저항(?)하기란 상당히 쉽지 않다. 더구나 이런 상황에서 '소명'에 대한 대화를 나누는 건 일종의 사치처럼 여겨진다. 정말 고3 때와 같다. 일단 성적 잘 받고 생각하라고. 다들 이와 같은 충고를 한다.

이런 면에서는 오히려 사법시험에 몇 차례 낙방한 것이 참으로 감사하다는 생각이 든다. 그런 과정을 통해 왜 공부하는지 그 이유에 대해 보다 깊이 고민하고 기도할 수 있었고 어느 정도는 구체화시킬 수 있었기 때문이다. 무엇보다 이런 분위기에 그다지 영향 받지 않는 신앙적 면역력(?)이 어느 정도는 생긴 것 같아 감사했다. 다만 문제는 앞서 말했듯이 '낙담'의 경험이 다소 '위축'된 심리 상태를 가져왔다는 점이다. 그리고 깊이 있는 기도를 통한 영적 회복과 함께 이 소명에 대한 열정도 함께 회복되기 시작했다.

생각해보면 누구나 젊었을 때는 '꿈'을 마음속에 품는 것 같다. 기도를 통해 자신만의 '소명'을 발견하기도 하고 말이다. 하지만 세상살이의 풍파 속에서 점차 퇴색되어가기 마련이다. '그래, 젊은 날의 공상이었을 뿐이야'라고 스스로 미리 포기하거나 현실의 어려움 속에서 낙망하고 돌아서게 된다. 하지만 생각해보면 '꿈'이란 그 자체를 마음에 품고 있는 것만으로도 삶의 활력의 원천이 되는 것 같다. 꼭 거창한 꿈만이 그런 것은 아니다. 큰 꿈이건 작은 꿈이건 꿈을 꾼다는 것은 그 자체만으로 살아가는 힘이 되는 것 같다. 처음 품었던 꿈만이 꼭 유일하게 옳은 것도 아닌 것 같다. 상황과 형편에 맞게 그 상황에서 또 다시 새로운 꿈을 품으면 된다. 중요한 건 하나님께서는 우리 인간이 늘 기도하며 하나님께서 이 땅에 보내신 그 사람만의 고유한 꿈과 소명을 계속 기억하길 원하신다는 거다. 그리고 이러한 꿈과 소명을 향해 나아갈 때 가장 무서운 적은 바로 '두려움'과 '낙망'이다. 바로 여기에 기도해주고 격려하고 힘이 되어주는 소중한 동역자들이 필요하다.

동역자

"한 사람이면 패하겠거니와 두 사람이면 능히 당하나니 삼겹줄은 쉽게 끊어지지 아니하느니라"(전 4:12)

정말 외로웠다. 하나님 안에서 크리스천 법조인으로서 꿈을 품고 준비하는 과정 속에서 늘 간구했던 기도제목 중 하나가 바로 동역자였다. 그런데 하나님께서는 여기 연수원 신우회에서 예비하고 계셨고 만나게 하셨다.

풍성한 기도응답. 정말로 소중한 사람들. 다윗과 요나단의 관계와 같은, 뜻이 통하고 꿈이 통하고 마음이 통하는 믿음의 동역자들과의 만남, 바로 이 만남 속에서 내게 보여주셨던 꿈들이 결코 '허탄한 가공의 환상'이 아니라 하나님께서 보여주신 길이라는 걸 확신할 수 있게 되었다.

연수원 그리고 압도함

"근신하라 깨어라 너희 대적 마귀가 우는 사자 같이 두루 다니며 삼킬 자를 찾나니"(벧전 5:8)

앞서 언급한 것처럼 연수원 생활은 사회생활이라기보다는 학교와 같은 분위기이다. 하지만 사회생활과 같은 성격도 있다. 특히 '법조계는 워낙 좁은 곳이니 너무 튀지 않도록 조심해야 한다'는 류의 충고(?)가 지배하는 독특한 곳이다. 또한 겪어보지 않은 사람은 짐작조차 못할 정도로 엄청난 공부량의 압박감이 존재하는 곳. 이런 곳이 연수원이고 특히 연수원 1년차 생활이다(오죽하면 연수생들 사이에 '피고인을 연수원 1년차의 형에 처한다'라는 농담이 있을 정도다).

이런 곳에서 크리스천의 정체성을 지키면서 살아가는 방법이 무엇인가? 이번에 연수원에 들어오게 되는 37기 후배들이 종종 물어온다. 이 질문 속에는 크리스천으로서의 정체성을 지키면서 또 아무래도 비크리스천이 다수인 연수원에서 인간관계도 잘 하는 방법을 묻는 의미가 포함되어 있으리라. 글쎄, 우선 과연 나 자신은 어떻게 지냈는지 자문해본다. 생각해보면 다소 재밌는(?) 경험도 있었고 엉뚱한(?) 행동도 했던 것 같다.

첫 반 회식 날. 종교상 이유로 술을 마시지 않는다는 대답에 무슨 특별한

(?) 종교를 가지고 있는 거 아니냐는 질문을 받기도 했고, 크리스마스 며칠 전에는 신앙이 없으신 반 지도교수님 세 분께 크리스마스 카드와 신앙서적과 CD를 선물로 드리기도 했다(다행히 교수님들 세 분 모두 좋은 분들이라서 다소 무례해(?) 보일 수도 있는 선물을 호의적으로 생각해주신 것 같아서 감사하다). 결론은 잘 모르겠다. 과연 잘 지내왔는지 다른 사람들에게 어떻게 비춰졌었는지…. 무엇보다 하나님께서 어떻게 보셨을지…. 왠지 아쉬움이 많이 남는다.

그래도 한 가지, '압도하지 않으면 압도당할 수밖에 없다'는 사실을 다시 한번 깨달으며 지내왔던 것 같다. 순간의 방심으로 기도와 말씀 읽기를 소홀히 하면 바로 그 틈을 타고 세상의 가치관과 근심, 걱정, 비교의식이 날 지배하려고 든다. 인간관계도 마찬가지. 내가 기도와 말씀으로 성령 충만하던 시기에는 비록 술자리에서는 비주류(?)라서 조금은 어색할 수밖에 없는 측면이 있지만 일상생활에서는 오히려 주변 연수생들을 격려하고 위로할 수 있었다. 하지만 그렇지 않은 상태에서는 내 삶조차도 감당하지 못하고 걱정과 근심으로 허덕이는 연약한 존재일 수밖에 없었다.

믿으려면 제대로 믿어야 하고 미치려면 제대로 미쳐야한다는 사실. 예수 그리스도를 믿는다고 '예수쟁이', '예수병 환자(?)'라는 조롱을 받으면서도 믿음을 유지하고 믿어왔던 우리나라 초기 기독교 신앙선배들의 모습을 뒤따를 줄도 알아야 한다는 것. 때로는 과감히 어색함 속으로 나아갈 줄도 알아야 하고 타인들로부터 받는 이상한 시선, 그리고 다소간의 갈등도 각오해야 한다는 것. 그리고 그 과정을 통해 오히려 그렇게 나아갈 때 하나님께서는 내가 생각하지 못하는 방법으로 또 다른 측면의 축복의 길로 이끄신다는 하나님의 법칙. 한마디로 말해, '우는 사자에 삼키우지 않으려면 내가 더 크게 포효하면 된다'는 신앙의 법칙, 이걸 다시 한번 체험적으로 경험한 1년이었던 것 같다.

사는 이유 - 영혼구원, 사랑, 위로, 희망

"임금이 대답하여 가라사대 내가 진실로 너희에게 이르노니 너희가 여기 내 형제 중에 지극히 작은 자 하나에게 한 것이 곧 내게 한 것이니라 하시고 … 이에 임금이 대답하여 가라사대 내가 진실로 너희에게 이르노니 이 지극히 작은 자 하나에게 하지 아니한 것이 곧 내게 하지 아니한 것이니라 하시리니"(마 25:40, 45)

"사랑하지 아니하는 자는 하나님을 알지 못하나니 이는 하나님은 사랑이심이라"(요일 4:8)

네 번째 2차시험 직전 버스를 타고 집에 오다가 문득 떠오른 생각.

'인생에서 참된 축복이란 하나님과 함께하는 것이고, 인생에서 참된 성공이란 이 땅에 사는 동안 얼마나 많은 사랑을 남겼는가에 있다.'

이렇게 한동안 책상 위에 써 붙여놓고 공부했었던 같다. 그런데 어느 순간부터 조금씩 이 생각은 잊혀졌고 상당히 오랫동안 이 문구를 잊고 지냈다. 그리고 몇 달 전 문득 다시 생각났다.

나중에 하나님 앞에 섰을 때 우리 삶은 무엇으로 평가될 것인가? 성취? 업적? 성실함? 노력? 의지? 물론 이 모든 것이 '인생 전체의 취지(?)'로 평가될 수도 있겠지만 하나님께서 보시는 가장 중요한 '인생의 요건사실(?)'이 뭘까?

결국 '사랑'이 아닐까 싶다. 아무리 노력하고 공부해서 전문지식을 쌓고, 국가를 발전시키고, 좋은 제도를 고안해내고, 사람들을 돕는다 할지라도, 결국 그 마음속에 사랑이 없다면 하나님께서 '기각'(?)(부디 일부기각이길)하시지 않을런지. 문제는 이것을 나 자신이 너무도 자주 잊어버린다는 것이다. 어쩌면 처음으로 사회생활에 준하는 삶을 살면서 다시 한번 깨닫게 하시고 회복하게 하신 것이 바로 이 마음이었다.

이런 마음을 품고 살았을 때, 나는 누구보다도 기뻤고, 행복했고, 당당했고, 자신감이 넘쳤다. 하지만 그렇지 않았을 때는…….

　'지금 알고 있는 걸 그때도 알고 있었다면' 이라는 제목을 가진 과거에 대한 후회를 주제로 한 어느 시집이 있다. 그런데 문득 이런 생각을 해본다. '지금 알고 있는 걸 나중까지 기억할 수 있다면' 이라고. 아마도 연수원 수료 후 정말 거친 생존경쟁 속으로 나아가게 되면 지난 1년간 다시 느낀 이런 순진(?)한 생각은 또 한 번 혹독한 시련에 부딪히게 될지도 모르겠다. 바로 그런 순간, 지금 내가 쓰고 있는 이 글을 내가 다시 읽게 되길 바란다. 그리고 나 자신에게 이렇게 자문해보길 바란다.

　'네가 어떤 마음을 가졌을 때 가장 행복했었는지. 진정한 사는 이유가 무엇인지.' 그리고 예수 그리스도 안에서 그 사랑을, 그 평강을, 그 기쁨을 다시 한번 회복하게 되길 기대해본다.

에필로그

　이제 기록을 또 받으러 가야겠다. 이번엔 어떤 사건일지…. 지난번에 조정이 재밌다고 말씀드렸더니 판사님께서 몇 건 더 주신단다. 소액 조정을 하다보면 참으로 다양한 모습들을 볼 수 있다. 40-50대의 한 가정의 가장들이 눈물을 보이며 한참 어린 내게 하소연을 한다. 공감하며 들어주고 원·피고를 서로 이해시켜서 조정을 이루어냈을 때 그 기쁨이란 정말 크다. 소송까지 오게 된 당사자들을 가만히 바라보면 모두 뭔가 마음의 응어리가 있는 듯하다.

　사건만 해결해주는 것이 아니라 그 마음의 응어리도 아주 조금이라도 덜어줄 수 있는 그런 크리스천 법조인이 되고 싶다. 역시 예비법조인의 치기 어린 꿈일까? 아니, 이젠 믿고 노력해보련다. 지금까지 그러하셨듯이 내 기도에 응답하시는 하나님의 그 신묘하신 인도하심을 기대하며….

"또 여호와를 기뻐하라 저가 네 마음의 소원을 이루어 주시리로다 너의 길을 여호와께 맡기라 저를 의지하면 저가 이루시고"(시 37:4-5)

"하나님이 능히 모든 은혜를 너희에게 넘치게 하시나니 이는 너희로 모든 일에 항상 모든 것이 넉넉하여 모든 착한 일을 넘치게 하게 하려 하심이라" (고후 9:8)

연수원 시절의 짧은 기억들

강퍅한 세상에서 크리스천은 구별되어야 하고
서로 중보하는 그런 사람들이 되어야겠다는 생각이 많이 듭니다.

이 성 우

성균관대학교 법학과
사법시험 제45회
법무법인 비전 인터내셔날

어떤 얘기를 적을까 망설였습니다. 다른 분들에 비하면 신앙의 깊이가 깊지도 못하고 치열하게 신앙생활과 고시공부를 병행한 것도 아니어서 그리 특징 없었던 고시생 시절을 같이 나누기보다는 여러분들이 궁금해 할 수도 있는(?) 연수원 시절의 짧은 기억들을 이야기하고자 합니다. 글을 한 번에 쓴 게 아니라 틈틈이 단편을 적은 것이라 글에 일관성이 없음을 이해해 주시길 바랍니다.

Episode 1

11월 어느 주일날 아침, 많은 생각들이 스칩니다. 사법시험 2차시험을 붙고 어머니에게 전화하면서 울먹였던 기억이 나네요. 발표 나기 전 교회 부홍회 때 저에게 합격의 목소리를 주신 하나님, '너는 사회적 소수를 위해 헌신하고 나아가라' 는 소명을 주신 하나님. 그런 소명을 제게 주시면서 저를 붙잡아 주셨습니다. 시험만 합격하면 하나님께 진실로 영광을 돌리겠다고, 교회도 더욱 더 열심히 다니며 하나님의 나라를 구하겠다고 하였던 다짐들. 지금 생각하면 사법시험 공부할 때가 더욱더 하나님께 의지하였던 것 같아 지금의 내가 너무나 부끄럽습니다.

합격하고 처음 가는 일산. 사법연수원에 가는 길 도중에 마두역 에스컬레이터를 오르면서 '아, 내가 이 에스컬레이터를 타기 위해 이리도 힘든 시간들을 견뎌왔나' 라고 생각하니 좀 허무해 했던 기억도 납니다. 연수원을 다니면서 신우회 선교부 총무를 맡으면서 너무나 좋은 형제님, 자매님들을 알게 된 게 나에겐 너무나 큰 재산입니다. 비록 대한민국에서 제일 힘들다는 1년차 커리큘럼 속에 많이 지쳐가던 시간이기도 했습니다(연수생들에게는 법정최고형이 '너를 연수원 1년차에 처한다' 라는 우스개 소리도 있습니다).

연수원 2년을 파노라마처럼 기억해 봅니다. 3월에는 뭐 이런 별천지가 다 있나? 언제나 마음대로 쓸 수 있는 마이너스통장(이 마이너스로 전 디지털 라이프를 구축합니다. 노트북, 디카, mp3, 평소에 갖고 싶었던 스피커 등, 다만 아직 전 마이너스 상태입니다), 많은 맛있는 식당들, 새로운 사람들을 사귀는 것도 좋았고 일산의 차갑지만 알싸한 바람. 신우회 사람들과의 만남, 수많은 회식들, 음주무능력자라는 고백(지금은 무참히 깨져버렸지만). 4월에는 이거 정신 차려야겠다는 생각과 함께 거침없이 나가는 진도. 라틴어 수업 같은 민사집행법 수업, 헉헉거리면서 '이 숙제 베껴 말아' 라고 잔머리 굴리던 나. 호수공원에서의 야외 예배, 승부욕으로 넘쳤던 체육대회, 슬슬 불량해지는 복장들. 5월에는 수시평가가 있었네요. 이때부터 나는 성적이라는 놈으로 계량화되기 시작합니다. 막 달려가네요. 숨이 차기 시작합니다. 기억이 없습니다. 벌써 시험이군요. 6월. 그렇게 확~ 지나갔습니다. 연수원의 첫 시험 만만치 않았습니다.

유난히 더웠던 2004년 여름의 기억들. 집이 제일 위층이고 에어컨도 없어 여름밤은 더욱 더웠습니다. 법률봉사라는 미명(?) 아래 마포구청에서 법률상담을 하였는데 내 자리에는 에어컨이 잘 오지 않아 심히 괴로운 법률상담을 한 기억이 있습니다. 상담한 것들 중 기억나는 건 내 남편 도망갔는데 그 사람과 이혼하고 싶다는 얘기. 개인 파산, 상속 포기, 카드빚 등등. 그때의 어두운 단면들을 나타내는 것 같아 상담하면서도 마음이 아팠습니다. 아, 그리고 일산에서 마포구청은 왜 그리 먼지요.

신우회 사람들과 함께 중국을 다녀왔습니다. 엄청 넓은 중국. 시험이 끝난 지 얼마 되지 않은 상태에서 가서 그런지 무척 피곤했던 것 같습니다. 입에 맞지 않았던 음식들(상하이쯤 가서 저의 소화기관은 중국음식에 거부반응을 보이며 나로 하여금 화장실에 자주 가게 하였습니다). 중국음식에 관한 기억 하나. 유명하다는 북경 오리 요리. 다들 처음 먹어 보는지라 껍데기만 주고 살코기는 안 주길래 '살코기는 안 주세요?'라며 푸념했던 기억(원래 북경 오리 요리는 껍데기가 메인이라네요). 북경 오리 요리가 세계 3대 요리라고 하던데 맛은 그다지 감동적이지 않았던 것 같습니다.

개인적이지만 어머니, 누나 가족, 나 그리고 조카들과 어머니 환갑이기도 해서 일본 큐슈를 갔다 왔습니다. 해외 가족여행은 처음이었군요. 일본도 더웠습니다. 노천탕을 처음 가봤고 내심 혼탕이 궁금했는데 혼탕은 없고 모기만 있습디다.^^ 하지만 첫 가족 해외여행의 큰 의미. 쓰고 보니 기억들이 새록새록 하네요.

Episode 2

연수원 1년차 2학기를 얘기해볼까 합니다.

여름에 일본이다 중국이다 갔다 왔더니 2학기 첫 주를 따라가기 힘들었습니다. 연수원에는 워밍업 기간이란 게 없었습니다. 첫 주부터 바로 기록이 쏟아집니다. 첫 민재 기록을 보며 좌절하고 복사집에서 가져온 작년 기록을 참조합니다. 그때의 심정이란…. 공부는 교실에서 한 것 같습니다. 2학기 때도 여전히 진도는 휘리릭~ 다들 호락호락하지 않았습니다. 아마 9월은 재

택작성이다 뭐다 해서 격일로 수업이 있었던 것 같습니다. 1학기 때에는 기억이 선명한데 2학기는 기억이 수학여행으로 바로 넘어갑니다. 아름다웠던 한라산의 단풍들. 가로등 같이 밝았던 수평선 위의 고깃배들. 그리고 알싸했던 제주도의 밤바람. 그리고 다시 현실로 돌아옵니다.

시험입니다. 내 생애 제일 힘들었던 시험이었습니다. 몰아쳐 공부하는 데 익숙하지 않은데다 8시간 동안 시험을 본다는 건 - 다들 그렇겠지만 - 쉽지 않았습니다. 첫 8시간 시험 도중 한 4시간 정도 경과하니까 사고가 정지되는 사태가 오기도 했습니다(민사재판실무였던 것으로 기억). 아마 2주 넘게 봐서 지루하기도 했고 법조 윤리까지 학점을 뒷받쳐 주지 않았습니다(전 법조 윤리에서 다들 받는다는 A플러스를 받아 본 적이 없습니다). 2학기 때는 기억이 선명하지 않습니다.

왜 그럴까요. 기억하지 못하는 걸까요, 기억하지 않으려는 걸까요. 암튼 나는 이제 연수생에서 시보로 불리게 됩니다.

Episode 3

1, 2월 변호사 시보입니다.

D법무법인이라는 크지도 작지도 않은 곳에서 변호사 시보를 하였습니다. 처음에는 열심히 하는 척하면서 법률의견서도 써보고 번역에다 상고이유서도 써보고 그리 지냈습니다. 좋은 음식도 많이 먹고 로펌의 변호사들이 얼마나 착취(?)당하는지를 몸소 체험하는 시보기간이었습니다. 기억나는 건 상고이유서를 쓴 것인데 그 사건은 검사직무대리가 일년 전에 피신조서(검사 직무대리 즉 시보가 맡는 사건은 자백사건 내지 단순한 사건이 대부분입니다)를 받은 특가법사건(소위 뺑소니사건)이였는데 의뢰인이 자백했다가 특가법위반의 경우 면허취소가 되니까 다시 부인한 사건(내 짐작인데 선배 변호사도 그리 추측)인데 아무리 기록을 읽어봐도 뺑소니의 심증을 굳게 하는 것입니다.

무죄를 다투어야 할 변호사가 유죄의 심증을 굳게 가지고 있으니 상고이유서가 제대로 써질 리가 없었습니다. 암튼 내가 쓴 상고이유서가 별다른 수정 없이 법원에 제출되었는데 변호사의 첫 번째 의무는 서면을 얼마나 잘 쓰느냐도 중요하지만 날짜를 지키느냐가 더 중요하다는 선배변호사의 말이 갑자기 떠오릅니다. 그 사건 어떻게 됐나 아직 궁금하네요. 사무실에 출근하면서 이런 저런 서면을 쓰면서 1월은 그리 지나갔네요. 2월 1일 드디어 일이 터지고 맙니다. 성적이 나온 것입니다. 처음에 성적표 보고 웃음. 기가 찬 웃음. 내 옆에 나란히 앉아 있는 박 모 시보(법무법인 태**)와 정 모 시보(판사)는 성적표를 서로 비교하는군요. 부러워라. 아, 패닉이란 게 이런 거구나. 그런 패닉을 뒤로 한 채 저는 검찰 시보를 위해 대구행 KTF를 탑니다. 이제 나는 검사님, 혹은 계장님, 아저씨라 불립니다.

Episode 4

요샌 너무 시간이 빨리 지나가서 너무 슬픕니다. 시간은 월요일 아침에 시작하여 금요일 밤에 끝나고 주말에 시간이 조금 천천히 갔다가 어느새 한 주 획~ 또 한 주 획~. 3월 대구로 내려갔습니다. 검사시보. 시보 중에 무척 타이트하다는 검사시보. 첫 느낌은 무척 설레기도 하고 두렵기도 하고. 여러 검사님들께 인사드리고 알고 보니 우리 먼 친척 되는 지도 검사님과 함께 근무하게 되었습니다.

아!! 첫 구속사건 배당. 오후 2시쯤이었던 것 같습니다.

콧등에는 땀방울이, 등줄기에는 긴장의 경련이 순간 일어나며. '자, 침착하자.' 빨간 표시(구속사건임을 나타냄)가 되어 있는 사건 기록(두 번의 음주운전 전력이 있어서 구속됨)을 후다닥 읽고 미리 피의자신문조서를 작성했습니다. 예상되는 질문과 예상되는 답변으로 대략 구도를 잡은 다음 미리 예상되는 피의자신문조서를 일사천리로 작성하였습니다(내가 생각한 대로 답변하지 않으면 그야말로 "대략난감"입니다). 이윽고 수갑과 포승줄로 묶여 들어온 피의자.

시종일관 "죄송하다"는 말을 남발하여 내가 무안했습니다. 다행히도 내가 작성한 시나리오대로 얘기해서 무사히 마치긴 했지만 피의자의 호칭을 어떻게 해야 할지 몰라 피의자에게 "선생님"이라 호칭했더니 지도 검사님, 신문이 끝나고 바로 태클. "피의자보고 선생님이라 그러는 시보는 네가 첨이다." 순간 난감. '이제부터 피의자는 그냥 피의자로 부르는 거다'라고 다짐했습니다. 그 후 나는 피의자를 "아저씨, 아줌마, 피의자, 저기요, 여보세요"라고 호칭하려고 노력(?)했고, 반면 피의자, 참고인은 나를 "검사님", 그냥 호칭을 얼버무리거나(명판에 검사 직무대리 누구누구라고 되어 있음), "계장님", "아저씨"(참고인으로 소환하였던 어떤 고등학생이 버럭~)라고 불렀습니다.

여러 사건 중 상습절도, 뺑소니 사건, 청소년보호법위반 사건 등이 있었지만 특히 절도나 강도 피의자들을 보면서 '이 사람들은 치료가 필요한 사람들이구나, 그냥 격리로 해결될 문제가 아니다'라는 생각이 시간이 갈수록 들었습니다. 또한 참고인과 피의자를 대질 신문할 때는 너무 격렬하게 서로 우겨서 누구 말이 맞는지, 분명히 누가 거짓말하고 있는 건 분명한데 알 수가 없는 경우가 있었습니다.

아! 주님, 누가 거짓말하고 있는지 가르쳐 주세요.

사건 중 지금도 후회되는 건 피의자와 연락이 되지 않는다고 귀찮아 피의자의 사정을 제대로 파악하지 않고 그냥 약식 청구한 자동차관련법 사건이었는데 나중에 피의자로부터 딱한 사정을 들었을 때 너무나 후회되었습니다. 기소유예도 가능한 사건이었는데.

또 다른 잊지 못하는 사건. 내가 피의자신문조서를 3번이나 작성하게 한 청소년보호법위반 – 일반 음식점에서 미성년자에게 술을 판 – 사건이었는데 이 음식점 주인 아주머니는 고등학생인 줄 몰랐다, 술을 판 적이 없다, 나중에는 어디서 들었는지 고등학생이 성년자들과 함께 있었고 성년자에게만 술을 팔았다고 진술을 바꾸고 경찰에서 진술서를 쓴 미성년자에게 돈을 주고 검찰에서 절대 술을 마시지 않았다라고 말하게 하는 등 증거를 조작하게 하고, 2회째 진술을 받고나서는 나를 개인적으로 보자고 하는 등. 결국 술을 마시지 않았다던 고등학생들이 나의 집요한 괴롭힘에 의해(물론 고문은 없었고.^^) 술을 마셨다고 다시 말하자 아주머니가 결국 자백한 사건. 이런 사건은 음식점의 영업정지가 걸려 있어 주인들이 목숨 걸고 부인하는 전형적인 사건이었지만 아줌마의 거짓말에 아주 질린 기억이 선명합니다. 그리고 고등학생들의 당돌함과 뻔뻔함.

개인적으로 좀 문제가 있다고 생각된 점은 민사문제를(금전대여를 하고 돈을 못 받은 경우) 사기사건으로 고소를 하는 경우가 많아 검찰의 업무를 과중하게 한다는 면이었습니다. 증거의 확보와 채무자에게 대한 압박의 측면에서는 효과가 있겠지만.

그러는 동안 검찰청 주위에는 알록달록한 꽃들이 만발하였습니다. 봄이 지나고 초여름이 어느덧 오고 있었습니다. 벚꽃이 좋은 경주보문단지 한 번 갔어야 하는데, 아쉬움이 남습니다. 검찰시보를 거치면서 내가 할 일은 아니라는 생각이 굳어갔습니다. 거짓말하는 사람들도 너무 싫었습니다. 피의자들을 윽박지르기도 하고 달래기도 하고. 가끔씩 너무나 뻔뻔한 사람들. 2달 동안의 검사시보는 내 처음이자 마지막의 검찰생활일 것입니다. 그래도 그립네요.

대구에서 잠시 풀었던 짐들을 주섬주섬 챙겨서 다시 서울로 갑니다.

Episode 5

각설하고 법원시보 시절 얘기를 좀 해볼까 합니다. 서초동에 가끔씩 들르면 신림동 같다는 생각을 해봅니다. 왠지 강퍅한 느낌. 어디 커피숍에 들어가면 서류뭉치를 가지고 갑론을박하는 사람들. 공중전화 수화기에 대고 고래고래 소리치는 사람들. 그리 포근한 동네는 아니라는 생각이 들 때가 많습니다. 민사○부, 형사○부에 일주일에 두 번 정도 출근하였는데 배석판사

분들이 저한테 너무 자주 온다고 그러더라구요. 먼 일산에서 나름대로 안 나오려고 노력했는데.^^

민사사건 중에 특이하게 기억나는 건 없고 - 민사사건하면서 느낀 것은 법리가 어려운 것이 아니라 사실관계의 정리였습니다. 원, 피고가 주절주절 적은 글들 중 무엇이 법적 이슈가 되는지 간추려 내는 것이 중요한 것 같았습니다. 배석판사분들의 판결문 초고를 보고 그 내공(?)에 감탄했던 것 같고요. 검사시보 시절 첫 구속피고인을 보고 긴장이 되었다면 법원시보일 때에는 구치소에 있는 피고인 접견을 가서 피고인을 첫 대면한 기억이 생생합니다. 제가 맡은 국선사건은 폭처법위반(단체 등의 구성활동)사건, 즉 피고인은 소위 조직에 가입하였다는 이유로 기소되었던 겁니다. 먼저 방대한 사건기록에 질렸고 기록 복사하다가 지쳤던 기억. 그래도 나의 첫 국선이니 최선을 다해 이리저리 반대신문사항을 준비해서 피고인이 있는 서울 구치소로 갔었습니다. 두근두근. 아, 기록에 보니까 전신에 문신이던데. 접견 신청을 하고 기다리는 순간 만감이 교차하네요. 첫 번째 조폭을 접견하자마자 그 피고인이 이미 사선변호인을 선임했다고 뭐 그냥 고맙다고 하네요. 몸에 문신은 보지 못했지만 그냥 기억나는 건 몸이 심하게 역삼각형이었다는 거.^^

두 번째 조폭. "안녕하십니까, 변호사님." 의외로 깍듯. (피고인, 첫인상은 옆집아저씨) "안녕하세요" (긴장한 기색이 역력.^^, 나) 이런 저런 얘기 하다가 사건기록을 보니까 "그러니까 공소장에 기재된 죄를 인정하는 건 맞죠?" 그런 취지로 얘기하자, "사실이 아니다. 과장되었다"는 말과 함께 내가 생각지도 못한 공소시효의 논점을 들고 나오는 겁니다.

구체적으로 얘기하면 "범죄단체조직에 가입한 지 5년이 경과하여 이미 공소시효가 지나지 않았느냐?"(피고인, 청산유수임) "잠시만요. 가만, 그러니까, 으음." "저기 범죄단체조직가입죄는 계속범 아닌가요? 탈퇴하지 않은 이상 공소시효가 정지되는 뭐 그런"이라는 새로운 법리를 창조하면서(나, 심하게 버벅됨. 대략 추측으로 얼버무림) "그 점은 제가 사건기록과 법리를 좀 더 검토해보겠습니다" 순간 어찌나 난감하던지. 나보다 훨씬 더 많이 아는 피고인. 다시 찾아오겠다고 얘기하면서 인상이 좋다고 하자, 자신의 몸에 문신 있다고 그래서 그 다음 말을 못함.

접견을 마치고 돌아서 판례를 찾아보는데 위 죄는 즉시범이고 범죄조직으로부터 가입한 때로부터 진행. 순간 어찌나 뭐 팔리던지. 아, 그럼 이제 "연수생 출신의 국선변호사가 조폭피고인을 면소판결로 방면하다" 뭐 이런 신문기사를 허황된 상상하면서 기록을 꼼꼼하게 더 살펴보니 피의자신문조서에 나타난 피고인 자신이 주장한 가입시점에 의하면 공소시효가 완성되지 않았으나 가명으로 작성된 참고인조서에 의하면 공소시효가 완성되었고 다른 조직원들도 피고인과 동일한 시점(즉, 공소시효가 아직 완성되지 않음)을 가입시점으로 진술하고 있었습니다. 구치소에서 들은 것이 있는지 이제 보니 검찰단계에서 자신이 얘기한 것이 도리어 불리하니 전의 진술을 번복하고 싶었던 것 같습니다. 그래서 두 번째 접견에서 다시금 복사된 기록과 다른 참고인들의 진술을 종합해볼 때 피고인의 주장대로 법정에서 주장할 순 있지만 기록상 재판부가 인정할진 의문이다 얘기하니 고개를 갸우뚱하면서 공소시효부분은 그냥 넘어가겠다고 하더군요. 대략 정상에 맞추어 반대 신문하겠다. 연락되는 가족이나 정상 참작될 만한 얘기 좀 해 달라, 뭐 이런저런 얘기하고 정성스럽게 반대신문사항 및 변호인의견서를 작성하였습니다.

재판 날짜가 잡혔습니다. 이윽고 다른 조직원들과 나란히 선 나의 피고인. 다른 조직원들은 범죄단체의 간부(7년 이상)로 기소되어서 그런지 사선을 선임하고 모두 진술에서 모든 혐의를 부인하고 저의 피고인도 혐의를 부인하는 것입니다. 순간 하늘이 노래지고 정성을 다해 써온 반대신문과 완전히 달리 진행되어야 하므로 이를 어째 하며 당황하던 기색이 역력하던 나를 공판검사님이 보시고 웃으시더라구요. "저 시보 고생 좀 하겠네"라는 표정.

지루했던 다른 조직원(모든 혐의를 부인함)들의 반대신문이 끝나고 드디어 내 차례. "피고인은 혐의를 인정하나요?" 나의 첫 질문.

  …

  …

그 시간이 얼마나 길던지.

"예" (피고인)

얼마나 고맙던지. 이윽고 반대신문사항을 차례차례 얘기하고 신문을 마쳤습니다. 사연이 어쨌든 나의 첫 변론은 그렇게 끝났습니다.

시보가 끝나고 4학기 시험이 끝난 후에 안 사실이었지만 저의 피고인은 집행유예로 풀려났다고 하네요. 원래는 집유대상이 아니었는데, 그해 집유규정이 개정되고 국선변호인 잘 만난 덕분(?)에 풀려나기까지.^^ 그 외에도 노숙자가 지하철에 뛰어든 이름도 생소한 전차교통방해사건. 그 외 조정사건들이 기억에 남습니다. 어느 듯 장마가 시작되고 서초동의 아스팔트가 달아오르는 여름이 왔네요. 나의 좋았던 시보 시절도 어느 듯 끝나가고 4학기 시험이라는 거대한 산이 다가오고 있었습니다.

이미 로펌에 컨펌되었다는 사람들 얘기도 들리고 슬슬 취업에 대한 걱정도 되었던 것 같습니다. 전문기관연수를 마치고 다시 모인 우리들. 교수님들이 그러시더라구요. 2년차는 이미 사회인이라고 그러셨던 것 같습니다. 나도 공부한답시고 독서실에 표도 끊고 공부하는 시늉도 내고 4학기 시험 직전에 알게 되었던 것도 있어서 나름대로 재미있었던 것 같습니다. 4학기 시험은 2학기 시험보다 수월합니다. 방식은 비슷하지만 하루씩을 쉬니까 좀 여유가 있었습니다. 요령도 많이 생겼구요. 하지만 시험이란 게 쉬운 게 어디 있을까요. 교수님들이 저의 글씨를 알아보면 좋으련만.^^

강원도에서의 마지막 수료여행을 뒤로 한 채 연수원 너머 현실이 떡 하니 버티고 있네요. 쉽지 않았던 취업에의 기억, 낙담하고 힘들었지만 항상 서로 중보하고 기도해주던 신우회 친구들이 있어 행복했던 연수원 시절이었습니다. 요새 드는 생각은 공부를 마음껏 할 수 있을 때가 가장 좋은 시간인 것 같습니다. 현실은 그렇지 못해 하기 싫은 일도 해야 할 때가 있고 부딪히고 싶지 않은 사람과 부딪혀야 하는 경우도 있습니다. 요즘 들어 이 강퍅한 세상에 크리스천은 구별되어야 하고 서로 중보하는 그런 사람들이 되어야겠다는 생각이 많이 듭니다. 모두들 바쁘지만 요즘도 35기 신우회는 서로 모여 중보하고 기도합니다. 한 달에 한 번밖에 없지만 너무나 귀중한 시간이죠. 내게 이 사람들이 없었다면 쉽지 않은 연수원 시간을 어떻게 보낼 수 있었을까요.^^

쓰고 보니 글이 길어졌습니다. 제가 하나님을 처음 만났을 때를 기억합니다. 제 가슴속에 제가 하나님을 알기 전부터 주님은 항상 불꽃같은 두 눈으로 저를 지켜주셨다는 것을 느꼈을 때 어찌나 눈물이 나오던지요.

마지막으로 연수원 1년차 때 고시촌간담회에서 같이 묵상했던 성경의 말씀을 드리면서 저의 글을 마칠까 합니다.

> "나의 가는 길을 오직 그가 아시나니 그가 나를 단련하신 후에는 내가 정금같이 나오리라"(욥 23:10)

소명의 삶, 그 현장에서

법조 실무의 현장에서
크리스천으로서의
정체성을 지키며 나아가
소금과 빛의 역할을 다하고자 애쓰는,
주님의 인격을 닮아가고 있는
선배 법조인들의 진솔한 고백들이
담긴 글들입니다.

"푯대를 향하여
그리스도 예수 안에서
하나님이 위에서
부르신 부름의 상을 위하여
달려가노라"

(빌 3:14)

내가 달려가려는 길 앞에서

이 시대에 필요한 것이 무엇인지를 볼 수 있는
안목이 있는 리더가 되어, 세상에 당당하게 나서서
선교할 수 있는 변호사가 되어야겠다는 생각을 해보게 되었습니다.

박 영 우

고려대학교 법학과
사법시험 제42회
법무법인 화우 변호사

아직은 시작하는 발걸음이지만

안녕하세요. 저는 법무법인 화우에 있는 박영우 변호사입니다. 제가 사법연수원을 수료하고 3년의 법무관 생활을 마치고 변호사로서의 첫 발을 내딛은 것이 얼마 되지 않기에, 제가 여기에서 말씀드려야 할 내용은, 저의 과거 경험이기보다는 앞으로 제가 만들어가고 싶은 저의 비전이 되어야 하지 않을까 하는 생각을 하게 됩니다.

기독법조인의 정체성에 대한 비전과 고민, 그리고 분명한 인식이 없이 이 땅을 살아가는 것은 매우 무의미하며 위험한 일이고, 또한 그러한 삶이 성공하리라는 보장도 없다고 여겨지므로, 저는 기독법조인의 비전에 대해 생각을 하고, 또 찾아가려고 노력하는 중에 있습니다. 여기서 저는 그런 저의 생각을 나누고자 합니다.

리더가 되는 변호사

우리가 사는 시대는 리더의 중요성이 더욱 강조되는 세상입니다. 리더의 결정이 한 단체를 살리기도 하고, 또 위험에 빠뜨리게도 합니다. 또한 훌륭한 리더를 통해 지쳐 있거나 두려움에 빠져 있는 구성원들이 새로운 힘을 얻기도 합니다. 그렇다고 리더가 독재자의 역할을 한다거나 일방적으로 명령하는 사람이어야 한다는 것은 물론 아닙니다. 기독교인 리더에게 필요한 것은 예수님이 보여주신 섬김의 리더십이기 때문입니다.

변호사는 자신이 갖고 있는 법률지식을 기반으로 어떤 사회단체에서도 리더로 세워질 수 있는 기회를 보유하고 있다고 생각합니다. 우리나라도 이제는 감정이나 무계획으로 의사결정이 이루어지는 시대가 아니라 의사형성과 그에 따른 제반 사후 절차가 민주적 정당성을 가지고 수렴되어 가는 시대로 바뀌어가고 있기 때문입니다. 변호사의 사회 참여, 그리고 일반 사기업에의 진출은 그러한 면에서 긍정적인 장점을 가질 수 있다고 봅니다. 물론 아직은 주로 법률 영역에 관하여 조언할 수 있는 위치에 서 있는 것이 현실이긴 하지만, 궁극적으로는 기업 CEO와 같이 회사 전체의 의사결정 과정에 의견을 개진할 수 있는 시대가 올 수 있다고 생각합니다.

한편, 기독변호사는 교회 안에서도 리더로서 세워지기에 좋은 여건을 갖고 있다고 생각합니다. 영성과 전문성을 갖춘 기독변호사가 교회 안에 있다면, 교회 안의 균형을 잡을 수 있을 것이고, 그 기독변호사가 몸담고 있는 그룹에 분명 부흥을 가져 올 수 있다고 생각합니다. 진정 이 시대에 필요한 사람은 교회 안에 머무르는 사람이 아니라 교회 밖으로 나갈 수 있는 실력을 갖춘 사람이기 때문에, 기독변호사는 그 요구를 충족할 수 있는 사회적 위치를 갖고 교회 안에 선한 영향력을 행사할 수 있는 소중한 달란트를 지니고 있는 것입니다.

제가 인상 깊게 보아온 리더에 관한 성경의 구절을 소개해보고자 합니다. 이스라엘이 이방 족속과 나가 싸워야 하는 상황에 이방 민족의 수가 많고 말과 병거가 많은 것을 보고는, 이스라엘 족속들이 겁내고 두려워하는 상황이 되었습니다. 놀라며 떠는 이스라엘 사람들도 있습니다. 이때 하나님께서는 이스라엘의 제사장이 백성을 향하여 "겁내지 말며 두려워 말며 떨지 말며 그들로 인하여 놀라지 말라 너희 하나님 여호와는 너희와 함께 행하시며 너희를 위하여 너희 대적을 치고 너희를 구원하시는 자니라"라고 말하라고 하셨습니다(신 20:1-5).

이러한 모습은 오늘날에도 리더에게 동일하게 적용되는 말씀이라고 생각합니다. 특히 기독변호사는 자신의 의뢰인을 위하여, 그리고 자신이 속한 단체의 구성원들을 위하여 우리와 함께하는 하나님의 존재를 상기시키고, 어떠한 어려운 상황에서도 그들을 격려하고 힘을 북돋아 주어야 하는 리더가 되어야 하는 것입니다. 그러기 위해서는 먼저 변호사 스스로도 성령이 충만한 사람이어야 하겠지만요. 저는 그런 변호사의 모습을 바라보며 닮아가고 싶습니다.

세상에 당당한 변호사

세상이 성공을 보는 기준은 부와 명예, 권력의 소유 여부입니다. 변호사로서 살아가면서, 세상이 보는 부, 명예, 권력에 관심을 기울이다 보면, 세상에 당당할 수 없을 것입니다. 우리가 소중하게 여기는 가치가 세상의 것이 된다면 그것을 소유한 세상의 눈치를 볼 수밖에 없는 것이 당연합니다.

그러나 우리가 간과해선 안 될 사실은 기독교인에게 부와 명예, 권력이 있다고 그 기독교인이 성공한 사람이 아니며, 그런 것들이 없더라도 기독교인은 성공한 사람일 수 있다는 것입니다. 즉, 기독교인에게 세상의 성공 여부는 판단 기준 자체가 아닙니다. 기독교인이 인생에서 성공했느냐 여부는 사도 바울의 다음 고백을 통해 판단할 수 있습니다.

"내가 선한 싸움을 싸우고 나의 달려갈 길을 마치고 믿음을 지켰으니 이제 후로는 나를 위하여 의의 면류관이 예비되었으므로 주 곧 의로우신 재판장이 그 날에 내게 주실 것이니 내게만 아니라 주의 나타나심을 사모하는 모든 자에게 니라"(딤후 4:7-8)

우리 자신의 모습 속에는 내 길이 아니라 남의 달려갈 길을 달려가면서 성공하려 하는 경우가 있습니다. 부자가 되고, 권력을 갖고, 명예를 갖기 위해 세상 사람이 달려가는 그 길을 가면서 성공하려 합니다. 그러나 그것은 성공의 기준이 되지를 않습니다. 하나님이 개개의 신앙인들에게 주신 각자의 사명을 평생 동안 걸어가면서 이루어내는 것. 그것이야말로 개개의 기독교인의 성공 여부의 판단 기준인 것입니다. 부자가 되는 것, 명예를 얻는 것, 권력을 얻는 것 자체가 성공의 판단 기준이 아닙니다. 부자가 아니더라도, 하나님이 그 사람에게 준, 그 사람에게만 부여한 사명을 그 사람이 묵묵히 감당해냈다면 하나님을 대면한 심판의 자리에서 그 사람은 분명 성공한 사람이란 평가를 받고 의의 면류관을 받을 것입니다.

성공의 기준, 행복의 기준이 세상에 있지 아니하다는 것은 언제나 우리가 인식하고 다시 한번 되새겨야 한다고 생각합니다. 저는 예전의『위로자격증 Ⅰ』원고에서 '행복하십니까?'라는 제목으로 위와 비슷한 취지의 글을 적은 바 있습니다. 제가 다시 한번 여기서 비슷한 내용으로 성공의 기준에 관하여 언급하고 싶은 이유는 우리의 성공의 기준, 행복의 기준을 세상과 같이 둔다면 법조인의 삶, 변호사의 삶이 결코 성공적이거나 행복하지 않을 것이라 생각하기 때문입니다.

현재도 사법시험 합격자 수를 갈수록 증원시키고 있고, 법률시장 개방의 문제, 로스쿨 도입의 문제로 법조인의 지위, 변호사의 지위는 갈수록 불안정해지고 있습니다. 이제는 정말 법조인이라는 직함만으로 안정적으로 살수 있는 시대가 아니며, 실력이 없으면 당장 생계에 위협이 올 수 있는 시대가 오고 있는 것입니다. 이렇게 불안정한 세상을 살아가고 있는 우리가 세상이 요구하는 기준대로 성공을 위해 살아가려 한다면 얼마나 더 불안정해지겠습니까? 세상에 완전하고 안정적인 것이 아무것도 없기 때문입니다. 세상의 것을 소중히 여길수록 세상과 타협할 수밖에 없고, 그렇게 세상의 가치를 좇아가게 되면 세상의 논리대로 나중에 배척될 수도 있다고 생각합니다. 잠시 손해를 보더라도, 세상의 기준이 아닌 기독교인의 기준에 맞게 생활하고 업무에 임한다면, 모든 것을 다 주시는 하나님께서 분명 좋은 것들을 주실 것입니다.

모세의 부모는 믿음을 가지고 사내아이는 모두 죽여야 한다는 임금의 명령을 두려워하지 아니하였다고 합니다(히 11:23). 저는 우리 기독교인들은 세상에 주눅이 들고, 세상이 가지고 있는 가치들을 두려워하는 사람이 되어서는 안 된다고 생각합니다. 그러기 위해서는 우리의 성공의 기준이 세상의 돈과 명예와 권력에 있지 아니함을 늘 점검해야 할 것입니다.

선교하는 변호사

저는 론 베이미의 『21세기 지도자』라는 책을 읽은 적이 있습니다. 거기에는 아브라함 카이퍼라는 위대한 지도자에 관한 글이 있습니다. 그는 1901년부터 1905년까지 네덜란드 수상으로, 1880년에는 암스텔담 자유대학을 설립한 사람으로 조나단 에드워드 이래 가장 위대한 사상가로 알려져 있습니다. 아브라함 카이퍼는 calvinist였는데 세상 속에 살면서도 기독교인으로서의 일관된 삶을 살았던 위대한 인물입니다. 그가 네덜란드의 수상으로 있는 동안 기독교적인 정신을 사회 곳곳에 투영하여 사회의 변화가 이루어졌다는 이야기는 매우 유명합니다.

아브라함 카이퍼의 글을 잠시 소개합니다.

"기독교 신앙은 교회질서를 정지시킨 것이 아니라 오히려 생활 방식 전체의 확대를 가져왔으며, 교리적인 구축에 그 에너지를 소모한 것이 아니라 오히려 인생관과 세계관을 정립하는 계기를 마련했다. 이것은 인간발달의 모든 단계에서 요구되는 스스로가 부합할 수 있는 저력마저 갖추고 있다. 기독교 신앙은 국가 체제를 구축하는 기반이 된 교회 질서를 정비하는가 하면 과학의 수호천사임을 입증했으며 예술의 자유성을 최대한 발휘케 하는 이유가 되어 주었다. 또한 유럽과 아메리카 두 대륙의 신생농업과 산업 및 상업과 항해분야를 견고케 했고, 가족 간의 유대를 강화시켰다. 또 기독교 신앙은 그것이 표방하는 드높은 도덕적 수준 때문에 우리 사회 각종 집단의 순수성을 독려하는 결과를 가져 왔다. 이와 같은 다양한 효과 덕택에 기독교 신앙은 그 지배적 원리에서 엄격히 도출된 근본적인 철학적 개념을 교회와 국가 저변에 깔아 줄 수 있었다."

우리가 믿는 기독교가 위와 같이 멋진 역할을 해왔다는 아브라함 카이퍼의 기독교 세계관을 보면서, 저는 기독법조인의 비전을 그려 볼 수 있었습니다. 아브라함 카이퍼는 칼빈주의적 기독교 세계관을 바탕으로 정치와 사회 등 각 영역에 기독교인 개인이 성실히 빛을 발할 때 그 영역에 하나님의 주권이 드러나게 된다는 영역주권론을 주장하였습니다. 아브라함 카이퍼의 영역주권론에 따른다면, 법조 영역이라는 곳에 기독교 정신이 투영되어 하나님의 주권이 드러나게 되는 것이 바로 기독법조인의 사명이 될 것입니다.

한편, 법조계라는 영역은 사실 사회의 한 영역에 그치는 것이 아니라 사회 전반에 기여할 수 있는 주요한 부분입니다. 그 중에서 변호사의 영역은 해당 변호사의 역량에 따라서는 사회 전반이 활동 영역이 될 수 있습니다. 이 점이 바로 기독변호사의 장점이라 여겨집니다. 기독변호사는 자신의 다양한 업무 영역에 두루 기독교 정신을 심을 수 있습니다. 또한 요즘과 같이 국내 기업이 해외로의 활로를 모색하는 상황에서는 기독변호사로서는 기업인들과 손을 잡고 해외 선교의 역할도 모색할 수 있다고 생각합니다. 그렇게 생각해보면, 기독변호사의 업무 범위는 하나님이 그 변호사를 쓰시기만 한다면, 온 세상이 될 것이며, 그 변호사가 있는 모든 자리에 하나님의 주권이 회복될 것임을 믿어 의심치 않습니다.

저는 이제 변호사로서의 업무를 시작한 지 얼마 되지 아니하였기 때문에, 더 구체적인 비전이나 계획을 세우지는 못했습니다. 그러나 큰 계획으로 삼고 있는 것은 해외 선교의 요충지인 동남아시아 지역 등에 변호사로서의 연결점을 갖고 역할을 하는 것입니다. 그러기 위하여서는 업무 실력뿐 아니라, 언어 구사 능력, 그리고 다양한 인적 네트워크도 갖추어야 하겠지요. 저는 글로벌 시대에 필요한 리더는 국지적인 사람이 아니라 세계의 흐름을 볼 줄 알고, 구성원들에게 방향점을 제시할 줄 아는 사람이 되어야 한다고 생각하고, 저 역시 그에 부합하는 사람이 되도록 기도하고 준비하려 합니다.

후에는 의의 면류관을 바라면서

제가 사법시험에 합격하고 사법연수원을 수료한 후 법무관 생활을 하면서부터 어떠한 형태의 법조인이 되어야 하는지를 성경을 통해 고민하고, 주변의 좋은 분들과 만나 이야기를 나누면서 기독변호사의 삶의 모습에 대해 제가 갖추어야 하는 것, 그려야 하는 것을 큰 그림으로 정립하다보니, 변호사의 실력을 갖춤과 동시에, 이 시대에 필요한 것이 무엇인지를 볼 수 있는 안목있는 리더가 되어, 세상에 당당하게 나서서 선교할 수 있는 변호사가 되어야겠다는 생각을 해보게 되었습니다.

아직은 그 출발선상에 있을 뿐입니다. 하지만 분명한 방향정립이 되어 있다면, 결국 목표로 한 땅에 들어갈 수 있다고 생각하기에 오늘도 주님의 은혜를 구하며 또 다른 발걸음을 내딛고자 합니다.

하프타임*

후반전의 나의 걸음에는 후회함이 없다.
무엇보다도 내게는 분명한 목표가 있다.

심 동 섭

사법시험 제24회
전 법무연수원 연구위원(부장검사)
법무법인 소명 변호사

쪽빛 하늘을 이고 화려한 색채로 물든 산기슭에 자리 잡은 법무연수원의 가을은 아름답다. 현관으로 들어가는 입구에는 은행잎이 노랗게 물들어 늘어서 있고, 본관을 둘러싸고 있는 단풍나무는 아주 붉게 물들었다. 금년의 단풍은 더욱 곱다. 단풍이 물을 머금으면 잎이 윤기가 나는데 금년에는 비가 많이 내려 빛깔이 더욱 화사하다. 어제는 아침에 가을비가 내렸는데, 아침햇살에 단풍은 눈부시게 빛난다.

이 가을 단풍잎 아래서 상념에 젖어본다. 매년 맞이하는 가을이지만, 맞이할 때마다 아름다움만 노래할 수는 없다. 가을의 아름다움에는 쓸쓸함이 배여 있다. 화려함의 시간이 너무 짧다. 비가 내리고 바람이 불면 여지없이 저버린다. 이 화려함 뒤에 있는 겨울의 찬바람을 생각하면서 허무함을 느끼

---

* 이 글은 2005년 11월 사법연수원 소식지 「미네르바」에 기고한 글입니다.

는 것도 가을이다.

나의 인생도 40대 후반이니 한창을 맞는 가을이다. 20세기 초반까지만 해도 인류의 평균수명은 40세를 넘지 않았으니, 옛날 같으면 벌써 은퇴할 나이였다. 기술의 발달로 생명이 연장되어 40대 후반이지만 왕성하게 활동할 나이라는 소리를 듣는다. 그렇지만 나의 인생에 있어서도 가을이 왔음을 인정해야 할 때이다.

이제 몇 주만 지나면 가을이 절정에 이르듯, 나의 인생도 50대에 이르러 절정을 이룰 것이다. 그런 생각에 젖어들면 왠지 더욱 서글퍼진다. 인생이 너무 짧고 허무함을 문득 문득 느끼게 되는 그런 나이다.

20여 년 전, 그러니까 1982년 대학을 졸업하던 해에 나는 사법시험에 합격하였다. 그 기쁨의 감격을 지금도 잊을 수 없다. 어렵게 뒷바라지하시던 부모님께서 나를 부둥켜안고 우셨다. 그리고 나도 울었다. 이 시간이 영원히 계속되었더라면…. 화려한 나의 인생의 출발이었다.

시간은 여지없이 흐른다. 바쁜 검사생활에서 내 자신을 잃었다. 수사에 열정적으로 매달리면서 이름을 날리고 싶어 참 열심히도 일했다. 놀기도 참 열심히 놀았다. 밤을 새워 술자리를 즐겼고, 동료들과 마작놀음으로 시간가는 줄 몰랐다. 그때의 법조인은 그것을 풍류로 알았다. 법조생활이 나에게 전부였다. 그렇게 10년이 흘렀다. 열심히 노력한 덕분에 조그마한 명성은 얻었지만, 그것은 나를 만족시키지 못하였다. 나보다 수사 잘하고 능력 있는 동기들이 더 많았다. 승진의 스트레스가 나를 엄습하였다. 인정하기 싫었지만, 나보다 잘난 사람이 더 많은 현실을 직시해야 했다. 10년의 검사생활로 남은 것은 승진 경쟁에서 오는 피로와 허탈감이었다. 당시는 고등검찰관제도가 있었고, 동기들 가운데 3분의 1만 승진하고 나머지는 전직해야 한다는 괴 소문이 나돌아 동기들 모두를 긴장하게 했던 때였다.

1995년 춘천 근무 시절, 산에 올라 나 자신을 돌아보니 비참하였다. 화려한 출발이었지만, 인생의 황금기인 30대 후반에 이제 검사를 그만두고 전직을 해야 하나. 검사가 나에게 전부였는데…. 별의별 생각이 떠올랐다. 내가 무엇을 위해서 살았나. 그런 자책이 나를 괴롭혔다. 그런 시간이 얼마나 지나갔을까. 그런데 내 안에서 분명한 음성이 들렸다. 너는 지금까지 검사생활을 하면서 즐겼는데, 하나님 나라를 위해서 그리고 이웃을 위해서 얼마나 애썼는가. 그것은 분명한 하나님의 음성이었다. 두렵고 무서운 질책이었다. 생각해보니 나의 욕심이 지나쳐 사건관계자들을 이해하기보다는 나의 목적을 달성하기 위한 수단으로 여겼던 잘못들도 적지 아니하였다. 그 과정에서 그들이 얼마나 언짢았을까. 실수투성이의 인생.

검사를 지원하였을 때에 면접관이 왜 지원했느냐고 물었다. 물론 흔히 하는 말대로 약자 편에 서서 어려운 사람을 돕겠다고 대답했다. 면접관은 비아냥거리는 웃음을 지었다. 그의 웃음은 지금도 잊어버리지 못할 정도로 모독적인 것이었다. 그때는 분했지만, 그의 비아냥거림이 옳았다. 나는 그런 속물이었다. 얼마나 시간이 지났을까. 한참 동안 자책과 괴로움의 눈물을 흘리고 나니 가슴이 후련해졌다. 마음 다른 한구석에서 알지 못하는 평화가 밀려왔다. 바로 그때에 또 다른 음성이 들렸다. "애야, 제2의 인생을 살아보거라."

제2의 인생, 그것이 무엇인가요? 화려하게 출발했던 나의 인생의 전반전은 참패로 끝났다. 이제 후반전이 다시 시작되었으니 이제 정말 의미 있는 인생을 살아보라는 그런 음성이었다. 그 후 나의 생활에는 획기적인 변화가 왔다. 그 전의 생활은 조직이 요구하는 인물이 되는 것이 나의 목표였다. 그것이 나에게 출세를 보장해주었으니까. 이제는 조직을 초월하여 세상을 보는 눈이 생겼다. 검찰 조직의 장단점이 더 분명하게 보였다. 무엇보다도 검찰의 음주문화는 잘못되었다는 생각이 들었다. 폭탄주는 조직의 단합을 이루는 촉매제였지만, 무엇을 위한 단합인가. 술로써 사람을 제압하여 승리감을 얻겠다는 것이 얼마나 미련하게 보였는지…. 예전에는 그것이 참 멋있게 보였지.

폭탄주는 사람의 이성을 마비시키고, 조직을 병들게 하였다. 나는 폭탄주를 거부하기로 마음먹었다. 혼자 거부하는 것이 아니라 기독교 신앙을 함께

하는 검사 형제들에게 폭탄주 때문에 괴롭기는 서로 매일반이니 함께 하나님께 기도하여 검찰의 폭탄주 문화를 제거해 주실 것을 기도하자고 제안했다. 그리고 우리는 기도했다. 그러기를 약 1년 지나갔을까. 지금은 잊혀진 사건이지만, 대검의 모 공안부장께서 취중에 중대한 실언을 하여 검찰이 발칵 뒤집혀졌다. 그래서 그분 자신은 불행하게도 구속되는 불운을 맞았다. 그 뒤, 검찰에서는 적어도 공식적으로는 폭탄주가 사라졌다. 나는 검찰의 잘못된 문화와 싸워서 이겼다. 그러나 그 대가는 적은 것이 아니었다. 조직에 잘 융화되지 못하는 사람으로 낙인이 찍혔다. 조직에서 나를 이상한 사람으로 보기 시작하였다.

나는 지금도 검찰에서 이상한 사람이다. 누가 봐도 그렇다. 내가 봐도 그렇다. 체제전환국과 개발도상국의 법제개혁을 돕는 것이 21세기 우리나라의 중요한 정책과제라고 생각하고 지난 4, 5년간 나의 정열을 기울였다. 그리고 일선을 떠나 법무연수원에서 지난 2년 반 동안 이 분야에 나의 힘을 쏟았다. 그래서 이제는 전문가라는 소리를 듣기도 하지만, 검사로서의 평가는 긍정적이지만은 않다. 후반전의 나의 걸음에는 후회함이 없다. 무엇보다도 내게는 분명한 목표가 있다. 내일 검찰을 떠나더라도 나는 이 길을 걸을 것이다.

지구의 많은 사람들이 굶주림과 가난, 질병으로 고통받고 있지만, 그것은 물질의 부족에서 오는 것이 아니다. 기술의 발달로 지구 전체의 식량생산량은 전 인류가 먹고 남을 정도이다. 독재와 부패에 물들어 있는 후진국에서는 일부의 정치세력이 부를 독점하여 그런 비참함이 계속되고 있다. 수백만 명이 굶어죽고 영양실조와 질병에 시달리는데도 그곳의 정부는 책임지지 않는다. 지난 수십 년간 선진국들은 후진국을 돕기 위하여 천문학적인 양의 물질 지원을 하였지만, 그 지원의 대부분은 부패한 정권에 돌아갔다. 독재와 부패한 시스템을 고치지 않고서는 오늘 지구 한 쪽에서 겪고 있는 가난과 굶주림을 해결할 길이 없다. 이유가 어찌되었든 극단적인 불평등은 분노를 낳고 테러분자를 양산한다. 지난 2001년의 9.11 뉴욕과 워싱턴의 테러사건은 그런 분노의 한 표출이다. 그래서 선진국들은 원조의 핵심을 물질적인 지원에서 시스템의 개혁지원으로 옮겼고, 그 중에서도 법제개혁의 지원이 중심을 차지하고 있다. 좌우의 대립이 종식되고 민주주의와 시장경제만이 번영을 가져다준다는 믿음이 보편화되었고, 이를 위해서는 튼튼한 법치주의가 바탕이 되어야 한다. 후진국이 법치주의를 정착시킬 수 있도록 지원하는 것이 원조의 중심가치로 떠올랐다.

우리나라는 20세기 후반에 가장 축복받은 나라이다. 제2차 세계대전 이후 독립한 신생국가 중에서 보기 드물게 성공한 나라이다. 많은 나라들이 한국의 성공을 배우기 위하여 몰려들고 있다. 우리의 성공은 우리의 노력만으로 된 것이 아니라 선진국의 도움을 크게 입었다. 그런 점에서 우리도 후진국을 도와야 할 국제사회에서의 의무가 있다. 처음 이 연구를 시작하였을 때에는 참으로 힘든 시간이었다. 남에게 내어놓을 만한 한국의 법제가 있느냐 하는 냉소적인 반응, 우리도 먹고살기 바쁜데 남을 돌아볼 여유가 어디 있느냐는 등등의 냉담한 분위기가 힘들게 하였다. 이제는 이 분야에 많은 분들이 관심을 가지고 있어 즐겁다. 11월말에는 하노이에서 한국-베트남 법제개혁 심포지움이 열리고, 국회에서는 공익법무관을 해외로 파견하여 법제개혁을 지원하자는 법안을 논의하고 있다고 하니 격세지감이 느껴진다.

지난주에는 내년에 수료하는 사법연수생을 만났다. 그 친구 성적이 시원찮아서 그런지 취직 문제로 꽤나 고민하는 것으로 보였다. 나도 고민이 많다. 나의 인생의 확고한 목표가 정해졌다고 하지만, 아직도 검찰에서 더 승진하고 싶고, 세상에 이름을 날리고 싶다. 변호사로 개업하면 돈을 잘 벌 수 있을까 등등의 고민이 때로는 나를 힘들게 한다. 그래서 나는 매주 청계산을 찾는다. 혼자 앉아서 깊은 기도에 잠기면 나의 욕심이 날아간다. 그까짓 돈, 명예 죽으면 그만이지. 죽어도 없어지지 않는 영원한 것을 추구하리라.

끝으로, 내 친구의 일화를 소개한다. 둘도 없는 고등학교 동기인데, 한국에서 대학원을 졸업한 이후 일본 동경대학교로 유학을 갔다. 한국인으로서

괄시를 많이 받았다. 돈이 없어서 건물의 경비원으로 일해야 했고, 아내는 임신한 몸으로 슈퍼마켓 종업원으로 일해야 하는 비참한 처지였다. 공부시간이 부족하여 성적이 좋을 수가 없었다. 이런 저런 이유로 함께 공부하는 박사과정 10명 가운데 9명은 당시 각광받던 분야를 택했고, 이 친구에게는 남들이 거들떠보지도 않는 분야가 돌아갔다. 그래도 그 친구는 실망하지 않고 열심히 노력하여 일본에서 10년 후에 박사학위를 받았다. 그 때에 기적이 일어났다. 동경대학교에서 교수직 제의가 들어왔다. 당신이 전공한 분야는 향후 수십 년간 매우 중요하게 다루어질 분야인데 아직까지 당신을 따라갈 전문가가 없으니 제발 이 자리를 맡아달라는 부탁이었다. 당시만 하더라도 국립대학교인 동경대학교는 외국인을 교수로 채용한 전례가 없어 이 친구를 위하여 학칙을 개정하기까지 했다고 한다.

사회생활을 처음 출발하는 연수생들이여, 성적이 나쁘다고 비관하지도 말고 성적이 좋다고 낙관하지도 말라. 그것은 매우 조그마한 일이다. 10년, 20년을 내다보고 목표를 세우고 그 길을 향하여 묵묵히 걸어간다면 밝은 새 날이 여러분을 기다릴 것이다. 너무 조급하여 눈앞의 이익만 좇아가지 않기를 당부하고 싶다.

새로운 다짐

판단이 필요한 순간마다 내 이익에 부합하느냐가 아니라
하나님 보시기에 합당하느냐로 판단 기준을 정하고 결론을 내리려고 합니다.

연세대학교 법학과
사법시험 제41회
공정거래위원회 사무관

　　　　　친구로부터 사법시험을 준비하는 후배들을 위하여 간증문을 작성해달라는 연락을 받고 망설였습니다. 제가 현재 예수님의 제자로서 구별된 삶을 살고 있지 못하다는 생각이 들었기 때문입니다. 친구에게 글을 쓸 자신이 없다고 이야기했더니 친구는 오히려 글을 쓰는 과정에서 과거에 제가 생각했던 것과 현재의 생활 등을 돌아보며 부족한 점을 반성하여 앞으로 더 발전할 수 있지 않겠냐고 조언을 했습니다.

　　그래서 그런 마음으로 저의 수험생활 당시와 현재의 상황을 정리해보고자 합니다. 부족하지만 여러분에게 조금이라도 도움이 되기를 바랍니다.

362 _ 위로자격증 II

수험생활

목적의 중요성

저는 비록 대학교 법학과를 지원해서 입학했지만, 사법시험을 볼 생각은 전혀 없었습니다. 사시라는 것은 저와는 먼 일로 생각되었고, 사실 합격할 자신도 없었습니다. 오히려 저는 공무원 쪽에 관심이 있었고 행정고시를 볼까 하는 마음이 있는 상태였습니다. 그런데 대학교 2학년 말쯤 친구들이 하나 둘 사시공부를 시작하자 저도 친구들과 같이 공부를 시작하였습니다. 그러나 뚜렷한 목표와 확실한 목적의식 없이 시작한 일이라 얼마 지나지 않아 회의가 들었습니다. 도대체 '왜 내가 이 공부를 하고 있는 것인지', '나는 무엇을 하고 싶은 것인지', '이 길이 하나님께서 나에게 원하시는 길인지' 어느 것 하나 답할 수 없었습니다. 너무 답답해서 공부도 하기 싫고, 할 수도 없는 상황이었습니다.

마침 그때 집 근처 교회에서 부흥회가 열리는 것을 알게 되고, 무작정 부흥회에 참석했습니다. 목사님의 말씀을 들으며, 하나님께서 부족한 나를 지금까지 이끌어주셨고, 계속적으로 나의 앞길을 인도하여 주실 것이라는 점에 대한 확신이 생기며 감사한 마음이 들었습니다. 그러나 며칠간의 부흥회 참석을 통해서 하나님이 제 앞길을 인도하여 주실 것이라는 점에 대한 확신은 생겼으나, 공부를 왜 해야 하는지에 대하여는 여전히 답할 수 없었습니다. 저는 생각을 정리하자는 마음으로 관악산을 혼자 오르기 시작했습니다. 이런저런 생각을 하며 관악산에서 내려오던 중 우연히 대학 선배를 만나게 되었습니다. 그 선배에게 공부를 왜 해야 하는지 모르겠고, 과연 시험에 합격할 수 있을지 두렵다는 이야기를 했더니, 그 선배는 본인이 1차시험에 한 번 합격한 경험이 있는데, 열심히 하면 충분히 합격이 가능하고, 해보지도 않고 무슨 고민이냐면서 저에게 시험 준비를 계속 할 것을 권유했습니다.

저는 부흥회와 그 선배와의 만남을 통해 하나님이 저에게 계속 공부를 하라고 말씀하시는 것으로 믿었고, 또한 하나님께서 좋은 학교의 법학과로 인도해주신 점을 생각하면서 시험 준비가 하나님께서 저에게 기대하시는 길이라고 믿었습니다. 다만, 제 스스로 기한을 설정하여 2–3년 동안 최선을 다하기로 결심했습니다. 최선을 다했음에도 기한 내에 좋은 결과가 없다면 그 길은 하나님께서 저에게 바라시는 길이 아닐 것이므로 미련 없이 다른 길로 가기로 결심했습니다. 그 이후 수험과정에서 저는 시험준비 목적에 대한 고민으로 방황한 적은 없었고, 항상 스스로 약속한 기한을 의식하며 최선을 다하려고 애썼습니다.

하나님께 의지함

저는 워낙 마음이 여려서 시험공부 과정이 너무 힘들었습니다. 항상 실력은 부족한 것처럼 느껴졌고, 공부한 내용도 다 잊어버릴 것만 같았습니다. 마음이 불안할 때마다 독서실 근처 교회에 가서 찬송가 434장을 부르고, 기도하며 하나님께 저의 앞길을 인도해 주시라고 부르짖었습니다. 그러면서 완전한 평안을 누리지는 못했지만, 어느 정도 마음을 다스릴 수는 있었습니다. 다만, 2차시험 전날 가정예배를 드리며 찬송가 432장을 불렀는데, "너 근심 걱정 말아라, 주 너를 지키리, 주 날개 밑에 거하라, 주 너를 지키리"라는 찬송을 하는 도중에 시험장에서 분명히 하나님께서 저와 함께하실 것이라는 확신이 들며, 말할 수 없는 평안이 느껴졌습니다. 시험 준비 기간 동안 거의 느껴보지 못했던 감정이었습니다. 시험 전날 평안한 맘을 경험할 수 있었던 것도 큰 축복이었던 것 같습니다.

연수원 생활

2차시험을 본 뒤 합격에 대한 자신이 없어서 다음해 시험을 계속 준비할 것인지 여부를 고민하였습니다. 시험준비 과정이 너무 힘들어서 더 이상 공부하고 싶지 않았고, 스스로 정한 기한도 끝났다고 생각했기 때문입니다.

그런 와중에 합격 소식을 듣고 저는 정말 하나님의 은혜라는 생각과 동시에 하나님께 빚진 마음이 들었습니다. '하나님은 나에게 무엇을 바라시기에 나를 합격시키셨을까?' '하나님이 나에게 원하시는 일을 잘 감당할 수 있을까?' 하는 두려운 마음이 들기까지 했습니다. 그래서 연수원 신우회 활동에 집중했습니다.

신우회 활동을 통해서 하나님께서 저에게 원하시는 것이 무엇인지 찾고자 했으나 여전히 답답하기만 했습니다. 사실 그 당시에 저는 하나님 뜻에 부합하기 위하여는 무슨 일을 해야만 하는 것으로 생각했습니다. 사실 나는 하나님께 은혜를 입은 사람으로서 믿지 않는 사람과는 다르게 살아야 한다는 부담감과 이스라엘 백성과 같은 교만한 마음도 있었습니다. 연수원 생활 내내 연수원 수료 후 정해지는 일반적인 직역인 판사, 검사, 변호사 어느 하나에 끌리지 않았고, 그렇다고 그 중 하나가 하나님이 나에게 원하시는 것이라는 확신도 없었습니다. 결국 하나님이 나에게 바라시는 길이라는 확신은 없었지만, 대학교 때 막연히 꿈꾸었던 행정공무원이라는 직역을 원하게 되고 하나님이 인도하셔서 이 자리에 오게 되었습니다.

공무원 생활

다양한 경험

처음 공무원을 시작하면서는 제가 연수원 생활 동안 접해왔던 법조인과는 전혀 다른 유형의 사람과 전혀 다른 업무환경에서 일하는 것이 낯설고 어색했지만, 제가 일반적인 법조직역을 선택하였다면 느끼지 못하였을 것들을 경험할 수 있었습니다. 업무 자체는 법 집행 업무라 그동안 공부해왔던 것과 크게 다르지 않아 힘들지 않았고, 여러 생각을 가지고 각기 다른 수준의 생활을 하는 사람들을 접하며 사물을 바라보는 다양한 시각을 경험할 수 있는 기회가 되었습니다.

판단 기준

공정위에서 처음 근무할 당시에는 제가 사법시험에 합격했고, 오랫동안 법을 공부했기 때문에 법에 관하여는 누구보다 잘 안다는 마음이 있었습니다. 참 교만한 마음이었고, 사실 잘 모르면서 의욕과 욕심만 넘쳤던 시기였습니다. 그러나 공정거래법 집행 업무를 하면 할수록 제대로 법 집행을 하기가 어렵다는 생각이 들고, 제 지식이나 능력이 부족하다는 생각이 듭니다. 공정거래법 위반여부 판단뿐만 아니라 장래의 일을 예측하여 다양한 결정 및 판단을 한다는 것이 쉽지 않습니다. 내 판단결과에 사업자, 소비자가 영향을 받기 때문에 섣불리 결정하지 못하고, 항상 어떤 판단이 옳은가에 대한 부담을 많이 느끼게 됩니다. 저는 판단이 필요한 순간마다 내 이익에 부합하느냐가 아니라 하나님 보시기에 합당하느냐로 판단 기준을 정하고 결론을 내리려고 합니다. 물론 제가 지금까지 해온 모든 일들이 이 기준에 부합한다고 자신할 수 없으나, 앞으로도 그런 기준으로 계속 일하고자 합니다.

사실, 법 위반 여부 판단 등 법 집행을 포함한 다양한 일들을 저 혼자 힘으로 감당하고자 할 때마다 능력의 한계를 절감하고 답답했습니다. 그러나 저에게 맡기신 일을 제가 잘 처리할 수 있도록 지혜를 달라고 하나님께 구하면 마음의 평안과 함께 판단에 대한 확신이 들며 일에 대한 부담이 덜어졌습니다.

결어

그동안 하나님이 저를 이끌어오신 과정을 돌아보니, 교만한 제 자신을 내려놓고 온전히 하나님께만 의지하도록 훈련시키시는 과정이었습니다. 크고 작게 내가 원하는 대로 상황이 풀리지 않아 속상해 했지만, 결국에는 현재 나에게 주어진 것이 나의 상황이나 내 능력에 비추어 가장 합당한 것이라는 것을 깨닫는 과정이기도 했습니다. 하나님께서 분명히 합력하여 선을 이루실 것이라는 믿음으로 내 상황을 사람들의 시각으로 판단하는 것이 아니라 하나님이 나에게 주신 것에 감사하며 충실하여야 한다는 것을 느끼게 되었습니다. 지금도 저는 하나님께 훈련받으며 성장하고 있습니다. 과거에는 제 자신의 부족한 모습을 감추려고 했으나, 이제는 그런 부분도 내어놓고 스스로 용납하며, 있는 그대로의 내 모습을 인정하면서 제 자신이 자유롭고 여유로워지는 것을 느낍니다. 또한, 작은 것에서 행복을 느낄 수 있음을 배워가는 중입니다. 항상 무언가를 성취하고, 목표에 도달해야만 행복이 주어지는 것으로 생각하였으나, 이제는 아이들과 아파트 단지를 산책하고, 산에 오르며, 아이의 웃는 얼굴을 사진 찍는 소소한 일들에서 얻어지는 기쁨이 얼마나 크고 소중한 것인지를 느끼게 됩니다. 항상 겉보기에 좋고, 그럴싸한 것들만을 구한 것이 내 모습이 아니었나 반성하며, 하나님의 일을 한다는 것에 대한 생각도 달라졌습니다.

현재는 하나님이 저에게 바라시는 것이 제가 연수원 다닐 때 고민했던 것처럼 어떤 직업을 갖고 어떤 일을 하느냐보다는 내가 있는 자리에서 "마음과 목숨과 뜻을 다하여 하나님을 사랑하고, 네 이웃을 네 몸과 같이 사랑하라"는 말씀을 실천하고, 하나님이 나에게 주신 것에 감사하고 기뻐하며, 하나님을 모르는 사람들에게 하나님의 은혜와 하나님을 만나는 기쁨을 알리는 것이라는 생각을 합니다.

다만, 이 글을 작성하며 어느새 잊어버렸던 달란트 비유가 생각났습니다. 과거에는 하나님께서 저에게 주신 사명, 직분을 잘 감당하여서 충성된 종으로 섬겨야 한다는, 받은 달란트를 땅 속에 묻은 종이 되어서는 아니된다는 부담이 있었는데 어느 순간부터인지 전혀 의식하지 못하고 있었습니다. 현재의 저의 모습은 모두 하나님의 은혜이며, 하나님께서 저에게 주신 사명입니다. 혹시 그동안 내가 달란트 비유에서의 게으른 종이 아니었나 생각해보며, 앞으로는 나에게 맡겨진 일들이 무엇이든지간에 내 능력을 의지하지 않고 하나님의 일을 한다는 마음으로 충성하고자 합니다.

소명을 찾아 떠나는 여정

사람이 자기 사명을 자각할 때 비로소 그를 사납게 할퀴던 고난은
그 생명을 다하고 숨을 거두게 된다. 그 사람의 사명이 시작될 때
고난의 사명은 그날로 종말을 맞는 것이다

안 지 현

고려대학교 법학과
사법시험 제42회
외교통상부 사무관

저는 『위로자격증 Ⅰ』에서 주로 공부방법론을
중심으로 원고를 쓴 적이 있습니다. 이번 『위로자격증 Ⅱ』에 원고를 써달라
는 부탁을 받은 때는 마침 법무법인 소명에서의 3년 남짓한 생활을 정리하
고 변호사로서는 새로운 영역인 외교통상부 통상교섭본부 사무관으로서의
생활을 앞두고 있었습니다. 그래서 이번에는 지난번에 못다한 이야기들과
법무법인 소명에 입사하기까지의 과정, 법무법인 소명에서의 기독변호사
활동 과정, 그리고 새로운 영역을 선택하기까지의 과정에서 하나님께서 어
떠한 소명을 발견하도록 인도하셨는지를 적어 보도록 하겠습니다.

소명을 발견하기까지

고시공부를 통하여

공부를 해보신 분들은 모두 공감하시겠지만, 사법시험은 매우 어렵고 힘든 자기 자신과의 싸움입니다. 3년여의 공부 과정을 돌이켜보면 힘들어서 포기하고 싶어질 때가 많았지만, 그때마다 하나님은 직접, 그리고 가까운 분들의 말씀을 통해서 저를 독려하시기도 하고, 위로하시기도 하면서 한 걸음 한 걸음을 인도하셨습니다.

어려서부터 교회를 다녔고, 나름대로 하나님의 사랑을 체험했지만, 대학교에서의 자유로운 생활은 어느새 하나님으로부터 저를 멀어지게 했던 것 같습니다. 그러던 중 '다락방'(법대 기독인 모임)이라고 불리는 과기독인모임에 참여하고, 회장으로도 섬기게 되면서 삶의 중심을 회복하게 되었습니다. 학교 수업과 병행하여 사법시험을 준비하면서 동시에 기도모임의 임원으로 섬기는 것이 쉬운 일은 아니었지만, 모임을 통해 저의 신앙이 성장할 수 있었고, 저의 소명을 발견할 수 있었으며, 신앙의 교수님·선배님들과 동기들·후배들을 만나게 된 것은 무엇과도 바꿀 수 없는 큰 소득이라고 생각됩니다.

법대 기독인모임 회장으로 섬길 당시 체험한 하나님의 은혜가 너무 커서 공부는 세상적인 가치를 추구하는 하찮은 것으로 여겨지고, 하나님의 일을 하는 전임사역만이 더 큰 가치를 가진 것으로 느껴진 적이 있었습니다. 또 하나님을 찬양하고 말씀 듣는 순간은 너무 행복한데, 공부하는 것은 너무 힘들고 지겨웠습니다.

이때 저의 은사님이신 김일수 교수님께서는 복음서의 비유를 들어주시면서 "변화산을 내려가라"고 말씀해 주셨습니다. 예수님께서 산에서 모세와 엘리야를 만나 그 모습이 변화되었을 때 예수님의 제자인 베드로와 요한은 이곳에서 천막을 치고 살고자 했습니다. 그러나 주님은 이를 원치 않으셨습니다. 은혜를 체험했으면 산을 내려가거라. 내려가면 고난이 있지만, 주님은 고난을 겪는 세상 속에서 우리의 할 일이 있다고 말씀하십니다.

또 한 번은 1차시험 한 달 전쯤 시험을 거의 포기하기 직전까지 이른 적이 있습니다. 사법시험 합격 후 연수원에 가도 치열한 경쟁이 있다는데, 경쟁의 연속인 그 과정을 나는 왜 다람쥐 쳇바퀴 돌듯이 가고 있는 것일까. 무의미함, 목적의식 상실이 저를 짓눌렀습니다. 이때 방승주 교수님(현 영산대학교 법과대학)께서는 당신도 학교 다닐 때 같은 고민을 했다고 하시며, 전임 사역의 길도 좋지만 합격 후 세상에서 좋은 일을 할 수 있는 기회가 많이 있다면서 포기하지 말고 끝까지 최선을 다할 것을 독려해 주셨습니다. 또 다시 기도 중 하나님께서는 "고아와 과부를 돌보시는 하나님"임을 상기시켜 주시며 제가 그 일을 대신하도록 소명을 주셨습니다. 그때부터 저는 어려운 사람들을 도울 수 있는 변호사가 되고 싶다고 소망하며 공부를 하게 되었습니다. 하나님께서는 이렇게 고비마다 저의 등을 떠미셔서 결국 1차시험 합격에까지 이르게 하셨습니다. 이 소식을 들으시고 김일수 교수님과 방승주 교수님께서 부모님 다음으로 기뻐하셨던 것 같습니다.

2차시험 공부 중에는 안일해진 탓인지 영적인 방황을 하기도 했습니다. 그러나 2차 스터디 멤버였던 법대 기독인 모임 선배들이 저를 슬럼프에 빠지지 않도록 잘 이끌어주었고, 목사님이신 어머님의 기도에 힘입어 2차시험도 무난히 합격할 수 있었습니다. 제가 지쳐서 기도할 수 없을 때, 제 주변의 천사들을 통해서 저를 절망의 늪에 빠지지 않도록 지켜주신 하나님을 찬양합니다.

사법연수원 과정을 통하여

아무런 의미를 발견할 수 없었던 사법시험에서 하나님께서는 하나의 소명을 주심으로 저를 인도해 주셨지만, 저는 사법연수원에서 또 한 번 방황하게 됩니다. 사법연수원의 당시 교육 시스템은 모든 과정이 시험을 통해 성적을 매겨 판사, 검사를 순서대로 임용하기 위한 것으로 변호사를 위한 프로그램이 거의 없었습니다. 게다가 폭탄주 문화와 체육대회에서조차 1등을 하기 위해 몸부림치는 경쟁문화는 저를 질리게 만들었습니다. 그러던 중 신문 머리기사를 장식한 한 사건이 터졌습니다. 2년차 언니가 시험 중 정신을 잃고 쓰러졌는데, 회복하지 못하고 사망한 사건이었습니다. 한동안 연수원이 들썩거렸고, 하루 8시간씩 식사시간도 따로 주지 않는 시험제도를 개선해야 한다는 목소리가 높았지만, 연수원 측에서는 시험시간을 1시간 줄이는 미봉책을 내놓고 입막음을 하기에 급급했습니다. 저는 뼈 속 깊이 연수원 생활에 신물이 나기 시작했습니다. 가까스로 두 번째 시험을 치렀지만, 저의 마음은 갈피를 잡지 못하고 있었습니다. 남들처럼 일단 성적만 잘 받고 보면 되는 것인가, 판검사 하다가 옷 벗고 개업해서 돈 벌면 그만인가. 처음에 기도하면서 준비했던 길은 이런 것이 아니었는데.

이때 변호사 시보지로 선택한 법무법인 소명에서 다시 하나님의 부르심을 체험할 수 있었습니다. 법무법인 소명의 대표이신 경수근 변호사님과 심동섭 부장검사님(현 법무법인 소명 대표변호사)께서 키르기스스탄 판사 Anarakul의 요청으로 양국 간 법조교류의 가능성을 알아보기 위해 키르기스스탄 단기선교여행을 가시게 되었는데, 제가 동행하게 되었던 것입니다. 여기서 저는 ATA란 법률사무소를 개설하시고, 키르기스스탄의 여러 법률가들과 교제하며 키르기스스탄의 헌법 제정에 관여하셨던 Matt Bristol 선교사님을 만났고, 그분의 모습을 통해 변호사로서도 선교를 할 수 있다는 가능성을, 그리고 변호사로서도 하나님의 사명을 잘 감당해 낼 수 있다는 가능성을 보게 되었습니다.

같은 해 8월, 저는 단기선교여행을 통해 계획된 한-키르기스스탄 법률가 대회에 참가하기 위해 사법연수원에 위 대회참가를 전문기관연수로 인정해 줄 것을 요청하였습니다. 연수원 최초로 시도되었던 것이고, 해외연수를 제한하고 있었던 연수원 입장이 있었기 때문에 여러 가지 어려움이 있었지만 감사하게도 최재형 교수님, 성낙송 교수님 등 신우회 교수님들의 도움으로 연수가 가능하게 되었습니다. 당시는 AK의 초창기 단계라 여행사 섭외와 비행스케줄부터 진행에 이르기까지 여러 가지 어려움이 산적해 있었습니다. 이때 저를 도와주신 GO의 주누가 선교사님과 정세진 선교사님, 김경언 선교사님 등 많은 분들의 은혜에 다시 한번 감사드립니다.

소명 안에서

연수원을 수료할 즈음 저는 시보 생활을 했던 법무법인 소명에 입사하기를 소원하게 되었습니다. 법무법인 소명은 모든 구성원 변호사들이 크리스천일 뿐 아니라, 사무실 운영방식 또한 기독교 원리에 맞추고자 노력하는 곳이며, CLF(Christian Lawyers' Fellowship, 기독변호사회)와 AK(Advocates Korea, 한국기독법률가선교회)라는 기독법률가 NGO의 센터가 되기도 하는 곳입니다. 고시공부 때부터 NGO나 국제기구에서 활동하는 변호사가 되기를 소원하였으므로 위와 같은 법무법인 소명의 활동들이 저의 소명과 합치되는 일로 여겨졌습니다.

법무법인 소명에서는 월요일 아침 30분 일찍 출근하여 기도 모임으로 일주일을 시작합니다. 수요일 점심 때는 여성 변호사들이 함께 모여 여성법률 관련책자를 함께 읽으며, 기도제목을 나눕니다. 또 목요일 저녁 때는 CLF 모임에서 전재중, 박종운 변호사님의 주도 하에 기독변호사로 어떻게 살 것인가(기독변호사의 사무실 운영, 돈 사용 내역 등)를 토론하고, 선배 기독변호사들과 협력관계에 있는 단체들(누가회, 기윤실 등)로부터 짤막한 강연을 듣기도 합니다. 토요일 오전에는 AK 영어성경공부 모임이 있습니다. 여기에는 한동대 로스쿨에 재학 중인 학생들과 한국에 유학중인 몽골 검사도 함께 참여합니다.

CLF는 법조영역에 주되심을 선포하기 위한 목적으로 세워졌으며, 기윤실 법률가모임에서 시작하여 현재는 전국적으로 회원 조직을 가지고 있습니다. 주된 사역분과로는 기독변호사로서 어떻게 살 것인가를 함께 고민하는 생활분과, 장애인·외국인 근로자 등 사회의 소외된 이웃들을 위하여 법률안을 만들거나 소송지원 등을 하고 기윤실 등 기독교 NGO등과 함께 합력하여 일하는 사회분과, 연수원 신우회와 법기독 동아리 학생회원들을 지원하기 위한 예비회원지원분과, 법률가를 위한 성경공부 교재 편찬을 계획하고 있는 연구분과 등이 있습니다.

AK는 각국의 종교의 자유와 인권, 법의 지배를 위해 설립된 법률가 네트워크 단체인 AI(Advocates International)의 대륙별, 나라별 모임 중 한국지부라고 볼 수 있으나, 본부의 지원 없이 독립적으로 운영되고 있는 단체입니다. 한국은 매우 많은 수의 선교사를 파송하고 있는 나라이면서, 개발도상국들로부터는 빠른 경제성장을 통해 선망의 대상이 되고 있고, 또한 일본과 같이 침략의 경험이 없어 각국의 호감을 얻고 있는 점 등에서 AA(Advocates Asia)의 리더 역할을 하고 있습니다. 1년에 한 번씩 아시아기독법률가 대회를 개최하고, 매주 아시아 각국의 인권이나 종교의 자유 현황을 모아 메일을 통해 중보기도합니다. 또한 아시아의 학생들에게 장학금을 주어 한국에서 공부하도록 돕기도 합니다. 한국 선교사들이 현지에서 법적 어려움에 처했을 때, 현지 변호사나 한국 변호사 파송을 통해 돕는 일도 계획하고 있습니다.

저는 약 3년 남짓 이곳에서 변호사 생활을 하면서, 변호사로서 기본적인 송무 기술과 법적 소양들을 익힐 수 있기도 하였지만, 무엇보다 위와 같은 NGO활동을 통해 기독변호사로서 어떻게 살아가야 할 것인지에 대해 여러 선배님들로부터 배운 것이 가장 큰 소득이었다고 생각합니다. 전쟁과 같은 로펌 생활 속에서 늘 기도와 말씀으로 내적인 평안을 유지해야 한다는 것, 단순히 돈을 벌거나 승소하기 위해 일하는 것이 아니라 분쟁 가운데서 신음하는 의뢰인들의 영혼을 위해 기도해야 한다는 것, 생계를 위해 일하지만 가능한 물질과 시간을 내어 어려운 이웃들을 섬겨야 한다는 것, 또한 접대와 로비 등 세상적인 방법과 타협하지 않고 정직한 방법으로 일해야 한다는 것, 특권의식에 안주하지 않고 늘 노력하며 새로운 지경을 넓혀나가야 한다는 것도……

새로운 소명을 찾아

늘 한구석에서 아름다운 찬양이 들리는, 그리고 믿음의 형제, 자매들이 함께 일하는 법무법인 소명에서 일하는 것은 행복한 일이었습니다. 그러나 막 4년차가 된 제 마음 한 구석에는 안주가 아닌 새로운 곳을 향해 나아가고자 하는 소원이 있었습니다. 기도하며 고민하던 중 외교통상부 통상교섭본부에서 행정사무관으로 일할 기회를 얻게 되었습니다. 이제 막 익숙해지려는 송무를 접는다는 아쉬움과 여러 가지 열악한 조건이 마음에 걸렸지만, 기도하는 과정에서 하나님의 인도하심을 믿고 최종 결정에 이르게 되었습니다.

현재 통상교섭본부에서 일하는 변호사는 주로 미국 변호사가 많고 한국 변호사는 작년에 최초로 3명, 올해 저까지 포함 4명 합하여 총 7명이 일하고 있습니다. 그래서 아직 변호사로서의 대우나 가능성에 대하여 검증받지 못한 곳이지만, 그만큼 가서 해야 할 일이 많기도 한 곳입니다. 이제 법정과 한국법이라는 울타리를 벗어나, 개인과 개인, 개인과 회사의 대립관계를 벗어나, 정부부처 내의 이해관계 · 나라와 나라 간의 이해관계를, 그리고 정부와 시민 간의 이해관계를 조정할 수 있는 역할을 할 수 있기를 기도합니다. 또한 더 나아가 통상지식을 통해 어려운 이웃과 어려운 나라들을 도울 수 있기를 소망합니다.

글을 맺으며

정경주 사모님이 지으신 『하나님이 하셨어요』란 책을 보면, "고난의 밤을 지나는 사람이 그 어두운 밤에 기도라는 낚시로 건져 올리는 대어는 바로 '사명의 자각'이다. 그리고 사람이 자기 사명을 자각할 때 비로소 그를 사납게 할퀴던 고난은 그 생명을 다하고 숨을 거두게 된다. 그 사람의 사명이 시작될 때 고난의 사명은 그날로 종말을 맞는 것이다"라고 하는 말씀이 나옵니다.

이 세상을 살아가면서 하나님이 우리에게 원하시는 소명이 무엇인지를 발견하고, 그 소명을 추구하면서 살아가는 삶에 복이 있습니다. 그 소명은 크게 보면 여호와 주 하나님 한 분만을 섬기고, 그분의 말씀에 순종하는 삶이 될 것입니다. 그리고 구체적으로는 매일매일의 삶 속에서, 그리고 선택의 순간에서 주어지는 하나의 방향이 될 것입니다. 다만, 이러한 구체적인 소명은 하나로 확정된 것이 아니라 큰 소명의 틀 안에서 시간과 상황에 따라 변화되기도 할 것입니다. 그래서 우리의 삶은 소명을 향한 여정이 될 것입니다.

하나님은 여러분의 가난한 영혼을 사랑하십니다. 가장 낮은 마음으로 하나님 앞에 나아갈 때 합격 여부와 그 시기와 방법을 떠나 하나님께서 지시하시는 약속의 땅을 기업으로 받을 수 있게 되기를 기도합니다. 감사합니다.

라브리와 예수원에서의 단상
- 18년차 기독변호사의 고민들

이제 좌고우면할 것 없이 지금 내 앞에 놓인
이 경주를 열심히 달려가다가 주님 앞에 서야겠다는 것이
이번 라브리, 예수원 여행을 통하여 얻는 간단하면서도 명백한 결론이었다.

전 재 중

사법시험 제25회
기독변호사회 실행위원장
법무법인 소명 대표변호사

고객사 중 하나인 보험회사와 사이에 일본 배상
의학회 세미나 동행을 거의 결정한 후에 출장기간이 5일 정도 되므로 그 사
실을 미리 아내에게 알려야겠다는 생각을 하고 집에 전화를 하였는데, 아내
는 내가 잊어버리고 있었던 약속을 상기시켜주었다. 출장 기간이 6월 2일부
터 현충일 휴일까지인데, 바로 이번 현충일 전후하여 양양 라브리와 예수원
을 방문하기로 아내와 딸에게 약속을 하였던 것이다. 6월 5일 월요일 샌드
위치데이에 우영이(딸) 학교 재량휴업이라서 모처럼 며칠을 낼 수 있는 기
회라 내가 먼저 예수원 가자고 말을 꺼내어 약속이 된 것인데 나는 잊어버
리고 있었던 것이다. 물론 아내는 내 출장계획을 변경시킬 의도까지는 없었

고 다시 한번 나의 허물을 들추어내려는 정도인 것 같았으나 갑자기 내 마음 속에 이번에는 출장계획을 바꾸는 것이 좋겠다는 생각이 밀려와 아내에게 이번 출장 포기하고 약속 지키겠다고 매우 당당하게(?) 고지하였다.

나의 계획 변경으로 차질이 생긴 회사에 대하여는 (오래전부터 일본 배상의학회에 자주 참석한 적이 있어 회사에서는 나의 안내를 전제로 출장 계획을 세움) 백배 사죄하면서 다른 조력자들과 연결시켜 준 후 홀가분한 마음으로 토요일 오후에 서울을 떠나 먼저 양양의 라브리로 향하였다.

라브리는 처음 방문하는데 라브리의 성인경 목사님이 CLF 출범 초기 2000년 봄에 1개월 이상 지속적으로 모임에 오셔서 세계관 강의를 하였던 인연이 있고, 더구나 그곳에서 2-3년간 간사생활을 한 적이 있는 김종철 형제(사법연수원 36기)가 지금 우리 사무실에서 변호사 시보도 하고 CLF 성경공부 교재를 만드는 귀한 봉사를 하고 있는 중이어서 차재에 한번 방문하고 싶었다. 종철 형제의 안내로 그곳 주변의 펜션에 숙소를 정한 후 주일 아침에 라브리에 방문을 하였는데, 마침 라브리의 학기가 끝나고 목사님 내외분과 역시 때마침 방문한 목사님의 부모님 등 가족들만 조용히 계시는 시간이라 정말 조용하게 식사도 하고 대화할 시간을 가질 수 있었다. 더구나 사모님과 집사람이 같은 연대 78학번이라 더욱 쉽게 교감의 접촉점을 찾을 수 있었다. 안내를 받고 라브리의 내외부 구경을 하는 중에 프란시스 쉐퍼 책을 통하여 느꼈던 그 라브리의 분위기를 충분히 느꼈다. 그리고 '정직한 질문에 정직한 대화'를 한다는 라브리의 훈련 과정, 생활 풍경이 자연스럽게 상상이 되었고, 이곳에서 3년 가까이 지냈다는 김종철 형제에 대하여도 더 잘 이해가 갈 듯 하였다. 나의 대학생활에서 법학을 부전공처럼 밀어내고 실재로 주전공이 되어버린 IVF 활동에서 사실 제일 먼저 부딪친 것이 쉐퍼의 책이었다. 『이성으로부터의 도피』라는 얇은 책. 최근에 다시 한번 보았는데, 대학 입학 전까지 교회만 들락날락했던 대학 신입생이 깊이 이해하기는 무리인 책임이 분명하지만 좌우지간 그때는 그 책 한권으로도 마음에 대단한 부담을 안은 기억이 있다. 나의 지적 세계까지 신앙과 통합시켜야 한다는 IVF의 강조점과 아울러 그때부터 프란시스 쉐퍼와 라브리는 내 마음 한 구석에 계속 남아 있었던 것이다.

목사님이 특별히 나를 격려하려고 하는 말씀인 줄은 알고 있지만, 라브리에 방문하는 청년들 중에서 상당수가 현재 바로 내가 참여하고 있는 일들 - 평신도 신학에 기초한 새시대교회, 기독변호사회, 기독교윤리실천운동 등 - 을 거론하면서 기대를 하고 때로는 모델로 하고 있다는 말을 들으면서 매우 부끄럽기도 하고, 한편으로는 마음에 짐이 되었다. 그리고 목사님의 지속적인 권면은 누군가 영적 싸움의 일선 현장에 나가서 싸워야 하는데, 바로 최일선에 나가서 싸우는 사람이 바로 나 같은 사람이나 CLF(기독변호사회) 같은 곳이니 물러서지 말고 싸움을 싸워달라는 것이었다. 기독교적 세계관으로 세속의 현장에 깊숙이 들어가서 싸울 마음이 있는 사람도 드물고 실제 그렇게 현장에 들어가 있는 이들은 더욱 찾기 어려운 때이므로 먼저 그런 기치를 들고 나선 이들이 끝까지 싸워야 한다는 협박성 권면이었다.

우리 CLF같이 전문영역과 신앙의 통합이라는 멋있는 비전은 사실 실천단계에서는 몹시 사람을 피곤하게 하는 구호일 수 있다. 실력 있는 변호사로서 사업도 성공적으로 하면서 신앙적 열심을 내서 선교사업도 잘 해내기를 기대받는데, 실상은 세속적 삶도 제대로 못하고 신앙생활도 충실히 못한다 하여 양쪽에서 다 공격을 받기 십상이다. 차라리 그냥 변호사 업무에 푹 빠져 일하거나 아니면 아예 변호사 업무는 최소한만 하고 교회든 선교단체든 공동체 속으로 깊이 숨어 버렸으면 하는 마음이 수시로 든다. 이처럼 어정쩡해 보이는 현재의 위치가 너무 피곤하여 어느 한쪽의 짐을 좀 내려놓고 싶은 충동을 많이 받고 있는 터이라 목사님의 이러한 협박성 권면에 나는 속내를 들킨 사람처럼 찔끔했다. 그러나 한편으로는 현실과 비전 사이의 그 틈바구니에서 고민하고 신음하면서 주님께 부르짖는 그 모습이 바로 우리의 어쩔 수 없는 처지이구나 싶으면서 차라리 마음이 편해졌다. 싸움은 힘들지만 이제 정말 마지막 때가 가까워 왔고, 싸움이 길지 않을 것이라는 말씀이 위로가 되었다.

그곳에서 보내는 시간 동안 특별히 그 가정의 세 자녀들을 가까이서 볼 수 있었는데 큰 도전이었다. 홈스쿨링으로 집에서 공부한 아이들이 어떻게 이처럼 기독교적 세계관으로 훌륭하게 공부를 해내고, 남부럽지 않은 성과를 낼 수 있는지 풍족한 여건에서도 두 아이 교육 때문에 전전긍긍하는 우리 처지가 부끄러웠다. 말로만이 아니라 직접 자녀들까지 포함하여 기독교가 진리이며, 성경이 하나님 말씀임을 실험하면서 자신을 전적으로 던져넣은 두 분에게 인간적으로 고개가 숙여졌다. 이런 던짐의 과정이 없이 어찌 영향력이 나오겠는가? 적당하게 누리면서 부분적 헌신을 하는 나를 돌아보게 하였다.

목사님과 사모님 두 분은 사실 어느 누구 뚜렷한 후원자도 없이 수년간 산골에서 수백 명의 밥을 해먹이고, 섬기면서 어찌 지치지 않겠는가? 그러나 나는 진정으로 그분들에게 지금 당장 그만두고 쉬시더라도 한국 교회를 위하여 할 만큼 충분히 하셨노라고 위로를 드렸다. 나도 언젠가 후배들로부터 선배님은 이제 그만두시더라도 한국 교회를 위하여 할 만큼 일 다했습니다라는 인정을 받을 수 있을 것인가?

두 분이 서울 작은 교회에 집회 차 나가시고 월요일 우리는 태백의 예수원으로 향하였다. 거의 20여 년간 쌓여온 교분으로 조그만 개인선물이라도 준비하여야 할 분들이 많이 계시는 곳이다. 도착하여 손님부의 공식적 안내를 받기 전에 비탈을 올라간 곳에 있는 한 가정을 먼저 방문하였다. 어른들은 없고 초등학교 3학년인 강홍이만 있었다. 오랜만의 방문으로 방문객을 알 듯 모를 듯하는 얼굴로 다가 맞아주는데, 어른들을 대하는 그 모습이 너무 사랑스럽다. 어린애다운 수줍음과 공동체 내에서 듬뿍 사랑을 받은 아이들의 그 편안함과 침착함, 그리고 침착함에서 오는 지혜로움으로 아주 적절하게 우리를 안내하는 모습에 우리 부부는 또 다시 서울과 강남을 떠올리면서 착잡함을 느꼈다. 어른들과 대화 한마디 나누기 어렵거나 아예 무시하고 반항하는 것밖에는 배우지 못한 듯한 그 똑똑한 서울 아이들 - 우리 아이까지 포함하여 - 이 불쌍하였다. 그 간소한 수도원 생활 중에도 5남매의 키는

도시 아이들보다 더 컸고, 마음가짐과 사람 대하는 태도들은 너무 부러울 정도로 원숙하였다. 다시 한번 아이들을 키우시는 분이 학원이나 학교가 아니라 하나님이심을 절감하였다.

그날 수도원 규칙을 어겨가면서까지 가진 밤늦은 대화 중에 분명히 형제를 통하여 들려주시는 대언(代言)의 말씀을 들을 수 있었다. 너무나 온유하고 겸손하며, 우리에게 예의를 갖추는 그 형제가 솔직히 말하겠다고 정색을 하면서 꾸짖기도 하였고, 끝 무렵에 서로를 위하여 기도하는 시간까지 포함하여 지속적으로 들려온 말씀은 현재의 전투장에서 물러서지 말고 영적 싸움을 지속하라는 독려였다. 특별히 고난의 자리를 피하지 말라는 부분과 두려움을 이기도록 마귀를 대적하라는 부분에서 성경말씀과 함께 깊이 강조되어 전달되었다.

서로 전혀 다른 분위기의 두 곳 - 라브리와 예수원 - 에서 동일하게 전달된 메시지에 내 마음은 오히려 편안하여졌다. 서울을 떠나기 전까지 내 마음의 한구석을 짓누르던 그 염려와 두려움, 권태 같은 것의 실체가 드러나면서 내가 어떤 싸움을 싸워야 하는지 다시 한번 정리가 된 시간이었다.

내가 싸우는 싸움은 육과 혈에 대한 것이 아니라 공중에 권세 잡은 대적자를 향한 것임을 상기하고, 상대적으로 육과 혈에 속한 것들에 대한 여유로운 마음이 들었다.

다음날 아침 고 대천덕 신부님의 사모님이신 현재인 할머님과의 티타임 대화 중에서는 그분들(그 가족들)의 삶에서 얼마나 철저히 기도를 통하여 하나님의 인도를 받는지 절감하였다. 기도를 통하여 받은 그 분명한 그림이 그들 내면에 있기 때문에 그들은 지극히 담담하게 살아가는 것을 볼 수 있었다. 어떤 복잡하거나 큰 일에도 전혀 흔들림이 없고 너무나 고요하고 평이하게 다루어 나가는 그분들만의 비밀을 그들의 기도응답에서 볼 수 있었다.

당시 법대생으로서는 드물게 선교단체에 열심을 내다가 얼떨결에 변호사의 길에 들어서면서 처음 느꼈던 것은 세상이 너무 커 보이고, 내가 얼마나 보잘것없는 연약한 개인인가 하는 것이었다. 도무지 이 길에서 살 수 없을 것 같은 좌절감 속에서 일본 유학 중 일본의 한 50대 금융인의 간증을 듣고 세상 속에서 부딪치며 살아갈 이유에 대한 희망을 발견하고 귀국하여 기운 실 법률가 모임을 시작으로 법률가 모임에 비전을 세워나가며, CLF를 발족한 일들이 엊그제 같은데 벌써 변호사 18년차, 기운실 법률가 모임을 시작한 지 12년, CLF 발족 이후로만 8년째다. 지금까지가 이처럼 한순간처럼 짧다면 앞으로 남은 시간은 얼마나 더 짧을 것인가. 이제 좌고우면할 것 없이 지금 내 앞에 놓인 이 경주를 열심히 달려가다가 주님 앞에 서야겠다는 것이 이번 라브리, 예수원 여행을 통하여 얻는 간단하면서도 명백한 결론이었다.

예수원 아침 조도시간에 주어진 말씀은 대천덕 신부님이 항상 권면하시던 말씀이었다. "사람이 하나님의 뜻을 행하려 하면 이 교훈이 하나님께로서 왔는지 내가 스스로 말함인지 알리라"(요 7:17) 순종하려고 하는 사람에게만 하나님의 뜻이 분별된다는 이 말씀이 바로 내 앞의 숙제로 다가왔다.

또 하나 여행을 마치고 돌아온 후 발견된 사실인데, 사실은 6월 2일에 내 차의 보험이 끝나고 여행을 시작한 6월 3일부터 나는 무보험상태로 그 사고율 높다는 동해안을 장거리 운전하고 다녔던 것이다. 항상 6월 중순에 보험 기간이 갱신되기 때문에 전혀 의심을 하지 않았는데, 지난해 차를 새로 구입하면서 갱신 시기가 앞당겨진 것을 깜박한 것이다. 실제 6월 3일 저녁에 화물차에 충돌 당하는 사고를 당하여 사고 처리 때문에 시간도 꽤나 뺏겼는데, 한치 앞도 내다보지 못하는 내 처지를 다시 한번 깨닫게 되었다.

돌아와서 다음날 수요일 출근을 하여 사무실에서 밀린 일 처리를 하고, 다음날 목요일 아침에는 집 바로 옆 밀알학교 남서울은혜교회 홍정길 목사님이 성서한국 관계자들을 식사 초대한 자리에 가서 복음주의권의 여러 사람들을 만났다. 진보와 보수의 다양한 견해들이 부딪치고 설전을 하고 웃기도 하는 자리였다. 다양한 모습으로 자신을 던져 복음에 헌신한 이들을 만날 때마다 훨씬 많이 받은 기독법률가들이 그 소임을 다하지 못하고 있는 현실에 대하여 송구스럽고, 마음이 조급하여짐을 느낀다.

싱가포르의 기독변호사 모임인 LCF의 구호 "To Whom Much is Given, Much is Asked"처럼 많이 받은 자에게 주님은 더 많은 것을 요구할 것이라는 말씀을 기억하여야 할 것이다.

이 법조계 내에서도 하나님 나라를 열망하는 기독법률가들로 인하여 새로운 물줄기가 흐르는 그날을 열망한다.

하나님의 인도하심에 감사드립니다*

"예수의 넓은 사랑을 어찌 다 말하랴.
그 사랑 받은 사람만 그 사랑 알도다"라고 되어 있더군요.
정말 그렇습니다. 주님의 인도를 받는 사람은
주님의 인도하심과 그 감사함을 알지요.

정 현 수

사법시험 제23회
서울북부지방법원 부장판사

지난 2월 1일 고법부장판사 인사발령이 있었습니다. 저는 서울중앙지방법원에 근무하는 사법연수원 13기 출신 판사인데요. 이번에 저희 동기 중 11명이 고법부장판사가 되었습니다. 저도 이번 인사가 있기 전에 혹시 고법부장판사가 되지 않을까 하는 기대를 품고 있었지만 되지 않았지요. 그리고 나서 주위에서 저에게 직접 찾아오시거나 전화, 이메일 등을 통해 낙심하지 말라는 위로의 말씀과 격려의 말씀을 해주시는 분들이 많이 계셨습니다. 무척 감사한 일입니다. 그리고 제가 실망과 좌절감에 빠져 있지나 않은지 염려하시는 분들도 많이 계셨습니다. 그래서 이렇게 코트넷에 글을 올려 저를 알고 계시는 많은 분들이 저에 대하여 궁금해 하시는 것에 대하여 설명을 드리면 좋겠다는 생각을 하게 되었습니다. 그리

---

* 이 글을 2006년 2월 법원내부통신망에 기고한 글입니다.

고 이 글을 통하여 무엇보다도 많은 분들을 주님께 인도하는 데 조금이라도 도움이 되었으면 하는 마음입니다.

그날 퇴근 시간이 조금 지난 무렵 한 동기 판사님이 전화를 해 주셔서 인사발표가 있었음을 알았는데 저는 고법부장판사에 포함되지 않았습니다. 바로 집으로 전화하여 집사람에게 알리고 옆방에 있는 배석판사님들에게도 알렸습니다. 그동안 함께 고생하신 두 판사님께도 미안한 마음이 들었습니다. 저는 두 분에게 하나님을 믿는 사람에게는 모든 것이 합력하여 선을 이루는 것이니 고법부장판사가 되지 않더라고 괜찮다고 말씀드리고 퇴근하여 집으로 갔지요.

저는 2001년 5월 췌장암으로 수술을 받고 그해 12월경까지 항암치료를 받은 일이 있어 주위 많은 분들이 저의 건강에 대하여 우려를 하여 왔습니다. 그 점이 고법부장판사 인사에 불리한 요소가 되지 않을까 하는 우려를 저 자신도 가지고 있었지요. 그래서 작년 2월 합의부 재판장을 담당하게 되면서 다른 사람 못지않게 업무를 정상적으로 감당하여 저의 건강이 업무수행에 지장이 없다는 것을 나타내 보여야겠다는 생각을 하였습니다. 그리고 체력도 췌장암에 걸리기 전과 같이 회복되어 작년에 우리 법원 산악회에 가입하여 등산도 다녔고 또 4년 정도 중단했던 테니스도 다시 치기 시작하였습니다. 제가 원래 그 전부터 등산, 테니스를 좋아한답니다. 그 전에는 물론이고 지금도 때로는 너무 재미있어서 약간 지나칠 정도로 하기도 한답니다.

또 제가 췌장암으로 죽을 뻔하였던 이후에는 좀 소극적이었던 제 성격이 조금 변하여 사람 만나는 것을 아주 기쁘게 되었답니다. 한 사람 한 사람이 하나님께서 귀하게 창조하시고 사랑하시는 귀중한 사람이라는 생각도 하고요. 그 정도로 건강을 회복시켜 주신 하나님께 감사한 마음을 가지고 행복하게 등산과 테니스에 참가를 하였고 그를 통해 사람들과 만나는 행복도 누렸지요. 그러는 한편으로는 제가 이렇게 건강하다는 것을 주위에 널리 알려 저에 대하여 걱정하시는 분들의 걱정도 덜어드리고 인사에 있어 건강문제로 불이익을 받는 일도 없게 해야겠다는 생각도 있었습니다.

그렇게 1년을 지내고 이번 인사가 다가오면서 저와 집사람은 저의 진로문제를 놓고 하나님께 기도드렸습니다. 저의 앞길에는 고법부장판사가 되는 길, 지법부장판사로 계속 근무하는 길, 변호사로 나가는 길, 이렇게 3가지 길이 있는데 하나님께서 어느 길로 인도하시든 하나님께서 기뻐하시는 길로 인도하여 달라고 기도하였습니다. 저의 마음속에는 고법부장판사가 되기를 바라는 마음을 가지고 있었습니다. 그런데 인사발표가 있고 나서 내용을 보니 제가 아는 한은 모두 저보다 훨씬 훌륭하고 유능하신 분들이 고법부장판사가 되었습니다. 그리고 냉철히 생각해보니 제가 고법부장판사가 되지 않은 것이 합당하다는 생각이 들었습니다. 저는 췌장암 수술 후 5년간 체크를 받아 이상이 없어야 완치가 되는 입장이거든요. 그러니까 금년 5월이 되어야 완치가 되는 셈입니다. 건강이 고법부장판사가 되는 데 중요한 요소이니 제가 이번에 고법부장판사가 되지 않은 것은 너무도 당연한 것이지요. 한 때나마 기대를 품었던 것이 부끄러운 생각이 들었습니다. 그날 저녁 장모님이 저의 집에 들러서 위로의 말씀을 해 주셨습니다. 남자로서 승진 안 된 것에 대해 실망이 되는 것은 당연한 것인데 너무 상심하지 말라는 말씀을 하셨습니다. 저는 장모님께 제가 췌장암에 걸렸을 때 하나님께서 살려 주시기만 간절히 바라던 일을 말씀드리면서 그 이후 5년이 지난 지금까지 생명을 주시고 건강을 주신 것만 해도 너무 감사한 일이라고 말씀드렸습니다. 그리고 췌장암에 걸렸던 것이 당시에는 아주 두렵고 슬프고 고통스러웠지만 그 일을 겪으면서 하나님을 더욱 의지하게 되고 하나님을 가까이 하게 되었으니 오히려 감사한 일임을 알게 된 것 같이 이번 일도 합력하여 선을 이룰 것으로 믿는다고 말씀드렸습니다.

장모님은 새로운 마음가짐을 가지고 변호사를 하면 된다는 말씀을 하셨습니다. 저와 집사람도 이제는 그만 변호사를 해야 할 때가 된 것 같다는 이야기를 하였습니다. 저의 집사람은 근래 들어서 저에게 변호사를 하여 돈을 벌라는 이야기를 가끔 하곤 하였습니다. 판사의 월급만 해도 상당한데 거기서 더 많은 돈을 벌기를 바라는 것은 욕심이라고 생각하시는 분들이 많을 것입니다. 저도 전적으로 동감입니다. 세례 요한은 옷 두 벌 가진 사람은 옷 없는 사람에게 나누어 주라고 하셨거든요. 그런데 저의 집사람은 부유한 환경 가운데 자랐고 지금도 친척이나 친구들 중 저희보다 부유한 집이 많아서인지 더 부유하길 원한답니다. 저는 저의 집사람에게 많은 사랑의 빚을 진 입장이어서 집사람의 그 소원을 이루어주지 못하는 것에 대해 안타까운 마음을 가지고 있습니다.

작년에 맨발의 천사라고 하는 최춘선 할아버지 실화 DVD를 본 일이 있었는데 그것을 보면서 저하고는 너무나 대조적인 삶을 사신 것에 충격을 느끼면서도 저하고 공통점이 두 가지 있구나 생각했습니다. 하나는 죽을 뻔하다가 살아난 경험이 있다는 점이고 또 하나는 천사와 함께 산다는 점입니다. 저의 집사람은 저에게는 천사 그 자체거든요(자세한 이야기는 생략합니다. 사실 이런 이야기 꺼내는 것은 바보인데). 그끄제 목요일 점심시간 예배에 찬송가 410장을 불렀습니다. 후렴 가사가 "내가 믿고 또 의지함은 내 모든 형편 잘 아는 주님, 늘 돌보아 주실 것을 나는 확실히 아네"라고 되어 있는데 찬송을 부르면서 저는 정말 주님께서 돌보아 주실 것을 확실히 믿는 마음이 더욱 굳세어졌습니다. 하나님께서는 느브갓네살 왕에게 7년에 걸쳐 세상 나라와 권세를 주관하시는 분이 하나님이심을 교육하셨습니다. 저에게는 하나님만을 의지하고 경외하게 하는 훈련을 하시는 기간이 아직 끝나지 않은 모양입니다. 그리고 저의 건강이 완전하여질 때까지 저를 보호하시려는 하나님의 사랑이 아닐까도 생각해 봅니다.

집사람과 함께 어젯밤에 교회 금요철야기도에 갔습니다. 하나님께 기도하면서 하나님께서 어느 길로 인도하시는지, 어느 길로 가는 것을 기뻐하실지 생각해보자고 하면서요. 그런데 집사람이 저에게 기도해보고 지혜아빠 마음에 편하게 느끼는 길로 가라고 하더군요. 마음에 평안을 느끼는 길이 하나님께서 인도하시는 길이 아니겠냐고 하면서요. 집사람이 저에게 그렇게 이야기 해준 것이 너무도 고마웠습니다. 집사람이 천사라는 것이 다시 한번 확실히 드러난 것입니다. 저는 집사람에게 변호사 해서 돈 벌더라도 그것을 내가 호강하는 데 쓰겠다고 생각하면 하나님께서 기뻐하지 않으실 것이고 하나님께서 기뻐하시는 선한 일에 쓴다면 좋은 것이다. 또 변호사를 하는 과정에서 만나는 사람에게 예수님의 사랑을 전할 수 있을 것이다. 판사 생활을 하는 것도 내가 영광을 누리고 호강하려는 생각으로 한다면 무가치한 일이고 하나님께 영광을 돌리고 하나님 기뻐하시는 일을 하는 기회로 삼는다면 좋을 것이라고 말했습니다. 밤에 기도를 마치고 집으로 돌아오면서 저는 법원에 근무하면서 주위 사람들에게 전도하여 그들을 예수님께로 인도하는 것이 하나님께서 기뻐하시는 길일 것 같다고 이야기했습니다.

예전에 어떤 분은 법조인들에게 전도하는 것은 무척 어려운 일이고 차라리 병원에 입원한 사람이나 감옥에 있는 사람, 가난한 사람 등에게 전도하는 것이 전도가 잘 받아들여진다는 이야기를 하셨습니다. 그분의 경험에서 우러난 듯한 그 말씀은 전적으로 옳은 말씀이지요. 그리고 법조인 한 사람이나 가난한 한 사람이나 똑같이 귀중한 영혼인 것이고요. 그런데 저는 법원에 있는 분들에게 전도하는 일은 법원에 있는 사람이 하지 않으면 누가 할 수 있겠나 하는 생각을 합니다. 예컨대 판사를 전도하는 것이 어려운 일인데 그나마 그래도 판사가 전도해야 가능성이 있는 것이지 판사 아닌 사람이 판사에게 전도한다는 것은 더욱 더 어려운 일이 아니겠나 하는 생각을 하는 것이지요. 판사로서 가지는 약간의 신뢰성, 영향력을 가지고 사람들을 영생으로 인도하는 데 사용한다면 좋지 않을까 하는 생각입니다.

사람들은 보통 판사가 미친 사람일 거라고 또는 사기를 칠 거라고는 잘 생각하지 않거든요. 그리고 판사가 조금만 친절을 베풀어도 무척 고마워하는 경우가 많더라고요. 실은 그럴 이유가 없는 것인데요. 원래 판사의 업무인 재판이 너무도 귀중한 소명인 것은 두말할 나위도 없고요. 재판은 하나님께서 하시는 일을 이 세상에서 대리하는 것인데 그것을 올바르게 하는 것은 하나님께서 너무도 기뻐하시는 일인 것은 두말할 나위 없는 것이지요. 결국 집사람과 저는 판사를 계속하기로 하는 것에 의견일치를 보았습니다. 그리고는 마음이 평안했습니다. 집사람이 너무도 고맙기도 했고요. 그런데 밤에 잠을 자는데 계속 마음이 아팠습니다.

몇 년 전 밤에 꿈을 꾸었는데 꿈에 집사람이 죽었습니다. 그래서 꿈속에서 나를 위해 그토록 고생하고 나를 극진히 위해 주던 집사람이 죽은 것에 대해 마음이 아프다는 느낌을 받았고 그 느낌은 꿈을 깬 후에도 남아 있었던 적이 있었습니다. 그런데 어젯밤에 다시 잠결에 집사람에 대하여 몹시도 마음이 아픈 것을 느꼈습니다. 아침에 제가 집사람을 위해 해줄 수 있는 것이 무엇일까 생각도 해보았지요. 아침에 저의 딸 지혜에게 그런 이야기를 하였더니 엄마가 싫어하는 것 하지 않으면 된다고 하더군요. 제가 집사람 몰래 가끔 인터넷 바둑을 하는 것을 이 아이가 알고 있거든요. 저는 "그래, 네 말도 옳은 말이다"라고 했습니다.

하나님께서 이 아이를 통해 저에게 그 점을 지적하신다는 것을 알 수 있었습니다. 그런데 집사람에게도 큰 빚을 졌지만 하나님께 진 빚은 더욱 크니 하나님께서 기뻐하시는 길로 가는 것이 옳겠다 생각했습니다. 하나님께서 기뻐하시는 길로 가면 하나님께서 집사람에게도 이 세상에서 아니면 하늘나라에서 좋은 것으로 갚아 주시리라 생각하였습니다. 저와 집사람 마음이 일치하여 평안한 마음으로 판사의 길을 가기로 하면서 이번 일에서도 하나님께서 저를 인도하신다는 것을 느낍니다. 이후에 제가 고법부장판사가 될 지 안 될지 하나님 이외에 누가 알겠습니까. 그때는 또 주님께서 인도하여 주실 터이니 미리 걱정할 필요 없지요.

목요일 저녁 구역예배에서 부른 찬송가 85장 4절 가사는 "예수의 넓은 사랑을 어찌 다 말하랴. 그 사랑 받은 사람만 그 사랑 알도다"라고 되어 있더군요. 정말 그렇습니다. 주님의 인도를 받는 사람은 주님의 인도하심과 그 감사함을 알지요. 예수님을 믿으시는 형제 자매 여러분, 우리 앞에 좋은 일이 생기면 좋으니까 감사하고요. 좋지 않게 보이는 일이 닥치면 그것이 또한 합력하여 선을 이룰 줄 믿고 감사하십시다. 예수님을 믿지 않으시는 여러분, 예수님을 믿고 하나님의 자녀가 되시길 바랍니다. 죽은 후에 영생을 얻는 것은 물론이고요, 이 세상 사는 동안에도 늘 하나님께서 목자가 되셔서 동행하시고 보호하시고 인도해 주시니 얼마나 행복한지 모른답니다. 빈 말처럼 들리십니까? 찬송가 가사처럼 그 사랑을 받아들인 사람만이 그 사랑을 압니다. 예수님을 믿고 그 사랑을 받게 되면 제 말이 빈 말이 아님을 아실 수 있습니다.

여러분 중 어느 한 분을 영생으로 인도할 수 있다면 저의 목숨을 내놓아도 좋습니다. 예수님께서는 우리에게 영생을 주시기 위해 십자가에서 우리 대신 죽으셨답니다. 법원종합청사 동관 1857호 저의 방에서 매주 목요일 12시 예배 모임이 있습니다. 40분 정도 예배를 드리고 구내식당에서 함께 점심식사를 하지요. 영생을 주시는 하나님의 말씀을 들을 수 있는 너무도 복된 기회입니다. 이제 제 방에서 저와 함께 그 모임을 가질 수 있는 기회도 두 번 남았습니다. 여러분 모두를 간곡히 초대합니다(제가 이번 인사에서 다른 법원으로 떠날 것으로 예상하고 있는데 그 후에는 다른 분의 방에서 모임이 계속될 것입니다). 긴 글을 읽어 주셔서 대단히 감사합니다.

견고한 성을 부수자

아름다운 미래의 눈으로 현재를 바라보며,
마음속의 견고한 성을 끊임없이 부숩시다.
마음속에 견고한 성을 쌓고 팔짱을 끼고 있는 한,
주어지는 복을 받지 못합니다.

지 대 운

사법시험 제22회
전 사법연수원 수석교수
서울고등법원 부장판사

한때 나는 재판을 하면서, 판사가 인정한 사실은 가장 진실에 부합할 수밖에 없다고 하는 교만함으로 사건을 처리할 때마다 항상 자신 있게 사실을 인정하였습니다. 판사가 인정한 사실이 진실이 아니라면 그것은 당사자들의 왜곡과 거짓으로 인한 것일 뿐이지 판사의 잘못은 아니라고 생각했던 까닭에 당사자의 아픔에 눈감은 채 아무런 거리낌 없이 그리고 큰 고민 없이 사실을 인정하고 논리를 적용하였습니다. 그러나 세월과 함께 당사자들이 원하는 재판은 판사가 당사자들의 고통을 제대로 알고 과연 그것을 해결해 주려고 고민하였느냐는 것임을 알게 되었습니다. 그들은 판결문의 멋들어지고 화려한 문체나 논리정연하고 현란한 논리를 원하는 것이 아니라 소박하고 투박하지만 자신들의 아픔에 함께 참여하고 이를 보듬어 주는 인간미와 사랑이 넘치는 판결을 소망하고 있다는 사실을 안 것은 판사 경력이 한참 쌓인 후였습니다.

그러나 그 소망을 이루어내는 일은 말처럼 쉽지 않습니다. 법정에서 당사자는 물론 증인조차도 자신에게 불리한 진실을 숨기고, 유리한 사실을 과장하였기 때문에, 판사의 사실인정 과정은 당사자들에 의해 혼돈되고 왜곡된 사실의 모래밭에서 진실이라는 바늘 하나를 찾는 과정입니다. 그럼에도 당사자들은 판사가 자신을 편들어 주기를 바라면서, 자신에게 유리한 판결에는 판사의 어리석고 유치함에 대한 비웃음을, 자신에게 불리한 판결에는 판사의 무능함에 대한 비난의 화살을 보냅니다. 그런 까닭에 판사의 결정은 어느 쪽으로부터도 신뢰를 받지 못할 운명일 수밖에 없습니다. 그러나 판사는 해일처럼 밀려오는 분쟁을 해결해주어야 할 짐을 졌으므로 어떤 경우에도 진실발견의 노력을 외면할 수는 없습니다. 판사는 늘 자신의 눈이 당사자의 고통과 같은 높이에 있는 것인지, 자신이 인정하는 사실 혹은 자신이 내리는 결론이 진실에 부합하는지에 대해 끊임없이 회의하고 고뇌하여야 합니다.

진실과 지혜는 하나님의 주관 하에 있으므로 그에 쉽게 다가갈 수 없는 판사는 하나님께 해답을 구하려는 겸허함을 품어야 합니다. 그럴 때에 비로소 당사자들의 아픔과 함께하는 결론에 접근할 수 있습니다. 죽은 지식, 단편적인 지식이나 책 속의 많은 글과 논리, 사회에 대한 순진한 이해는 우리의 눈을 가릴 뿐입니다. 많은 지식과 현란한 논리로 다져진 우월감, 자만심은 당사자와의 거리를 벌려놓고 진실에서 멀리 떨어지게 하는 높은 성에 불과합니다. 당사자의 고통을 아우르는 진실, 승복하는 결론을 위해 자신을 둘러싸고 있는 견고한 성을 끊임없이 부수어야 합니다. 지식으로 가려진 눈앞의 색안경을 버려야 합니다. 내가 성을 허물 때 비로소 하나님께서 지혜라는 선물을 내려주십니다.

왜곡되고 허황된 사실임에도 불구하고 삶의 체취가 배어나는 설득력 있는 결론을 내려야 하는 먼지와 같은 존재인 나는 진실에 다가가기 위해, 결정에 앞서 솔로몬과 같은 지혜의 은혜를 달라고 기도합니다. 하찮고 알량한 지식으로 진실에 눈감거나 사실을 임의로 재단하지 않게 해달라고, 당사자

의 어려움과 담 쌓지 않으며, 지혜로 갈등을 녹일 수 있게 해달라고, 머리가
아닌 가슴으로 진실과 가까이할 수 있게 해달라고 기도합니다.

우리 법조가 국민들로부터 외면 받고 있는 것은, 법조인들의 실력의 부족
함 때문이 아니라 스스로를 비우지 못하고, 당사자의 고통을 외면하며, 지
식에 매몰된 채 진실에 눈감고, 자신의 눈앞 이익만을 위해 멀리 내다보는
용기와 지혜를 버린 때문은 아닌가.

그렇다면, 나는 어떤가. 나는 어떤 가치를 지킬 것이며 무엇을 위해, 어떤
법조인의 길을 걷겠다고 다짐하고 있는가. 내가 간직한 나의 다짐은 과연
누구에게도 합당하고 하나님 보시기에 아름다운 것인가. 그리고 그 약속을
굳건히 지켜나갈 믿음과 용기는 있는가.

더구나, 나의 지금 위치는 누구의 도움과 복으로 얻어진 것인가. 나는 이
같이 많은 복 누림을 늘 기억하며 감사하고 있는가. 그토록 많은 도움으로
법조인이라는 자격을 얻은 나는 그 받은 도움과 복의 십분의 일이라도 베풀
마음 자세를 가지고 있는가. 나는 현재의 상황에 대한 불평만 늘어놓고 탓
하며 아래로 행하기를 주저하면서도 마치 자신만이 다 이룬 사람인 것처럼,
자신의 지식만이 최선인 것처럼, 다른 사람의 말을 함부로 재단하고 무시하
며 행동한 적은 없는가. 나는 내 속에 누구도 침범할 수 없는 성을 쌓고 있
지는 않은가. 나는 한번이라도 내 주위 사람에게 눈길을 준 적이 있는가.

우리 모두 큰 꿈을 품고 날마다 멋진 하나님의 종이 될 수 있다고 외칩시
다. 그리고 매일매일 아름다운 말로 하나님께 감사하고, 늘 확신을 가지고
밝은 미래만을 이야기하며, 서로 축복과 격려의 말을 아끼지 맙시다. 항상
긍정적인 생각만을 하고 아름다운 말만을 합시다. 긍정적인 말은 우리의 마
음을 변화시키고 행동을 변화시키며 결국 사람을, 인생을 바꾸어 놓습니다.
조그만 돌부리에 차인 것으로 세상이 끝난 듯 좌절하거나 과장하지 맙시다.
절대로 부정적인 생각이나 말을 하지 맙시다. 내게 부어진 하나님의 한이
없는 은혜를 잊지 맙시다. 내가 받은 복만으로도 세상을 좀 더 아름답게 만

들 수 있음을 기억합시다. 그리고 아름다운 미래의 눈으로 현재를 바라보며, 마음속의 견고한 성을 끊임없이 부숩시다. 마음속에 견고한 성을 쌓고 팔짱을 끼고 있는 한, 주어지는 복을 받지 못합니다. 우리가 이웃에게 손을 내밀 때 바로 그 손에 하나님의 커다란 복은 내릴 것입니다.

크리스천 법조인의 모임터

꧁

하나님을 경외하며
예수님을 구원자로 모시는
크리스천 법조인들이 각 처소에서
다양한 형태로 모여
아름다운 교제를 나누며
나아가 하나님의 교회로서의 기능을
수행하는 모습을 볼 수 있습니다.
여기 소개된 모임 외에도
법원신우회인 애중회와, 검찰신우회 등
많은 크리스천 법조인의 모임이 있습니다.

"서로 돌아보아
사랑과 선행을 격려하며
모이기를 폐하는
어떤 사람들의 습관과 같이 하지 말고
오직 권하여 그 날이 가까움을 볼수록
더욱 그리하자"
(히 10:24-25)

꧁

애드보켓 코리아 (Advocates Korea)

- 한국기독법률가선교회

설립 취지

애드보켓 코리아(Advocates Korea)는 "법을 통한 선교"를 목적으로 하여 2001년 10월 17일 설립하였습니다(이용훈 현 대법원장 초대 총재 취임). 2001년 10월 제1회 애드보켓 아시아 대회 개최(한국, 서울)를 시작으로 하여 매년 애드보켓 아시아 대회를 개최 및 후원하고 있습니다.

사역 내용

법을 통한 선교 활동

(1) 기독 법률가 네트워크 형성 : 애드보켓 아시아 대회 - 2001년 제1회 서울 대회를 시초로 매년 200명의 아시아 기독법률가들이 종교의 자유 확대 등을 주제로 컨퍼런스 개최

(2) 해외 법률지도자들 한국 초청 연수 : 2002년 키르기스스탄 경제부총리, 헌법재판소장 등 고위 관료 초청. 2004년 키르기스스탄 검찰총

장, 종교성 관료 한국 방문

(3) 법제개혁 세미나 개최 : 2002년 키르기스스탄, 2004년 캄보디아, 베트남 세미나 개최 – 한국의 법제 소개, 민주주의와 시장경제의 형성 과정에서 종교의 자유의 중요성 강조

(4) 해외 우수 법률지도자 양성 : 장학사업 – 키르기스스탄 2명, 몽골 1명 장학금 제공, 캄보디아 등에서 장학금 지원 요청 있음

(5) 한국 기독법률가의 해외 파송 : 현재는 세미나 개최 등 단기에 집중, 장기적으로는 법제개혁지원과 연관된 법률선교사 파송 계획(한국 선교사와 협력활동 가능)

(6) 선교사의 비자, 교회재산 보호 : 2002년 키르키스스탄 한국 선교사 비자 연장 해결, 2006년 우즈베키스탄 선교 병원의 법률문제 해결 도움, 옐친대통령 시절 러시아 의회가 교회등록을 억제하는 법안을 통과하여 10만 여 개의 개신교 개척교회가 폐쇄될 위기에 처하자 애드보켓 인터내셔날은 국제사회 여론을 주도, 옐친이 거부권을 행사

한국 교회에 대한 법률서비스 제공 및 협력 방안

(1) 한국기독교총연합회 및 교계 법률서비스 제공 : 이단 관련 소송, 교계가 직면한 법률문제 자문 및 소송 대행(기독교 로펌인 로고스, 소명 등과 협력), 각종 교회 내의 분쟁에 대한 피스메이커 및 법률적 조언

(2) 해외선교 협력 강화 : 한국의 현지 선교사와 현지 기독교법률가 사이의 긴밀한 협력관계 형성, 법조인의 인적자원을 활용, 선교사와 현지 한국 대사관 연결

향후 계획

제3세계 법조인들에게 각성의 기회를 부여하기 위한 제6회 애드보켓 아시아 대회(2006년 11월, 인도 델리) 개최 예정

기독변호사회
Christian Lawyers' Fellowship

설립 취지

기독변호사회(CLF)는 변호사 직역에서 예수 그리스도의 주되심을 인정하고 선포하며, 기독변호사로서의 정체성을 확립하고 삶의 모델을 세워나감으로써 변호사 직역 내에서 하나님 나라를 확장시키는 것을 목적하는 기독변호사들의 모임입니다(이사장: 우창록 법무법인 율촌 대표변호사/ 실행위원장: 전재중 법무법인 소명 대표변호사).

사역 내용

가. 연구분과 : CLF 사역의 신학적, 이론적 기초 작업을 담당
(1) 성경적 법학에 관한 자료 수집, 개발, 번역 보급
(2) CLF 공통 성경공부 교재 발간, 훈련 프로그램 개발
(3) 기독법사상과 관련한 국내 필자 개발
(4) 성경적 법학에 대한 세미나, 강연회 등 주최

나. 사회분과 : 사회적 약자들에 대한 섬김으로 사회정의에 기여하고, 현
　　　　　　　장사역에 참여함
(1) 장애인차별금지법 제정에 적극 참여, 장애인 단체들을 지원
　　(장애인팀)
(2) 외국인 노동자 사역을 하는 기관 및 개별 교회 등과 연결하여 외국인
　　노동자를 지원 (이주노동자팀)
(3) 중국 교포 법률상담, 소송지원 (중국동포지원팀)
(4) 법무법인 태평양 소속 회원을 중심으로 탈북 이주민 지원
　　(탈북자 지원팀)
(5) 기독시민단체 및 일반 NGO 활동 지원, 법률상담 (시민단체 지원팀)

다. 생활분과 : 기독변호사의 사무실 개설(기독법률가 공동체, 기독 로
　　　　　　　펌)과 운영에 대한 신앙적 기준, 대안 연구 및 지원
(1) 로펌 및 개인사무실에서의 직업 윤리에 대한 연구, 자료 개발, 보급
(2) 신규 개업자들에 대한 실질적 지원

라. 학생예비회원양육 및 지원위원회 : 각 대학 법대 기독학생회, 고시촌
　　　　　　　선교회, 한동로스쿨, 사법연수원 신우회와 협력 지원
(1) 기독변호사회 학생/예비 회원 인정(이메일 소식지 발송, 비공개 카페
　　초청, 목요모임/연대협력단체 방문 프로그램 등 기독변호사회 활동에
　　참여 자격 부여 등)
(2) 각 대학 법기독학생회 활동에 대한 인적(강사파견, 상담), 물적(후원)
　　지원
(3) 1년차 사법연수원 신우회가 주관하는 사법연수원 방문 행사 참여 및
　　후원
(4) 여름방학, 겨울방학을 활용한 기독변호사회 인턴십 코스
(5) 복음주의권 사회선교대회인 성서한국(영역별)대회 참가 지원
(6) 각 대학 법대 기독학생회연합, 고시촌 선교회, 한동로스쿨, 사법연수

원 신우회, 기독변호사회가 공동으로 주최하는 연합컨퍼런스[법률가 (법학전공자)의 일생 컨퍼런스] 주관

향후 계획

가. 난민지원 네트워크 법률지원단, 이단/사이비 대처 네트워크 법률지원단, 교회법률분쟁 중재센터 설립 계획
나. 2007년 전국 기독법률가대회(기독법률직 종사자 전국 모임) 개최 예정

모임 안내

매주 목요일 저녁 외부의 현장 사역자 또는 법조계 내부 강사들을 초청하여 강의를 듣고 함께 성경공부를 하며, 중보기도의 시간을 갖습니다.

아시아법연구소
Center for Asian Law

설립 취지

아시아법연구소는 한국 법률가들이 아시아 각국의 법률연구와 상호교류 협력을 통하여 아시아법의 정신과 아시아의 보편적 가치를 고양·전파하고, 아시아 각국의 번영과 공동체 형성의 법률적 기초를 마련하기 위해 2004. 6. 18 설립된 연구소입니다(소장: 권오승 서울대학교 법학과 교수, 현 공정거래위원장/ 이사장: 우창록 법무법인 율촌 대표변호사). 아시아법연구소는 비기독교인 전문인과 공동 활동을 한다는 점에서 특색이 있습니다.

비전

우리나라의 정부와 기업 및 개인이 아시아 여러 나라와 상호 긴밀한 교류와 협력을 통하여 상호 공존 공영해 나가는 데 기여하고, 아시아 여러 나라가 장차 하나의 경제공동체를 형성하는 데 필요한 법적, 제도적 기반을 조성하는 데 기여함.

사역 내용

가. 아시아 여러 나라의 법률과 제도 및 문화에 대한 조사와 비교연구

나. 체제전환국의 법제 정비에 필요한 지원과 협력

다. 국제적인 교류의 활성화에 따르는 법률서비스의 지원

라. 법률가와 차세대 지도자 양성에 대한 지원과 협력

마. 법률시장의 개방에 대비한 법률가 상호간의 교류와 협력의 증진

바. 장기적으로 아시아 경제공동체 형성을 위한 법적, 제도적 기반 조성

주요 활동

2004. 6. 18   아시아법연구소 창립

2004. 6. 19   창립기념 국제심포지엄

                   – 아시아법연구의 현황과 과제, 법적교류와 협력, 지원

2004. 10. 18   아시아 국가별 연구발표 1(베트남)

2004. 11. 14   아시아 국가별 연구발표 2(캄보디아)

2004. 11. 15   법무부 용역 워크숍

                   – 체제전환국 법정비지원사업의 현황과 과제

2005. 1. 10   아시아 국가별 연구발표 3(싱가포르)

2005. 1. 24   ILO 기준의 한국 내 이행실태에 관한 워크숍

                   – 주최 : 국제노동기구/ 후원 : 아시아법연구소

2005. 1. 31   아시아 국가별 연구발표 4(중국)

2005. 2. 19~2005. 2. 27   싱가포르 · 캄보디아 · 베트남 방문

        2. 21   한국 – 캄보디아 국제법률심포지엄

                   – 경제발전을 위한 법적기초

        2. 22   캄보디아 헌법위원회 · 법무부 · 법과대학 방문

        2. 24   베트남 국가법률연구원 · 최고인민법원 · 법과대학 방문

2. 25	하노이법률대학교 · 대검찰청 · 하노이변호사협회 방문
	한베문화센터 개소식 참여
2005. 3. 22	한국법제연구원 – 아시아법연구소 MOU 체결
2005. 4. 19	아시아 국가별 연구발표 5(몽골)
2005. 6. 18	아시아법연구소 창립 1주년 기념 국제심포지엄
	주제 : 아시아 경쟁법의 비교
	주최 : 한국경쟁법학회 · 한국법제연구원
	후원 : 아시아법연구소
2005. 11. 22-23	한국–베트남 국제법률심포지엄
	주제 : 베트남 시장경제 발전을 위한 사법개혁
	주최 : 아시아법연구소, 베트남국가법률연구원
	한국의 경험과 베트남의 구상을 중심으로
2006. 2. 21	몽골법 워크숍 – 몽골의 외국인관련법 개관

사랑의교회 법조선교회

설립 취지

사랑의교회는 전국 법조인의 3분의 1 정도가 모여 있는 서울 서초동에 위치하고 있으며, 등록된 법조인 수만도 160여 명에 이릅니다. 사랑의교회 법조선교회는 법조인들의 개인적 삶의 변화를 통해 법조사회를 변화시킴으로써 하나님의 정의가 실현되는 사회를 이루는 것을 비전으로 하는 법조인들의 선교단체(회장: 이회숙 연세대학교 법학과 교수 / 지도목사: 김대조 목사)입니다.

비전

첫째는 선교입니다. (법을 통한 선교)
둘째는 치유입니다. (법률상담을 통한 전인격적 치유)
셋째는 참여입니다. (법 실천을 통한 정의사회 구현)

사역 내용

가. 법률상담

나. 외국인근로자 사역 : 2005년 12월 암미선교회에 출석하는 외국인근로자 120여 명을 초청, 페스티벌 개최 등.

다. 법조인전도사역 : 2004-2005년 매월 첫째 토요일 조찬기도모임에 각 분야의 전문강사의 강연 및 기도 모임. 2005년 11월 한국 교회 역사상 처음으로 법조 새생명축제 개최(60여 명의 법조인 결신).

라. 법률구조 : 특별한 돌봄이 필요한 성도들을 위하여 본회의 경비로, 본회 소속의 변호사가 직접 소송에 참여하고 해당 성도를 섬기는 사역.

마. 국내외 기독법조단체와의 협력 및 네트워킹 : 미국의 CLS, 곧 기독법조인회와 교류, 협력. 제2세계 법조인들에 대한 선교를 목적으로 설립된 AI(Advocate International) 곧 국제인권회와의 협력. 2001년 사랑의교회 수양관에서 제1회 아시아기독법률가대회를 시작, 2002년 말레이시아, 2003년 몽골, 2004년 한국, 2005년 싱가포르 그리고 2006년에는 인도 델리에서 가질 예정이며, 매년 아시아 각 나라에서 아시아기독법률가대회를 가짐으로써 법을 통한 선교에 힘씀.

모임 안내

가. 기도영성분과모임(매월 둘째 주일)

나. 기독법사상연구발표회(매월 마지막 주) : 조셉 알레크레티의 저서 『법조인의 소명』, 캔 샌디 저서 『피스메이커』 출판 외 각종 기독법사상 연구 발표

다. 다락방 모임 : 기존 법조인과 사법연수원생 등 젊은 법조인이 함께 참여하여 법조인을 전도하며 그들을 그리스도의 제자로 양육

라. 작은불꽃회(법조부인회), 밀알기도회(법조 senior 중심) 등의 중보기도모임

고시촌선교회

설립 취지

       서울특별시 관악구 신림동 1534-1번지의 지하
층에 위치하고 있는 고시촌선교회는 꿈을 가진 이들이 모여 있는 신림동 고
시촌에서 2003년 7월 시작되었습니다. 고시생들의 기도 모임을 배경으로
탄생한 '관악고시인 예수잔치'와 같은 귀한 모임과 고시인 사역에 비전을
두신 목회자분들이 힘을 합쳐 시작된 고시촌선교회는 많은 어려움 속에서
생활하는 고시생들을 섬기기 위해 설립되었습니다(담임목사 신부호, 안인
철 목사).

사역 내용

가. 기도모임
(1) 조찬기도회(매년 1월 셋째 주 토요일 오전 7시 30-9시)
    고시생, 사법연수원 신우회, 기독변호사회, 기독법조인 등이 참석하
    여 나라와 민족의 영적 각성을 위해, 지역 복음화를 위해 조찬기도회
    를 갖고 있습니다.

(2) 월례기도회(매월 첫째 주 토요일 오후 5시)

고시생, 법조실무자, 각 대학 기독법대생, 성서한국 관심영역별 모임 중 법조영역 회원들 등이 참여하고 있습니다.

나. 고시인 페스티벌

그동안 고시인들이 중심이 되어 2005년 11회까지 '관악고시인 페스티벌'(9회까지의 명칭은 '예수잔치')라는 명칭으로 문화축제 / 말씀축제를 갖고 있습니다. 고시인선교회는 9회부터 지원을 해오고 있습니다.

다. 성경세미나

(11월 첫째 주 토요일 오후 5시부터 / 강사의 일정상 변경가능)

2003년부터 시작된 성경세미나는 전문가분들을 모셔서 기독교 세계관, 리더십 및 문화 등에 대해 배우는 시간을 마련하였고 5회째를 맞이하고 있습니다.

라. 고시인 위로 기도회

2차시험이 끝난 고시인을 위로하고 흔들림 없는 신앙을 돕고자 기도회 및 간증 집회를 실시하고 있습니다.

마. 기독법대생 탐방

CLF주관으로 2003년 겨울방학부터 기독법대생의 인턴십 과정이 마련되었고 관련기관 탐방 코스로 선교회를 탐방하고 있습니다. 이 경우 고시촌 지역의 현황, 공부 방향, 신앙생활을 돕기 위한 교회 소개 등의 조언을 하고 중보기도를 해주고 있습니다. 매년 겨울과 여름방학 두 차례에 걸쳐 시행되고 있습니다.

바. 사법연수원 탐방

2003년 11월 15일 연수원을 탐방을 시작하였습니다. 고시인들이 연수원 풍경을 보면서 도전을 받고 더 열심히 공부할 수 있도록 하려는 목적과 인적 네트워크 구축의 일환으로 탐방이 계속되고 있습니다. 2004년부터는 4월로 옮겼습니다(4월 마지막 토요일 오후 2시부터).

사. 문서사역

소식지 「야소」의 발간을 통해 고시인들을 위로하고 다양한 소식을 전하며 복음을 전하고 있습니다. 2006년 현재 4호가 발간되었습니다.

연합 사역

전국 법대 기독학생 연합, 기독변호사회(CLF), 애중회, 사랑의교회 법조선교회, 애드보켓 코리아(AK) 등과 긴밀한 관계성 속에 연합 사역을 진행하고 있습니다.

통일법조선교회
Missionary Lawyers for Unification

설립 취지

통일법조선교회는 법조직역을 통하여 통일시대를 준비하는 비전 공동체로, 통일한국이 하나님의 나라가 될 수 있도록 법, 정치, 경제, 사회 각 영역에 예수 그리스도의 정신이 반영된 정책을 연구, 제시할 뿐만 아니라 직접 정책 결정에 참여하는 것을 비전으로 합니다(회장: 임형섭).

공동체 활동 방향

18세기에 영국사회를 변화시켰던 윌버포스와 클래펌 공동체를 우리 공동체의 모델로 지향하는 통일법조선교회는 예수 그리스도를 주로 온전히 모시는 공동체를 꿈꾸며 기도모임에 힘쓰고 있고, 하나님의 선한 영향력을 나타낼 수 있는 정책을 제시할 수 있도록 정치외교, 사회복지, 정보통신과학기술, 경영경제, 교육, 인권, 국방, 영성 정책위원회 등 총 8개 정책위원회를 두어 각 영역에 예수 그리스도의 정신이 반영된 정책을 연구 준비 중에 있습니다. 또한 이를 위해서 여러 통일 선교 그룹들과 교류하고 있습니다.

세미나 개최

통일운동 각 분야의 크리스천 전문가분들을 모시고 세미나를 개최하였습니다.
- "동북아 정세와 통일한국"- 허문영 박사(통일연구원 북한연구실장)
- "탈북청소년 교육현황과 비전"- 조명숙 교감
  (탈북청소년학교 "여명학교")
- "개성공단사업과 통일한국"- 유욱 변호사(개성공단 포럼 위원)
- "통일한국의 비전"- 배기찬(『코리아 다시 생존의 기로에 서다』의 저자,
  청와대 동북아시대위원회 비서관)
- "하나님나라와 통일한국의 리더십"- 이장로 교수(고려대학교 경영대학
  원장, 한국리더십학교 교장)
- "통일선교운동의 흐름과 전망"- 전병길(춘천지역 북한선교 모임 대표)
- 2006년 7월 성서한국대회 전문인영역별대회에 "통일분야"로 참가

통일법조선교회가 지향하는 통일 한국

영적 분단이라는 한반도의 현실 가운데 주님께서 우리 민족에게 향하신 시대적인 소명인 "통일한국"을 바라보며 단순히 정치적인 통합의 의미를 넘어서, 통일된 한국이 모든 민족과 열방이 존경할 수 있는 나라, 모범이 되는 나라, 온 세계에 평화와 사랑이라는 가치를 선포할 수 있는 나라, 하나님 사랑과 인간 존중이 구현되는 하나님의 나라가 되게 하는 것이 우리가 지향하는 통일한국입니다.

사법연수원 신우회
Judicail Research & Training Institute
Christian Prelawyer Fellowship

비전

      법조인은 법과 제도를 통해 하나님의 공의와 사랑을 실현할 수 있는 은사를 가진 사람들입니다. 부패했던 영국을 개혁했던 윌버포스와 클래펌 공동체처럼 하나님 앞에 헌신된 그리스도인 한 사람에 의해 사회가 얼마나 변화될 수 있으며 하나님의 통치 질서가 확립될 수 있는지 잘 알 수 있습니다.

    왜 이 1000만 성도가 있다고 하는 대한민국에서 부패가 만연하고, 하나님의 공의가 실현되지 않고 있을까요? 그동안 사단은 출세와 성공이라는 유혹으로 많은 하나님의 사람들을 굴복시켰고 좌절시켜 하나님의 나라와 그 의를 구하는 삶보다는 자신의 삶에만 안주하는 소시민적인 법조인만 배출하게 만들었고 심지어 자신의 권력으로 이기적인 욕심을 채우게 만들었기 때문에 아직도 이 땅에 하나님의 나라가 임하지 못하고 있다고 생각합니다.

    사법연수원 신우회를 통해 이런 영적 전쟁 가운데 승리하여 예수 그리스도께 헌신된 영성과 전문성을 갖춘 그리스도인들을 배출하고 공동체를 이루게 함으로써, 이 땅 위에 하나님의 공의가 선포되어지고, 예수 그리스도의 이름이 만천하에 존귀케 되어지는 것이 신우회의 비전입니다.

방향성

가. 법조계에 하나님의 나라를 실현하는 기독법조인 양성
나. 영성과 전문성의 조화
다. 사랑과 섬김의 실천

활동 내용

가. 정기 활동

1) 월례 예배

매월 1회 모이는 정기 예배로 지도목사님이신 주명수 목사님께서 설교해주시고, 신우회 지도교수님들도 함께 예배드리는 축제의 시간입니다. 매주 주중예배가 바쁜 일상으로 충분히 교제를 나누지 못하는 아쉬움을 월례예배를 통해 신우회원들 간에 친목을 도모하는 시간을 가지고 있습니다.

2) 주중예배(수요예배)

주중에 매주 하나님께 예배드리는 시간으로 사법연수원도 하나님이 통치하시는 곳임을 선포하며 예배를 통해 우리의 영혼을 새롭게 하는 시간입니다. 예배 전 식사교제도 하면서 공동체성을 기르는 시간을 가지고 있습니다.

3) 화요기도회

매주 1회 화요기도회를 통하여 우리의 영성을 충만하게 하여 하나님의 법조인으로서 준비되도록 하게 하며, 믿음의 동역자들과 함께 모여 나라와 민족과 사법연수원을 위해 중보기도 하는 시간입니다.

4) 신우회 큐티디 모임

큐티와 스터디를 함께 하는 모임입니다. 7-8명의 신우회원들이 작은 공동체를 만들어 신우회원들 간에 큐티로 대표되는 영적생활과 스터디를 병행하여 영성과 전문성을 갖춘 하나님의 법조인을 만들어가는 것을 목적으로 합니다.

5) 신우회 크로스 미팅

150여 명 가까이 되는 신우회원들 간에 서로를 알아가며 친목을 다지는 시간입니다. 자기 반 신우회원뿐만 아니라 다른 반 신우회원 간에 폭넓게 교제할 수 있는 시간입니다.

나. 특별 활동

1) 사법연수원 초청 예배 - "사랑 축제"

전국에 있는 법대 기독학생회 학생들과 고시생들을 초청하여 우리가 먼저 받았던 주님의 사랑을 우리 후배들에게 전해 줄 뿐만 아니라 법조계 복음화를 위해 함께 동역할 동역자들을 초청하여 함께 비전을 공유하며 도전하는 시간입니다.

2) 사법연수원 신우회 여름수련

영성과 비전을 새롭게 회복하고 사랑의 공동체를 실현해 나가기 위한 영성 수련회입니다.

3) 기독변호사회와 함께 "법기독 연합 컨퍼런스" 주최

매년 기독변호사회와 법기독학생들과 크리스천 법조인으로서의 하나님이 주신 사명이 무엇인지에 대해 진지하게 고민하며 비전을 공유하는 시간입니다.

4) 고시촌선교회 주최의 간담회 참석 및 지원

5) 『위로자격증』편집 및 출간

수료 후 활동

가. 기수별 모임

사법연수원 신우회는 법조계 복음화와 민족복음화를 위한 비전을 가지고 달려가는 평생 공동체를 지향하고 있습니다. 그래서 사법연수원에 있을 때뿐만 아니라 각 법조직역에서 하나님의 나라를 세우기 위해 주님 안에서 연수원 생활을 함께 해온 신우들이 평생 동역자로서 믿음의 공동체를 형성해 나갈 것입니다. 그러기에 36기 신우회는 '여호수아 공동체 프로젝트'를 준비하여 연수원 수료 이후에도 전체 모임, 지역별 모임을 통해 믿음의 공동체를 이뤄 나갈 것입니다.

나. 사법연수원 신우회 동문 모임

법조계의 각 직역에 진출한 후에도 크리스천 법조인의 정체성을 갖고 공동체성을 유지하고, 사법연수원 신우들이 법조계 선교 공동체(법원 신우회, 검찰 신우회, 기독변호사회 등)에 연결되도록 네트워크 장을 제공하기 위한 사법연수원 신우회 동문 모임입니다.